D1717323

Roland Lackner

Energetische Spagyrik

Der Weg zu emotionaler, seelischer und geistiger Balance

Wichtiger Hinweis: Der Autor hat große Sorgfalt auf die (therapeutischen) Angaben, insbesondere Dosierungen, Indikationen und Warnhinweise, verwendet. Dennoch entbindet dies den Anwender dieses Werkes nicht von der eigenen Verantwortung. Weder der Autor noch der Verlag können für eventuelle Nachteile und Schäden eine Haftung übernehmen, die aus den im Buch gemachten Hinweisen und Rezepturen resultieren.

4., überarbeitete und erweiterte Auflage 2015

©2013 ML Verlag in der
Mediengruppe Oberfranken - Fachverlage GmbH & Co. KG, Kulmbach

Druck: Generál Nyomda Kft., H-6727 Szeged

Lektorat: Dr. Inge Ziegler, München
Titelbild: © nubia87 - Fotolia.com

www.ml-buchverlag.de

ISBN: 978-3-944002-95-8

Inhalt

3 Anwendungsbeispiele

4 Anhang

Vorwort

Seit Beginn meiner Heilpraktikertätigkeit war ich auf der Suche nach einem Heilsystem, das den Menschen in seiner Gesamtheit begreifen und heilen kann. Über die Homöopathie und die Phytotherapie bin ich zur Spagyrik (→ S. 9) gekommen. Die Spagyrik begreift den Menschen gleichermaßen auf der seelischen, geistigen und körperlichen Ebene. Damit ist sie für mich ein ideales Mittel, um Menschen in einer Zeit wachsender Belastungen durch Umwelt und Gesellschaft ganzheitlich zu erfassen und zu heilen. Im Folgenden möchte ich Ihnen erläutern, warum die Bedeutung der Spagyrik nach meiner Einschätzung in Zukunft wesentlich zunehmen wird.

Der Mensch ist heute einem sich immer schneller verändernden Umfeld, einer massiven Reizüberflutung und einer permanenten Überforderung des Nerven- und damit gleichzeitig des Immunsystems ausgesetzt. Diese Belastungen führen zu immer komplexeren Krankheitsbildern, die andere Heilmittel und -methoden als früher erfordern. Viele Menschen sind heute nicht mehr allein über körperliche Therapien zu erreichen. Viele seit langem erprobte und angewandte Methoden, wie z. B. das Schröpfen und physikalische Therapien, scheinen heute nicht mehr die Wirkung erzielen, die sie noch vor Jahrzehnten laut Aussagen älterer Kolleginnen und Kollegen gehabt haben. Die von diesen Therapien ausgehenden Heilungsimpulse reichen scheinbar nicht mehr aus.

Die Krankheitsbilder werden immer komplexer und vielschichtiger. Zu den Ursachen gehören u. a. Strahlung, neue Chemikalien, eine massive ungefilterte Informationsflut, der man sich nicht mehr entziehen kann, und genetisch veränderte Nahrungsmittel, mit denen wir – ohne es zu merken – täglich konfrontiert werden. Hinzu kommen schon in der frühen Kindheit multiple Impfungen bei noch nicht ausgereiftem Immunsystem. Es scheint, dass der Körper aufgrund der vielfältigen Belastungen nicht mehr in der Lage ist, bei größeren Störungen seine Heilungskräfte zu aktivieren. Da von einer weiteren Zunahme der Belastungen auszugehen ist, bleibt zu befürchten, dass das körpereigene Heilsystem in Zukunft immer mehr blockiert wird und die Selbstheilungskräfte vielfach außer Kraft gesetzt werden. Dadurch werden an Heilmittel heute höhere Anforderungen gestellt: Sie müssen Blockaden lösen, also auf der seelisch-emotionalen Ebene wirken und die körperlichen und geistigen Selbstheilungskräfte aktivieren.

Der Mensch ist ein rhythmisches Wesen und sollte in natürliche Rhythmen eingebunden sein. Hierzu gehören z. B. der Schlaf- und Wachrhythmus, der Tag- und Nachtrhythmus sowie der Wechsel von Kälte und Wärme. In einem idealen Tagesablauf sollte der Körper dem Rhythmus von Spannung und Entspannung folgen. Dies ist jedoch meist nicht mehr der Fall. Der Körper ist permanentem Stress ausgesetzt. Denken Sie nur daran, wie sich innerhalb kürzester Zeit das Leben des Menschen durch die Erfindung des elektrischen Lichts verändert hat. Auf einmal war es möglich, rund um die Uhr zu arbeiten. Die Städte wurden nachts künstlich illuminiert und der Körper somit einem ständigen Reiz ausgesetzt. Absolute Dunkelheit gibt es heute kaum noch. Der Schlaf und sein Rhythmus haben sich dadurch zwangsläufig verändert, was bedenklich ist – schließlich dient der ungestörte Schlaf der Regeneration des Menschen und die natürlichen Rhythmen, denen auch die Natur unterworfen ist, haben regenerative Kräfte. Durch unsere moderne Lebensweise sind die natürlichen Rhythmen weitgehend aufgehoben. Dies könnte eine Erklärung für die Zunahme einiger Zivilisationskrankheiten sein.

Handystrahlen, Pestizide, Umwelt- und Wohnraumgifte sowie negative Eindrücke, die ungefiltert über Internet, Fernsehen und Menschen in unserer Umgebung auf uns einströmen, tun ein Übriges. Immer mehr Menschen auf immer engerem Raum fordern neue Möglichkeiten der geistigen, seelischen und körperlichen Abgrenzung, da ein einfaches Sich-aus-dem-Weg-Gehen durch die immer knapper werdenden Raumressourcen schwierig wird. Möglichkeiten, seinen Lebensunterhalt zu bestreiten, sind oft nur in Ballungszentren gegeben.

Daraus ergeben sich Fragen, die ein Therapeut bzw. eine Therapie in der Lage sein sollte zu beantworten:

? Wie kann der Mensch in einer krank machenden Umwelt, an die man durch äußere Zwänge gebunden ist und der man sich nur bedingt entziehen kann, geheilt werden oder gesund bleiben?

? Wie kann man unsichtbaren Einflüssen wie Emotionen, geistigen Übergriffen durch andere Menschen und subtilen, kaum wahrnehmbaren Umgebungsenergien entgehen?

? Wie kann ich dem Körper helfen, Umweltgifte schnell und umfassend zu verarbeiten, ohne den Körper damit übermäßig zu belasten?

Ich wünsche Ihnen viel Spaß bei Ihrem Ausflug in die Spagyrik und viel Intuition bei der Auswahl Ihrer Mittel.

Roland Lackner
Augsburg, März 2013

Einleitung

Spagyrik

Die Spagyrik ist eine alte europäische Heilmethode, die auf Paracelsus, einen großen und zu seiner Zeit umstrittenen Heiler des Mittelalters, zurückgeht. Dabei wird der Mensch im Verhältnis zum kosmischen Geschehen, zum göttlichen Wirken in seinem Leben und zu seiner Umwelt sowie in der Ganzheit aus Körper, Seele und Geist wahrgenommen.

Das Wort Spagyrik stammt aus dem Griechischen und bedeutet »trennen und wieder zusammenfügen«. In einem alchemistischen Prozess werden die einzelnen Bestandteile der Pflanze getrennt und danach wieder zusammengefügt. Dabei werden auf die Pflanze einwirkende Umwandlungskräfte, die auch natürlicherweise in der Natur vorkommen, im Labor beschleunigt und dynamisiert.

Um ein solches spagyrisches Heilmittel zu gewinnen, wird die Pflanze im ersten Schritt in die Aspekte von »Geist« (Merkur, Spirit), »Seele« (Sulfur) und »Körper« (Sal) zerlegt. Bei der spagyrischen Zubereitung gelten folgende Entsprechungen:

▸ »Geist«: alkoholischer Auszug aus der Pflanze
▸ »Seele«: ätherisches Öl
▸ »Körper«: getrocknete Pflanzenbestandteile, wobei nach der Veraschung die Einzelbestandteile der Pflanze frei werden.

Nach dieser Auftrennung der Pflanze findet im zweiten Schritt die »alchemistische« Wiedervereinigung aller Pflanzenbestandteile statt, die sich in ihrer einzelnen Struktur entwickeln und festigen konnten und nun ein stabiles und harmonisches Ganzes ergeben. So konnten im Inneren der Pflanze ruhende Kräfte freigesetzt werden. Die neu gewonnene Harmonie und Ordnung können helfen, Menschen tiefgreifend auf allen Ebenen ihres Seins zu heilen. Es ist ein energetisch potenziertes Heilmittel entstanden, das den Menschen auf seinem Lebensweg begleiten und – je nach Dosierung (→ S. 14) – in Körper, Geist oder Seele umfassende Wirk- und Selbstheilungskräfte freisetzen und wesentliche Heilwerdungsprozesse einleiten kann.

Im Laufe der Zeit haben sich verschiedene spagyrische Richtungen ausgebildet. Die von mir angewandte und in diesem Buch beschriebene Spagyrik ist die der Firma Phylak Sachsen GmbH, die auf den Arzt Carl Friedrich Zimpel zurückgeht. Er definierte einen Herstellungsprozess für die einzelnen Essenzen, auf dessen Grundlage noch heute spagyrische Mittel hergestellt werden. Die Firma Phylak stellt nach diesem im Homöopathischen Arzneibuch (HAB 25/26) beschriebenen Verfahren Essenzen einzelner Pflanzen her, die untereinander je nach Krankheitsbild, Patientenanamnese und Wunsch des Verwenders gemischt werden können.

Die Rezepturen in diesem Buch sind immer mit dem Hinweis »Rezeptur Phylak Sachsen GmbH« versehen, damit in der Apotheke zweifelsfrei eine korrekte Rezeptur hergestellt werden kann. Ähnliche oder gleiche Pflanzen werden auch von anderen Firmen spagyrisch aufbereitet und als Einzelessenzen angeboten. Die gleichen Pflanzen unterschiedlicher Firmen können jedoch nicht ohne Weiteres miteinander verglichen werden. Die Wirkungsweise einer Pflanze ist durch die Art des spagyrisch-alchemistischen Prozesses bei der individuellen Herstellung definiert. Zwar ist der Herstellungsprozess im Homöopathischen Arzneibuch (HAB 25/26) für die Spagyrik nach Zimpel einheitlich geregelt, doch gibt es in energetischer Hinsicht Unterschiede zwischen den Herstellern. Somit kann sich auch die energetische Wirkung der Essenz einer bestimmten Pflanze je nach Hersteller unterscheiden.

Die Spagyrik arbeitet vorwiegend mit heimischen, aus dem europäischen Raum stammenden Pflanzen. Dies ist meiner Meinung nach ein wichtiger Aspekt zur Anwendung dieser Methode. Ich bin der Meinung, dass jede Krankheit mit Energien behandelt werden sollte, die aus dem traditionellen und räumlichen Hintergrund des erkrankten Menschen stammen. So ist es fraglich, ob zum Beispiel eine pflanzliche Heilmethode, bei der alle Heilpflanzen aus einem Land wie Indien stammen, in dem ein völlig anderes Klima herrscht und sich die Menschen anders ernähren als in Europa, für uns Mitteleuropäer geeignet ist. Es ist nicht auszuschließen, dass unser Körper auf energetischer Ebene mit fremden Heilmethoden überfordert ist und womöglich mehr blockiert als geheilt wird.

Geistige und seelische Aspekte von Krankheiten

Zimpel (1801-1879) erlebte, wie mit der Industrialisierung der moderne Mensch auf immer enger werdendem Raum in einer immer stärker belasteten Umwelt leben musste. Er entwickelte ein tiefes Verständnis dafür, dass Krankheiten nicht rein körperlicher Natur, sondern auch geistigen und seelischen Ursprungs sind. Dieser Einfluss seelischer und geistiger Faktoren sollte sich nach seiner Einschätzung in Zukunft noch stärker bemerkbar machen, da sich auf sehr engem Lebensraum die unterschiedlichen Energien miteinander

vermischen und somit gegebenenfalls sogar »potenzieren«. So sah Zimpel schon zu seiner Zeit voraus, dass die zukünftigen Generationen eine Heilmethode brauchen würden, die den Menschen in seiner Gesamtheit als Körper, Seele und Geist wahrnimmt.

Unsere Umwelt wird zunehmend nicht nur materiell (→ S. 7), sondern auch geistig »vergiftet«. Dieses geistige, krank machende Gift kann sich über die Massenmedien schnell und effektiv verbreiten. Schauen Sie sich nur die Fernsehwerbung auf so genannten Kindersendern an. Die Ideen, die dort verbreitet werden, sind prägend für künftige Generationen.

Blockaden, die auf der geistigen Ebene gesetzt werden, können auch körperliche Blockaden auslösen. Entsprechend muss die Behandlung in diesen Fällen auf der geistigen Ebene ansetzen.

Ein Beispiel hierfür ist aus meiner Sicht die jährlich wiederkehrende Grippezeit, in der mit einer großen Mediendiskussion darauf hingewiesen wird, dass wieder »böse« Viren unterwegs sind und eine Impfung der einzige Schutz davor sei. Bei eher ängstlichen, nicht geimpften Menschen kann eine solche Kampagne Angst auslösen. Angst aber schwächt nachgewiesenermaßen das Immunsystem – ein Mechanismus, der gerade in der Grippezeit Erkrankungen fördert. So betrachtet ist die Grippe ein Beispiel für eine eher geistige als rein körperliche Krankheit.

Nach meinem Verständnis der geistigen Gesetzmäßigkeiten, denen der Mensch unterworfen ist, herrscht der Geist über die Materie. Deshalb findet hier für mich die tiefste Form von Heilung statt. Auf dieser Ebene ist das gesprochene Wort oder die gestellte »Diagnose« extrem wichtig. Worte können über Heilung oder Nichtheilung entscheiden. Ein Beispiel hierfür ist das Wort »Tumor«. Darin steckt das französische Wort »tu«, also »Du«, und das Wort »mor(t)«, der Tod. Die Wortenergie wird vom Patienten aufgenommen, im Unterbewusstsein abgespeichert und kann im schlimmsten Fall die Heilung blockieren.

Achten Sie deshalb genau darauf, wie Sie Ihre Erkrankung oder Störung bezeichnen und welche geistige Energie Sie dieser zukommen lassen. Vielleicht beschreiben Sie einfach einzelne Symptome, wenn Sie an Ihre Krankheit denken, ohne dieser die »Wortenergie« einer gestellten Diagnose zu geben. Sagen Sie zum Beispiel nicht: »Ich habe Asthma«, sondern: »Manchmal fällt mir das Atmen schwer und ich spüre einen Druck auf meiner Brust«. Durch diese Wortwahl kommen Sie dem Grund Ihrer Erkrankung und der geistigen Energie, die die Krankheit »nährt«, leichter auf die Spur.

Benutzerhinweise

Möglichkeiten und Grenzen der energetischen Spagyrik

In diesem Buch wird ausschließlich die energetische Anwendung spagyrischer Mittel bei alltäglichen Störungen vorgestellt. Energetische Störungen werden nach meiner Erfahrung von vielen Therapeuten entweder völlig unter- oder überbewertet. Trotz einer guten körperlichen oder seelischen Therapie haben einige Menschen oft das Gefühl, dass der geistig-energetische Aspekt bei der Behandlung zu kurz kommt.

Dieses Buch soll Ihnen helfen, energetisch-geistige und energetisch-emotionale Aspekte Ihrer Störungen selbst zu behandeln. Sie lernen, diese Störungen zu erkennen, zu benennen und mit Hilfe der Spagyrik sanft und umfassend zu behandeln.

Ⓘ Cave: Ernsthafte seelische, geistige und körperliche Störungen gehören immer in die Hand eines erfahrenen Therapeuten! Die Spagyrik können Sie in diesem Fall ergänzend einsetzen. In den angegebenen Dosierungen werden von den Pflanzen keine Symptome oder Medikamente auf körperlicher Ebene beeinflusst. Sprechen Sie vor der Einnahme Ihrer gewählten Mittel mit Ihrem Therapeuten und informieren Sie ihn über die Einnahme dieser Mittel. Die Einnahme von chemisch-synthetischen Mitteln wird bei allen angegebenen Mischungen und Dosierungen in keinster Weise beeinflusst oder beeinträchtigt.

Als Therapeut können Sie mit der energetischen Spagyrik Ihr Therapieangebot um einen wertvollen Aspekt erweitern. Dem Laien kann dieses Buch helfen, seine eigene Heilung zu unterstützen. Verzichten Sie jedoch als therapeutischer Laie darauf, Ihr Umfeld mit Spagyrika zu behandeln!

Gliederung

Im vorderen Teil des Buches finden Sie nach einer allgemeinen Einführung in den Umgang mit spagyrischen Essenzen die Beschreibung von 94 Pflanzenzubereitungen in der Reihenfolge der ihnen zugeordneten Nummern, wie sie vom Hersteller verwendet werden (→ S. 24). Zu den einzelnen Pflanzen werden folgende Aspekte aufgeführt:

▸ zugehörige Chakren, sofern vorhanden. Dabei wird zwischen E und P, also emotionalem oder physikalischem Chakra unterschieden. Emotionale Chakren beeinflussen hauptsächlich energetisch-spirituelle Aspekte. Physikalische Chakren haben Einfluss auf körperlich auftretende Störungen, können also zum Beispiel sehr gut bei psychosomatischen Beschwerden eingesetzt werden. Orientieren Sie sich deshalb bitte auch am entsprechenden Kapitel über Psychosomatik (→ S. 284).

- ▶ Schlagworte zur Hauptwirkung, wesentliche Charakteristika
- ▶ traditionell-körperliche Anwendungsgebiete
- ▶ spagyrisch-energetische Anwendungsgebiete, die jeweilige Pflanzenbotschaft und erläuternde Anmerkungen zur Wirkung, um die Pflanze in ihrer Grundaussage besser zu verstehen.

In den einzelnen Pflanzendarstellungen sollten Sie versuchen, zwischen den Zeilen lesend ein Gesamtbild der Möglichkeiten einer Heilpflanze auf körperlicher, seelischer und geistiger Ebene zu bekommen.

Im Anschluss an die Beschreibung der Einzelpflanzen folgen die Kapitel mit Mischungsvorschlägen zu einzelnen Themen bzw. Anwendungsgebieten, die sich in der Praxis seit Jahren bewährt haben (→ S. 218). Die neben den Pflanzennamen aufgeführten Zahlen beziehen sich - sofern keine Einheit mit angegeben ist - auf das Volumenverhältnis der einzelnen Bestandteile in einer Mischung. In einigen Fällen ist 1 ml als festes Volumen angegeben. Dabei handelt es sich um Pflanzen, die der Wirkung der Mischung noch eine bestimmte Richtung verleihen oder sie harmonisieren sollen. Von diesen Essenzen wird jeweils nur das angegebene Volumen eingesetzt, während die anderen Bestandteile nach den angegebenen Volumenverhältnissen gemischt werden. Zu jeder Mischung werden darüber hinaus Dosierung und Wirkung angegeben.

ⓘ **Hinweis:** Falls eine Pflanze zweimal in der Mischung auftaucht, ist beim Aufschreiben der Rezeptur zu beachten, dass die zweite Pflanze an der richtigen Position steht. Somit weiß der Apotheker, dass die Pflanze zu unterschiedlichen Zeitpunkten in die Mischung gegeben wird. Die Grundmischung in der

oben angegebenen Reihenfolge darf unter keinen Umständen verändert werden.

Die Mischungen können Sie sich in Apotheken zusammen stellen lassen, die das Sortiment der Firma Phylak Sachsen GmbH führen. Eine nach Postleitzahlen geordnete Liste dieser Apotheken finden Sie auf www.phylak.de unter dem Menüpunkt »Apotheken in Ihrer Nähe«.

Symbole

Folgende Symbole werden in diesem Buch verwendet:

ⓘ **Cave:** Was Sie unbedingt beachten sollten.

🖑 **Tipp:** Hier finden Sie zusätzliche Anregungen für die praktische Anwendung der spagyrischen Mittel.

→ Hier finden Sie weitere Informationen zu diesem Thema.

1

Dosierung, Lagerung und Anwendung

⊘ Hinweis: Die Wirkung spagyrischer Tropfen hängt auch von der Dosierung ab. Lesen Sie dieses Kapitel vor der Anwendung daher bitte sorgfältig durch!

Dosierung

Grundsätzlich gilt: Je niedriger die Dosierung, desto feinstofflicher die Wirkung. Bei einer Dosierung von mehr als 21 Tropfen in 24 Stunden wirken die Mittel bereits auf körperlicher Ebene. In diesem Buch werden jedoch fast ausschließlich energetische Wirkungsweisen beschrieben. Die Dosierung hängt dabei entscheidend davon ab, ob das Mittel auf geistiger oder seelisch-emotionaler Ebene wirken soll. Wenn eher eine Wirkung auf das geistige und kognitive Erleben eines Menschen gewünscht wird, ist eine niedrigere Dosierung zu wählen.

Unterscheiden Sie also bei der Einnahme von spagyrischen Mischungen genau, ob die Verarbeitung eines Problems eher auf der logisch-rationalen, also geistigen Ebene oder auf der intuitiv-emotionalen, also seelischen Ebene stattfinden soll, und dosieren Sie entsprechend. Dabei ist es wichtig zu wissen, ob Sie eher zu den rationalen oder emotionalen Menschen gehören.

Die Dosierung sollte sich immer nach der Ebene richten, auf der Sie normalerweise Dinge verarbeiten. Sie können dann nach einiger Zeit, am besten nach 42 Tagen, auf die andere Dosierung wechseln, um beide Aspekte zu bearbeiten. Sind Sie z. B. eher ein rationaler Mensch, dosieren Sie anfangs 3 x 1 bis 3 x 3 Tropfen pro 24 Stunden. Nach 42 Tagen beginnen Sie, die Dosierung weiter zu erhöhen, bis 3 x 7 Tropfen erreicht sind. Damit können Sie das Problem zusätzlich auf der seelischen Ebene verarbeiten.

Bei umfassenden Problemen sollten Sie die Mischung entsprechend der Dauer einer Schwangerschaft über neun Monate einnehmen, da jede Heilung einer größeren Störung für den Menschen im gewissen Sinne auch eine »Neugeburt« darstellt.

Im Folgenden ist die jeweilige zur Einnahme empfohlene Tropfenzahl angegeben. Für die Anwendung als Spray gilt: Ein Hub entspricht etwa 1,5 Tropfen.

Erwachsene und Kinder ab zwölf Jahren

▸ 3 x 1 bis 3 x 3 Tropfen in 24 Stunden wirken vorwiegend auf der geistigen Ebene. Bei der Behandlung auf der geistigen Ebene wird nach spagyrischem Verständnis davon ausgegangen, dass die Krankheit hauptsächlich durch krankheitsförderndes Gedankengut oder durch den geistigen Einfluss Ihrer Umwelt hervorgerufen wird (→ S. 10).

▸ 3 x 4 bis 3 x 7 Tropfen in 24 Stunden wirken auf der seelisch-emotionalen Ebene. Die seelisch-emotionale Ebene ist vor allem die Ebene des Inneren Kindes. Wenn Sie sich hauptsächlich von Mischungen auf seelisch-emotionaler Ebene angesprochen fühlen, sollten Sie das entsprechende Kapitel (→ S. 318) sorgfältig durchlesen.

▸ Als Tageshöchstdosis dürfen auf der geistigen Ebene neun Tropfen und auf der seelischen Ebene 21 Tropfen nicht überschritten werden.

Kinder bis zum vollendeten vierten Lebensjahr

▸ Einmaldosis
geistige Ebene: nur ein Tropfen
seelisch-emotionale Ebene: höchstens zwei Tropfen

▸ Tageshöchstdosis
geistige Ebene: drei Tropfen
seelisch-emotionale Ebene: sechs Tropfen oder drei Hübe aus der Sprühflasche in 24 Stunden

Kinder vom fünften bis zum zwölften Lebensjahr

▸ Einmaldosis
   geistige Ebene: höchstens zwei Tropfen
   seelische Ebene: höchstens drei Tropfen oder zwei Hübe aus der Sprühflasche
▸ Tageshöchstdosis
   geistige Ebene: sechs Tropfen
   seelisch-emotionale Ebene: neun Tropfen oder sechs Hübe in 24 Stunden.

(!) Cave: Keine der in diesem Buch aufgeführten Mischungen eignet sich für die Behandlung von Kindern unter zwölf Jahren, ohne dass eine professionelle spagyrische Beratung stattgefunden hat. Die Dosierungen für Kinder sind deshalb nur der Vollständigkeit halber angegeben. Lassen Sie bitte bei Kindern besondere Vorsicht walten und verzichten Sie unbedingt auf Experimente. Diese Dosierungen sind Richtlinien und die oberen Werte Höchstdosierungen, wie sie meinen Erfahrungen aus der täglichen Praxis entsprechen. Der Einnahmemodus kann je nach Symptom, Intuition und Lebenssituation individuell variiert werden. Beachten Sie jedoch stets die jeweilige Wirkungsebene und halten Sie die dafür angegebene Dosierung ein.

Beispiel. Sie verwenden ein Mittel auf der geistig-energetischen Ebene. Hier könnten Sie als Erwachsener morgens zwei Tropfen einnehmen und innerhalb der nächsten sieben Stunden jeweils ein Tropfen pro Stunde. Damit haben Sie die Höchstdosis von neun Tropfen pro Tag nicht überschritten und auch die Einzeleinnahmedosis von drei Tropfen wurde eingehalten.

(!) Cave: Wenn Sie die angegebenen Dosierungen überschreiten, wirkt das Mittel auf körperlicher Ebene und die energetischen Wirkungen sind somit aufgehoben! Falls Sie versehentlich einmal zu hoch dosiert haben, setzen Sie die Einnahme für 24 Stunden aus und beginnen Sie danach in der zuletzt korrekt eingenommenen Dosierung.

Dosierung nach Fibonacci

Der Mathematiker Fibonacci entwickelte bestimmte Zahlenreihen, die häufig in der Natur vorkommen und dort einen lebensspendenden Zyklus beschreiben. Hierzu gehören zum Beispiel das Wachstum von Blättern an einem Baum und deren spezielle Anordnung, durch die jedes Blatt in 24 Stunden exakt gleich viel Sonnenlicht abbekommt.

Bei den Fibonacci-Zahlen entwickelt sich jede weitere Zahl durch Addition der aktuellen Zahl zur vorhergehenden Zahl, also z. B. 2 + 3 = 5, 5 + 3 = 8, 8 + 5 = 13 usw. Bei null beginnend resultiert daraus folgende Reihe: 0 – 1 – 1 – 2 – 3 – 5 – 8 – 13 – 21 – 34 – 55 – 89 – ...

Diese Zahlen werden für die Dosierung in der Spagyrik verwendet, wenn man Mischungen energetisieren, das heißt ihre Wirksamkeit erhöhen möchte oder karmische oder sehr spezielle Konstellationen oder Verstrickungen vorliegen. Die Dosierung nach Fibonacci wird entsprechend der nach ihm benannten Zahlenreihe wie folgt durchgeführt:

Tag	Dosis
1. Tag	3 x 1 Tropfen täglich
2. Tag	3 x 1 Tropfen täglich
3. Tag	3 x 2 Tropfen täglich
4. Tag	3 x 2 Tropfen täglich
5. Tag	3 x 3 Tropfen täglich
6. Tag	3 x 3 Tropfen täglich
7. Tag	3 x 3 Tropfen täglich
8. bis 12. Tag	3 x 5 Tropfen täglich
13. bis 20. Tag	3 x 8 Tropfen täglich
21. bis 33. Tag	3 x 13 Tropfen täglich
34. bis 54. Tag	3 x 21 Tropfen täglich
55. bis 88. Tag	3 x 34 Tropfen täglich

Die Zahlen 8 und 88 stehen für die Unendlichkeit. Entsprechend ist die Lemniskate in Form einer liegenden Acht, bei der ein Kreis in den anderen übergeht und weder Anfang noch Ende hat, ein Symbol für die Unendlichkeit.

Machen Sie nach dem 88. Tag ruhig einige Tage Pause, bevor Sie bei Bedarf mit der Einnahme bei 3 x 34 Tropfen weitermachen oder wieder von vorne anfangen. Während der Pause kann sich die Wirkung der Medikamente auf einer feinstofflichen, unendlichen Ebene manifestieren.

Lagerung spagyrischer Essenzen

Spagyrische Essenzen sollten wie homöopathische Mittel nicht ständig extremen Strahlungen wie Handystrahlen, Elektrosmog oder geopathischen Belastungen ausgesetzt werden. Wählen Sie für die Aufbewahrung einen kühlen, nicht zu hellen Platz ohne direkte Sonnenbestrahlung. Vermeiden Sie extreme Temperaturschwankungen. Wenn Sie die Mischungen über einen längeren Zeitraum lagern möchten, stellen Sie sie am besten in den Kühlschrank.

Bei längerer Lagerung trüben die Mischungen ein. Dies ist ein Qualitätsmerkmal, denn die Mischungen bestehen aus mehreren Pflanzenbestandteilen, die durch Mischung und Lagerung ausfallen können. Dies ist normal. Die Wirkung der Mischung wird dadurch nicht beeinträchtigt. Nach meinem Verständnis reifen die Mischungen und länger gelagerte Pflanzenessenzen mit der Zeit, so dass ihre Wirkung eher noch zunimmt.

Die Präparate enthalten Alkohol und sollten entsprechend sicher vor Kindern aufbewahrt werden.

Einzelmittel und Mischungen

Die Angaben zu den Einzelpflanzen (→ Kapitel 2) sollen Ihnen lediglich zeigen, mit welchen energetischen Wirkungen Sie es zu tun haben. Im Einzelfall können Sie eine Pflanze, die Ihnen besonders zuspricht oder mit der Sie sich verbunden fühlen, auch als Einzelessenz einnehmen. Bei Mischungen sollten Sie sich unbedingt an die bei den Anwendungsbeispielen (→ Kapitel 3) aufgeführten Rezepturen halten. Diese Mischungen sind seit Jahren erprobt. Bitte widerstehen Sie als Laie der Versuchung, Rezepturen auf eigene Faust zusammenzustellen.

Bei der Wahl der Komponenten einer Mischung werden viele Aspekte berücksichtigt, die in diesem Buch nicht vermittelt werden können. Hierzu gehören z. B. die jüdische Geheimlehre der Kabbalistik, die Numerologie (→ S. 345), botanisches Wissen über die Wirkung von Pflanzen sowie medizinisches Fachwissen. Bei manchen Mischungen ergeben die Anfangsbuchstaben der Pflanzen ein Wort, das mit der Wirkung des Mittels zu tun hat. Dies ist einer der Gründe dafür, weshalb die Reihenfolge der Pflanzen beim Erstellen der Mischung unbedingt einzuhalten ist. Damit sich die ausgewählten Pflanzen in ihrer Wirkung optimal ergänzen und nicht behindern, bedarf es also eines umfangreichen Wissens. So entstehen Mischungen aus unterschiedlichen Pflanzen, die entweder direkt mit der Art der Störung zu tun haben oder bei denen andere Aspekte der energetischen Störung berücksichtigt wurden, wie zum Beispiel in Beziehung stehende Energieleitbahnen oder Aspekte aus der Psychosomatik.

ⓘ **Cave:** Basismischungen sollten grundsätzlich nicht verändert werden, da durch ihre spezielle Zusammenstellung und die Reihenfolge der Mittel in den Mischungen ein zusätzlicher therapeutisch relevanter Synergieeffekt entsteht.

(!) Cave: Falls in einer Rezeptur mehrere Einzelmischungen enthalten sind, müssen diese vom Apotheker zuerst einzeln als individuelle Rezeptur hergestellt werden, um dann als Rezeptur gemischt zu werden.

Beispiel. Ein gutes Beispiel hierfür ist die Rezeptur „Aufstieg ins Licht« (→ S. 242). Hier werden die Mischungen GPST, VHS, ADAM, TGJ und CC in einer Rezeptur verwendet. Der Apotheker stellt also zunächst separat jede dieser fünf Mischungen her. Erst danach werden sie Schritt für Schritt zusammengefügt. Würde man nach dem Erstellen der Rezeptur »GPST« einfach die Pflanzen der zweiten bis fünften Rezeptur nach und nach einzeln hinzufügen, ergäbe sich eine andere Wirkung. Diese entspräche der um die einzelnen hinzugefügten Pflanzen ergänzten Basisrezeptur »GPST«. Gewünscht ist hier aber die Verbindung aus fünf verschiedenen Mischungen, die jede für sich eine geschlossene Wirkung mit einbringt.

Einnahmehinweise

Schütteln Sie die Mischung, bevor Sie die Essenzen einnehmen. Damit durchmischen sich die einzelnen Pflanzenbestandteile und Sie erreichen eine weitere Dynamisierung der Mischung. Am besten schütteln Sie vor jeder Einnahme die Mischung zehnmal rhythmisch. So bereiten Sie sich selbst, die in der Rezeptur enthaltenen Pflanzen und Ihre Energiekörper auf die Einnahme vor.

Bei energetischen Mischungen hat sich die Einnahme zu den immer gleichen Tageszeiten

ebenfalls bewährt. Energetische Mischungen wirken nach rund 15 bis 30 Minuten für etwa vier bis sechs Stunden. Deshalb sollten Sie bei allen Schutzmischungen die Anwendung rechtzeitig wiederholen.

Da die Essenzen durch ihre Wirkung und als Begleiter in jeder individuellen Lebenssituation zu Ihren ganz speziellen »Freunden« werden, sollten Sie sie mit der entsprechenden Ehrfurcht behandeln. Suchen Sie einen besonderen Platz zum Aufbewahren für Ihre »Helfer« aus. Es hat sich auch bewährt, die Pflanzenmischungen bei sich zu tragen und nachts am Bett stehen zu haben.

Verwenden Sie die jeweilige Mischung am besten ausschließlich für sich selbst. Wenn mehrere Personen die gleiche Mischung einnehmen möchten, sollte jeder seine Tropfen in eine nur für ihn bestimmte Flasche abfüllen.

Alkohol

Falls Sie, aus welchen Gründen auch immer, keine alkoholische Tropfen einnehmen können, lassen Sie sich in der Apotheke aus den angegebenen Mischungen Globuli herstellen. Ihr Apotheker berät Sie sicher gerne.

(!) Cave: Alkoholkranke Menschen dürfen die alkoholhaltigen Tropfen nicht einnehmen und müssen eventuell sogar auch auf ein Einreiben verzichten. Eine Alternative bietet die Zubereitung von Globuli. Nehmen Sie die spagyrischen Essenzen als Globuli ein oder tragen Sie die Flasche einfach bei sich und lassen so die Wirkung auf sich übergehen.

Aufgrund des Alkoholgehaltes sind die Essenzen nur auf unverletzter Haut und nicht in der Nähe von Schleimhäuten anzuwenden. Nicht in die Nähe der Augen sprühen!

Gleichzeitige Einnahme mehrerer Mittel

Nehmen Sie nie zu viele Mischungen auf einmal. Überlegen Sie vor der Einnahme einer Mischung genau, welches Thema gerade für Sie Priorität hat und suchen Sie sich für dieses Thema entsprechende Mischungen. Viele Themen sind nur »Nebenschauplätze«, die sich durch die Einnahme von Rezepturen zu den Hauptthemen von selbst erledigen. Nehmen Sie höchstens drei verschiedene Mischungen ein. Hier gilt wie bei vielem im Leben: »Weniger ist meistens mehr!« Eine Ausnahme stellen Schutzmischungen dar, wenn diese nur als Raumspray verwendet werden. Diese müssen nicht in die Überlegungen bezüglich des Einnahmemodus mit einbezogen werden.

Wenn Sie mehrere energetische Mischungen gleichzeitig einnehmen, muss zwischen der Einnahme zweier Mischungen ein Abstand von mindestens 30 Minuten liegen. Sonst kann Ihr energetisches System die vielen Informationen nicht verwerten. Bewährt hat es sich, die Mischungen tageweise zu wechseln, so dass Sie an einem Tag die eine Mischung und am nächsten Tag die andere Mischung einnehmen. Alternativ können Sie einen tageszeitlichen Wechsel wählen, also zum Beispiel eine Mischung morgens und die anderen Mischungen mittags oder abends nehmen.

Wechselwirkungen mit anderen Mitteln und Therapien

In der in diesem Buch angegebenen Dosierung beeinflussen die spagyrischen Mittel die Einnahme chemisch-synthetischer Mittel im schulmedizinischen Sinne nicht. Trotzdem sollten Sie Ihren Therapeuten informieren, wenn Sie spagyrische Essenzen ergänzend zu einer anderen Therapieform nutzen. Dies gilt auch, wenn Sie Phytotherapeutika (Pflanzenheilmittel) als Tees, Kapseln oder Tabletten einnehmen.

Die Einnahme von Homöopathika in hohen Potenzierungen und andere energetische wirkende Heilmittel, wie zum Beispiel Edelsteinessenzen oder Aura-Soma-Essenzen, werden dagegen durchaus durch die Spagyrik beeinflusst. Eine zusätzliche Einnahme muss daher unbedingt mit Ihrem Verordner abgeklärt werden.

(!) **Wichtig:** Sprechen Sie die Einnahme spagyrischer Mittel stets mit Ihrem Therapeuten ab – auch wenn die in Anspruch genommene Therapie scheinbar nichts mit der spagyrischen Behandlung zu tun hat. Dies ist wichtig, um das Vertrauensverhältnis nicht zu stören und mögliche Einwände oder Gründe für eine Nichteinnahme abzuklären.

Bachblüten: Zur Verbindung von spagyrischen Mitteln mit Bachblüten siehe S. 332.

Alternative Einnahmemöglichkeiten bei Erwachsenen

Falls Sie eine Mischung in ihrer Wirkung verstärken möchten, können Sie sie vor der Einnahme zehnmal kräftig aus dem Handgelenk heraus verschütteln. Dazu nehmen Sie die Flasche mit der Essenz in die Hand und schütteln aus dem Handgelenk heraus einmal kräftig Richtung Boden. Wiederholen Sie diesen Vorgang zehnmal rhythmisch. Bleiben Sie dabei konzentriert und stimmen Sie sich auf das Verschütteln ein. Sie potenzieren über das rhythmische Verschütteln die Mischung auf ein höheres energetisches Niveau. Vor jeder Einnahme wiederholen.

Sie können Ihre spagyrische Tagesration auch in Ihr Trinkwasser geben, das Sie über den

Chakra	Pflanze	Lage	Bedeutung	Farbe	Laut
1. Chakra (Basis- oder Wurzelchakra)	Gentiana lutea (1 E/P) Rhus toxicodendron (1 P) Datura stramonium (1 P)	Am unteren Ende des Damms (zwischen Anus und Genitalbereich)	Wichtig für Sicherheitsbefinden und Geborgenheitsgefühl, außerdem gibt es Erdung	Rot	U
2. Chakra (Bauchchakra)	Matricaria chamomilla (2 E) Urtica (2 E/P) Vaccinium myrtillus (2 P) Yohimbé (2 E)	An der vorderen Bauchwand zwischen Nabel und Schambein	Wichtig für das gesamte hormonelle System, bei sexuellen Störungen oder Kinderwunsch einsetzbar	Orange	UO
3. Chakra (Nabelchakra)	Gentiana lutea (3 E/P) Hypericum perforatum (3 E) Nux vomica (3 E) Okoubaka aubrevillei (3 E/P) Azadirachta indica (3 P) Vaccinium myrtillus (3 E/P)	In der Magengrube zwischen Bauchnabel und Brustbein im Bereich des Solarplexus (Sonnengeflecht)	Wichtig für emotionales Empfinden, repräsentiert Bauchspeicheldrüse, also die Möglichkeit, die Süße des Lebens zu empfinden und sich darauf einzulassen	Gelb	O
4. Chakra (Herzchakra)	Fucus (4 E) Okoubaka aubrevillei (4 E/P) Sambucus nigra (4 E) Taraxacum officinale (4 E) Viscum album (4 P) Coffea arabica (4 P)	In der Mitte des Brustkorbes	Repräsentiert alle Herzenergien: das Verliebtsein; sich auf jemanden einlassen können, mit anderen in Gemeinschaft leben, das Leben als Nehmen und Geben zu verstehen	Grün, Rosa	A
5. Chakra (Halschakra)	Amygdala amara (5 E/P) Aralia racemosa (5 E/P) Belladonna atropa (5 P) Bellis perennis (5 E), Crataegus (5 E) Fagopyrum esculentum (5 E) Propolis (5 E), Urtica (5 E) Thymus vulgaris (5 E) Azadirachta indica (5 E)	Direkt über der Schilddrüse am Schildknorpel des Halses	Wichtig für die Fähigkeit, zu kommunizieren und sich auszudrücken	Blau	E
6. Chakra (Stirnchakra)	Belladonna atropa (6 E) Euphrasia (6 E), Iris (6 P) Vaccinium myrtillus (6E) Valeriana officinalis (6 E) Viola tricolor (6 E) Viscum album (6 E) Nicotiana tabacum (6 E)	Befindet sich in der Mitte zwischen den Augenbrauen	Wichtig für die Psyche, das Sehen und die Wahrnehmung hinter den stofflichen Welten	Violett	I
7. Chakra (Scheitelchakra)	Allium cepa (7 E) Amygdala amara (7 P) Rauwolfia serpentina (7 E) Sabal serrulatum (7 E), Sarsaparilla (7 E) Symphytum officinale (7 E) Viola tricolor (7 P), Yohimbé (7 E) Nicotiana tabacum (7 E) Coffea arabica (7 E) Datura stramonium (7 E)	Befindet sich an der höchsten Erhebung der oberen Schädelplatte	Es ist wichtig für die Bewusstwerdung im Menschsein	Weiß	M
8. Chakra	Amygdala amara (8 E) Azadirachta indica (8 E) Taxus baccata (8 E) Nicotiana tabacum (7 E) Coffea arabica (7 E) Datura stramonium (7 E)	Befindet sich zwei Handbreit direkt über dem Kopf	Speicher des energetischen Gedächtnisses unseres Gehirns, speichert alle Informationen aus der Akasha-Chronik (→ S. 338)	Strahlendes Weiß	D E O

Tag verteilt trinken. Besonders intensiv wirken die Tropfen in energetisiertem Wasser.

🖐 **Tipp:** Die Energetisierung von Wasser können Sie ganz einfach selbst vornehmen: Wenn Sie die Tagesration Wasser auf ein Papier mit stärkenden Worten wie Heilung, Liebe, Licht oder heilige Worte wie Amen oder das Vaterunser stellen, geht die Energie der Worte schnell auf das Wasser über. Alternativ können Sie die Tagesration Wasser in Ihre Hände nehmen und die Worte und deren Energie konzentrativ über die Energie Ihrer Hände auf das Wasser übertragen. Verwenden Sie dabei stets nur solche religiösen Zeichen, zu denen Sie einen Bezug haben.

Die spagyrischen Essenzen lassen sich auch äußerlich anwenden. Dazu geben Sie die Tropfen auf Körperstellen, die Sie mit Ihren Symptomen in Verbindung bringen, oder wenden die Mittel auf den Chakren an (→ S. 21). Bei geistigen Mischungen können Sie die Tropfen an der höchsten Stelle am Kopf im Bereich des 7. Chakras einreiben. Für seelische Mischungen bietet sich die Region des Sonnengeflechtes (Solarplexus) oberhalb des Bauchnabels an.

⊘ **Cave:** Vorsicht bei Verwendung der Mittel als Sprays. Da die Mittel Alkohol als Trägerstoff enthalten, dürfen diese nur auf unverletzter Haut und nicht in der direkten Nähe von Schleimhäuten verwendet werden. Nicht in die Nähe der Augen sprühen! Dies gilt insbesondere für die Anwendung auf dem Dritten Auge, also der Stelle zwischen den Augenbrauen, an der Ihr 6. Chakra sitzt.

Für ein Wannenbad geben Erwachsene drei oder sieben Tropfen ins Badewasser. Die Dosierung hängt davon ab, ob ein geistiger oder seelisch-emotionaler Aspekt beeinflusst werden soll (→ S. 14).

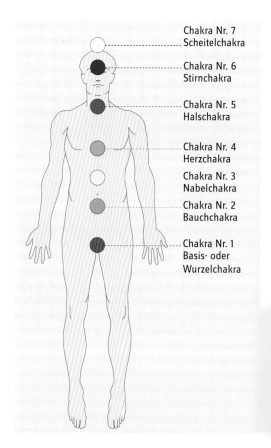

Chakra Nr. 7
Scheitelchakra

Chakra Nr. 6
Stirnchakra

Chakra Nr. 5
Halschakra

Chakra Nr. 4
Herzchakra

Chakra Nr. 3
Nabelchakra

Chakra Nr. 2
Bauchchakra

Chakra Nr. 1
Basis- oder
Wurzelchakra

Alternativ können Sie sich Ihre Mittel in einer Flasche mit Sprühaufsatz mischen lassen und in Ihre Aura sprühen. Wiederholen Sie das Einsprühen spätestens alle vier bis sechs Stunden.

Verwenden Sie die Mischungen als Raumspray oder sprühen Sie abends vor dem Schlafengehen Ihr Kopfkissen damit ein. Sie können die Mischung über eine Verdampferlampe zusammen mit ätherischen Ölen in den Räumen verdampfen, in denen Sie sich vorwiegend aufhalten.

Ihrer Phantasie sind keine Grenzen gesetzt und Sie werden sicher selbst noch Möglichkeiten entdecken, wie Sie die Tropfen für sich selbst gewinnbringend anwenden können.

Wenn Sie therapeutisch tätig sind, ist es über die hygienischen Anforderungen hinaus wichtig, sich energetisch zu reinigen. Dies sind Sie sich und dem nächsten Patienten schuldig, da dieser sonst die Energie seines Vorgängers abbekäme. Wenn Sie die Tropfen in Ihre Seifenmischung oder Ihr Händedesinfektionsmittel geben, können Sie sich bei jeder Reinigung der Hände gleichzeitig von der Energie Ihrer Patienten befreien.

Anwendung auf den Chakren

Das Wort Chakra kommt aus dem Sanskrit und bedeutet so viel wie »Rad« oder »Energiezentrum«. Aus dem asiatischen Raum stammt die Vorstellung, dass jeder Mensch Energiezentren (Chakren) hat, die im Körper verschiedene Funktionen steuern. Ein Chakra sollte idealerweise frei schwingen und sich drehen können. Falls diese Bewegung blockiert ist, entstehen im Körper Krankheiten und psychische, emotionale und geistige Störungen. Je nach Störung können Sie passende Chakren auswählen und diese mit den spagyrischen Essenzen stimulieren. Wenn Sie ein Mittel auf eines der Chakren auftragen oder aufsprühen, können Sie zusätzlich den für dieses Chakra zuständigen Laut singen oder summen oder sich intensiv die Farbe vorstellen, die dieses Chakra repräsentiert.

Allgemeine Anwendung auf Chakren:
▶ Achillea millefolium, Fagopyrum esculentum: Harmonisierung, Gleichgewicht
▶ Melilotus: Harmonisierung
▶ Thuja occidentalis: Belebung
▶ Podophyllum peltatum: Öffnung
▶ Quercus: Harmonisierung.

Invocatio Dei

Die Alchemisten des Mittelalters haben eine Arbeit mit Heilpflanzen immer mit einer »Invocatio Dei«, also der Anrufung Gottes und seines Beistandes, begonnen.

Wenn Sie dieser Tradition folgen wollen, danken Sie vor jeder Einnahme der spagyrischen Essenzen:
▶ Danken Sie Gott für die Hilfe aus dem Pflanzenreich und bitten Sie ihn, Ihre Entwicklung im Einklang mit Ihrer Seele zuzulassen.
▶ Danken Sie dem alchemistischen Prozess, bei dem es im Labor möglich ist, in der Natur lange andauernde Prozesse für die Pflanzengewinnung abzukürzen, um diese Essenzen für unsere Entwicklung auf der Erde nutzbar zu machen.
▶ Danken Sie für all die Menschen, die an der Entwicklung der Spagyrik beteiligt waren und dafür gesorgt haben, dass Ihnen diese »Helfer« aus der Natur zur Verfügung stehen.
▶ Danken Sie der Natur, die dafür gesorgt hat, dass die Pflanzen ungehindert wachsen und sich entfalten konnten und uns nun durch einen alchemistischen Transformationsprozess zur Verfügung stehen.

In diesem Geiste der Dankbarkeit wird die Wirkung der Mischung noch einmal potenziert und Ihr Körper auf die Essenzen vorbereitet.

2

Pflanzen

>»Gott bringt aus der Erde Heilgewächse hervor und wer vernünftig ist, verschmähe sie nicht.«

Jesus Sirach 38,4

1 Achillea millefolium (Schafgarbe)

Traditionelle Anwendung

▶ Mittel für Leber-, Blasen- und Nieren-
  beschwerden
▶ Förderung der Gallensekretion
▶ Phytohormon.

Energetische Anwendung

🌢 Pflanzenbotschaft: »Ich helfe Dir, Dein Potenzial unabhängig von der Meinung anderer
und von traditionellen Werten zu entwickeln,
und unterstütze Dich bei allen Veränderungen
mit einem energetischen Schutzschild.«

Diese Pflanze hilft Ihnen, sich unabhängig
von traditionellen Meinungen und überhol-
ten Wertvorstellungen in der Gesellschaft zu
emanzipieren. Sie sind wieder mehr bei sich
selbst, statt ständig im Außen zu sein. Sie
erkennen Ihre wirklichen Bedürfnisse und
bekommen die Kraft, sich für das, was Ihnen
wichtig ist, einzusetzen bzw. es einzufordern.
Darüber hinaus bekommen Sie ein Gespür
dafür, wie es Ihnen gelingen kann, sich in
Ihrem Umfeld individuell zu entwickeln.

Achillea millefolium enthält viel weibliche
Energie (Yin-Energie,→ S. 341). Diese Pflanze kann sowohl Frauen als auch Männern
helfen, ihre nicht gelebte weibliche Seite zu
entwickeln. Ihre Energie bringt Ihre Chakren
(→ S. 20) ins Gleichgewicht, versieht Sie mit
einem Schutzmantel und durchflutet Sie mit
Licht, wenn Sie bei Ihrer persönlichen Entfaltung psychischen Angriffen auf Ihre Schwachpunkte ausgesetzt sind. Sie erkennen die für
Sie spezifischen Schwachstellen und lernen,

mit diesen umzugehen. Sie bekommen die
innere Kraft und den Mut, sich mit sich selbst
auszusöhnen, bisher wenig geliebte Eigenschaften zu akzeptieren und sich dynamisch
und frei von äußeren Einflüssen zu verwirklichen. Aus dieser inneren Kraft heraus können
Sie ein gutes Bewusstsein für sich selbst entwickeln und Minderwertigkeitsgefühle überwinden.

Die Energie von Achillea ermuntert und hilft
uns, den ersten Schritt zu einer Einheit mit
uns selbst zu tun. Oft haben wir Angst davor,
weil wir dabei die Dualität - unser Gegenüber, Personen oder Ereignisse, die uns bisher
gespiegelt haben - verlassen müssen. Achillea
befreit uns endlich von dem Gefühl, nur dann
eine Daseinsberechtigung zu haben, wenn wir
für andere Menschen da sind und uns auf-
opfern.

Diese Wirkung von Achillea lässt sich durch
synergistische Pflanzen wie Agnus castus (→ S. 30), Betula alba (→ S. 54), Tilia
(→ S. 196), Pilocarpus (→ S. 198) und Quercus (→ S. 200) weiter vertiefen. Dank dieser
Pflanzen erkennen Sie wieder klarer, wie Ihr
Leben aussehen soll. Sie befreien sich von
dem Bedürfnis, anderen zu gefallen und sich
dafür aufzuopfern. Sie stärken nach und nach
Ihr Selbstwertgefühl. Sie ordnen sich in das
Weltgeschehen ein, können Ihre Handlungen
eingebunden in einen umfassenden Zusammenhang sehen und lernen so, Ihren persönlichen Wert als Teil des Ganzen zu schätzen.

Menschen, die sich mit ihrer traditionellen
Geschlechterrolle schwertun, hilft Achillea,
diese zu akzeptieren und zu würdigen. Dabei
geht es nicht um ein »Zurück an den Herd«,

Emanzipation – Venus – Achillesferse – Paracelsusmittel

sondern darum, unserer geschlechterspezifischen Inkarnation genügend Raum zur Entfaltung zu geben.

Auf der geistigen Ebene erhalten wir Zugang zu allen Informationen und Fähigkeiten, die wir brauchen, um in diesem Jahrtausend zu bestehen. Das gilt vor allem auch dann, wenn wir mit demselben Verhalten die immer gleichen – oft unbequemen und schmerzhaften – Lebens- und Lernprozesse auslösen. Wir bekommen gewissermaßen eine Karte an die Hand, die uns durch den täglichen Lebenskampf leitet und uns auf unseren eigentlichen Lebenspfad zurückführt. So erleben wir das Leben auf eine völlig neue Art und Weise.

Anmerkungen

Wir sind oft durch Meinungen anderer geprägt, ohne dies wahrzunehmen. Die meisten Menschen befinden sich mit ihrem Bewusstsein ständig im Außen, also bei Dingen oder Ereignissen, die mit ihnen persönlich nichts zu tun haben. Durch unsere gesellschaftlichen Strukturen, mit einer stark mediengestützten Informationswelt, nehmen wir kaum noch wahr, wo unsere eigentlichen Bedürfnisse liegen. Individualität ist kaum noch gefragt, sie macht vielen Menschen Angst oder wird argwöhnisch begutachtet.

Ein Sprichwort drückt die Energie von Achillea millefolium sehr gut aus: »Ist der Ruf erst ruiniert, lebt's sich gänzlich ungeniert.« Demnach sollte es uns egal sein, was unsere Mitmenschen über uns denken, solange wir uns auf einem für uns guten Lebensweg befinden. Lassen Sie sich auf die befreiende Energie dieser Pflanze ein und merken Sie, wie ein einfach geführtes Leben, das Sie unabhängig von der Meinung anderer führen, Ihre bisher gebundenen Energien befreit und in Gang setzt.

2 Aconitum napellus (Eisenhut, Echter Sturmhut)

Traditionelle Anwendung

▶ beruhigend
▶ schmerzlindernd
▶ schocklösend.

Energetische Anwendung

🌢 **Pflanzenbotschaft:** »Ich löse alle Blockaden, die durch Schocks in Deinem Leben entstanden sind, und befreie Dich von Ängsten aus all Deinen Inkarnationen.«

Der Sturmhut ist angezeigt, wenn das Schicksal scheinbar ohne Vorwarnung zugeschlagen hat, wenn Sie völlig verstört sind und keinen klaren Gedanken mehr fassen können. Sie fühlen sich gelähmt und blockiert und wissen nicht, wie es weitergehen soll. Aconitum kann Ihnen helfen, durch einen Schock entstandene Blockaden aufzulösen. Diese Blockaden behindern oft Therapien und die Weiterentwicklung des Menschen auf eine höhere Bewusstseinsebene.

Aconitum löst Ängste und Blockaden aus der frühen Kindheit und sogar aus früheren Leben. Diese Ängste können sich im aktuellen Leben als ständige Vorahnungen, akute Panikattacken oder ganz einfach als lähmende Angst im Alltag bemerkbar machen.

Wenn sich durch einen Schock Ihre Aura verschoben hat oder ein Loch in Ihrer Aura entstanden ist, laufen Sie Gefahr, durch dieses Loch eigene Energie zu verlieren oder Fremdenergien aufzunehmen. Aconitum gleicht diese Defekte wieder aus. Es befreit Sie dabei von allen negativen Anhaftungen in Ihrem

Leben und nimmt Ihnen die Angst vor dem Tod.

Der Sturmhut öffnet Ihren Geist für höhere Sphären. Ihr Geist wird klar und Sie erhalten Zugang zu geistig-spirituellen Ebenen, auf denen Sie sich seelische Schocks und Verletzungen anschauen können, ohne davon überwältigt zu werden. Aconitum begleitet Sie in den Schlaf hinein, um in traumreichen Phasen (REM-Phasen) heilend an Ihrer Seele zu arbeiten. Sie nehmen sich als einzigartiges, von Gott gewolltes Wesen wahr und können diese Erkenntnis in Ihr Leben integrieren.

Aconitum leitet alle negativen Energien aus Ihrem Energiekörper und befreit Sie davon. Sie können sich seine Wirkung wie ein seelisches »Abführmittel« vorstellen. Besonders hilfreich ist die Energie dieser Pflanze bei allen Schocks, durch die Sie sich wie gelähmt und völlig am Boden zerstört fühlen.

Der Sturmhut befreit einen Ort von Flüchen und Besetzungen, die ihn belasten. Überall, wo Eifersucht, Neid und zerstörerische Leidenschaften herrschen, reinigt Aconitum die Energie dieses Platzes und hilft, die energetische Situation durch Erkenntnis und Bewusstheit zu verändern.

🥄 **Tipp:** Falls Sie diese Pflanze besonders anspricht, lesen Sie bitte aufmerksam das Kapitel über Ängste (→ S. 219).

Anmerkungen

Wenn Sie einem Schock ausgesetzt sind, verschiebt sich Ihre Aura nach links und hinterlässt

Blockade – Schock – Hilfe im Notfall – Todesangst

in Ihrem energetischen Schutzmantel ein Loch. Deshalb fühlen wir uns nach einem psychischen Schock oft körperlich unwohl, ohne zu wissen, warum. Hintergrund ist das Ungleichgewicht zwischen Ihrem physischen und Ihren energetischen Körpern. Durch die entstandenen Verschiebungen passen der physische und die energetischen Körper nicht mehr kongruent zusammen. Zudem können durch das entstandene Loch in Ihrem Schutzmantel fremde Energien ungehindert eindringen.

Aconitum wird Ihre Aura wieder zentrieren und die durch die Verschiebung entstandenen Löcher ausgleichen, so dass Sie sich wieder harmonisch und wohl fühlen. Durch diese Zentrierung sind Sie wieder rundum geschützt. Fremdenergien können nicht mehr in Ihre Aura eindringen.

3 Aesculus hippocastanum (Rosskastanie)

Traditionelle Anwendung

▸ venenstärkend
▸ durchblutungsfördernd
▸ entzündungshemmend
▸ schmerzlindernd.

Energetische Anwendung

🌢 **Pflanzenbotschaft:** »Ich schenke Dir in allen Lebenssituationen Dein Vertrauen in Dich selbst wieder.«

Aesculus ist die Pflanze der Kommunikation und der Interaktion. Es ist die Pflanze des fehlenden Selbstbewusstseins und Selbstvertrauens. Sie kann Ihnen helfen, Ihr fehlendes Selbstvertrauen wieder zu finden. Der Grund für mangelndes Selbstvertrauen liegt oft in einer Kindheit, in der wir nicht adäquat gefördert wurden. Wir wurden entweder überbehütet oder nur wenig beachtet und kaum gefördert. Aesculus wirkt auf einer sehr tiefen Ebene und hilft Ihnen, Schicht für Schicht an diese Ereignisse heranzukommen, sie aufzulösen und so wieder Vertrauen in Ihr ureigenstes Selbst zu finden.

Die Rosskastanie kann Ihre Kommunikationsfähigkeit erheblich verbessern. Wenn Sie oft nicht die passenden Worte finden, aber hinterher genau wissen, was Sie in der Situation hätten sagen sollen, und sich darüber ärgern, wird Aesculus Sie unterstützen.

Ebenso hilfreich ist Aesculus, wenn Sie sich intellektuell eher schwerfällig fühlen und oft die gleichen Gedanken im Kopf haben, die

sich wie eine Schallplatte ständig wiederholen, ohne dass Sie diese stoppen können.

Nehmen Sie diese Pflanze als helfenden und schützenden Begleiter in allen Situationen, in denen es um Kommunikation, Interaktion mit anderen Menschen und die starke geistige Präsenz in der Gegenwart anderer Menschen geht.

Aesculus hilft Ihnen rasch und umfassend, sich von der Vergangenheit zu lösen. Sie werden aus der Vergangenheit herauskatapultiert und kommen direkt in der Gegenwart bzw. Zukunft an.

Die Rosskastanie ist für die Menschen geeignet, die sich zu wenig im Leben verwurzelt fühlen. Die meinen, es fehle ihrem Leben an Tiefgang und Substanz. Die geistige Ideen nicht in die Tat umsetzen können. Dieser Baum lehrt Sie, Ihren geistigen Ideen zu vertrauen und sich stolz und aufrecht wie die im Frühjahr weithin sichtbaren Blütenstände der Rosskastanie zu zeigen.

Im Geistigen versorgt Sie die Pflanze zur rechten Zeit und am rechten Ort mit zündenden Ideen. Sie beflügelt Ihren Geist. Die Energie von Pegasus (→ S. 176) wird Ihren Geist an Orte begleiten, von denen Sie in Ihren kühnsten Träumen nichts geahnt haben. Ihr Geist wird geklärt und neu strukturiert. Sie bringen Ordnung in Ihr Gehirn, räumen unerledigtes Denken auf und schaffen somit Platz für neues Denken, das Sie zukünftig begleiten wird.

Die jetzt beginnende neue Zeit (→ S. 209) erfordert vor allem auch neues Denken. Einstein hat gesagt, dass man ein Problem nie-

Mangelndes Selbstvertrauen – sich wiederholende Gedanken

mals mit dem Denken lösen kann, durch das es entstanden ist. Die künftigen Jahre werden neue Anforderungen an unseren Geist und unsere Spiritualität stellen. Die Rosskastanie hilft Ihnen, Ihren Geist daran anzupassen.

Anmerkungen

Wir leben in einer Gesellschaft, in der man ständig obenauf sein und selbstbewusst reagieren soll. Man soll sich gewählt ausdrücken, gekonnt kommunizieren, galanten Smalltalk betreiben können.

Doch manchmal ist es einfach besser, bei sich selbst zu bleiben, zu schweigen und nicht direkt zu reagieren. Oft setzt man beim Gegenüber einen größeren Prozess in Gang, wenn man zum richtigen Zeitpunkt schweigen kann – ganz nach dem Motto »Reden ist Silber, Schweigen ist Gold«. Die Ruhe und Gelassenheit, die Schweigen oft nach sich zieht, kann als Stärke genutzt werden. Häufig ist die Botschaft eindeutiger, wenn gar nichts gesagt wird.

4 Agnus castus (Keuschlamm, Mönchspfeffer)

Traditionelle Anwendung

▸ »Frauenmittel«, ähnelt in seiner Wirkung dem weiblichen Hormon Progesteron
▸ hormonregulierend.

Energetische Anwendung

🌿 Pflanzenbotschaft: »Ich schenke Dir die Freiheit, nein sagen zu können und nicht als Marionette anderer Leute funktionieren zu müssen. Ich befreie Dich aus allen Lebenssituationen, die Dich einengen und begrenzen.«

Agnus castus wurde in der Klostermedizin eingesetzt, um die Libido von Mönchen auf geringem Niveau zu halten. Daher der Name Mönchspfeffer. Es ist die Pflanze der Opfer, also der Menschen, die ihre Lebensaufgabe darin sehen, immer zurückzustecken und auf keinen Fall irgendwelche Rechte für sich selbst einzufordern. Sie opfern sich für andere auf: für die Liebsten, die Familie oder den Partner. So können sie leicht von anderen Menschen gegängelt und zum Spielball der Interessen anderer werden.

Opfer oder Schöpfer des eigenen Lebens?! Dies ist eine Frage, die Ihnen vom Leben täglich neu gestellt wird. Agnus erklärt unserer Seele, wie wir ursprünglich gedacht waren, bevor wir uns entschieden haben, Opfer zu sein und unser Licht unter den Scheffel zu stellen. Schon Jesus hat gesagt, dass das Licht unter dem Scheffel niemandem nütze. Ein Licht dient dazu, für andere Menschen sichtbar den Weg zu erleuchten. Agnus erlöst das Muster des Opferseins auch innerhalb von Systemen wie einer Familie oder einem

anderen Verbund. Wenn Sie bereit sind, aus dieser Energie herauszutreten, werden wie von Zauberhand auch alle anderen Menschen in Ihrer Familie, die systemisch bedingt den gleichen Weg gegangen sind, aus ihrer Opferrolle befreit werden.

Ihr Selbstbewusstsein, also Ihr Bewusstsein für das eigene Selbst, wird gestärkt werden. Agnus erzählt Ihnen, dass es keine Schande ist, zu sich selbst zu stehen, für seine Bedürfnisse einzutreten und nicht andere Menschen entscheiden zu lassen, welche Bedürfnisse man haben darf.

Auf der spirituellen und geistigen Ebene erklärt Agnus castus Ihrer Seele, dass für andere da zu sein aus einer Freiheit des Geistes und der Seele entspringen muss. Wenn Sie, wie Jesus es uns demonstriert hat, nach einem Prozess der spirituellen, seelischen und geistigen Reifung zu dem Entschluss kommen, dass es an der Zeit ist, dem Leben etwas von dem Glück zurückzugeben, das Sie selbst bereits erhalten haben, und Ihr Leben in Gottes Hände legen, dann geschieht dies aus Freiheit und nicht aus einem schlechten Gewissen heraus. Sie können dann in Frieden leben und sagen: »Dein Wille geschehe, wie im Himmel so auf Erden.«

Agnus castus macht Schluss mit all diesen Verhaltensmustern, Schluss mit Unterdrückung und Selbstaufgabe. Sie lernen, dass auch ein Nein zu Ihrem Leben gehören kann und Abgrenzung im menschlichen Zusammensein wichtig ist. Sie werden nicht mehr ein Opferdasein führen, sondern Ihr Leben selbstbestimmt in die Hand nehmen. Sie werden nicht mehr gelebt, sondern leben Ihr eigenes Leben. Durchtrennen Sie mit Hilfe dieser

Marionette – Opferdasein – Selbstaufgabe

Pflanze Ihre Marionettenschnüre. Machen Sie sich auf in ein selbstbestimmtes, freies Leben – auch wenn Sie sich anfangs noch unsicher fühlen werden.

Anmerkungen

Viele zwischenmenschliche Beziehungen funktionieren nach dem Täter-Opfer-Prinzip. Wenn Sie Opfer sind, machen Sie den anderen automatisch zum Täter. Somit kann in dieser Beziehung keiner von beiden seine Freiheit leben. Die Beteiligten funktionieren nur noch nach vorgegebenen Mustern und ihre vielleicht ehemals lebendige Beziehung erstarrt in unfreier Routine.

Sich aus dem Opferdasein befreien zu lassen, hilft also letztendlich nicht nur dem Opfer, sondern auch den Menschen in seiner Umgebung, wieder frei und selbstbestimmt zu agieren.

Viele Menschen haben mehr Angst, ihre Stärken zu leben, als sich auf ihre Schwächen zu stützen. Lernen Sie, dass Sie in einer echten und wahrhaftig gelebten Beziehung oder Freundschaft sowohl Stärke als auch Schwäche zeigen dürfen, ohne Angst haben zu müssen, beim Gegenüber anzuecken.

5 Allium cepa (Küchenzwiebel)

Traditionelle Anwendung

▸ entzündungshemmend
▸ antibakteriell
▸ Fließschnupfen hemmend.

Energetische Anwendung

🌢 Pflanzenbotschaft: »Ich führe Dich behutsam, Schicht um Schicht, durch Dein Unterbewusstes und helfe Dir auf sanfte Weise, neu gewonnene Informationen zu Deiner Heilung zu nutzen.«

Allium cepa ist die Pflanze der Behutsamkeit, des Sich-nicht-Überforderns und des eigenen Rhythmus. Sie hilft Ihnen, die richtigen Freunde in Ihr Leben zu ziehen. Analog zum französischen »Je ne sais pas«, bei dem das »sais pas« ähnlich wie »cepa« ausgesprochen wird und das »Ich weiß nicht« bedeutet, ist Allium cepa die Pflanze der Erinnerungslücken. Sie hilft bei Lernblockaden und nach traumatischem Wissensverlust.

Die Zwiebel löst behutsam, Schicht für Schicht und ohne zu überfordern, emotionale und seelische Gifte und verhilft zu einem sanften und befreienden Tränenfluss. Sie erlöst Sie aus tiefen Trauerphasen, aus denen Sie nicht aus eigener Kraft herauskommen. Sie werden langsam in Ihrem Unterbewusstsein und Ihrem limbischen System (→ S. 340) neu strukturiert und geheilt. Sie werden die Erinnerung an geliebte Personen, Ereignisse oder Orte nicht mehr dazu benutzen, um immer wieder in tiefe Trauer und Depression zu verfallen. Sie können sich über alles Vergangene freuen, statt um das zu trauern, was nun einmal vorüber ist.

Zusammen mit Gentiana (→ S. 100) bringt Allium cepa tiefe, bisher unerlöste Familiengeheimnisse behutsam ans Licht und verschafft Ihnen selbst zu schwierigsten biographischen Ereignissen einen Zugang, der es Ihnen ermöglicht, konstruktiv damit umzugehen. Über das Bewusstwerden und die Erlösung biographischer Gegebenheiten schaffen Sie es, sich aus Ihrer Lebensstarre zu befreien. Die Kombination von Allium cepa mit Betula alba (→ S. 54), Hydrastis (→ S. 106) oder Rhus toxicodendron (→ S. 140) leitet Sie auf Ihren wahren Lebensweg.

Sie bekommen wieder mehr Selbstbewusstsein, zeigen Ihren weichen Kern, den Sie bisher aus Angst vor Entdeckung hinter einer rauen Schale verborgen hatten, und müssen nicht mehr verbal um sich schlagen, um die Menschen in Ihrer Umgebung davon abzuhalten, Ihnen zu nahe zu kommen.

Außerdem hilft Ihnen Allium cepa, wenn Sie sich ängstlich und dumpf fühlen, wenn Sie durch Informationen überfordert sind, die auf dem Weg zur Heilung Ihrer Seele auf Sie einströmen, wenn Dinge hochkommen, an die Sie sich lieber nicht mehr erinnert hätten.

Erinnerungslücken in Ihrer Biographie werden geschlossen. Längst verloren geglaubte Informationen kommen wieder ans Tageslicht. Dies gilt auch für schöne Ereignisse, die Ihnen helfen, sich mit Menschen Ihrer Vergangenheit auszusöhnen. Diese können dann als Ressourcen in Ihren Heilungsprozess mit einbezogen werden.

Erinnerung – Schicht für Schicht – eigener Rhythmus

Anmerkungen

Psychotherapien konzentrieren sich häufig auf Verletzungen durch Eltern, Großeltern und die Umgebung, die man als Kind erlebt hat. Dabei löst man oft entweder eine Krise aus oder wühlt ewig im Sumpf des negativ Erlebten. Wenn Sie aber nur im Negativen verharren und nicht auch die schönen Seiten Ihrer Kindheit anschauen, werden Sie letztendlich keine Fortschritte in Ihrer persönlichen Entwicklung machen.

Allium cepa bringt auch die schönen Aspekte Ihrer Kindheit ans Tageslicht. Diese Pflanze repräsentiert die Salutogenese, einen Zweig der Medizin, der seinen Blick auf die gesunden, funktionierenden Aspekte eines Menschen richtet und danach fragt, was den Menschen gesund erhält. Im Gegensatz dazu konzentriert sich die Pathogenese auf alle krankmachenden Aspekte. Mit diesen von Ihnen erforschten Ressourcen werden Sie sich bald wohler fühlen und wieder ein gewisses Urvertrauen entwickeln können.

Allium cepa hilft Ihnen, Ihren Eltern und allen anderen Akteuren in Ihrer Biographie – vor allem denen aus der Kindheit – zu verzeihen und sich so schneller von Verletzungen Ihrer Seele zu befreien.

6 Allium sativum (Knoblauch)

Traditionelle Anwendung

▶ antibiotisch
▶ antiviral
▶ antibakteriell
▶ fungizid
▶ gefäßerweiternd
▶ entzündungshemmend.

Energetische Anwendung

🌢 **Pflanzenbotschaft**: »Ich löse alte und festsitzende Emotionen und helfe Dir in allen Situationen, in denen Du Dich abgelehnt fühlst.«

Allium sativum wirkt auf der gleichen seelisch-emotionalen Ebene wie Allium cepa und kann hervorragend mit dieser Pflanze kombiniert werden.

Allium sativum löst sanft und vorsichtig Ihre alten und festgefahrenen Emotionen in Abhängigkeit von Ihrer Entwicklung. Es hilft Ihnen, die richtigen Freunde auszuwählen und schützt Sie vor Menschen mit parasitären Energien im Sinne eines energetischen Vampirismus (→ S. 296).

Menschen, die Allium sativum brauchen, fühlen sich oft bewusst oder unbewusst abgelehnt. Sie können diese Gefühle selten zuordnen oder in der entsprechenden Situation konkretisieren. Sie haben einfach das seltsame Gefühl, dass sie nicht dazugehören und abgelehnt werden. Dieses Gefühl kann so lebensbestimmend sein, dass sie sich von den Mitmenschen zurückziehen, um sich nicht mehr abgelehnt und nicht angenommen fühlen zu müssen. Der Knoblauch wird sie an den Ursprung dieses Gefühls bringen und ihnen helfen, es vollständig aufzulösen.

Die Energie von Allium sativum wehrt für Sie schädliche Energieformen ab und verschafft Ihnen Klarheit im Denken. Sie erkennen, wohin Ihre bisherige Lebensenergie geflossen ist. Unnütze Projekte, zeitraubende und sinnlose Unternehmungen, Energieräuber in Form eines aufwendigen Lebensstils oder Menschen, die Ihnen schlicht und ergreifend Zeit und Nerven rauben, werden entlarvt und gnadenlos aus Ihrem Leben verbannt. Ihr Energiekörper bekommt die Kraft, solche Energien schon im Ansatz zu erkennen und sie erst gar nicht in Ihr Leben eindringen zu lassen. Jegliche Form von »Besetzung« (→ S. 307) kann mit Hilfe dieser Pflanze erlöst werden.

Durch die Energie des Knoblauchs schaffen Sie es leicht, einen minimalistischen Lebensstil zu pflegen. Sie erkennen, dass Einfachheit in der Lebensführung zu Einfachheit in allen Bereichen der Seele und des Geistes führen kann. Und diese Einfachheit führt Sie dann in letzter Konsequenz zu einer Klarheit im Denken und im Handeln. Ihnen werden immer häufiger Dinge auffallen, die einen »schlechten Geschmack« bei Ihnen hinterlassen. Sie entwickeln quasi eine Spürnase für jede Form von Ungereimtheiten.

Anmerkungen

Wenn Sie eine Entwicklung in Ihrem Leben durchmachen, nützt es Ihnen wenig, zu rasch

Schicht für Schicht – sich abgelehnt fühlen – Probleme wiederholen sich

und ohne Rücksicht auf Ihre momentane Situation zu verfahren. Wichtig ist es, dass die Therapie Sie da abholt, wo Sie gerade stehen.

Jedes einzelne Gefühl ist wichtig und sollte von Ihnen in seiner ganzen Tiefe erlebt werden. Wenn Sie Ihre Gefühle nicht richtig wahrnehmen und nicht in Ihre momentane Situation integrieren, kann Ihr Körper seine Selbstheilungskräfte nicht in Gang setzen. Jede nicht gelebte Emotion manifestiert sich in bestimmten zellulären oder muskulären Strukturen und kann irgendwann eine körperliche Krankheit auslösen.

Echte Verwandlung und dauerhaft erfolgreiche Therapie können nur dann geschehen, wenn Emotionen gelebt, erlebt und integriert wurden.

7 Amygdala amara (Bittere Mandel)

Traditionelle Anwendung

▸ entzündungshemmend
▸ wichtigstes infektionshemmendes Mittel, vor allem bakterieller Art
▸ Immunsystem.

Energetische Anwendung

🌿 Pflanzenbotschaft: »Ich schütze und schließe Deine Aura und helfe Dir, trotz Enttäuschungen im Leben Deine Träume zu realisieren und Deinen inneren Reichtum zu entdecken, den Du mit ins Paradies nehmen kannst.«

Amygdala amara hilft Ihnen vor allem, Ihre Aura zu schützen. Sie können leichter Ihr volles Potenzial entfalten, wenn Ihre Aura geschützt und unversehrt ist. Löcher in der Aura können beispielsweise entstehen, wenn Ihnen ein Organ entfernt wurde oder Sie einem Schock ausgesetzt waren. Diese Löcher bieten Fremdenergien ideale Eintrittspforten, wodurch Sie destabilisiert und in Ihrer weiteren Entwicklung gehemmt werden können.

Die Bittere Mandel lässt Sie bittere Erlebnisse, Enttäuschungen und Beleidigungen dieses Lebens und vergangener Inkarnationen verdauen. Menschen, die oft angegriffen wurden und dadurch verbittert sind, lernen, Verletzungen hinter sich zu lassen und sich dem Leben in all seinen Facetten – und damit auch dem Schönen – wieder zuzuwenden.

Diese Pflanze hilft Ihnen, Ihre Inkarnation zu akzeptieren und sich in ihr wohlzufühlen. Sie unterstützt Menschen, die während ihrer Zeit im Mutterleib Probleme mit ihrer Inkarnation hatten und daher beinahe schon vor ihrer Geburt aus dem Leben geschieden wären. Oft zieht sich dieser Zustand wie ein roter Faden durch das Leben. Es gibt immer wieder Situationen, in denen man merkt, dass man gar nicht hier auf der Erde sein möchte. Amygdala amara, mit der Qualität eines »echten Freundes«, stabilisiert Sie hier in der Inkarnation.

Amygdala amara verkörpert das alchemistische innere Gold, die innere Sonne, die Licht in die Dunkelheit bringt, und lässt Sie durch die Umwandlung Ihrer Energien leichter die Lösung Ihrer Probleme finden. Ihre energetischen Körper und Ihre beiden Gehirnhälften werden durch Amygdala ausgeglichen. Es kommt zu einer Balance von Intuition und Logik.

Die Bittere Mandel hilft Ihnen, die richtigen Freunde zu finden. Menschen, die Sie auf Ihrer Lebensreise begleiten und unterstützen und nicht durch unreflektiertes und egoistisches Verhalten behindern. Wenn Sie vorwiegend Freundschaften pflegen, die auf dem Prinzip »Wenn Du schön brav bist und Dich in unserem Sinne verhältst, dann haben wir Dich auch lieb« beruhen, sollten Sie Amygdala zusammen mit Melilotus (→ S. 120) nehmen, um solche Energievampire (→ S. 296) erst gar nicht andocken zu lassen.

Ihre Lebensenergien und Ihr »Biss« werden durch Amygdala wieder aktiviert. Hingabe und Leidenschaft durchziehen Ihren Körper in einer gut abgestimmten Energie, so dass Sie wieder kraftvoll am Leben teilhaben können. Ganz in Ihrer eigenen Energie beginnen

Schutzschicht – Anker – Gelbe Aura – 8. Chakra

Sie zu erfahren, was für Sie persönlich und Ihre Lebenskraft wichtig ist, so dass Sie wieder Spaß und Freude am Leben haben.

Ihr Emotionalkörper (→ S. 92) wird gereinigt. Dadurch werden Sie frei von undefinierten Gefühlen, die allzu oft Ihren Alltag und Ihren Umgang mit anderen stören. Sie lernen, dass es, wie die Autorin Byron Katie sagt, in Ihrem Leben drei sehr wichtige Dinge zu unterscheiden gibt:

▶ Ihre Angelegenheiten
▶ die Angelegenheiten, die nur die anderen angehen
▶ und schließlich die Angelegenheiten, die nur Gott regeln kann.

Anmerkungen

Oft ist es schwer, uns zwischen der Logik und unserer Intuition zu entscheiden. Ein gelungenes Leben versteht es, beides gleichermaßen zu integrieren und zu nutzen. Es hilft Ihnen wenig, sich nur auf Ihren Kopf oder Ihren Bauch zu verlassen. Gott hat uns beides gegeben, damit wir beides nutzen.

Trainieren Sie also täglich sowohl Ihr logisches als auch Ihr intuitives Denken in Alltagssituationen, um in Krisenzeiten oder bei wichtigen Entscheidungen auf beide Systeme zurückgreifen zu können (→ S. 259).

8 Angelica archangelica (Engelwurz)

Traditionelle Anwendung

▶ Förderung der Magensaftsekretion
▶ Förderung der Gallensekretion
▶ harn- und schweißtreibend
▶ antiseptisch.

Energetische Anwendung

⬧ **Pflanzenbotschaft:** »Ich bin der Schutzengel, der Dir hilft, auch schwierige Situationen zu ertragen, und stelle jederzeit den Kontakt mit Deinem geistigen Führer her.«

»Und er befahl seinen Engeln, dass sie Dich jederzeit auf Deinem Wege behüten.« Schutzengel verschiedener Hierarchien tauchen an verschiedenen Stellen in der Bibel auf. Sie sollen uns bei unserer geistigen, seelischen und spirituellen Entwicklung unterstützen. Sie sind Gottes Helfer, ein Anteil seiner Persönlichkeit, um uns unmittelbar etwas von seiner Güte und der Barmherzigkeit spüren zu lassen. Angelica gewährt uns den Schutz unseres Engels. In dieser Pflanze befinden sich die Energien des gesamten Engelreiches. Alle Hierarchien werden durch die Energie dieser Pflanze repräsentiert.

Wenn Sie meinen, nur noch ein Wunder könne Ihnen helfen, ist Angelica archangelica die optimale Pflanze, um Licht in die Dunkelheit zu bringen. Sie hilft Ihnen, sich in Ihrer Inkarnation zu orientieren, sich zu zentrieren und auf das göttliche Wirken in Ihrem Leben einzustellen.

Sie erhalten Selbstvertrauen und ruhen in sich selbst, wenn Sie sich in diesem Universum unendlich verloren und verlassen fühlen. Die Pflanze erdet Sie während der Meditation und hilft Ihnen, die verschiedenen Aspekte Ihrer Persönlichkeit harmonisch miteinander zu verbinden und zu leben.

Nach traditionellem anthroposophischem Denken muss etwa ab dem 28. Lebensjahr jeder Engel, also auch der Schutzengel, aktiv in das Leben eingeladen werden. Die Engel können nicht mehr wie bei jungen Menschen einfach in das schicksalhafte Geschehen eingreifen, sondern wollen und müssen eingeladen werden, um den sehr erdennahen und in der Materie verhafteten Menschen helfen zu können. Angelica erlöst Sie aus der zu starken materiellen Verhaftung und bringt Sie den höheren Mächten wieder näher, so dass Sie sich lichthaften Kräften öffnen können.

Wenn Sie unter schweren Krankheiten leiden, erlöst Sie die Engelwurz zusammen mit Juniperus communis (→ S. 188) von der Energie des Gesetzes, durch das Sie krank geworden sind. Die Energie der Gnade kommt in Ihr Leben. Gleich wie schwer Sie Ihr Leben auch empfinden mögen: Dank dieser beiden Pflanzen werden Ihnen Gott und kosmische Mächte in Ihrer Krankheit beistehen. Sie können sich Ihrer Heilung widmen und müssen sich nicht mehr mit Schuldgefühlen und dem Gedanken »Hätte ich doch nur ...« befassen. Die Heilenergie wird befreit und steht Ihnen nun voll und ganz zur Verfügung.

Anmerkungen

Auf den Schutz der Engel und anderer Himmelsmächte zu vertrauen, hat in unserer insta-

Schutzengel – neue Identität – energetisches Gleichgewicht – spirituelle Weiterentwicklung

bilen Gesellschaft und Zeit wieder Hochkonjunktur. Leben Sie Ihren Tagesablauf bewusst im Vertrauen auf diese Mächte. Nutzen Sie die Engelskräfte nicht nur für besondere Gelegenheiten, sondern üben Sie im Alltag, sich auf Engel zu verlassen. Dann werden Sie in Grenz- und Krisensituationen einen vertrauten Umgang mit Engeln pflegen.

Sie können Angelica archangelica einfach als Spray für Ihre Umgebung, Ihre Kleidung und Ihr Auto benutzen. Sprühen Sie Ihre Kinder mit dieser Essenz ein und vertrauen Sie darauf, dass Engel ihren Weg begleiten werden.

Benutzen Sie Angelica, wenn Sie krank sind und göttlichen Beistand für Ihre Heilung brauchen. Lassen Sie Ihrer Phantasie bei der Anwendung freien Lauf und sich von Ihrem Schutzengel leiten, der durch diese Pflanzenenergie freudig in Ihr Leben treten wird.

9 Aralia racemosa (Amerikanische Narde)

Traditionelle Anwendung

▶ schleimlösend
▶ schleimhautabschwellend
▶ antiallergisch.

Energetische Anwendung

🔥 **Pflanzenbotschaft:** »Ich helfe Dir, Deine Botschaften frei und ungehindert sagen zu können und in einem freien Miteinander mit Deinen Mitmenschen verbunden zu sein.«

Aralia ist die Pflanze des gegenseitigen Respekts, der wertneutralen Kommunikation und des Miteinanders in der Freiheit des einzelnen Individuums. Sie lässt uns anderen gegenüber offen und ehrlich sein, ohne den anderen mit unseren Worten zu verletzen. Wir lernen, uns im täglichen Miteinander vor Rat-»Schlägen« zu schützen und zu kommunizieren, ohne den anderen von unserer Meinung überzeugen zu wollen.

Wenn Sie immer wieder Angst haben, Ihre Meinung frei und ungehindert auszudrücken, wird es Ihnen mit dieser Pflanze leichter gelingen und die Kommunikation wird in Liebe und Respekt vor dem anderen stattfinden.

Indem sie verdrängte Emotionen harmonisch in Ihr Leben integriert, wird Aralia Ihnen psychoaffektive Stabilität verleihen. Darüber hinaus fördert sie eine gute Beziehung zu Ihrer Umwelt und zu Ihrer Familie und gibt Ihnen die Kraft, Fehler der Vergangenheit in Liebe zu korrigieren.

Aralia erlöst Sie vom dualen Denken. Sie erleben eine geistige Freiheit, die Sie nie für möglich gehalten hätten. Die Energie der Pflanze weist Sie immer wieder darauf hin, dass wahre Freiheit darin besteht, sich für andere Menschen zu öffnen, zuzuhören und dem anderen Raum für das zu lassen, was er mitteilen möchte. Jede Begegnung mit einem anderen Menschen ist zugleich immer eine Begegnung mit Gott.

Nur im Miteinander und im Teilen aller gelebten Energien sind wir fähig, uns zu höheren Bewusstseinsebenen zu entwickeln. Durch Teilen erweitert sich unsere Lebensenergie, weg vom Ich, hin zum Du, zum Gegenüber und letztendlich zu Gott.

Aralia erzählt uns die Geschichte vom verlorenen Paradies, in dem wir noch mit Gott und seiner höchsten Energie verbunden waren. Als wir ganz im Hier und Jetzt waren. Ohne Angst vor zukünftigen Ereignissen oder Bedauern über Vergangenes. Wir finden ein seelisches und geistiges Gleichgewicht, mit dem wir uns gegen die Versuchungen der Materie wappnen können, die uns vom spirituellen Weg abzubringen drohen.

Wenn Sie sich bereits auf einem spirituellen Weg befinden, werden Sie dank Aralia in eine neue Form des Austauschs mit Gott eintreten. Statt zu plappern, findet die Kommunikation in andächtiger Stille vor Gott statt. Gott weiß bereits, was wir brauchen, bevor wir es überhaupt gedacht haben.

Deshalb ist es nicht notwendig, Worte für die Begegnung mit Gott zu suchen. Es reicht, wenn wir einfach still und bescheiden in Demut und Liebe vor Gott ausharren. Ein solches Gebet gleicht dem stillen Nebeneinander zweier Freunde, die sich wie von selbst und

Harmonische Kommunikation – Einheit in der Freiheit – sich ausdrücken

ohne Worte verstehen. Sie sitzen einfach nur da und genießen gemeinsam mit Gott seine Schöpfung. So erfahren Sie eine völlig neue Form der Begegnung mit Gott!

Als Einzelessenz eingenommen ermöglicht Aralia die Kommunikation mit weit entfernten Lichtwelten, die sich uns immer drängender mitteilen möchten, um uns bei den kommenden Gefahren auf der Erde beizustehen.

Anmerkungen

Aralia gilt in der Pflanzenheilkunde als großes Heilmittel bei Husten. Die Lunge wird in der traditionellen chinesischen Medizin dem Element Metall und somit der Trauer zugeordnet.

Überlegen Sie sich, wie Sie sich fühlen, wenn Sie daran gehindert werden, frei und ohne Umschweife Ihre Wahrheiten zu sagen. Bei Kindern führt dies oft zu chronischem Husten. Dieser Husten ist häufig Ausdruck von Protest.

Die Kinder versuchen ihre Umwelt auf das aufmerksam zu machen, was sie zu sagen haben und nicht auszusprechen wagen. Wenn ein Kind wiederholt Probleme mit der Lunge hat, sollten Sie behutsam versuchen, herauszufinden, ob es eine Botschaft hat, die es sich nicht auszusprechen traut.

10 Arnica montana (Bergarnika)

Traditionelle Anwendung

- ▶ entzündungshemmend
- ▶ wundheilungsfördernd
- ▶ schmerzlindernd, »Aspirin der Phytotherapie«.

Energetische Anwendung

🌿 Pflanzenbotschaft: »Ich bin die treibende Kraft in Deinem Leben, die Dich Deines eigenen Wertes bewusst werden lässt, und gebe Dir die Kraft, die Hindernisse des Lebens mit Selbstbewusstsein zu überwinden.«

»Tue Deinem Körper Gutes, damit Deine Seele Lust hat, darin zu wohnen.« Dieser Spruch von Theresa von Avila verkörpert die Wirkungsweise von Arnica. Diese Pflanze hilft, ein gutes Gleichgewicht zwischen körperlichen und seelisch-geistigen Aspekten unseres Lebens zu bewahren. Wird ein Aspekt überbetont, leiden alle anderen Aspekte. Arnica hilft, eine gesunde Mitte zu wahren.

Arnica montana (montana = Berg) wird Ihnen helfen, in verschiedensten Situationen schnell wieder obenauf zu sein. Arnica lässt Sie Hindernisse in Ihrem Leben überwinden und Sie in einem zauberhaft geschützten Kokon die Magie des Neubeginns erleben. Immer wenn es um eine Situation in Ihrem Leben geht, in der Sie sich an einem – womöglich entscheidenden – Wendepunkt befinden, ist Arnica hilfreich. Sie gibt Kraft und Motivation, durchzuhalten und den Neubeginn zu wagen. Falls Ihr Lebensfunke erloschen scheint, hilft Arnica, ihn neu zu entfachen.

Arnica gibt Ihnen die Energie, die ungelösten Fragen Ihres Lebens zu lösen. Sie verschafft Ihnen zudem ein aus Ihrem Innersten kommendes Selbstbewusstsein, das Sie aber nicht überheblich werden lässt. Arnica transformiert Ihre Traumata auf körperlicher und seelischer Ebene, so dass Sie sie besser verstehen. Sie werden den göttlichen Funken in sich wiederentdecken und wieder Urvertrauen in das Leben gewinnen. Sie werden ein neues und befriedigendes Leben führen, ohne sinnlose Wiederholungen, die Sie in Ihrem seelischen und geistigen Vorankommen behindern.

Als Pflanze der Höhe und der Berge hilft Ihnen Arnica, wenn Sie im Leben in einem wahren Sumpf stecken. Zusammen mit Lycopodium clavatum (→ S. 112) und Taxus baccata (→ S. 186) verschafft Ihnen Arnica einen Überblick über Ihr Leben. Sie schauen aus einer höheren Warte aus auf die Geschehnisse und gelangen somit zu neuen Erkenntnissen, die Ihnen auf Ihrem ganz persönlichen Lebensweg weiterhelfen können.

Ihr 4. Chakra, das Energiezentrum, in dem Sie all Ihre Sehnsüchte und Wünsche gespeichert haben, wird von Arnica kräftig angestoßen. Durch Vernetzung Ihres Gehirns mit dem 4. Chakra gelingt es Ihnen, mit dem Herzen am rechten Fleck logische und klare Entscheidungen zu treffen und sich zugleich Ihren Herzenswünschen wieder zu öffnen.

Auf der spirituellen Ebene schenkt die Pflanze unserem irdischen Körper genügend Schutz und Erdung, um bei Aufstiegen in spirituelle und geistige Ebenen den notwendigen Schutz zu erhalten.

Wertschätzung – Aufwertung – Joker – Juni – Sonnenwende

Anmerkungen

Arnica ist eine Pflanze unserer modernen Zeit. Sie hilft uns, körperlich schnell wieder obenauf zu sein. Trotzdem darf der spirituelle Aspekt dieser Pflanze nicht unterschätzt werden. Es ist einfach leichter für uns, eine spirituelle Entwicklung durchzumachen, wenn sich unser Geist und unsere Seele in einem gesunden Körper befinden. In spirituellen Kreisen wird dies oft übersehen. Man nimmt sich unendlich viel Zeit für die geistige Entwicklung, lässt aber den Körper als Tempel oder Gefäß für diese Spiritualität außer Acht. Integrieren Sie gerade bei einem spirituellen Leben – auch als Ausgleich – körperliche Aktivitäten in Ihren Alltag. Diese werden Sie erden und die nötige Energie für Ihre geistige Entwicklung geben.

Arnica wird Ihnen dieses Bewusstsein wiedergeben und auch die Energie für geistige Entwicklungsschritte. Sie gibt Ihnen den Anstoß, Ihren Körper als den Tempel Ihrer Seele zu betrachten.

11 Artemisia absinthium (Wermut)

Traditionelle Anwendung

▸ verdauungsfördernd
▸ krampflösend
▸ blähungswidrig
▸ cholesterinsenkend.

Energetische Anwendung

🌿 **Pflanzenbotschaft:** »Ich helfe Dir, Bewusstsein für Dein Sein zu entwickeln und bei neuen Entwicklungen in Deinem Leben, bei denen Du einen Geburtskanal durchschreiten musst.«

Artemisia absinthium gibt bei allen Übergängen und Neuanfängen den entscheidenden Impuls zur Passage durch die enge Pforte, die letztendlich zum wahren Leben auf dieser Erde führt.

Artemisia absinthium und Artemisia vulgaris (→ S. 46) sind die Mittel der Neugeburt, des Übergangs und der Passage durch einen Geburtskanal. Immer wenn Sie im Leben vor einem entscheidenden Entwicklungsschritt stehen, helfen Ihnen diese Pflanzen, den Weg durch den engen Geburtskanal zu wagen.

Der Weg zum wahren Leben ist nicht der breite Weg der Masse, sondern auf den einzelnen Menschen zugeschnitten. Die beiden Artemisia-Arten helfen Ihnen, Ihren einzigartigen Weg zu finden.

Zusammen mit seiner Schwester Artemisia vulgaris ist der Wermut ein hervorragendes Mittel für die Arbeit an der eigenen Biographie. Er löst Blockaden im Lebenslauf, deckt Ungereimtheiten in der Entwicklung auf und hilft, den Weg durch die Materie in höhere geistige Ebenen zu finden.

Artemisia absinthium verschafft Ihnen nach einer schweren durchlebten Krise, bei der sich für Sie alles geändert hat, so viel Erleichterung, dass Sie sich in Ihrem Körper wieder wohlfühlen.

Diese Pflanze verleiht Ihnen Ausdauer und Kraft, bisher nicht erlöste oder ungelebte Prozesse konstruktiv und zukunftsweisend in Ihr Leben zu integrieren – vor allem dann, wenn Ihr Lebensweg durch negative Einflüsse von außen blockiert ist. Der Sage nach soll der Wermut auf dem Weg gewachsen sein, den die Schlange nach der Vertreibung aus dem Paradies genommen hat. Artemisia absinthium hilft Ihnen, den Weg zurück in Ihr eigenes Paradies zu finden und dort zu verweilen.

Die Wut auf alles, was Ihr Leben bisher blockiert hat, wird befreit und in konstruktive Energien umgewandelt. Sie befreien sich von allem, was Sie als Blockade erkennen – gleich, ob es sich dabei um Menschen, Dinge, Muster oder seelisch-geistige Prozesse handelt.

Wenn Ihr Leben durch zu viele »Wermutstropfen« schal und fade und Trauer zu Ihrem ständigen Begleiter geworden ist, erlöst der Wermut Ihre Trauer und wandelt sie in Freude. Sie können wieder Geschmack am Leben finden – an einem Leben, das wieder mit Sinn und Inhalt erlebt wird.

Göttin der Hebamme – anatomisches Mittel

Anmerkungen

Jede Krise in Ihrem Leben ist wie eine Neugeburt. Durch sie wird oft eine psychische und seelisch-emotionale Reinigung ausgelöst. Danach erscheinen uns unser Leben und unsere äußere Hülle oft falsch und viel zu klein. Nach einer durchlebten Krise brauchen Sie eine neue Struktur für Ihre neu gewonnene Identität. Die beiden Schwestern Artemisia werden Ihnen helfen, diese neue Hülle und den Schutz für Ihre neu erworbene Identität aufzubauen.

12 Artemisia vulgaris (Beifuß)

Traditionelle Anwendung

▸ krampflösend
▸ tonisierend
▸ appetitanregend
▸ schleimhautschützend.

Energetische Anwendung

🌿 Pflanzenbotschaft: »Ich gebe Dir Halt, Sinn und Stabilität für Deine Lebensreise und helfe Dir, großes Urvertrauen zu entwickeln.«

Artemisia vulgaris hilft Ihnen, sich über den Sinn Ihres Lebens Gedanken zu machen. Wenn Ihnen diese Lebensreise zu beschwerlich geworden ist oder Sie das Gefühl haben, der Boden unter den Füßen sei Ihnen weggezogen worden, kann der Beifuß Sie wieder stabilisieren und Ihnen festen Halt im Leben verschaffen. Artemisia wird Ihr energetisches Nervensystem so weit stabilisieren, dass Sie wieder bereit sind, die Herausforderungen des täglichen Lebens gelassen und souverän anzunehmen.

Sie lernen, sich unabhängig von anderen Menschen selbst zu helfen, und bekommen ein Verständnis für das, was Ihr Leben letztendlich ausmacht. Das Sprichwort »Hilf Dir selbst, dann hilft Dir Gott« gibt besonders gut die Energie dieser Pflanze wieder. Nur wer selbstbestimmt und unbeeinflusst von anderen auf seinem Lebensweg mutig voranschreitet, kann seinen ureigenen Weg finden – den Weg, den Gott für ihn vorherbestimmt hat. Wer sich auf diesem schmalen und für jeden von uns individuellen göttlichen Weg befindet, kann auf die Hilfe Gottes hoffen und vertrauen.

Artemisia vulgaris befreit verbitterte und vom Leben enttäuschte Menschen aus ihrem inneren Gefängnis und hilft ihnen, wieder am Leben teilzuhaben. Sie lernen, dass alles im Leben seinen Sinn hatte und hat, und wandeln Schicksalsschläge in Lebensweisheit um.

Artemisia vulgaris reinigt Ihren vulgären Sprachgebrauch und befreit Sie von der Energie vulgärer Menschen in Ihrer Umgebung.

Schon einige Tropfen Beifuß schützen vor negativen Energien und hindern diese daran, sich in unseren Energiekörpern einzunisten. Gerade während der Schwangerschaft schützt diese Pflanze Mutter und Kind vor Einflüssen aller Art. Die Mutter lernt, sich zu entspannen und sich und das heranreifende Kind höheren, schützenden Mächten anzuvertrauen.

Der englische Kräutersegen der neun schützenden und heilenden Kräuter im traditionellen Kräuterbündel wird von Artemisia vulgaris angeführt. Dieser segnet und leitet alle anderen Kräuter an, ihre Kräfte zum Wohle und Schutz des Menschen einzusetzen.

Anmerkungen

Wir leben in einer Zeit, in der es schick ist, einen Therapeuten zu haben. Es ist natürlich nichts dagegen einzuwenden, in bestimmten Lebenssituationen auf die Hilfe erfahrener Menschen zurückzugreifen, doch müssen wir lernen, wann es Zeit ist, unsere eigene innere Wahrheit und Kraft wiederzuentdecken.

Eine Antwort auf die Fragen Ihres Lebens kann letztendlich nur aus Ihrem Inneren kommen. Alles andere sind die Wahrheiten ande-

Göttin der Hebamme – anatomisches Mittel

rer Menschen, die Ihnen im schlimmsten Fall aufoktroyiert werden.

Besinnen Sie sich auf Ihre eigene Kraft und Stärke – und leben Sie diese! Lassen Sie sich dabei von den Schwestern Artemisia vulgaris und Artemisia absinthium helfen.

13 Avena sativa (Hafer)

Traditionelle Anwendung

▸ tonisierend
▸ beruhigend
▸ regenerierend.

Energetische Anwendung

◊ **Pflanzenbotschaft:** »Ich helfe Dir, Dich nach problematischen Phasen in Deinem Leben, in denen Du am Boden zerstört warst, Dich körperlich, seelisch und geistig völlig zu regenerieren und Deinen Geist vor allem für die Botschaft der Krankheit zu öffnen.«

Steinzeitliche Funde belegen, dass der Hafer den Menschen schon seit sehr langer Zeit mit seiner stärkenden und schützenden Kraft begleitet. Mit der Energie des kämpferischen Planeten Mars stärkt der Hafer unsere Energiekörper, wenn wir völlig am Boden zerstört sind, und richtet uns wieder auf. Dank Avena sativa finden wir wieder Hoffnung und Zuversicht in unseren Weg.

Der Hafer lehrt Sie, loszulassen und zum Wesentlichen in Ihrem Leben zurückzukehren, um auf Ihrem spirituellen Weg weiter voranzukommen. Er befreit Sie von Ihrer Dunkelheit, die Sie daran hindert, in Ihrer spirituellen Entwicklung in die nächsthöhere Ebene aufzusteigen. Er schenkt Ihnen Kraft und Ruhe, Ihre karmischen Programme umzusetzen. Avena sativa schenkt Ihnen Weitblick für Ereignisse und Problemlösungen, die sich bereits in Ihrer Aura befinden, aber noch nicht ans Tageslicht getreten sind. Der Hafer wirkt wie eine Spirale, die Sie direkt und ohne große Umwege an Ihre wahren Ziele bringt.

Sich abgrenzen können und die Ich-Kräfte stärken, ohne in Egozentrik oder Egoismus zu verfallen, sind wichtige Themen dieser Pflanze. In Synergie mit Aesculus hippocastanum (→ S. 28) und Equisetum arvense (→ S. 86) kann sie vor allem Menschen beistehen, die ihren Geist beflügeln und das erdverbundene Denken verlassen möchten, um auf den Schwingen des Pegasus (→ S. 176) in höchste geistige Höhen zu gelangen. Alle Vorfälle, die Sie bisher nicht einordnen konnten, bekommen auf einmal einen Sinn. Sie verstehen die Botschaft des Kosmos und lernen, sich auf seine neuen Energien auszurichten.

»In der Ruhe liegt die Kraft« ist die vielleicht wichtigste Botschaft des Hafers. Wir müssen uns nicht provozieren lassen und wie vom Hafer gestochen reagieren, sondern können in aller Ruhe und Bescheidenheit die Entscheidungen treffen, die uns unsere Seele einflüstert. Sie zentrieren sich auf eine Ebene der Liebe, und die Botschaften, die Sie von dort erhalten, werden Ihr Leben segnen und Ihren Lebensweg ebnen.

Falls Sie das Gefühl haben, dass Probleme in Ihrer Familie von einer Generation an die nächste weitergegeben werden, befreit Sie diese Pflanze von diesen Familienproblemen.

Anmerkungen

Wenn Sie sich in Ihrem Leben auf der Suche nach dem Licht befinden, sollten Sie nicht vergessen, dass nach der hermetischen Philosophie jeder Zustand auch eine Kehrseite hat. Gerade spirituelle Lichtsucher sollten sich bewusst werden, dass Licht auch Schatten

Zukunftsangst – Regeneration – Restrukturierung

bedeutet und Sie somit einen großen Schatten hinter sich herziehen. Falls Sie diesen Schatten und die Probleme in Ihrem Leben leugnen, werden Sie sich nie befreien können.

Nur ein Mensch, der seinen Schatten in seine Persönlichkeit integriert hat, ist ein ganzheitlicher Mensch auf dem Weg in die große geistige und spirituelle Freiheit. Akzeptieren Sie das scheinbar Negative und Schlechte in Ihrem Leben und integrieren Sie es mit Dankbarkeit in Ihre Persönlichkeit.

14 Belladonna atropa (Tollkirsche)

Traditionelle Anwendung

▸ entspannend
▸ entzündungshemmend
▸ krampfstillend.

Energetische Anwendung

🌢 **Pflanzenbotschaft:** »Ich verschaffe Dir auf allen Ebenen Deines Seins Erleichterung.«

Die Tollkirsche ist die Pflanze des überreizten Nervensystems, der Situationen, die am Brodeln oder Überkochen sind. Stellen Sie sich die Energie von Belladonna wie ein Überdruckventil vor, das auf einem Dampfkessel sitzt. Immer wenn dieser fast explodiert, geht das Ventil auf, entlässt angestaute Energie und entlastet somit Ihr überreiztes energetisches System. Dadurch können Sie sich nach Stresssituationen körperlich, seelisch und geistig schneller wieder regenerieren. Körperliche Beschwerden wie Schmerzen oder Verspannungen werden gelöst.

Belladonna ist die Pflanze der Aggressivität und Reizbarkeit. Sie hilft Menschen, die oft unwirsch auf jegliche Form von Störung reagieren, freundlicher und reflektierter mit ihrer Umwelt umzugehen. Sie ertragen Störungen leichter, da ihr Nervenkostüm mit Belladonna erheblich ausgeglichener ist.

Diese Pflanze hilft Ihnen, wenn Sie überspannt und am Anschlag sind, wenn Ihr gesamter Körper in Aufruhr ist. Sie werden eine tiefe innere Ruhe erfahren, wie ein Vulkan nach einem Ausbruch. Diese Ruhe verschafft Ihnen die Gelegenheit, die Ereignisse aus einer anderen Warte heraus neu zu begutachten und zu überdenken. Dadurch erhalten sie eine völlig neue Sicht und gewinnen mehr Abstand zu Dingen, die Sie immer wieder völlig aus dem Häuschen bringen.

Menschen, die sich wie „toll" gebären oder die von einer Idee besessen sind, hilft die Tollkirsche, wieder zu sich selbst zurückzufinden.

Im zwischenmenschlichen Bereich hilft Ihnen Belladonna, sich für den anderen zu öffnen und Liebe und Eins-Sein zu erleben. Nach traumatischen Erlebnissen wird Ihr Körper in seiner Gesamtheit neu strukturiert. In Krisensituationen mit anderen Menschen, die völlig eskaliert sind, beruhigt Belladonna die Gesamtsituation und Sie gewinnen die nötige Distanz, um die andere Person neu zu bewerten.

Wenn Ihr Leben nur noch am seidenen Faden hängt, hilft Ihnen Belladonna, es wieder fest in die eigene Hand zu nehmen. Zusammen mit Thuja (→ S. 160), der Löserin der Knoten im Lebensfaden, werden so Auswege aus scheinbar ausweglosen Situationen geschaffen. In der griechischen Mythologie sind die drei Schicksalsgöttinnen Atropos, Lachesis und Klotho am Schicksalsfaden jedes Menschen beteiligt. Klotho spinnt den Faden, Lachesis legt die Länge fest und Atropos, nach der die Tollkirsche benannt ist, durchtrennt diesen Faden am Ende eines Menschenlebens.

Sie werden in Ihrer Gesamtheit aus Körper, Seele und Geist eine große Erleichterung erfahren. Auch Schmerzen, die in der Psyche wahrgenommen werden, werden gelindert.

Zusammen mit Euphrasia (→ S. 90) erweitert Belladonna das Bewusstsein. Dank dieser

Überreizung – Verkrampfung – der Mensch »am Anschlag«

erweiterten Wahrnehmung begreifen Sie Ihr Leben in einem völlig neuen, schicksalhaften Kontext.

Anmerkungen

Wenn Sie das Gefühl haben, in Ihrem Leben sei alles nur noch ein Kampf und Sie können sich überhaupt nicht mehr entspannen, sollten Sie sich von Belladonna dazu verleiten lassen, das Leben wieder zu genießen.

Nehmen Sie einen Tag Auszeit oder führen Sie regelmäßige Betätigungen ein, bei denen Sie richtig entspannen können. Es ist übrigens wichtiger, sich immer mal wieder kleine Auszeiten im Alltag zu verschaffen, als ein- oder zweimal im Jahr den ganz großen und entspannenden Urlaub als Ausgleich zu suchen. Genießen Sie also jeden Tag ein bisschen Urlaub vom Alltag, indem Sie ein heißes Bad genießen, spazieren gehen oder einfach nur mal so dasitzen und nichts tun.

15 Bellis perennis (Gänseblümchen)

Traditionelle Anwendung

▸ wundheilend
▸ stoffwechselanregend
▸ entzündungshemmend
▸ antibakteriell
▸ blutstillend.

Energetische Anwendung

✍ Pflanzenbotschaft: »Ich bringe Dich auf den Weg der Wahrheit und der Liebe und mache Dich trotz tiefer und schwerer Verletzungen in dieser Inkarnation erneut mit Deinem Lebensvertrag bekannt.«

Das Gänseblümchen ist die Pflanze der tiefen seelischen Verletzungen. Es ist die Pflanze des Hasses zwischen Menschen, Familien und Generationen, der Schicksalsschläge, die sich scheinbar endlos hinziehen.

Bellis erlöst Energien, die in einer Generation nicht erlöst und an die nachfolgende weitergegeben wurden. Typisch dafür sind Aussagen wie »Du sollst es einmal besser haben als wir!«. Eigentlich würde das Kind gerne eine Gärtnerlehre machen, weil es sich zur Pflanzenwelt hingezogen fühlt, studiert aber schlussendlich Medizin, da seine Mutter gerne Ärztin geworden wäre, sich aber für die Familie aufgeopfert hat.

Die beste Möglichkeit seinen Kindern im positiven Sinne zu dienen, besteht darin, alle Erfordernisse des eigenen Lebens zu leben, damit Unerlöstes nicht an die nächste Generation weitergegeben wird und sie in ihren Entfaltungsmöglichkeiten behindert.

Das kleine unscheinbare Gänseblümchen schafft es, Ihnen eine Idee des Gefühls von Ewigkeit zu vermitteln. Sie bekommen ein anderes Zeitgefühl für die Ereignisse in Ihrem Leben. Durch diese neue Sichtweise bewerten Sie viele aktuelle Erlebnisse neu. Manches Unangenehme relativiert sich im Hinblick auf ein ganzheitlich gelebtes Leben. Im Wissen, dass jede noch so schwierige Situation einmal zu Ende geht, hilft Ihnen Bellis perennis selbst durch schwere Lebensphasen hindurch. Sie lernen wieder, das Leben in seiner ganzen Schönheit wahrzunehmen.

Menschen die an der Schwelle zum Übergang in die nächste Dimension stehen, vermittelt das Gänseblümchen die Gewissheit, dass jede Seele hier auf der Erde in die Ewigkeit Gottes eingehen wird. Das Gänseblümchen wird Sie auf den Weg Ihrer Wahrheit zurückführen und Sie mit Ihrer Lebensaufgabe bekannt machen. Es hilft uns, ein Verständnis für unsere Fehler zu bekommen, und erlaubt, eine kritische Bilanz unseres Lebens zu ziehen.

Bellis perennis wirkt tiefgreifend in Ihre seelischen Strukturen und verhindert, dass Sie Fehler der Vergangenheit wiederholen.

Diese Pflanze hilft Ihnen, sich nach sehr tiefen geistigen oder spirituellen Erfahrungen, die einer Todessituation gleichgekommen sind, neu zu strukturieren.

Anmerkungen

»Wer herrschen will, muss dienen können.« Dieser Spruch beschreibt die Energie dieser kleinen, bescheidenen Pflanze wohl am bes-

Tiefe Verletzungen – Erbe der Eltern – Lebensvertrag – zurück auf den Lebensweg

ten. Das Gänseblümchen lehrt uns in unserer heutigen Zeit selten gewordene und doch so wichtige Eigenschaften: Bescheidenheit und Demut.

Im Leben ist nicht immer alles nur Zucker-schlecken. Bestimmte Lebensphasen erfor-dern, sich auch mal hinten anzustellen, zurückzustecken, durchzuhalten und sich durchzubeißen. Nachdem man ein Gänse-blümchen zu Boden getreten hat, richtet es sich unermüdlich wieder auf.

Ebenso lässt Bellis perennis Sie nach Phasen langer Schwierigkeiten wie ein Phönix aus der Asche steigen und gibt Ihnen die Kraft, nach schweren Schicksalsschlägen wieder von vor-ne anzufangen.

16 Betula alba (Weiße Birke)

Traditionelle Anwendung

▸ blutreinigend
▸ ableitend
▸ schweiß- und harntreibend
▸ Lymphsystem.

Energetische Anwendung

🗡 **Pflanzenbotschaft:** »Ich lösche alle negativen Informationen in Deinem Blut und Deiner Aura, die Dich daran hindern, Deinen Lebensauftrag und Deine Mission in diesem Leben zu erfüllen.«

Betula alba hilft uns, den in unserem Schicksal niedergeschriebenen Weg zu erkennen, zu beschreiten und unseren Lebensvertrag (→ S. 340), also die Aufgabe, die wir uns vor unserer Geburt für dieses Leben ausgesucht haben, zu erfüllen. Nachdem Körper, Seele und Geist energetisch gereinigt wurden, können Sie mit neuem Mut, Ausdauer und Vertrauen wieder ins Leben starten. Die Birke löscht alle energetischen Krankheitsinformationen, die von Generation zu Generation weitergegeben worden sind.

Betula alba vereinigt die Notwendigkeiten des täglichen materiellen Lebens mit Ihrer Spiritualität. Sie hilft Ihnen, sich kritisch und unvoreingenommen zu betrachten, ohne sich zu verurteilen, sowie notwendige Korrekturen in Ihrem Leben vorzunehmen. In dieser Phase der Selbstreinigung schützt die Birke Ihre energetischen Körper. Dieser Schutz ist wichtig, damit sich keine Fremdenergien in Ihre Aura einnisten.

Wenn Sie nach schwerwiegenden Ereignissen das Gefühl haben, irgendwie schmutzig zu sein, stellt Betula Ihre ursprüngliche Reinheit und Energie wieder her. Bei Ereignissen, die nur durch Verzeihen erlöst werden können, unterstützt Betula das Verzeihen, das dann Ihre Seele reinigt.

Wenn die Berechnung einer Pflanzenessenz mit Hilfe der Numerologie die Zahl 79 ergibt, deren zugehörige Pflanze Photinia nicht einzeln eingenommen werden kann (→ S. 180), können Sie ersatzweise Betula alba verwenden. Photinia steht für das solare kosmische Prinzip, also die Erlösung des Menschen durch Ausbildung positiver und lebensfördernder Eigenschaften. Die Birke hilft Ihnen, dieses Prinzip in Ihrem Leben zu suchen und auszubilden.

Zusammen mit Nicotiana tabacum (→ S. 202) schützt Betula Sie davor, sich Lebensprogramme anderer Menschen zu eigen zu machen, die gar nicht für Sie bestimmt sind. Die beiden Pflanzen zeigen Ihnen den schmalen, dafür aber zielführenden Pfad zum Leben. Richtiges Denken führt Sie zu konstruktivem, lebensförderndem Handeln, das Sie jenseits der Masse Ihr Leben führen lässt.

Bei Störungen in der Kindheit können Sie die Birke gemeinsam mit den drei Echinacinen (→ S. 78, 80, 178) einsetzen, um diese lebensprägende Phase zu heilen. Die Zeit bis zum 14. Lebensjahr und sogar die vorgeburtliche Phase können mit diesen Pflanzen tiefgreifend auf seelischer und geistiger Ebene geheilt werden. Sie werden von Ihren traumatischen Kindheitsereignissen erlöst und können sich befreit auf Ihren Weg zu machen.

Neuanfang – Reinigung – goldener Schlüssel – Lösung – Lebensvertrag

Anmerkungen

Immer mal wieder selbstkritisch und selbst-
betrachtend sein Leben zu überdenken, ist
eines der wichtigsten Dinge, die wir für unsere seelische und geistige Weiterentwicklung
brauchen. Fürchten Sie sich nicht davor, den
Wahrheiten Ihres Lebens ins Auge zu schauen
und - wenn nötig – Korrekturen vorzunehmen.
Betula alba wird Ihnen in dieser Phase ein
wichtiger und treuer Helfer und Beschützer
sein. Sie lernen, sich mit viel Liebe zu betrachten, sich nicht zu verurteilen, aber trotzdem
nach einer Bilanz Ihres Lebens die notwendigen Veränderungen einzuleiten.

Kombinieren Sie Betula alba stets mit anderen Pflanzen, da diese Pflanze eine so wichtige Arbeit nicht allein erfüllen kann. Besonders
gut geeignet ist die Synergiepflanze (→ S. 341)
Viscum album (→ S. 174).

17 Bryonia alba (Zaunrübe)

Traditionelle Anwendung

▶ entzündungshemmend
▶ abführend
▶ schweiß- und harntreibend
▶ ableitend.

Energetische Anwendung

🌿 **Pflanzenbotschaft:** »Ich bin der sichere Hafen in allen Deinen Lebenskrisen und halte Dich mit meinen starken Wurzeln fest.«

Wenn Sie in Ihrem Leben das Gefühl haben, dass Sie sich nur noch zurückziehen und Ihre Ruhe haben möchten, dann ist die Weiße Zaunrübe genau richtig für Sie.

Bryonia alba gibt Ihnen Ihr Selbstwertgefühl zurück, wenn Sie sich in einer depressiven und mutlosen Phase Ihres Lebens befinden, vor allem wenn Sie es durch die Geringschätzung anderer Menschen verloren haben.

Die Zaunrübe schenkt Ihnen Ruhe, führt Sie nach Ihren Lebensstürmen zurück in den sicheren Hafen und hilft Ihnen, sich sicher und geborgen zu fühlen.

Wenn Sie nur schlecht loslassen können, also zu tief verwurzelt sind und Probleme mit neuen Situationen haben, hilft Bryonia Ihnen, den Schritt nach vorne dennoch zu wagen.

Bryonia zeigt Ihnen, dass in jedem Ding alles steckt und dass es dies zu erkennen gilt. Im Leben steckt bereits der Tod und im Tod schon wieder neues Leben. Die Erkenntnis, dass jedes Loslassen zugleich ein Neuanfang auf der nächsthöheren Ebene ist, wird Ihnen helfen, alles mit Leichtigkeit loszulassen.

Zudem öffnet diese Pflanze Sie für die wahre Selbstliebe und hilft Ihnen, sich selbst etwas Gutes zu tun. Sogar wenn Sie das Gefühl haben, dass Sie unter der Brücke landen und völlig verarmen werden, wenn Sie sich mal etwas gönnen, rückt Bryonia alles wieder ins rechte Licht.

Bryonia verdeutlicht Ihnen mit seiner schützenden und ausgleichenden Energie, dass Sie als Mensch sowohl Körper mit seinen materiellen Bedürfnissen als auch Seele und Geist mit spirituellen Bedürfnissen sind. Sie gelangen zu einem Gleichgewicht auf allen Ebenen des Seins, das auf einer tiefen Verankerung als Mensch beruht.

Die Zaunrübe hilft Ihnen, einen energetischen Zaun um sich herum aufzubauen und sich abzugrenzen. Sie erkennen, wenn andere Menschen gerade wieder in Ihrem »Seelengärtlein« herumtrampeln und Sie dabei verletzen. Bryonia lehrt Sie die wichtigste Botschaft für übergriffige Menschen, auch wenn sie es gut meinen: »Bis hierher und keinen Schritt weiter!«

Zusammen mit Angelica (→ S. 38) hilft Bryonia Menschen, die sich zu stark in der Spiritualität verloren haben, bei denen Spiritualität zur Flucht vor der Realität geworden ist und denen nun ein Verlust ihrer Identität als körperlicher Mensch droht.

Zusammen mit Ihrer Schwester Mandragora (→ S. 116) kann die Zaunrübe durch Erlösung Ihres Schattens zauberhafte Energien von Fröhlichkeit und Leichtigkeit in Ihr Leben tra-

Ruhe – Bremse – sicherer Hafen – tiefe Wurzeln

gen. Die Synergie dieser beiden Pflanzenenergien verleiht Ihnen Schutz und Hilfe in schwersten Lebensphasen. Der Mensch, der um seinen Schatten weiß, kann das Leben in allen Facetten greifen, da er sich durch Bewusstheit und Wissen um die eigene Erlösungsbedürftigkeit jedem scheinbar noch so schwierigen Lebensthema vertrauensvoll nähern kann. Die Energie dieser beiden Pflanzen entspricht dabei dem Satz aus der Apostelgeschichte: »Drum prüfet alles, aber behaltet das Gute.«

Anmerkungen

Wir leben in einer sehr hektischen und lauten Welt. In den Läden und teilweise auf der Straße werden wir mit verkaufsfördernder Musik fremdbeschallt. Der Verkehr auf unseren Straßen verursacht einen ständigen Lärmpegel, dem wir uns kaum entziehen können. Zu jeder Tages- und Nachtzeit und an allen Orten der Welt klingelt ein Telefon. Unfreiwillig werden wir oft Zeuge von laut geführten Gesprächen.

Durchforsten Sie Ihren Tagesablauf nach Lärmquellen, um diese nach Möglichkeit abzustellen. Wir leben unseren Tagesablauf oft sehr automatisiert und integrieren lärmverursachende Dinge in unseren Alltag, ohne uns überhaupt noch Gedanken darüber zu machen. Überlegen Sie, ob das Radio in der Küche, im Bad oder bei der Arbeit notwendig ist und ob Sie die Musik überhaupt wahrnehmen. Beginnen Sie, Musik wieder bewusst und für sich anzuhören. Und genießen Sie ansonsten die Ruhe, die immer mehr Einzug in Ihren Alltag halten wird.

18　Calendula officinalis (Ringelblume)

Traditionelle Anwendung

▸ wundheilungs- und granulationsfördernd
▸ entzündungshemmend.

Energetische Anwendung

🌢 Pflanzenbotschaft: »Ich bin Balsam für Deine Seele, Deinen Körper und Deinen Geist.«

Calendula ist die Pflanze der Heilung von Wunden in all Ihren Energiekörpern. Sie ist das Pflaster für Ihre Seele, für Ihren Geist und für Ihre energetischen Körper. Calendula wird Sie wie ein Balsam einhüllen.

Doch es ist Vorsicht geboten: Wenn Sie dieses Mittel alleine benützen, kann es zu einer rein oberflächlichen Heilung kommen und unter der scheinbar schönen und heilen Oberfläche breitet sich die Wunde unerkannt in die Tiefe aus.

Die unscheinbare Ringelblume wird uns in Zukunft helfen, Heil auf seelischer, geistiger und körperlicher Ebene zu finden, indem sie uns zu einem Miteinander zurückführt. Durch konstruktive Gespräche und wirklichen Austausch, erleben Sie, dass Begegnungen oft zu den wertvollsten Schätzen gehören, die uns das Schicksal mit auf den Weg gibt.

»Liebt sie/er mich, oder nicht?«, ist eine häufig gestellte Frage an die Weisheit dieser Pflanze. Zusammen mit Crataegus (→ S. 72) und Angelica (→ S. 38) hilft Ihnen Calendula, den Menschen zu begegnen, die heilsam und hilfreich für Ihr Herz und Ihre Seele sind. Vielleicht sogar Ihren Seelenpartner (→ S. 316), nach dem Sie sich schon lange gesehnt haben. Nehmen Sie vor dem Schlafengehen einige wenige Tropfen von der sonnenhaften Calendula-Essenz und lassen Sie die Pflanze Ihren Schlaf bewachen. Schon nach kurzer Zeit werden Sie im Traum Menschen begegnen, die künftig in Ihr Leben treten werden.

Calendula hilft zudem allen Menschen, die sich ständig und über alles Sorgen machen und grübeln, sich von den täglichen Sorgen zu befreien. Während Melissa (→ S. 122) den Geist von Sorgen um die Zukunft und um kommende Ereignisse heilt, befreit Calendula Herz und Seele von der Energie des Sich-Sorgens und Nicht-vertrauen-Könnens. Beide zusammen sind eine wunderbare Kombination, um sich in der Gegenwart zu zentrieren und im Auge des Orkans gelassen und heiter dem Leben begegnen zu können.

Anmerkungen

In unserer hektischen und schnelllebigen Zeit wünschen wir uns von unserem Heilungsprozess oft ein schnelles Ergebnis. Doch ich muss Sie vor dieser Eile bei Therapien und heilsverkündenden Schnelltherapien – etwa durch unseriöse Geistheiler – warnen! Jede Heilung ist ein Prozess und braucht genügend Zeit.

Jeder Heilungsprozess stellt einen Übergang dar, vergleichbar einer – oft schmerzlichen – Geburt. Fühlen und akzeptieren Sie Ihren Schmerz und Ihr Unwohlsein, ohne es zu bewerten. Calendula hilft Ihnen, die größten Unwohlgefühle bei der Heilungskrise leichter zu verarbeiten. Ein Trauma ist meist dadurch entstanden, dass Ihre Seele im Moment des

Heilung auf allen Ebenen – sich Sorgen machen

Schmerzes durch äußere Umstände oder aus einem Selbstschutzmechanismus heraus nicht adäquat reagieren konnte. Traumatische Erlebnisse, die man in einem geschützten Rahmen noch einmal erleben kann, lösen sich in der Regel selbst auf.

Atmen Sie in Ihren Schmerz hinein, aber lassen Sie sich von diesen Gefühlen nicht gefangen nehmen. Akzeptieren Sie sie und wehren Sie sich nicht gegen diesen Heilungsprozess. Man kann letztendlich nur wirklich loslassen, was man in seinem tiefsten Inneren akzeptiert hat.

Wenn Sie größere Traumata erlebt haben oder der Meinung sind, nicht allein damit zurechtzukommen, sollten Sie sich an einen erfahrenen Therapeuten wenden.

19 Cardiospermum halicacabum (Ballonpflanze, Herzsame)

Traditionelle Anwendung

▸ juckreizstillend
▸ heilungsfördernd
▸ antiallergisch
▸ entzündungshemmend
▸ schmerzlindernd.

Energetische Anwendung

✹ **Pflanzenbotschaft:** »Ich stelle die Verbindung zwischen Deinem Herz und Deinem Verstand her und ermögliche eine harmonische Verbindung zwischen Liebe und Sexualität.«

Cardiospermum hilft uns, Verantwortung zu übernehmen. Wir sehen unsere Fehler als Erfahrungen, die dazu dienen, uns weiterzuentwickeln und stehen zu unseren Fehlern – mit all ihren Konsequenzen. Cardiospermum gibt uns unser gesamtes Potenzial zurück, das wir für diese Inkarnation mitbekommen haben. Wir kehren zurück zu unserer ursprünglichen Lebenskraft, die uns hilft, auf unserem Lebensweg als aufrechter und authentischer Mensch voranzukommen. Wir werden also aufrichtig und verantwortungsvoll in all unseren Handlungen. Wir verlassen das Täter-Opfer-Schema und ersetzen es im Bewusstsein eines freien Willens durch freiwilliges Annehmen dessen, was akzeptiert werden muss.

Wir erkennen unsere wahren Bedürfnisse und die Dinge, die uns nur kurzfristiges Vergnügen schenken und uns damit in unserer inkarnatorischen Entwicklung mehr behindern als helfen. Kurzfristige Vergnügungen werden entlarvt und durch Dinge ersetzt, die uns wirkliche Freude und Glück bringen.

Cardiospermum schenkt uns Gleichgewicht zwischen dem männlichen und weiblichen Anteil in uns. Wir begeben uns damit außerhalb der Dualität von Männlich und Weiblich und kommen zur Einheit der Seele als androgynes Wesen zurück.

Cardiospermum hilft uns, langfristige Konzepte für unser Leben zu entwerfen, und schenkt uns die Kraft, diese auch zu leben. Sie lernen, dass bestimmte Dinge Zeit zum Reifen brauchen und dass kurzfristiger Gewinn nicht immer zu unserem Besten ist. Mit dieser Pflanze können wir eine Sache in ihrer Gesamtheit bewerten – auch in Hinblick auf die Zukunft und die Ökologie, die vor allem Folgen für nachfolgende Generationen hat. Daher wäre dies eine besonders wichtige Essenz für Menschen, die in Wirtschaft und Politik weitreichende, generationsübergreifende Entscheidungen treffen.

Cardiospermum hilft Ihnen, innerhalb Ihrer Familie als Mikrokosmos einen weiten Blick für die Entwicklung Ihrer Kinder zu bekommen. Immer wenn es innerhalb eines Systems zu starren Meinungen und daraus resultierend zu starren, lebensfeindlichen Entscheidungen gekommen ist, erlöst die Ballonpflanze diese Energie. Luftblasen, die metaphorisch für illusorische Lebenskonzepte stehen, werden entlarvt und aufgelöst. Gerade in unserer heutigen Gesellschaft, die auf die Illusion »Wünsch Dir was vom Universum« ausgerichtet ist, führt Cardiospermum uns auf eine realistische Ebene zurück und lässt uns unsere wahren Bedürfnisse erkennen.

Sie begreifen, dass in einer Welt, in der alles miteinander verbunden ist, das eigene

Quantensprung mit Gottes Hilfe – Verantwortung übernehmen – freier Wille

Lebenskonzept ganzheitlich unter Berücksichtigung der Auswirkungen auf alle betrachtet werden muss. Es kann nicht sein, dass nach wie vor eine große Kluft zwischen den Ländern herrscht und Drittweltländer für den Schnick-Schnack der reichen Länder herhalten und leiden müssen.

Diese Pflanze schickt die göttliche Liebesenergie durch alle unsere Zellen und macht uns unseren göttlichen Ursprung wieder bewusst. So können wir uns mit Cardiospermum und Gottes Hilfe von dunklen Energien in uns befreien und einen »Quantensprung« in unserer Entwicklung machen.

Unsere Herzenergie wird befreit. Wir erleben uns als Menschen, die ein universales Mitgefühl mit allen leidenden Wesen haben können. Durch dieses Mitgefühl werden unsere eingesperrten Emotionen befreit.

Die Seele, die inkarnieren möchte, kann es mit Hilfe von Cardiospermum schaffen, auch unter widrigsten Umständen zur Erde zu kommen.

»Auf in eine neue und verantwortungsvolle Zukunft!« ist die wichtigste Botschaft dieser Pflanze. Gewalt und Missbrauch auf persönlicher Ebene können nur gestoppt werden, wenn dies auch im Außen und im Großen geschieht.

Anmerkungen

In unserer Gesellschaft ist Sexualität fast schon zum Hochleistungssport geworden. Man möchte uns glauben machen, dass Sexualität zum Lifestyle dazugehört und wie die tägliche Tasse Kaffee genossen werden sollte. Berichte in Boulevardzeitungen und Fernse-

hen verunsichern uns darin, ob mit uns und unserer Sexualität noch alles stimmt.

Schenken Sie diesen Berichten keinen Glauben. Bei Befragungen zur Sexualität steht wohl nicht so sehr die Wirklichkeit im Vordergrund, sondern eher das, was man gerne erleben würde. Bei dem gemeinschaftlichen Zusammensein mit einem Partner sollte es keine Regeln und vor allem keine gesellschaftlich auferlegten Zwänge geben. Wichtig ist es, über sexuelle Bedürfnisse zu sprechen und Wünsche angstfrei zu artikulieren. Beide Partner sollten aus einer inneren Freiheit heraus bereit sein, miteinander Neues und die Grenzen ihrer Sexualität zu entdecken und eventuell zu erweitern. Akzeptieren Sie Ihre Grenzen und seien Sie sich bewusst, dass Sexualität ein Bereich ist, in dem es sehr auf Vertrauen ankommt. Nur dann kann es eine erfüllte Partnerschaft geben.

20 Carduus marianus (Mariendistel)

Traditionelle Anwendung

▸ leberschützend
▸ Anregung der Leberfunktion
▸ Förderung der Gallensekretion
▸ stauungsmindernd.

Energetische Anwendung

🌢 Pflanzenbotschaft: »Ich öffne in Dir das reine Herz der heiligen Jungfrau Maria, damit Du anderen Menschen in Liebe und ohne sie zu verletzen begegnen kannst.«

Carduus marianus befreit Sie mit der Energie der Jungfrau Maria von Zweifeln, Ungeduld und Nervosität.

Wenn Sie zu den Personen gehören, die zwar ganz genau wissen, was sie wollen und was gut für sie ist, aber immer wieder durch andere verunsichert werden, wird die Mariendistel Ihnen die innere Stärke vermitteln, mit der Sie sich entschieden gegen Angriffe von außen durchsetzen können. In schwierigen Situationen, in denen Sie bisher immer wieder geschwankt sind, werden Sie nun standhaft bleiben können.

Carduus marianus hilft stacheligen und bissigen Menschen, die meinen, Sie müssten sich ständig gegen die Meinungen anderer verteidigen. Sie können nun in Ruhe und ohne Abwehrhaltung kommunizieren. Sie lernen, Fehler da einzugestehen, wo sie durch Sie verursacht wurden, und beharren nicht mehr auf Ihrer Meinung. Sie empfinden trotz gemachter

Fehler ein gutes Selbstwertgefühl ohne falsche Schuldgefühle. Dank Carduus marianus schaffen es andere Menschen nicht mehr, Ihnen mit Handlungen oder Worten Schuldgefühle aufzuoktroyieren. Sie lernen, patriarchalische Strukturen in jeglicher gesellschaftlichen und zwischenmenschlichen Hinsicht zu entlarven und ihnen nicht mehr zu gehorchen.

Carduus hilft Ihnen, auf die Weisheit Ihres Herzens zu hören. Indem die Pflanze den Zorn in Ihrem Inneren befreit, bekommen Sie die Möglichkeit, auf die leise Stimme des Herzens zu hören und dem Weg Ihrer inneren Weisheit zu folgen.

Mit Hilfe der marianischen Energie gelingt es Ihnen, in Phasen Ihres Lebens, in denen Sie durch äußere Ereignisse von Ihrem spirituellen Weg abgekommen sind, wieder auf diesen zurückzufinden und sich auf diesem neu auszurichten. Fremde Energien, die sich in Ihrem Inneren eingenistet und Ihr Denken und Fühlen vergiftet haben, werden eliminiert. Sie lernen, negative Energien von vornherein zu entlarven und ihr Eindringen in Ihre Energiekörper zu verhindern.

Menschen, deren Lebensweg bisher vorwiegend von leidvollen Erfahrungen geprägt war, wird die Dornenkrone Christi oder Heilandsdistel, wie die Pflanze auch genannt wird, die Botschaft bringen, dass alles im Leben, auch leidvolle und scheinbar sinnlose schicksalhafte Erfahrungen, für die Seele wichtig ist, um das Leben als Mensch auf eine höhere seelisch-geistige Ebene zu heben.

Unruhe – Ungeduld – Zweifel – Starrsinn

Anmerkungen

Der große Kirchenvater Augustinus hat den Ausspruch geprägt: »Unruhig ist unser Herz, bis es Ruhe findet in Dir, o Gott.«

Unsere Gesellschaft ist von einer großen inneren Unruhe erfasst, die man überall spüren und nahezu greifen kann. Aus meiner Sicht ist diese Unruhe Ausdruck dafür, dass wir uns in unserer aufgeklärten Gesellschaft sehr weit von Gott entfernt haben und uns nicht mehr mit ihm verbinden können. Egal wie viele Übungen wir zur inneren Ruhe machen: Wenn wir in unserem Inneren kein Sicherheitsgefühl empfinden, weil wir uns in Gott nicht geborgen fühlen, wird die Ruhe nur oberflächlich und vorübergehend sein.

Lassen Sie sich von der Mariendistel an den Ort in Ihrem Inneren entführen, wo Sie Gott begegnen können. Lesen Sie dazu auch das Kapitel »Spiritualität und Meditation« (→ S. 309).

🌿 Hörtipp: Besorgen Sie sich die Gesänge der Communauté von Taizé, einer Ordensgemeinschaft in Frankreich, die Ihnen ein tiefes Gefühl der Nähe Gottes verschaffen können. Näheres dazu finden Sie unter: http://www.taize.fr.

21 Chelidonium majus (Schöllkraut)

Traditionelle Anwendung

▸ Funktionsstörungen der Leber
▸ Sekretionsstörungen der Galle.

Energetische Anwendung

🖋 **Pflanzenbotschaft:** »Ich befreie Dich von der erdrückenden Last Deines Alltags und helfe Dir, Altes und Belastendes zu ändern.«

Chelidonium ist die Pflanze der Menschen, die meinen, dass sie die Lasten der Welt auf ihren Schultern tragen müssen und dass ohne sie auf dieser Welt nichts geht. Sie hilft Ihnen, wenn Sie sich von der Last des Alltags und den täglichen Sorgen erschlagen fühlen. Sie erleichtert die bedrückende Last auf Ihren Schultern, die Sie daran hindert, frei und aufrecht durchs Leben zu gehen.

Wenn Sie meinen, dass Ihre Verantwortung zu groß für einen Menschen ist, ist das Schöllkraut Ihr treuer Begleiter und Befreier. Sie werden von den schier unerträglichen Lasten befreit und können unter neu gewonnener Freiheit wieder aufblühen.

Chelidonium majus hilft Ihnen, ein neuer, eigenständiger Mensch zu werden, der es problemlos schafft, die Vergangenheit hinter sich zu lassen. Diese Pflanze wird alles Belastende lösen und Blockaden eliminieren, die mit vergangenen Ereignissen zusammenhängen. Ihr Ego und Ihre Seele werden von allem befreit, was nicht direkt mit Ihnen und Ihrer Entwicklung zu tun hat. Sie werden wieder lernen, Ihre Situation realistisch und optimistisch einzuschätzen, und die Verantwortung, die nichts

mit Ihnen zu tun hat, abwerfen. Diese Pflanze ist auch gut für denjenigen geeignet, bei dem regelmäßig am Ende des Gehaltes noch sehr viel Monat übrig ist.

Chelidonium lässt Sie wieder zuversichtlich werden. »Von der Mutlosigkeit und Überlastung zurück zu eigener Stärke und innerer Kraft« ist die wichtigste Botschaft des Schöllkrauts. Durch lebensfördernde, konstruktive Disziplin – im Sinne von Selbstdisziplin und Geduld mit sich selbst und scheinbaren Unzulänglichkeiten – kommen Sie an die Quelle Ihrer Kraft in Ihrem Inneren. Wer um seinen inneren Ort der Kraft weiß, kann auch im Außen klar und selbstbestimmt reagieren, ohne das Fähnchen im Wind und Spielball an ihm zehrender Kräfte sein zu müssen.

Zusammen mit seiner Helferpflanze Thuja (→ S. 160) erlöst Sie Chelidonium von dunkler Energie und Schattenanteilen, die in Ihrem »Bauchhirn« gespeichert sind und Ihre Emotionen und Wahrnehmung auf seelischer Ebene immens behindern. Gereinigte und klare Gefühle und Gedanken, hervorgerufen durch die innere Kraft, mit der Sie Chelidonium in Resonanz bringt, werden Sie zu einem starken, selbstbestimmten Menschen ohne Starrheit machen.

Die spirituelle Energie wird durch Öffnung Ihres dritten Auges und einen gereinigten Lichtkörper ermöglicht. Die Pflanzenenergie durchflutet Ihre Energiebahnen mit Licht, reinigt und klärt diese Kanäle für die Kommunikation mit den Lichtwelten. Die göttliche Energie kann ungehindert in Ihr Leben eindringen und Ihre Antenne nach oben wird auf das göttliche Wirken in Ihrem Leben ausgerichtet.

Verantwortung – Überlastung – Erneuerung – Umwandlung

Sie werden Spiritualität als Kommunikation mit Gott und das spirituelle Erleben als Verstehen schicksalhafter Kräfte in ihrer ganzen Tiefe erfahren, die nun nicht mehr ziellos in Ihr Leben eingreifen.

Anmerkungen

Heute gilt es als schick, immer im Stress zu sein. Manche Menschen meinen nur dann interessant zu sein, wenn sie jammern können, wie überlastet sie doch sind. Sie sind der Meinung, dass alles, was sie nicht selbst machen, nicht richtig gemacht wird. Doch ein Großteil der Belastungen, die uns jeden Tag bedrücken, ist hausgemacht und gehört nicht wirklich zu uns.

Machen Sie Inventur und überlegen Sie, was wirklich zu Ihren Aufgaben gehört oder was Sie nur glauben für andere erledigen zu müssen. Handeln Sie nach dem Motto: »Trage nie den Rucksack eines anderen, denn damit nimmst Du ihm die Gelegenheit, sich von ihm zu befreien.«

Fragen Sie sich: Was kann ich abgeben? An meinen Partner? An meine Kinder? An Mitbewohner oder Kollegen? Vielleicht warten andere Menschen nur darauf, Aufgaben übernehmen zu können. Geben Sie anderen Menschen damit ihre Macht und Kraft zurück, die Sie ihnen durch Überbehütung geraubt haben.

22 China (Chinarinde)

Traditionelle Anwendung

▸ stärkend
▸ tonisierend
▸ durchblutungsfördernd
▸ schmerzlindernd.

Energetische Anwendung

◢ **Pflanzenbotschaft:** »Ich helfe Dir, Deinen inneren Reichtum und Deine Schönheit zu entdecken, Dein gesamtes Potenzial vollständig auszuschöpfen und Dich der Welt zu stellen.«

China ist die Pflanze für die Menschen, die mit angezogener Handbremse durchs Leben fahren, die ein großes Potenzial besitzen, aber sich nicht trauen, dieses auszuleben. Wenn Sie wissen wollen, ob China die richtige Pflanze ist, helfen Ihnen folgende Fragen:

? Gibt es immer wieder Situationen in Ihrem Leben, in denen Sie sich nicht trauen, obwohl Sie in Ihrem Inneren davon überzeugt sind, die nötigen Fähigkeiten zu besitzen?
? Haben Sie oft schlechte Vorstellungen von sich selbst?
? Sind Sie oft des Lebens richtiggehend müde und möchten nur noch alleine sein?
? Ist Ihnen alles zu viel?
? Leben Sie mehr in einer Phantasiewelt, in der Sie es sich angenehm eingerichtet haben, als in der realen Welt, die Sie oft als bedrohlich empfinden?

Wenn Sie diese Fragen überwiegend mit »ja« beantwortet haben, wird Ihnen China helfen, Ihr gesamtes Potenzial zu entwickeln und Dinge in Angriff zu nehmen, die Sie vorher überfordert hätten. Diese Pflanze wird Ihnen gesundes Selbstbewusstsein verleihen, das von Überheblichkeit oder falscher Selbsteinschätzung weit entfernt ist. China hilft ihnen auch, eine nonverbale Form der Kommunikation mit der Tierwelt aufzunehmen.

China lehrt Sie, dass alles, was im Außen sichtbar wird, das Ergebnis innerer Einstellung ist. Wenn Sie destruktive innere Dialoge führen, in denen Sie sich niedermachen, werden Sie niemals zu einem selbstbestimmten Menschen werden, der sein Potenzial zu 100 Prozent einsetzen kann. Wenn Sie ständig Gespräche aus Ihrer Kindheit im Kopf wiederholen, als Ihnen die Erwachsenen erklärt haben, wie unfähig Sie doch seien, erlöst China Ihre negativen Gedanken über sich selbst. Sie können nun innere Dialoge voller Liebe und Harmonie führen und erkennen, wo Ihr wahrer Platz ist.

Bei sehr tiefen Konflikten mit den Eltern, in denen es immer wieder darum geht, dass Sie deren Ansprüche nicht erfüllen können oder wollen, schenkt Ihnen China innere Kraft, damit Sie gelassen an Ihre wahre Bestimmung herangehen. Sie erkennen, dass diese Anforderungen oft aus einem nicht gelebten Potenzial der Eltern kommen, das Ihnen übergestülpt werden soll, aber nicht Ihrer wirklichen Aufgabe entspricht.

China erlaubt Ihrer Lebensenergie (Chi), harmonisch durch den ganzen Körper zu fließen, und löst sanft Blockaden in den Meridianen. Um blockierte Meridiane wieder frei zu machen, streichen Sie die Essenz auf Akupunkturpunkte oder verreiben Sie sie entlang des Meridianverlaufs.

Dynamik – etwas wagen – nicht ausgeschöpftes Potenzial

Anmerkungen

Für alle Bereiche Ihres Lebens können Sie sich heute einen Coach nehmen, der Ihnen hilft, Fähigkeiten zu entwickeln, die Sie vorher nicht hatten, oder der Ihnen Mut macht, Dinge in Angriff zu nehmen, die Sie vorher nicht gewagt hätten. Der Nachteil dabei ist, dass diese Coaches oft gar nicht Ihr eigentliches Potenzial zu entdecken versuchen und Sie nur stereotyp nach Schema F neu strukturieren. Hier wird oft mehr Schaden angerichtet, als es Ihnen Nutzen bringt. Bei Untersuchungen über Motivationskurse hat man herausgefunden, dass Personen, die die vorgegebenen Ziele nicht sofort erreichen, oft depressiv werden, weil sie meinen, wenn man nur wollte, müsste es doch auch gehen. Da sie nicht mithalten können, fühlen sie sich nachher noch mehr als Verlierer und Versager. Der Erfolg dieser Kurse zeigt sich dann nur im Geldbeutel des Veranstalters.

Sie sollten im Leben immer ganz genau hinschauen, was denn Ihr eigentliches Ziel ist. Hinterfragen Sie, was Sie wirklich wollen! Diese wunderbare Pflanze wird Ihnen helfen, Ihr wirkliches Potenzial und ein natürliches Selbstbewusstsein zu entwickeln, um die richtigen Entscheidungen für Ihr Leben zu treffen.

23 Cimicifuga racemosa (Wanzenkraut)

Traditionelle Anwendung

▸ Regulation des Hormonhaushaltes
▸ schmerzstillend
▸ Phytoöstrogen.

Energetische Anwendung

🌀 Pflanzenbotschaft: »Ich helfe Dir bei allen schmerzhaften Prozessen der Trennung.«

Cimicifuga ist die Pflanze des Gefühls, getrennt und nicht als Einheit von Körper, Seele und Geist auf diese Welt gekommen zu sein. Sie beseitigt alle Beschwerden, die mit dem Thema Trennung in Ihrem Leben zusammenhängen – auf welcher Ebene auch immer.

Falls Sie das Gefühl nicht loswerden, nicht »ganz« zu sein oder dass Ihnen Teilaspekte Ihrer Persönlichkeit fehlen, sollten Sie auf diese Pflanze zurückgreifen. Dieses Gefühl des Getrenntseins kann geburtlicher oder vorgeburtlicher Natur sein. Vielleicht ist die Seele, die vor Ihnen inkarnieren wollte, als Fehlgeburt abgegangen oder sie wurde abgetrieben.

Fragen Sie Ihre Mutter, ob Ihre Geburt normal verlaufen ist oder ob es im Vorfeld Ereignisse wie Abtreibungen oder Abgänge gab. Solche Probleme können zu einem Gefühl des Getrenntseins, mangelnder Einheit mit dem Kosmos oder einfach zu einem Gefühl der Leere in Ihnen führen. Bei Menschen mit Verlustängsten oder Einsamkeitsgefühlen scheitern Therapien oft, wenn der Aspekt des »Verlorenen Zwillings« nicht beachtet wird. Hierbei handelt es sich um ein Zwillingsgeschwister, welches vorgeburtlich unbemerkt abgegangen ist. Cimicifuga ist auch bei künstlichen Befruchtungen wichtig, bei denen mehrere Eizellen befruchtet wurden und eine zur Befruchtung eingesetzt wurde. Dies kann im späteren Leben Trennungsgefühle hervorrufen.

Wenn das Thema Trennungen in Ihrem Leben übermächtig zu werden scheint, vertrauen Sie auf die heilende Kraft von Cimicifuga.

Wenn Sie als Zwilling gezwungen sind, getrennt von Ihrem Geschwister zu leben, erlöst Cimicifuga die Sehnsucht nach der Zwillingsseele. Sie lernen, dass Sie trotz der Einheit auch als Einzelwesen mit einem ganz eigenen und individuellen Lebensplan auf dieser Welt leben müssen.

Wählen Sie im Kapitel »Befreiung der Aura von eingedrungenen Wesenheiten« (→ S. 233) eine für Sie stimmige Mischung aus und sprühen Sie diese mehrmals am Tag und vor dem Schlafen direkt über dem Kopf in Ihre Aura ein.

Während der Schwangerschaft hilft die Essenz, die Angst vor einer Fehlgeburt oder einem behinderten Kind zu vertreiben. Wenn Sie ein geliebtes Kind verloren haben und den Tod nicht überwinden können, erlöst Sie Cimicifuga von dieser Trauer.

In so einem Fall sollten Sie vor Beginn einer neuen Schwangerschaft eine der im oben genannten Kapitel beschriebenen Mischungen nehmen. Die Energie von Cimicifuga hilft Ihnen, sich über das geschenkte Leben zu freuen, egal wie lang oder kurz es gewesen ist. Sie erkennen, dass jedes Kind ein Geschenk ist, das nur durch Loslassen erlebt werden darf.

Trennung – Gebärmutter – fehlende Einheit von Körper, Seele, Geist

Wenn die Seele des Kindes sich zur Heimreise ins Jenseits entscheidet, können Sie sich leichter lösen und erleichtern dem Kind den Abschied und die Ablösung vom irdischen Dasein.

Anmerkungen

Trennungen spielen im Laufe unseres Lebens eine wichtige Rolle. Doch bei manchen ist das Thema Trennung schon vorgeburtlich angelegt. Manche Menschen konnten erst beim zweiten Anlauf inkarnieren oder sind die Nachfolger eines vorher abgetriebenen oder abgegangenen Geschwisterkindes. Dies bleibt nicht ohne Konsequenzen für das inkarnierte Leben.

Finden Sie ein Ritual, bei dem Sie im Geiste Ihrer von Ihnen getrennten »Partnerseele« begegnen und sich von Ihr verabschieden können. Sonst bleiben Sie mit dieser Seele unbewusst immer verbunden und behalten ein dumpfes und undefinierbares Gefühl von Traurigkeit und fühlen sich zu nichts und niemandem richtig zugehörig. Nur durch bewusst durchgeführtes Loslassen und Verabschieden kann Ihre Seele heilen.

🌿 Tipp: Lesen Sie das Kapitel »Loslassen« aufmerksam durch, wenn Sie diese Pflanze besonders anspricht.

24 Convallaria majalis (Maiglöckchen)

Traditionelle Anwendung

▶ Förderung der Leistungsfähigkeit des Herz-
muskels
▶ nervöse Herzbeschwerden.

Energetische Anwendung

🌢 **Pflanzenbotschaft:** »Ich schenke Dir Mitgefühl, Trost und Harmonie, um Dich wieder für
das Leben zu öffnen.«

Convallaria ist die Pflanze starken seelischen
Schmerzes. Sie erlaubt uns, schwierigste Situationen im Leben unbeschadet zu überstehen. Diese Pflanze verkörpert eine engelhafte
Energie, die uns Trost und Mitgefühl schenkt.
Wenn eine tonnenschwere Last auf Ihrer Brust
lastet und Sie meinen, davon erdrückt zu werden, dann hilft das Maiglöckchen mit seiner
frühlingshaften Milde, diese Last erträglich zu
machen.

Convallaria schenkt Ihnen die Energie des
Sich-Öffnens zurück, wenn Sie sich dem Leben
gegenüber verschlossen haben oder sich in
Ihre Arbeit verkriechen, wenn die Arbeit Ihr
gesamtes Leben fest im Griff hat und Sie langsam, aber sicher zum verschlossenen und
eigenbrötlerischen Workaholic werden.

Wenn Ihr Selbstbewusstsein schwindet, Sie
sich innerlich total zerrissen fühlen und keinen rechten Frieden in diesem Leben finden,
hilft Ihnen Convallaria, sich dem Leben wieder
zu öffnen und das harmonische Miteinander
zwischen Körper, Seele und Geist erneut herzustellen. Diese Pflanzen wird Ihr Herz öffnen,
um anderen Menschen und der Sehnsucht

nach dem Leben wieder mit viel Mitgefühl zu
begegnen.

Wenn Sie auf der Suche nach dem Warum in
Ihrem Leben sind, werden Sie neben manch
einer Antwort auch viel Trost und Freude
bekommen, um selbst schwierigste Situationen im Leben gut zu überstehen. Ungelöste
Fragen Ihres Lebens erkennen Sie als solche
und können sie stehen lassen. Convallaria
erlöst Sie in jeglicher Hinsicht aus der Energie des »Eigentlich müsste ich ...«. Das fängt
bei den Anforderungen der Eltern an Ihren
Lebensentwurf an und hört bei dem auf, was
andere Menschen in Ihrer Umgebung von
Ihnen erwarten. Die Pflanze gibt Ihnen klare Impulse, Ihrem eigenen Lebensweg unter
Beachtung Ihrer Herzenswünsche zu folgen.

In der kommenden Zeit wird Ihnen das Maiglöckchen helfen, selbst schwierige Lebens-
bedingungen gut zu überstehen und den Sinn
hinter allen Ereignissen zu erkennen. Die Botschaft von Convallaria ist, dass alle Schwierigkeiten im Leben dazu dienen, den Menschen
auf seelisch-geistiger Ebene voranzubringen
und dass nach rauen Tagen der Sommer des
Lebens direkt vor der Tür steht.

Convallaria schenkt Mut zum Handeln, der
aus einer liebevollen Herzensweisheit entsteht und nicht aus unerlöstem Zorn oder
unreflektierten Emotionen. Sie werden auf-
gerichtet und liebevoll in Körper, Seele und
Geist zentriert. Diese Zentrierung schafft eine
Basis für innere Stärke, mit der Sie dem Leben
wieder zuversichtlich gegenübertreten können.

Das Maiglöckchen ist auch wertvoll für wichtige Schnittpunkte im Leben: Wenn Sie diese zwar schon spüren, sich aber noch keine

Mitgefühl – Öffnung zum Leben – Trost

Lösung abzeichnet. Oder wenn Sie bereits wissen, dass Altes losgelassen werden muss, um Neuem Platz zu machen, diesen Schritt aber geistig und seelisch noch nicht verkraften oder die erforderliche Ruhe aufbringen, um diese Phase gut zu überstehen.

Die Pflanze schafft einen Raum zwischen diesen Welten, dieser Schnittstelle des Überganges von einer Lebensphase zur anderen, wo Heilung stattfinden kann und muss, um die Lebenspassage ohne Blockaden durchschreiten zu können.

Anmerkungen

Der Mensch auf der Suche nach dem Sinn und dem Warum in seinem Leben ist das Thema vieler religiöser, spiritueller und psychologischer Abhandlungen. Das Leben an sich kann nur gelingen, wenn die Frage nach der Sinnhaftigkeit beantwortet wird. Begeben Sie sich deshalb auf die Suche. Seien Sie sich jedoch bewusst, dass es keine allgemeingültigen Antworten auf das Wie und Warum in Ihrem Leben gibt.

Im Gegenteil: Sie werden merken, dass Sie wie alle anderen Menschen Ihre eigene Wahrheit finden müssen. In der anthroposophischen Tradition ist es üblich, sein Leben alle sieben Jahre neu zu überdenken und einer neuen Sinnhaftigkeit zuzuordnen.

Übernehmen Sie diesen Rhythmus oder finden Sie Ihren eigenen auf der Suche nach der Sinnhaftigkeit Ihres Lebens. Nur Sie können eine Antwort auf diese Frage geben, die sich jeder Mensch zumindest einmal in seinem Leben stellen sollte. Convallaria wird Ihnen dabei zur Seite stehen.

25 Crataegus (Weißdorn)

Traditionelle Anwendung

▸ herzstärkend
▸ blutdruckregulierend
▸ Altersherz.

Energetische Anwendung

🌿 **Pflanzenbotschaft:** »Ich öffne Dein Herz, damit Deine Gefühle wieder frei fließen und Deine seelischen Verletzungen heilen können und Du neue Lebensimpulse empfangen kannst.«

Crataegus ist die Pflanze für Menschen, die sich alles zu Herzen nehmen. Für Menschen mit einem verwundeten Herzen, das nicht mehr bereit ist, sich auf andere einzulassen. Für Menschen, die so oft verletzt wurden, dass eine neuerliche Öffnung und Begegnung mit einem neuen Partner nicht mehr möglich erscheint. Und für Menschen, die von denjenigen verraten wurden, denen sie vertraut haben, und nun merken, dass sie schwer hintergangen wurden.

? Fühlen Sie sich oft von anderen Menschen oder Ereignissen so belastet, dass Ihnen schier das Herz stehen bleibt?

? Sehnen Sie sich nach einem Seelenverwandten, mit dem Sie in diesem Leben glücklich werden können?

? Möchten Sie das Gefühl des Eins-Seins mit dem Universum spüren?

? Fühlen Sie sich vom Schicksal schwer gebeutelt oder ungerecht behandelt?

Wenn Sie diese Fragen mit »ja« beantworten, sollten Sie an Crataegus denken. Diese Pflanze kann Ihnen auf der Suche nach wahren Freunden – oder sogar einem Seelenverwandten – helfen.

Sie werden auf allen Ebenen Ihres Seins so weit harmonisiert, dass Sie wieder Dynamik für eine neue spirituelle Entwicklung bekommen und sich auf den harmonischen Fluss des Lebens und die Melodie des Kosmos einlassen können.

Crataegus hilft, das Licht hinter dem Schatten wahrzunehmen. Sie erkennen, dass Licht und Schatten zueinander gehören und jedem Aspekt gebührend Achtung gezollt werden muss. Wenn ich mich nur noch dem Licht zuwende und den Schatten ignoriere oder versuche, ihn vollständig aus meinem Leben zu verbannen, laufe ich Gefahr, von dieser unerlösten Energie unbewusst beherrscht zu werden.

Der Weißdorn bringt Licht, Stille und tiefen Frieden in Ihre Energiekörper. Dadurch werden Sie davor bewahrt, bei Problemen in Panik zu verfallen und Torschlusshandlungen zu begehen. Sie haben nun die Energie, um alles Anstehende in Ruhe und Frieden zu lösen und damit zu erlösen.

Crataegus und Pulsatilla (→ S. 136) helfen Ihnen, eine besondere Sensibilität zu entwickeln, ohne von dieser im alltäglichen Leben gestört zu werden. Sie lernen, diese in Situationen, in denen eine gut entwickelte sensible Wahrnehmung wichtig ist, einzusetzen und in schwierigen Situationen geschützt zu bleiben.

Die Herzensenergie wird gestärkt. Sie lernen, sich wenn notwendig zu schützen, aber ansonsten offen und empathisch durchs Leben zu gehen.

Öffnung des Herzens – Nächstenliebe – Hilfsbereitschaft

Anmerkungen

Sowohl bei Convallaria (→ S. 70) als auch bei Crataegus steht die Thematik der Verschlossenheit im Vordergrund. Der Unterschied zwischen beiden Typen ist folgender:

▶ Der Convallaria-Typ ist ein eigenbrötlerischer Workaholic, der sein Leben nicht wirklich genießen kann und immer auf der Suche nach der Sinnhaftigkeit ist. Sein Herz hält er deshalb vor der Umwelt verschlossen.

▶ Der eher sensible Crataegus-Typ ist in seinem Leben oft verletzt und tief enttäuscht worden und hat deshalb sich und sein Herz vor den Menschen verschlossen.

26 Cynara scolymus (Artischocke)

Traditionelle Anwendung

▸ Senkung des Cholesterinspiegels
▸ Anregung der Leberfunktion
▸ Förderung der Gallensekretion.

Energetische Anwendung

🍃 Pflanzenbotschaft: »Ich befreie Dich und Deinen Geist von allen falschen und für Dich schlechten Ideen sowie von dem Drang nach materiellem Besitz, der Dich nur bindet und an Deinem Fortschreiten in dieser Existenz behindert.«

Cynara ist die Pflanze, die uns von materiellen Zwängen befreit. Sie erleben, dass das Sein wichtiger ist als das Haben. Dadurch kann uns der Zeitgeist, der wie ein inneres Gift wirkt, wenn wir ihn für uns selbst als Wahrheit übernehmen, nichts mehr anhaben und wir bekommen Klarheit in unser Denken und Fühlen. Das Innere Kind (→ S. 339) ist nun befreit und kann wieder kreativ und intuitiv in unser Leben hineinwirken.

Wenn Ihr Kopf voll von fremden Ideen ist und gar nicht mehr folgerichtig denken kann, befreit Sie Cynara Schicht für Schicht von allen Informationen, die unser Denken und damit unser Sein vergiften können. Damit erkennen Sie, dass vieles von dem, was wir besitzen, uns mehr behindert als nützt. Die Artischocke wird Sie von materiellen Sachzwängen, Ihrer Zwanghaftigkeit und von blockierender Negativität befreien, die Sie in Ihrer weiteren Entwicklung behindern und Ihr kreatives Potenzial binden würden. Sie werden weniger fremdgesteuert sein, wieder einen klaren Kopf

und einen freien Geist bekommen und autonom gegenüber anderen Menschen werden. Dadurch erhalten Sie einen aus Ihrem innersten Wesen kommenden Frieden, der sich auch auf Ihr äußeres Leben auswirken wird.

Cynara macht die Übertragungsstellen für den Energiefluss in all Ihren Energiekörpern frei. Diese Schnittstellen, die bei einem Energiestau oft blockiert sind, werden durch die Artischocke optimal »geschmiert«, so dass die Energie wieder ungehindert durch Ihren Körper fließen kann.

Dabei wirkt die Pflanze auf zwei Ebenen: Einerseits werden wir spirituell neu ausgerichtet und andererseits wieder in Kontakt mit uns selbst gebracht, also mit dem Wesen, als das wir als »Inkarnationsidee« gemeint waren.

Cynara entfernt das innere Gift, das durch emotionale Vernarbungen, nicht gelebten Zorn und Verhaften an destruktiven Energien aus der Vergangenheit hervorgerufen wurde. Sie werden energetisch autonom, können sich somit leichter von systemischen Verstrickungen lösen und ein selbstbestimmtes Leben führen.

Zusammen mit Coffea arabica (→ S. 204) und Pilocarpus (→ S. 198) erlöst Sie die Artischocke von instinktgesteuerten Ängsten, die Ihnen in Ihrem Alltag immer wieder zu schaffen machen. Das Reptiliengehirn (→ S. 198), in dem Urängste gespeichert sind, wird harmonisiert. Dem Urvertrauen wird so ein guter Nährboden bereitet. Sie erkennen, dass das Leben nicht mehr aus Flucht und Kampf besteht, sondern auf einer hohen spirituellen Ebene in den Prozess des Loslassens und des Vertrauens übergehen darf.

Entwicklung unserer Logik und Intuition – Befreiung – Aufhebung des Besitzzwanges

Die Energie dieser Pflanzenkombination kann man wie folgt beschreiben: »Ich erkenne an, dass es drei Möglichkeiten der Auseinandersetzung mit dem Leben gibt: Es gibt meine, Deine und Gottes Angelegenheiten. Ich muss erkennen, was wirklich meins ist und was ich getrost Gott oder meinen Mitmenschen überlassen kann.« Diese Erkenntnis erlöst Sie aus Ihrem angstbesetztem Denken, da Sie automatisch nur Themen bearbeiten, die aus Ihrem eigenen Lebensprozess entstanden sind.

Die Artischocke hilft Ihnen, in diesem neuen Denken Ihr Ego zu verstehen, so dass Sie sich nicht mehr von ihm beherrschen lassen müssen. Vielmehr können Sie die »Egospiele« entlarven und sogar konstruktiv nutzen.

Sie werden von Zorn und Stress befreit, die aus der Diskrepanz zwischen der Realität und dem, was Ihnen Ihr Ego vorspielt, entstehen. Diese Gefühle kommen meist dann auf, wenn wir starre Vorstellungen davon haben, wie das Leben sein sollte, und nicht akzeptieren, wie es ist.

Anmerkungen

Was ist eigentlich der Zeitgeist? Wer bestimmt, was gerade in oder out ist, welches Modelabel angesagt ist? Der Begriff »Zeitgeist« sagt schon aus, dass unsere Zeit und somit auch unsere Lebenszeit von fremden Geistern besetzt sind, von fremden Ideen und Gedankengut, die uns meist zu guten, nicht mehr denkenden Konsumenten machen sollen.

Denken Sie einmal daran, was Ihnen durch Werbung täglich an Bedürfnissen suggeriert wird! Das will zwar keiner, aber alle machen ganz brav mit. Überlegen Sie sich, was in Ihrem Leben wirklich wichtig ist. Leben Sie weniger konsumierend und dafür mehr kreativ-produzierend. Fragen Sie sich, was Sie wirklich zu Ihrem Lebensglück brauchen, und lassen Sie getrost alles andere außen vor.

Wir leben in einer Welt, in der die Ressourcen immer knapper werden. Deshalb ist es entscheidend, sich auf die wirklich wichtigen Dinge zu konzentrieren und diese Erde ressourcenschonend zu bewohnen. Sie können mit Ihrem Konsumverhalten ganz persönlich dazu beitragen, die Erde auch in Zukunft zu einem bewohnbaren Planeten mit hoher Lebensqualität zu machen.

27 Drosera (Sonnentau)

Traditionelle Anwendung

▸ hustenreizstillend
▸ schleimlösend
▸ Krampfhusten.

Energetische Anwendung

🍃 Pflanzenbotschaft: »Ich helfe Dir und schenke Dir die Energie der Sonne und der Freiheit, um Dich von aller Dunkelheit zu befreien, die Dich in Deinem Ausdruck und Sein in dieser Inkarnation behindert.«

Drosera ist die Pflanze der Nacht (sera = Nacht). Alle Beschwerden, die mit Dunkelheit oder Angst vor der Dunkelheit zu tun haben, benötigen ihre Energie. Sie funktioniert wie eine Drainage, durch die Ihre Ängste abfließen können. Die andere wichtige Pflanzenbotschaft ist die Aggression – auch die gegen sich selbst. Drosera wird während des Schlafes in Ihrem Unterbewusstsein arbeiten und Botschaften aus dem Unterbewusstsein an die Oberfläche bringen, Sie mit Ihrer göttlichen Quelle verbinden und dabei alles Schwarze und Negative aus Ihrer Seele eliminieren, alles, was Sie in Ihrem Inneren quasi auffrisst. Sie werden mit der Liebe des himmlischen Vaters verbunden und erhalten dadurch Ihren ursprünglichen Lebenssinn zurück.

Drosera hilft Ihnen vor allem dann, wenn Sie Angst haben, dem zerstörerischen Dämon in Ihrem Inneren zu begegnen. Dank Drosera können Sie allem, was bei Ihnen Angst auslöst, furchtlos ins Gesicht schauen.

Alles, was Sie kennen und benennen können, hat bereits seine Macht über Sie verloren. Die Pflanze erlaubt Ihnen, alte, tiefsitzende Ängste zu äußern und sich von ihnen zu befreien.

Für Menschen, die meinen, nur durch Besitz und Anhäufung von Materie glücklich werden zu können, hat Drosera eine klare Botschaft: »Öffne Dich und erlaube anderen Menschen, an Deinem Glück teilzuhaben. Dann wirst Du Dein wahres Lebensglück erfahren.«

Sie erkennen, wann es an der Zeit ist, sich zu öffnen und zu teilen, und wann Sie es mit Menschen zu tun haben, die sich tentakelartig Ihres Besitzes ermächtigen und Sie dabei sowohl materiell als auch energetisch auslaugen und ausrauben wollen. Sie lernen, dass Ihr Lebenssinn nicht im Anhäufen, sondern im Verwalten und der konstruktiven Nutzung dessen besteht, was Ihnen das Schicksal hat zukommen lassen. Im Loslassen von nicht Benötigtem werden Sie tiefen inneren Frieden erfahren.

Diese Pflanze wird Ihnen helfen, Dinge auszudrücken und über Sachen zu sprechen, die Sie vorher aus Scham oder Angst nicht anzusprechen wagten – und zwar mit Worten der Liebe und nicht des Hasses und der Anklage, so dass Ihr Gegenüber das Ausgesprochene auch annehmen kann.

Drosera lässt Sie all das verarbeiten, von dem Sie dachten, dass es nicht zu verarbeiten ist. Sie lässt Sie dankbar auf das schauen, was Sie haben, und mit Würde Abschied nehmen von dem, was Sie jetzt loslassen müssen.

Verständigung – Autoaggression – Meinung äußern – neue Periode – sich ausdrücken

Anmerkungen

Drosera ist eine fleischfressende Pflanze, deren Aggressivität man heute häufig in unserer Gesellschaft antrifft. Diese Aggression wird entweder direkt oder als unterdrückte Form, häufig in Form von Autoimmunkrankheiten, also als Krankheiten, bei denen der Körper gegen sich selber kämpft, gelebt. Solche Krankheiten haben in den letzten Jahren stark zugenommen und sind wohl ein Spiegelbild für den aktuellen Zustand unserer Gesellschaft.

Drosera löst Sie aus dem teuflischen Kreislauf der Selbstzerstörung in all ihren Formen und hilft Ihnen zu wahrer Selbstliebe.

28 Echinacea (angustifolia) (Schmalblättrige Kegelblume)

Traditionelle Anwendung

▸ resistenzfördernd
▸ entzündungshemmend
▸ antiseptisch.

Energetische Anwendung

🌢 Pflanzenbotschaft: »Ich verwurzele Dich im irdischen Dasein und umgebe Deinen Körper mit einem Schutzmantel, um Deine irdische Reise unter voller Ausschöpfung Deines Potenzials leben zu können.«

Die drei Echinacea-Arten Echinacea (angustifolia), Echinacea pallida (→ S. 80) und Echinacea purpurea (→ S. 178) sollten grundsätzlich zusammen genommen werden. Die Trilogie dieser Echinacine in ihrer Gesamtheit führt Sie zur Einheit, zum Gleichgewicht von Körper, Seele und Geist. Die Reihenfolge ist bei energetischen Rezepturen immer Echinacea (angustifolia) – Echinacea purpurea – Echinacea pallida, weil die Menschwerdung über den Körper, dem Echinacea (angustifolia) entspricht, ins Geistige, mit dem Echinacea pallida korrespondiert, erfolgt.

Echinacea (angustifolia) verkörpert den energetisch-körperlichen Aspekt, Echinacea purpurea den energetisch-seelischen und Echinacea pallida den energetisch-geistigen. Zum Unterschied zwischen Echinacea (angustifolia) und Echinacea pallida siehe auch S. 81.

Bei den Veränderungen, denen wir in Zukunft ausgesetzt sein werden, werden uns die drei Echinacine – besonders Echinacea (angustifo-lia) – helfen, unseren irdischen Körper an die neuen Umweltbedingungen anzupassen.

Bei Störungen oder Krankheiten hilft Ihnen die Energie von Echinacea (angustifolia), in Ihre ursprüngliche ungestörte Ordnung, also den Zustand von Gesundheit und Wohlbefinden, zurückzufinden. Ihr Zustand verbessert sich kontinuierlich auf dem Weg zu vollkommener Harmonie.

Die Schmalblättrige Kegelblume wird Ihr energetisches Immunsystem und Ihren energetischen Körper schützen. Sie werden in Ihrer Existenz verwurzelt und sind somit besser gegenüber destabilisierenden Einflüssen geschützt.

Echinacea (angustifolia) enthält viel weibliche Energie, den energetischen Körper der Urmutter Eva, in dem der Geist des Vaters, entsprechend Echinacea pallida, und die Seele des Menschen, entsprechend Echinacea purpurea, gleichzeitig inkarniert sind.

Diese Pflanze erdet Sie bei allen spirituellen und geistigen Tätigkeiten, so dass Sie mit dem Kopf im Himmel und mit den Füßen auf der Erde stehen können.

Sie wird Ihnen helfen, Probleme, die aus zu wenig oder zu viel Zuneigung in der Kindheit resultieren, zu bearbeiten. Sie söhnen sich mit Ihrer Biographie aus, wie auch immer sie aussehen mag. Aus dieser Aussöhnung heraus erhalten Sie genügend Energie, um mit neuem Schwung ausgesöhnt weiterleben zu können. Sie können diese Pflanze auch verwenden, wenn Sie sich in Ihrem Körper nicht wohlfühlen oder gezwungen sind, in einem fremden

Wurzel – Körper – Struktur – Akzeptanz der Inkarnation – Probleme der Kindheit

Land zu leben. Ihre Energie wird Ihnen helfen, sich vollständig zu integrieren.

Anmerkungen

Es ist weit verbreitet, seine Eltern oder die Menschen, die einen aufgezogen haben, anzuklagen und für alles, was schiefläuft, verantwortlich zu machen. Seien Sie sich bewusst, dass Ihr weiteres Leben nur blockiert wird, wenn Sie in dieser Position verharren. Ihre Eltern haben so gehandelt, wie es ihr Bewusstsein in diesem Moment zuließ, und dabei sicher wie alle Generationen Fehler gemacht.

Die Lösung liegt im Erkennen und liebevollen Annehmen dieser Verletzungen, die Teil Ihrer Biographie sind, und im Aussöhnen mit Ihren Eltern, egal ob sie noch leben oder schon gestorben sind (→ S. 318). Sie können Geschehenes nicht ungeschehen machen.

Arrangieren Sie sich, so gut es geht, und wenden Sie sich bei ernsthaften Störungen an einen professionellen Therapeuten, der diese Probleme mit Ihnen aufarbeiten wird. Begehen Sie dabei nicht den Fehler, über Jahre hinweg immer wieder im Sumpf zu wühlen und alte Wunden aufzureißen. Bearbeiten Sie das Thema Kindheit einmal und lassen Sie dann los, um auf einem guten Weg weiterleben zu können. Vielleicht finden Sie im Kapitel zum Inneren Kind (→ S. 318) Hilfe und Anregung.

29 Echinacea pallida (Blasser Sonnenhut)

Traditionelle Anwendung

▸ resistenzfördernd
▸ entzündungshemmend.

Energetische Anwendung

◊ Pflanzenbotschaft: »Ich bin der geistige Aspekt Deiner Inkarnation und bringe Dich zusammen mit meinen Schwestern in die Einheit von Körper, Seele und Geist.«

Wie bereits beschrieben (→ S. 78), sollten Sie die drei Echinacine stets zusammen nehmen, wobei Echinacea pallida bei energetischen Rezepturen immer als Letztes dazugemischt wird.

Echinacea pallida verkörpert den energetisch-geistigen Aspekt. Der Blasse Sonnenhut wird Sie vor allem auf der psychischen Ebene beschützen. Seine Energie entspricht der Energie des Kindes, das sich auf dieser Erde mit der Hilfe Gottes, also des kosmischen Vaters, inkarnieren möchte. Sie erhöht Ihre geistige und psychische Abwehrkraft und stärkt Ihren Geist. So verschafft Echinacea pallida Ihnen Klarheit und Logik in Ihrem Denken. Wenn Sie sich als Kind von Ihren Eltern nicht richtig verstanden und geistig unterstützt fühlten und Sie auch als Erwachsener das Gefühl haben, von niemandem richtig verstanden zu werden, ist diese Pflanze ideal für Sie.

Vielleicht waren Sie in Ihrem Denken Ihrer Zeit oft weit voraus, haben oder hatten viele Ideen, die von den Eltern oder vom Partner als Spleen abgetan wurden. Echinacea pallida unterstützt Sie, wenn Sie sich dieses Denken und diese Ideen immer wieder haben ausreden lassen, obwohl Sie im tiefsten Inneren wussten, dass diese zukunftsweisend waren. Mit dieser Pflanze gelingt es Ihnen, Ihren guten Einfällen zu vertrauen, sie gegenüber Ihrer Umwelt zu vertreten und sie weiterzuverfolgen.

Echinacea pallida ist gut geeignet für Menschen, die auf der Suche nach den Wurzeln ihrer männlichen Energie in der erlösten und konstruktiven Form sind, die in der chinesischen Medizin mit Yang (→ S. 341) bezeichnet wird. Hier geht es nicht um Kampf und Sich-Behaupten, sondern um das Bewahren von Geschaffenem und die Energie für Veränderungen.

Ein weiterer wichtiger Aspekt dieser Pflanze ist der Schutz Ihres Körpers, wenn Sie sich karmisch entschieden haben, Themen durch körperliche Störungen zu erlösen. Das bedeutet, dass Sie körperliche Beschwerden erschaffen, um daran geistig zu wachsen. In der Realität macht sich dies häufig als »Unfallpersönlichkeit« bemerkbar, der ständig etwas passiert – auch wenn Sie meist mit einem blauen Auge davonkommen. Oder Sie bekommen eine Krankheit nach der anderen und sind eigentlich nie richtig gesund.

Echinacea pallida erlöst Sie aus diesem Teufelskreis. Die Pflanze gibt Ihnen die Impulse zu Ihrer Entwicklung auf geistiger Ebene, so dass Sie nicht mehr mittels körperlicher Störungen lernen müssen.

Überwindung des Egos – geistiger Aspekt der Inkarnation – kosmischer Vater

Anmerkungen

Echinacea (angustifolia) und Echinacea pallida sind wie folgt zu differenzieren: Beide passen zu Menschen, die in ihrer Kindheit von
ihren Erziehungsberechtigten vernachlässigt
oder nicht ihren Fähigkeiten entsprechend
gefördert wurden. Bei Echinacea (angustifolia) war die Vernachlässigung eher körperlicher Natur. Sie unterstützt Sie beispielsweise,
wenn sich Ihre Eltern Ihnen kreativ gewidmet
und Ihre geistige Entwicklung vorangetrieben
haben, aber körperliche Bedürfnisse zu kurz
gekommen sind. Bei Echinacea pallida hingegen wurde möglicherweise alles für Ihre körperliche Entwicklung getan. Sie hatten alles,
was sich ein Kind in materieller Hinsicht wünschen kann, jedoch keinerlei geistige Anregungen oder geistige Wachstumsimpulse.

30 Eleutherococcus senticosus (Ginseng)

Traditionelle Anwendung

▶ Förderung der immunologischen Resistenz
▶ stärkend
▶ harmonisierend
▶ aufbauend
▶ wundheilungsfördernd.

Energetische Anwendung

🌿 **Pflanzenbotschaft:** »Ich helfe Dir, trotz Verrat und Enttäuschung an Deine Lebensaufgabe zu glauben und, Dein Ziel vor Augen, auf dieses zuzuschreiten und bis zum Ende durchzuhalten.«

Eleutherococcus ist die Pflanze des Verrates, des Sich-Durchbeißens und schließlich der Erlösung aus der misslichen Lage.

Diese Pflanze wird Sie im wahrsten Sinne des Wortes auf allen Ebenen Ihres Seins »erleuchten«. Sie werden eine nie gekannte Klarheit erhalten. Der Ginseng, der unter schwierigsten Bedingungen in Sibirien überlebt, gibt auch Ihnen Kraft und Ausdauer, schwierige Lebensphasen zu überstehen, und wird Sie Ihrem Lebenstraum wieder nahe bringen, wenn Sie sich fragen, warum …

? Sie eigentlich immer noch nicht in Ihrem Leben vorangekommen sind, obwohl Sie doch so viele Ideen und Möglichkeiten hatten
? Sie der täglichen Routine nicht entfliehen können
? Sie es trotz vielfältiger Anstrengungen nicht schaffen, auf eine andere Ebene des Bewusstseins zu kommen

? Sie immer wieder Angst haben, nicht für Ihren Lebensunterhalt aufkommen zu können.

Wenn Sie es zulassen, wird Sie diese Pflanze auf subtile Art aus Ihrer bisherigen »Umlaufbahn«, die sich als falsch erwiesen hat, herauskatapultieren und phänomenale Entwicklungen ermöglichen. Wenn Sie sich von Ihrem Lebensweg entfernt haben, wenn Sie gerade dabei sind, Ihr Lebenswerk zu vernichten, zu verraten oder gar zu verlieren, hilft Ihnen Eleutherococcus. Sie bekommen eine Übersicht über Ihr Leben und wie es sein sollte und finden einen Weg. Diese Pflanze schützt Sie während Ihres Reifeprozesses. Enttäuschungen und Verletzungen werden zur treibenden Kraft, ein für Sie erfolgreiches Leben zu führen.

Eleutherococcus hilft Ihnen, sich durch eine Situation durchzubeißen. Sie lernen, Ereignisse unter einem Aspekt zu sehen, den Antoine de Saint-Exupéry wie folgt beschrieben hat: »Bewahre mich vor dem naiven Glauben, es müsste im Leben alles glattgehen. Schenke mir die nüchterne Erkenntnis, dass Schwierigkeiten, Niederlagen und Misserfolge eine selbstverständliche Zugabe sind, durch die wir wachsen und reifen.« Die Energie dieser Pflanze schenkt Ihnen das Quäntchen innere Kraft, das Sie brauchen, um sich wieder aufzurichten und weiterzumachen.

Bei sehr egozentrischen und egoistischen Menschen erlöst Ginseng das Ego. Sie erkennen, wann sich Ihr übermächtiges Ego mal wieder meldet, um seine unreflektierten und destruktiven Egoismen anzumelden. Sie erhalten Zugang zu Ihrem Unterbewusstsein und

Verrat – Anpassung – aus einer Situation herauskatapultiert werden

zu allen Persönlichkeitsanteilen. Körper, Seele und Geist werden verbunden und diese Einheit ermöglicht einen Einklang mit sich und dem Kosmos. Durch die Resonanz mit dem Universum ziehen Sie immer mehr Gelegenheiten an, die in Übereinstimmung mit Ihrem Lebensweg stehen und erleben die Befreiung von der Lebensangst, die durch fehlende Verbundenheit und Harmonie mit dem Kosmos entsteht.

Anmerkungen

Vielleicht tauchen in Ihrem Leben die gleichen Probleme, oft in Abwandlungen, immer wieder auf und Sie wissen nicht, wie Sie diesen Kreislauf sich wiederholender Fehler stoppen können. Wenn Sie viel durchgemacht haben, aber noch nicht in letzter Konsequenz begriffen haben, worum es bei diesen Problemen geht, wird Ihnen Eleutherococcus weiterhelfen.

Die Pflanze wird Ihnen sanft, aber eindringlich helfen, den Ursprung Ihrer Probleme zu suchen. Sie gibt Ihnen Kraft, sich auf den Weg zu machen, den letzten Funken Wahrheit, gewissermaßen die Wahrheit hinter der Wahrheit, zu finden und so zur Lösung Ihrer Probleme zu gelangen und sich wiederholende Fehler zu vermeiden, die Sie nur von Ihrem Lebensweg abbringen.

31 Ephedra (Meerträubchen)

Traditionelle Anwendung

▸ schleimlösend
▸ Bronchialhusten
▸ Asthma
▸ Heuschnupfen
▸ Katarrhe der oberen Atemwege.

Energetische Anwendung

🗡 Pflanzenbotschaft: »Ich verschaffe Dir Erleichterung und helfe Dir, optimistisch in die Zukunft zu blicken.«

Ephedra ist die Pflanze des Optimismus und der freudigen Erregung, was die Zukunft wohl bringen wird. Sie steht für ein »Ja« zum Leben – mit all seinen Facetten.

? Sind Sie oft von Sorgen geplagt, die eigentlich keinen konkreten Hintergrund haben?
? Fühlen Sie sich durch die Last des Alltags niedergedrückt?
? Fühlt sich in Ihrem Leben alles schwer an und sind Sie von der Leichtigkeit des Seins Lichtjahre entfernt?
? Erdrückt Sie schon morgens nach dem Aufstehen die Last des Alltags?
? Fühlen Sie sich ständig überfordert, wenn Sie an Ihr weiteres Leben denken?

Dann wird es Zeit für das Meerträubchen, das Ihnen sofort Erleichterung verschaffen und Ihnen einen gesunden Optimismus zurückgeben wird. Sie lernen, wieder optimistisch in die Zukunft zu schauen, und trauen sich zu, weit in die Zukunft reichende Entscheidungen zu treffen.

Jedes Mal, wenn Sie sich der Energie dieser Pflanze aussetzen, erleben Sie ein Gefühl der Erleichterung. Ihre Gedanken erhalten einen Kick, der Sie mit einem guten Gefühl auf zukünftige Ereignisse schauen lässt.

Ephedra hilft Ihnen, sich in Ruhe auf die Anforderungen des Lebens einzustellen und klare Entscheidungen zu treffen. Zusammen mit Convallaria majalis (→ S. 70) und Rosmarinus (→ S. 142) macht Ephedra Sie widerstandsfähig gegen die Unbilden des Lebens. »Erst einmal durchschnaufen, dann sehen wir weiter« ist wohl die wichtigste Botschaft dieser Pflanze.

Lebensprozesse, die durch extremes Klammern an eine Person, ein Thema oder eine Sache blockiert werden, bringt das Meerträubchen wieder in Fluss und hilft, sanft loszulassen und die Lebensenergie frei fließen zu lassen. Die Pflanze hilft Ihnen zu verstehen, dass Sie alles, was das Leben Ihnen bietet, genießen dürfen. Aber immer in der Bereitschaft, auch wieder loszulassen und nicht anzuhaften. »Genieße, was das Leben Dir momentan bietet, aber sei auch bereit, in Würde davon Abstand zu nehmen, wenn das Leben dies von Dir fordert.«

Zusammen mit Iris (→ S. 110) gelingt es Ephedra, Ihnen das Leben wieder schmackhaft zu machen, wenn sich allzu große Routine eingeschlichen hat, Sie nur noch unter Stress stehen und langsam durch Ihren Tunnelblick die Facetten aus dem Blick verlieren, die dem Leben Würze und somit Energie und Freude verleihen.

Erleichterung – Optimismus – »Kick«

Anmerkungen

Die meisten unserer Sorgen entstehen nur in unserem Geist. Vieles, worüber wir uns in der Vergangenheit sorgten, ist nie eingetroffen. »Niemand, der sich um den morgigen Tag sorgt, kann mit dieser Sorge sein Leben auch nur um einen Tag verlängern.« Dieser Spruch aus der Bibel und ein Blick auf die Psalmen zeigen, dass sich die Menschen schon immer um die Zukunft sorgten.

Letztendlich können wir nur sorgenfrei leben, wenn wir unser Dasein der allumfassenden göttlichen Macht anvertrauen und uns Gottes Schutz und Fürsorge überlassen. Es kann helfen, sich jeden Tag auf das zu konzentrieren, wofür wir dankbar sein können und was wir schon auf der Habenseite unseres Lebens verzeichnen können. Wie gut oder wie schlecht geht es mir wirklich? Wie viele Sorgen sind unbegründet?

Hierzu noch ein kurzer Text aus China: »Ich sagte zu dem Engel, der an der Pforte des neuen Jahres stand: ›Gib mir ein Licht, damit ich sicheren Fußes der Ungewissheit entgegengehen kann.‹ Aber er antwortete: ›Gehe nur hin in die Dunkelheit und lege Deine Hand in die Hand Gottes. Das ist besser als ein Licht und sicherer als ein bekannter Weg.«

32 Equisetum arvense (Schachtelhalm)

Traditionelle Anwendung

▶ harntreibend
▶ entschlackend
▶ remineralisierend für Knochen und Haut.

Energetische Anwendung

🍂 **Pflanzenbotschaft:** »Ich schaffe Ordnung und Struktur in Deinem Leben, damit Du Dich weiterentwickeln und in Deine Lebensaufgabe hineinwachsen kannst.«

Equisetum arvense ist die Pflanze der Lebensstruktur, der Ordnung und des stabilen Gleichgewichts. Diese Pflanze ist von Saturn, dem kosmischen Planeten der Ordnung und der Struktur, geprägt.

Equisetum arvense hilft Ihnen, sich vom krankmachenden Chaos in Ihrem Leben zu befreien, und verleiht Ihrer energetischen Wirbelsäule Stabilität. Der Schachtelhalm gibt Ihnen Halt und Struktur, wenn Sie nach Schicksalsschlägen den Boden unter Ihren Füßen zu verlieren drohen, und hilft Ihnen, diese Schicksalsschläge als zu Ihrer Inkarnation zugehörig anzuerkennen.

Darüber hinaus ist diese Pflanze für Menschen über 30 geeignet, die ihren Lebensweg suchen und beginnen, sich für ihren spirituellen Weg zu öffnen. Sie macht uns vertraut mit den Lebensweisheiten, die die Basis unserer Existenz bilden.

Der Schachtelhalm kann Ihre Schüchternheit auflösen, die Sie daran hindert, Ihre persönlichen Stärken und Eigenschaften zu entwickeln und mit diesen an die Öffentlichkeit zu gehen.

Sie können Ihre Lebensziele genau definieren, sind bereit, die Verantwortung für Ihren persönlichen Lebensweg zu übernehmen. Indem Sie in Ihre Aufgaben hineinwachsen, entwickeln Sie positive Charaktereigenschaften, die Ihnen auf Ihrem Lebensweg behilflich sind.

Für die kommende Zeit der Entwicklung des Lichtkörpers wird Equisetum zusammen mit Yohimbé (→ S. 176) eine wichtige Rolle spielen. Diese beiden Pflanzen repräsentieren die Energie des Einhorns, jenes magischen Wesens, das uns bei unserem Durchgang von der materiellen zur spirituellen, lichtkörpergeprägten Welt helfen wird. Dieses mutige und geistig hoch entwickelte Wesen kann über die Essenzen, die in die Aura eingesprüht werden, in unser Energiefeld gerufen werden. So können wir uns der Weisheit dieses fabelhaften Wesens bedienen, um uns auf seelisch-geistiger Ebene weiterzuentwickeln.

Das Einhorn steht auch als Symbol für die Christuskraft. In einer Kirche in Memmingen wird das Jesuskind auf einem Einhorn dargestellt, wie es in die ausgebreiteten Arme Marias springt. Das Einhorn als Wesen und Energie, die uns mit unserer Christuskraft verbinden kann.

Anmerkungen

Viele brillante Menschen können Ihr Potenzial nicht entwickeln, weil sie von einem unglaublichen materiellen Chaos umgeben sind, das in manchen Kreisen als kreativitätsfördernd gilt. Es ist zum Beispiel schick, einen überquellenden Schreibtisch zu haben, auf dem sich keiner mehr richtig auskennt.

Fehlende Zuneigung – Stress – Gleichgewicht – Stabilität

Menschen, die – ohne krankhaft zu horten – viele unaufgeräumte Schachteln, Schubladen, Ordner, Kleiderschränke und Ähnliches in ihrem Umfeld haben, sollten sich klar machen, dass dieses Chaos sie mehr behindert, als manch einer glaubt. Es spiegelt die Unordnung in Ihrem Inneren wieder. Außerdem kann Chaos in Ihrer Umgebung eine große Belastung für Ihr Nervenkostüm sein, da der Körper dadurch ständig in einem unbewussten nervlichen Aufruhr ist. Beginnen Sie am besten in Ihrem direkten Umfeld, das Chaos zu beseitigen. Sie werden merken, dass sich allmählich auch das Chaos in Ihrem Inneren lichtet. Seien Sie jederzeit bestrebt, die bestmögliche Ordnung in Ihrem persönlichen Umfeld zu wahren. Diese Ordnung wird Ihnen helfen, souverän und mit innerem Frieden zu leben. Sie werden Klarheit, Ordnung und Stille finden.

33 Eupatorium perfoliatum (Wasserhanf)

Traditionelle Anwendung

▶ harntreibend
▶ schweißtreibend
▶ schmerzlindernd
▶ tonisierend
▶ immunstimulierend
▶ leberstärkend.

Energetische Anwendung

🌢 **Pflanzenbotschaft:** »Ich helfe Dir, den Ereignissen in Deinem Leben auf den Grund zu gehen, und erneuere Dich, um Dein Herz zu öffnen und den Glauben an die Liebe und Dich wiederherzustellen.«

Eupatorium fordert Sie auf, Dingen und Ereignissen in Ihrem Leben auf den Grund zu gehen.

Der Wasserhanf hilft Ihnen, trotz Erschöpfung weiterzumachen, und regeneriert Sie bis in die tiefsten Schichten Ihres Körpers. Er gibt Ihnen die Kraft, die Dinge in Ihrem Leben, die Sie ermüden und auslaugen, zu entlarven. Er führt Sie zu Ihrer wahren Lebensbestimmung.

Diese Pflanze hilft Ihnen, sich mit anderen Menschen auszutauschen und zu teilen. Im Falle einer Krankheit ermöglicht Ihnen der Wasserhanf, an Ihre Selbstheilungskräfte zu glauben und die Botschaften aus dem Innersten Ihrer Körperzellen zu empfangen. Eupatorium öffnet Ihr Herz für die Botschaft des Verzeihens, so dass Sie den Menschen, die Ihnen Böses angetan haben, leichter von ganzem Herzen vergeben können.

Eupatorium hilft, alte und starre Muster zu entlarven und zu hinterfragen. Sie erkennen, dass Sie oft nur auf verschiedene Art und Weise das Gleiche immer wieder praktizieren. Dank Eupatorium gelingt es Ihnen, innere Warnsignale wahrzunehmen und somit Situationen schnell und sicher einzuordnen. Sie erkennen sofort, ob es um neue Lebensaufgaben geht oder ob Ihnen nur alte Muster Lebenszeit und Energie rauben.

Auch Menschen, die Ihnen neu begegnen, können Sie rasch und ohne rosarote Brille einordnen. Handelt es sich um die gleichen Energieräuber, die Ihnen immer wieder begegnet sind, oder um Menschen, die mit Ihnen den neuen Lebensweg bereichernd gehen können? »Das Gold in Situationen und den Diamanten in anderen Menschen wahrnehmen« ist die Kernbotschaft dieser Pflanze. Eupatorium wird Ihnen das Tor in völlig neue Dimensionen der Wahrnehmung öffnen.

Anmerkungen

Verzeihen ist eine der größten Kräfte des Universums. Wenn Sie anderen Menschen verzeihen, helfen Sie in erster Linie Ihrer eigenen Seele, von dem Ereignis loszukommen. Jesus spricht in der Bibel davon, dass wir verzeihen sollen, damit uns unser Vater im Himmel ebenso verzeihen kann.

Ursache – Dingen auf den Grund gehen – Gleichgewicht

Dies ist wohl die grundlegendste Kernaussage zum Thema Verzeihen. Wir sollten verzeihen, da wir ebenso bewusst oder unbewusst schuldig an anderen Menschen, an unserem Partner oder sogar an der ganzen Menschheit geworden sind.

Gelebtes Leben beinhaltet immer einen Anteil von Schuld. Und diese kann nur durch Verzeihen transformiert werden. Durch Gottes Verzeihen, aber ebenso durch gegenseitiges Verzeihen.

34 Euphrasia (Augentrost)

Traditionelle Anwendung

▸ entzündungshemmend
▸ stärkend für das zentrale Nervensystem
▸ Augenmittel für physikalisches und energetisches Sehen.

Energetische Anwendung

✒ Pflanzenbotschaft: »Ich öffne Deine inneren Augen, damit Du die Zusammenhänge Deines Lebens besser verstehen und integrieren kannst.«

Euphrasia ist die Pflanze des Sehens, der Wahrnehmung und der Intuition. Sie reinigt Ihren Blick in Liebe und Wohlwollen, damit Sie die Ereignisse in Ihrem Leben in ihrer ganzen Tiefe verstehen können.

Falls Sie schwierige Entscheidungen zu treffen haben, lässt Euphrasia Sie das Problem mehrdimensional auf allen Ebenen verstehen. Eine gesteigerte Wahrnehmung hilft Ihnen, auch versteckte Botschaften wahrzunehmen.

Die Pflanze wirkt am Dritten Auge (→ S. 338), also der Stelle zwischen den Augen, welcher der Sitz der Intuition zugeordnet wird. Mit Euphrasia finden Sie klare und persönliche Antworten auf Fragen wie:
? Was ist die Botschaft hinter dem gesprochenen Wort?
? Was soll mir die Situation sagen?
? Warum musste das passieren?

Sie werden zwischen den Zeilen lesen und Dinge wahrnehmen, die unausgesprochen geblieben sind.

Kurzum: Sie schulen Ihre eigene Intuition über das 6. Chakra (→ S. 19) und lernen, ihr zu vertrauen. Sie werden Ihre Wahrnehmung steigern und auf Probleme aufmerksam werden, die tief in Ihnen verborgen sind. Euphrasia hilft Menschen, die Wissen an andere weitergeben, dies so zu tun, dass die Problematik auf allen Ebenen verstanden werden kann.

Euphrasia schenkt Herzensweisheit. Die Weisheit des Kosmos und die geistigen Gesetze werden über Ihr 6. Chakra direkt an Ihr Herz weitergegeben. So lernen Sie, diese Erkenntnisse liebevoll in Ihr Leben zu integrieren.

Wenn Sie diese Pflanze anwenden, ist es, als ob Sie in einen klaren und reinen Spiegel der Erkenntnis schauen. Sie nehmen die Dinge so wahr, wie sie sind und nicht, wie sie sonst durch die verzerrte Wahrnehmung Ihres Egos erscheinen.

Wenn Sie sich immer wieder selbst belügen, sich Dinge schönreden und wichtige Botschaften der geistigen Welt in Ihrem Leben ignorieren, hilft Ihnen Euphrasia, in Kontakt mit sich selbst zu kommen. Sie begreifen, dass das Schicksal Ihnen solche »Schläge« verpassen musste, damit Sie endlich aufwachen und sich auf Ihren kosmischen Plan einlassen.

Euphrasia ist der direkte Zugang zu Ihrer Seele. Bei jeder Seelenarbeit sollte Euphrasia Bestandteil der Rezeptur sein oder als Einzelessenz eingenommen werden.

✦ Tipp: Die Pflanze wirkt besonders gut, wenn die Essenz direkt am Dritten Auge eingerieben wird.

Bewusstwerdung – Intuition – erweiterte Wahrnehmung

Anmerkungen

Ihre Intuition hängt eng mit der Entwicklung des 6. Chakras zusammen, aber auch mit der aller anderen Chakren, da diese in einem harmonischen Zusammenspiel miteinander funktionieren sollten. Eine Manipulation zur Öffnung der Chakren sollten Sie tunlichst vermeiden. Ein Chakra öffnet sich und übernimmt seine Funktion, wenn Sie in Ihrer Entwicklung entsprechend vorangeschritten sind. Nicht früher und nicht später.

Ihre Intuition muss geschult werden, genauso wie jede andere Fähigkeit auch. Machen Sie dafür täglich kleine Übungen (→ S. 259). Euphrasia hilft Ihnen vorsichtig und in Abhängigkeit von Ihrem momentanen Bewusstseinsstand, Ihre intuitiven Fähigkeiten zu entwickeln.

35 Fagopyrum esculentum (Buchweizen)

Traditionelle Anwendung

▸ Regulierung der Leberfunktion
▸ Funktionssystem Leber-Galle.

Energetische Anwendung

🌢 Pflanzenbotschaft: »Ich gebe Dir Stabilität und Gleichgewicht, damit Du das Lebensfeuer und Christus in Deinem Innern entdecken und erneuert in allen Bereichen Deines Seins mutig voranschreiten kannst.«

Fagopyrum ist die Pflanze des inneren Lichtes und des Lebensfeuers, das zu erlöschen droht (pyro = Feuer). Es ist die Pflanze der Stabilität und der Lebensachse (→ S. 340), an der unsere energetischen Körper ausgerichtet sind. Das »Kreuz unseres Lebens« wird mit Fagopyrum wieder erträglicher, da wir den Sinn hinter dem Leiden wahrnehmen können.

Diese Pflanze fordert uns auf, weiter in unserer Entwicklung voranzuschreiten, und bewahrt uns vor dem Allerschlimmsten. Fagopyrum kann uns Einhalt gebieten, wenn wir bei einem Streit oder einer Diskussion kein Ende finden und eine Situation durch weitere Provokationen zu eskalieren droht.

Die Pflanze gleicht die Yin- und Yang-Energien (→ S. 341) und die Energie der sieben Basischakren (→ S. 19) in Ihrem Körper aus. Wenn Sie vom Leben niedergedrückt Ihren Rücken nicht mehr aufrichten können, wird Fagopyrum Ihre Wirbelsäule energetisch wieder aufrichten. Die Pflanze leitet Sie an, selbst in den schlimmsten und einsamsten Stunden Ihres Lebens nicht den Glauben an das Gute zu verlieren. Sie ist wie ein innerer Schutz, der Ihnen erlaubt, positive und strahlend-goldene Energie in Ihrer Aura anzusammeln und die Aura so zu stabilisieren. Mit dieser neu gewonnenen Energie gelingt es Ihnen leichter, sich in den kosmischen Zyklus zu integrieren.

Die Energie von Fagopyrum weht wie ein frischer Wind durch Ihren Emotionalkörper, dem Teil Ihrer Aura, in dem all Ihre Gefühle und Ihre Herzenergie gespeichert sind. Alte, belastende Emotionen werden gereinigt und schaffen Platz für neues Denken und Fühlen. Alte Muster, die Sie noch in der alten Energie der Erde festhaften und Sie bei der Arbeit an Ihrem Lichtkörper behindern, werden erlöst, so dass Sie als freier Mensch für den Aufstieg in höhere spirituelle Dimensionen gerüstet sind.

Fagopyrum ist die Energie des bedingungslosen Ja zur weiteren spirituellen Entwicklung und das Nein zum Verhaften in der Materie. Die Energie des Menschen, der sich dafür entscheidet, vom Menschenkind zum Gotteskind zu werden.

Lebenskreuz – Stabilität – Ausgleich von Yin und Yang – Einsamkeit

Anmerkungen

Wenn Sie Fagopyrum als Einzelessenz einnehmen, wird die Verbindung zu Jesus Christus
gestärkt. Die Essenz verkörpert den Christus,
der uns in Stunden des Leides und im Angesicht des Kreuzes in unserem Leben beisteht.
Geben Sie vor jedem Gebet einige Tropfen
pur auf das Dritte Auge und auf Ihren höchsten Scheitelpunkt, also das 6. und 7. Chakra.
Dann überlassen Sie sich einfach den Energien, die auf Sie einwirken. Versuchen Sie
nichts zu erzwingen, sondern harren Sie still
vor Jesus aus und nehmen Sie seine Botschaft
an Sie in sich auf.

36 Fucus (Blasentang)

Traditionelle Anwendung

▸ stoffwechselregulierend bei Störungen der Schilddrüse.

Energetische Anwendung

🌿 Pflanzenbotschaft: »Ich gebe Dir Halt und Stabilität, damit Du unbeeinflusst von der Meinung anderer Deinen eigenen Lebensweg gehen und den Stürmen des Lebens gewappnet begegnen kannst.«

Fucus ist die Pflanze der Stabilität, der Basis und der Wurzeln unseres Lebens. Es ist die Pflanze der Menschen, die sich durch das Schicksal und das Leben ständig hin und her geworfen fühlen und sich nach Stabilität sehnen.

Der Blasentang ist eine Pflanze, die im Wasser hin und her schwebt und vollkommen vom Wasser und den Gezeiten abhängig ist. So verhält es sich auch mit Menschen, die Fucus brauchen. Sie sind ohne Halt und steuern scheinbar ohne Ziel durchs Leben. Sie haben häufig wechselnde Partner und scheinen nie ganz zufrieden zu sein. Sie passen sich ständig wie ein Chamäleon ihrer Umgebung an und haben anscheinend keine eigene Meinung oder Interessen. Sie sind nie wirklich greifbar.

Fucus wird Ihnen helfen, sich auf das Wesentliche im Leben zu konzentrieren. Sie begreifen, dass wahre Liebe zwischen Mann und Frau eine spirituelle Dimension hat. Durch die Konzentration auf das Wesentliche und das Sich-Zentrieren entsteht automatisch ein fester Halt, der Sie sicher und souverän dem Leben begegnen lässt.

Ein weiterer Aspekt dieser Pflanze ist die Erweckung der Kundalini-Energie (→ S. 339), die darauf wartet, in Ihren energetischen Körpern die Energiebahnen für geistig-spirituelle Dimensionen zu öffnen.

Fucus lässt die Energie durch alle Chakren Ihres Körpers strömen. Mühelos werden alle Räder Ihrer Energiekörper aktiviert. Die fließende und harmonische Energie, die sich in Ihrem Körper ausbreitet, löst ein Gefühl von Frieden und Klarheit in Ihnen aus.

Diese Pflanze ist besonders wichtig für Menschen auf einem spirituellen Weg. Sie können sich besser auf die Energien konzentrieren, die für Sie und Ihre spirituelle Entwicklung wichtig sind.

Selbst im Überangebot esoterischer und philosophischer Ideen erkennen Sie deutlich, auf welchem Weg Sie mühelos zu geistiger und spiritueller Reife gelangen. Hindernisse, Versuchungen und Stolpersteine auf dem Weg zur Erleuchtung werden offenbart, so dass Sie sich davon befreien und Ihren eigenen Weg gehen können.

Sie erkennen, dass der spirituelle Weg, der ja lichtvoll für Sie sein soll, auch immer mit Schatten behaftet ist. Wo viel Licht, da auch viel Schatten. Diese Erkenntnis gibt Ihnen mit Hilfe von Fucus die Kraft zur Unterscheidung der Geister.

Ohne Wurzeln – Kundalini-Energie – spirituelle Liebe

Anmerkungen

Fucus ist gut geeignet, wenn Sie Ihre Beziehung und die darin gelebte Sexualität in einer spirituellen und bewusstseinserweiternden Dimension leben möchten.

Die Pflanze kann gut vor tantrischen Ritualen (→ S. 341), auf den Körper eingerieben, eingesetzt werden. Bevorzugte Punkte für die Anwendung am Körper sind das 1. und das 7. Chakra (→ S. 19).

37 Galium odoratum (Waldmeister)

Traditionelle Anwendung

▸ Stimulierung der Leberfunktion
▸ Förderung der Gallensekretion
▸ verdauungsfördernd.

Energetische Anwendung

🌿 Pflanzenbotschaft: »Ich harmonisiere Deinen gesamten Körper auf allen Ebenen, damit Du Dich wieder in dieser Inkarnation wohlfühlen kannst und Frieden mit Dir und allen Wesenheiten auf dieser Erde schließt.«

Galium ist die Pflanze der Harmonie, des inneren und äußeren Friedens und der Aussöhnung mit sich, seinem Schicksal und den Menschen um uns herum. Die Pflanze eignet sich für Menschen, die sich in ihrer Haut, aber auch in ihrem Kopf nicht wohlfühlen, die z. B. ihre Gedanken kaum aushalten und immer wieder die gleichen selbstzerstörerischen Gedanken hegen.

Wenn Sie sich in Ihrer Haut überhaupt nicht wohlfühlen, sich von Menschen belästigt oder verfolgt fühlen und das Gefühl haben, Ihre Seele sei nicht am richtigen Platz, kann Ihnen der Waldmeister mit seiner Energie helfen, sich so anzunehmen, wie Sie sind.

Galium ist die große Pflanze der positiven Eigenliebe und kann Menschen helfen, die sich auf einem »egoistischen Selbstfindungstrip« befinden, wieder die richtigen Relationen für sich und den Umgang mit ihrer Umwelt zu finden.

Diese Pflanze bringt Sie ins Gleichgewicht und harmonisiert Ihren Kontakt zu Mensch und Tier. Sie kann in allen Bereichen Ihres Lebens Harmonie und Verbindung schaffen – selbst wo dies bislang unmöglich schien. Galium odoratum enthält alle Farben der menschlichen Aura und kann so einen vollkommenen Ausgleich schaffen. Der Waldmeister zentriert Ihre Seele wieder und schafft vollkommene Harmonie in allen energetischen Körpern. Der Anwendung sind keine Grenzen gesetzt.

Die Energie von Galium unterstützt Sie dabei, in die 4. Dimension aufzusteigen. Sie macht Ihren Ätherkörper durchlässig für die neuen Schwingungen der Erde und hilft Ihnen, in neuen, auch schwierigen Lebenssituationen wieder Geschmack am Leben zu finden.

Galium hat drei Schwesterpflanzen mit denen zusammen es die vier Elemente widerspiegelt:

Nur ein Zusammenspiel der vier Elemente Erde, Feuer, Wasser und Luft mit den philosophischen Prinzipien der Spagyrik Sal, Sulfur

Nr.	Pflanze	Bezug zur Zahl 10	Zustand	Element
10	Arnica montana	10 = 10	fest	Erde
19	Cardiospermum halicacabum	1 + 9 = 10	flüssig	Wasser
28	Echinacea angustifolia	2 + 8 = 10	gasförmig	Luft
37	Galium odoratum	3 + 7 = 10	ätherisch	Feuer

Harmonie – Beruhigung – Katalysator – Neutralität – Regenbogen – alle Farben der Aura

und Merkur (→ S. 9) kann es dem Menschen ermöglichen, in die nächste Ebene, die Lichtebene, aufzusteigen. Der Mensch erlöst sich aus der reinen Materie durch das Durchlässig-Werden in allen Energiekörpern. Die wichtigste Pflanze für diesen Prozess ist Galium.

Anmerkungen

Galium kann Mischungen aus Pflanzen, die sich nicht optimal ergänzen, harmonisieren. Entsprechend finden Sie in diesem Buch Mischungen, bei denen »1 ml Galium odoratum« als Beigabe zur Rezeptur angegeben ist.

38 Gelsemium sempervirens (Wilder Jasmin)

Traditionelle Anwendung

▸ beruhigend
▸ schmerzlindernd.

Energetische Anwendung

🌢 **Pflanzenbotschaft:** »Ich helfe Dir, wieder Urvertrauen in das Leben und Deine Zukunft zu entwickeln.«

Gelsemium ist eines der großen Mittel gegen Angst vor bekannten Dingen und der Zukunft. Es ist das Mittel für Menschen, die sehr leicht panisch werden und die ständige Furcht plagt.

Der Wilde Jasmin hilft Ihnen, sich rational und logisch von Ihren Ängsten zu befreien. Sie lernen, angstbesetzte Situationen realistisch einzuschätzen. Sie erkennen leichter die eigentliche Ursache Ihrer Ängste und schaffen es, nicht mehr panisch auf Situationen zu reagieren, die Sie kennen und einschätzen können. Sie erkennen Ihre Ängste als das, was sie sind, nämlich ein Warnsignal aus Ihrem Inneren. Sie sollen Ihnen helfen innezuhalten, um die Situation in Ruhe richtig einschätzen und einordnen zu können. Sie erkennen die Angst als Warnsignal der Seele, vor der man keine Angst mehr haben muss. Die größte Angst ist irgendwann die Angst vor der Angst.

Gelsemium reinigt Ihre Seele von Angstinformationen und verhindert, dass diese wieder in Ihr seelisch-geistiges System zurückgelangen. Gleichzeitig stärkt der Jasmin die Aura Ihres Nervenkostüms, um Nachrichten von außen, die nichts mit Ihnen zu tun haben, erst gar nicht in Ihr energetisches Nervensystem

eindringen zu lassen. Dadurch werden viele Ängste von vornherein vermieden.

Die lähmende Energie der Angst, die Sie wie Fesseln am Weiterkommen behindert, wird erlöst und gelangt auch in Ihren Emotionalkörper, dem Anteil Ihrer Aura, in dem alle Informationen über Emotionen gespeichert werden. Wie wichtig das ist, zeigt das Beispiel von Elefanten, die als Jungtier in Gefangenschaft mit einem Seil angebunden wurden, von dem sie sich nicht lösen konnten, und die als erwachsener Elefant allein durch das Seil an ihrem Körper am Weglaufen gehindert werden können – selbst wenn sie gar nicht angebunden sind. Sie haben nach wie vor die Information gespeichert, dass sie sich mit einem Seil nicht bewegen können. Genauso sind in uns Informationen gespeichert, die noch von uns gelebt werden, obwohl sie keinen Bezug mehr zu unserem jetzigen Leben haben. Dank Gelsemium schaffen Sie es, sich endlich von diesen Angstinformationen zu befreien.

Letztlich hilft Ihnen Gelsemium, sich der Angst, die Ihre Seele plagt und nicht zur Ruhe kommen lässt, zu stellen. Geben Sie dem Wilden Jasmin die Gelegenheit, wieder Urvertrauen in Sie selbst und in den Fluss des Lebens aufzubauen.

Anmerkungen

Es gibt viele Formen der Angst. Grundsätzlich ist Angst ein Warnsignal unserer Seele vor einem bedrohlichen Ereignis. Diese Angst schützt und hilft uns, die richtigen Entscheidungen zu treffen und z. B. bestimmte Schritte

Erwartungsangst – unbegründete Furcht – lähmende Ängste

nicht zu tun. Zunächst einmal ist dies eine gute Einrichtung unserer Seele und unseres Gehirns. Allerdings sind wir heutzutage von vielfältigen irrationalen Ängsten geplagt.

Nach meiner Erfahrung steckt hinter vielen Ängsten die Angst, wem auch immer nicht zu genügen. Es ist die Angst, nicht perfekt genug zu sein, nicht genug geleistet zu haben. Gelsemium entlässt Sie aus dieser Gedankenspirale, die so lebensfeindlich ist, dass sie nur abwärts funktioniert.

Überlegen Sie, ob die Ängste überhaupt etwas mit Ihnen zu tun haben oder vielleicht eher durch negative Meldungen ausgelöst werden. Wir werden ständig mit Nachrichten überflutet, die vor allem Negatives enthalten und häufig nur auf Effekthascherei und Quoten aus sind. Ein andere Ursache für Ängste liegt darin, dass wir uns im Leben nicht mehr richtig orientieren können, weil uns z. B. die Verbindung zu Gott fehlt.

⊕ **Cave:** Wenn Sie von Ängsten geplagt werden, die Sie nicht alleine bewältigen können, sollten Sie sich in die Hände eines professionellen Therapeuten begeben!

39 Gentiana lutea (Enzian)

Traditionelle Anwendung

▸ stimulierend
▸ funktionsregulierend
▸ blutbildend
▸ fiebersenkend.

Energetische Anwendung

🔹 **Pflanzenbotschaft:** »Ich helfe Dir, trotz belastender und entwürdigender Situationen in Deinem Leben wieder neuen Lebensmut zu finden und Deine Schamgefühle zu überwinden.«

Gentiana ist die Pflanze der Ungerechtigkeit, der Demütigung, der Scham und der nicht ausgesprochenen Familiengeheimnisse. Sie eliminiert alles aus Ihrem Unterbewusstsein, was Sie nicht verdaut haben. Dabei ist es egal, ob es sich um reale soziale Ungerechtigkeiten handelt oder solche, die von Ihnen nur subjektiv wahrgenommen werden.

Gentiana ist das Mittel der Lebensthemen, die ins Abseits gedrängt und noch nicht wirklich be- oder verarbeitet wurden, die Ihnen im wahrsten Sinne des Wortes auf den Magen schlagen.

? Geraten Sie in Ihrem Leben immer wieder an besonders autoritäre Persönlichkeiten, die Sie vielleicht an Ihren Vater erinnern?

? Wurden Sie durch äußere Umstände wie Arbeitslosigkeit, Scheidung oder ähnliche Lebenskrisen ins gesellschaftliche Abseits gedrängt?

? Verspüren Sie eine tiefe Wut über eine demütigende Situation in Ihrem Leben?

? Haben Sie über einen sehr langen Zeitraum Demütigungen oder Schmerzen seelischer Art erlitten, ohne sich daraus befreien zu können?

Wenn dem so ist, gibt es zum Glück den Enzian, der Ihnen bei all diesen Problemen, die mit der gesellschaftlichen Prägung in dieser Inkarnation zu tun haben, helfen kann. Der Enzian öffnet Ihr 1. und 3. Chakra (→ S. 19) und gibt Ihnen Selbstvertrauen. Er schenkt Ihnen den Mut, sich dem Leben und den für Sie entwürdigenden Situationen zu stellen. Darüber hinaus verwurzelt Gentiana Sie im Leben.

Der Enzian hilft Ihnen, bei der Wahrheit zu bleiben, wenn Sie versucht sind, über kleine Notlügen und Ausflüchte die Situation in Ihrem Sinne zu beeinflussen. Seine Energie unterstützt Sie darin, sich für den klaren, eindeutigen Weg zu entscheiden und dafür geradezustehen.

Die in Ihnen gespeicherte Wut, die dadurch entsteht, dass Sie von anderen Menschen an den Pranger gestellt und sozial entblößt werden, bekommt ein Ventil nach außen und wird in eine konstruktive Bahn gelenkt.

Gentiana befreit Ihren Lebensmut – auch wenn Sie in Schockstarre ob der Ereignisse verharren. Jeder Mensch hat schon etwas erlebt, auf das er nicht unbedingt stolz ist. Doch unser Blick darauf entscheidet, wie wir uns dabei fühlen und was letztendlich daraus wird.

Wichtig ist Gentiana auch für Menschen, die biographische Ereignisse immer wieder dafür verwenden, in ihrem Schicksal zu verharren

Demütigung – soziale Ungerechtigkeit – Scham – Familiengeheimnisse

und ihr Verhalten mit dem Hinweis auf ihr schweres Leben zu rechtfertigen. Generationenmuster, die mit Ihrer Biographie nichts mehr zu tun haben, sondern nur »antrainierte« Verhaltensweisen aus Ihrem Familiensystem sind, werden erlöst und machen somit den Weg frei für eine neue Zukunft, in der Sie Ihr Schicksal selbst gestalten können.

Anmerkungen

Nicht ausgesprochene Familiengeheimnisse, die Ihnen nicht bewusst sind, können Sie in Ihrem Leben extrem blockieren. Sprechen Sie mit Ihren Eltern, Großeltern oder vielleicht sogar den Urgroßeltern, ob es solche Geheimnisse in Ihrer Familie gibt. Schreckgespinste, die man beim Namen nennt, sind meist nur noch halb so schlimm und verlieren durch das Beim-Namen-Nennen viel von ihrer Macht.

Seien Sie sich bewusst, dass viele Probleme gesellschaftlicher Art aus nicht ausgesprochenen und gelebten Familiengeheimnissen herrühren, die in Ihrem Sozialverhalten unbewusste Muster prägen können, mit denen Sie sich selbst blockieren.

40 Ginkgo biloba (Ginkgobaum)

Traditionelle Anwendung

▶ gefäßerweiternd
▶ durchblutungsfördernd
▶ leberstärkend.

Energetische Anwendung

🍂 **Pflanzenbotschaft:** »Ich reinige Deine Gedanken und öffne Dich, um Dich mit Deiner Lichtkraft zu verbinden.«

Ginkgo versorgt Sie mit einer großen geistigen Kraft. Dieser Baum reinigt Ihre Gedanken, bringt neue Ideen und Licht in Ihre energetischen Gehirnzellen.

Ginkgo ist eine der ältesten Pflanzen und hat sogar die Hiroshima-Bombe überlebt. Er ist ein fossiles Erbe der urzeitlichen Pflanzenwelt. Diese Kraft kann die Ginkgo-Essenz auf Sie übertragen. Sie werden im Geistigen mit großer Kraft und Willensstärke versorgt. Sie lernen Strategien, die Sie selbst in den schlimmsten Stunden Ihres Lebens überleben lassen.

Ginkgo ist deshalb auch für Menschen geeignet, die eine Therapie machen, die eine Verhaltensänderung nach sich ziehen soll. Er lässt die neuen Impulse leichter von Ihrem Gehirn in Ihre Seele durchdringen, um dort zu neuen positiven Lebensmustern manifestiert zu werden.

Ginkgo ist die Pflanze der Erinnerung, die Licht in unsere Gehirnzellen bringt. Durch ihre Energie wird die energetische Schwingung unserer Gehirnzellen angehoben. Sie werden von einer bisher ungekannten Klarheit durchflutet. Sie werden gereinigt und mit neuen, Sie vorantreibenden Ideen erleuchtet.

Ginkgo macht Ihr Denken wieder frei, um Lachen und Freude in Ihr Leben einzuladen. Diese beiden Aspekte des Lebens werden im Alltag oder auf einem spirituellen Weg oft vergessen. Doch Lachen, auch über sich selbst, kann Ihr Leben sehr entspannt und energiereich machen. In einem entspannten Körper können Energien gut fließen. In Umberto Ecos Meisterwerk »Der Name der Rose« werden Menschen sogar umgebracht, um zu verhindern, dass eine alte Schrift über das Lachen an die Öffentlichkeit dringt. Der Mörder fürchtet, dass den Menschen durch das Lachen zu viel Macht gegeben wird. Lachen relativiert – auch das scheinbar Böse und Unüberwindbare.

Lachen verändert unsere Wahrnehmung der scheinbaren Realität. Wir werden frei im Denken und können anderen Lösungen und Gedanken in uns Raum geben. Diesen Raum innerer Freiheit dürfen wir nun dank Ginkgo betreten.

Anmerkungen

Ginkgo reinigt Sie auf der Ebene des Geistes. Dies ist in der heutigen Zeit wichtiger, als viele meinen. Wir werden ständig mit Informationen überflutet, die unser Gehirn in dieser Menge gar nicht mehr adäquat verarbeiten kann. Niemand weiß, was mit der Überzahl an Informationen in unserem Gehirn genau

Geist – sich erinnern – neues und befreiendes Denken

passiert. Man weiß nur, dass zu viele kurze Reize, wie sie zum Beispiel bei Computerspielen auftreten, Epilepsie auslösen können. Was energetisch mit den in der Regel negativen auf uns einströmenden Informationen passiert, kann man nur erahnen.

Ginkgo filtert auf der energetischen Ebene ein Übermaß an Informationen, die wir weder benötigen noch verarbeiten können, und leitet die für unser energetisches System unnützen Informationen aus.

41 Humulus lupulus (Hopfen)

Traditionelle Anwendung

▶ beruhigend
▶ schlaffördernd
▶ hormonregulierend
▶ verdauungsfördernd.

Energetische Anwendung

🔥 Pflanzenbotschaft: »Ich schenke Dir Kraft und Vertrauen, um Deinen Körper zu regenerieren und fest verwurzelt im Leben voranzuschreiten.«

Humulus lupulus steht für die Neue Erde (→ S. 340), also neue Lebenssituationen, an die wir uns erst anpassen müssen. Die Pflanze schenkt Ihrem energetischen Nervensystem Ruhe und Geborgenheit. Sie stärkt unser Vertrauen und hilft uns, in Demut und Dankbarkeit die neu angebotenen Lebenssituationen in allen Facetten zu leben.

Diese Pflanze verwurzelt Sie im Leben und schenkt Ihnen Realitätssinn. Sie können Situationen realistischer einschätzen und sind somit in der Lage, wirkliche, Ihrer jeweiligen Entwicklung angepasste Veränderungen vorzunehmen. Sie werden schneller vorankommen, bleiben dabei aber immer fest auf dem Boden der Tatsachen. Falls Sie an einer Lebenssituation zu verzweifeln drohen, stärkt der Hopfen Ihren Glauben an den guten Ausgang. Sie nehmen viele Perspektiven und Chancen wieder wahr, die Ihnen vorher entgangen sind.

Der Hopfen wirkt als Katalysator bei Veränderungen, stärkt Ihre Lebensenergie und stabilisiert Ihren Körper. Sie gewöhnen sich viel schneller an Veränderungen, selbst wenn Sie sich vorher vehement dagegen gewehrt haben. Sie finden zurück zu Ihrer ursprünglichen Urteilsfähigkeit und können dieser wieder vertrauen. Dadurch fällt es Ihnen leichter, konkrete und solide Lebensentscheidungen zu treffen.

Auf seelisch-geistiger Ebene schenkt der Hopfen Kraft und Ruhe. So können Sie sich neue Gegebenheiten unvoreingenommen und ohne Stress anschauen und diese bewerten. Humulus bereitet Ihren Geist so vor, dass Sie die Veränderungen, die mit einem neuen Lebensabschnitt verbunden sind, akzeptieren können. Sie können in Würde von Dingen Abschied nehmen, die nicht mehr in diesen Lebensabschnitt passen, und das Neue mit freudiger Erregung annehmen. Dabei bleiben Sie in der Realität verwurzelt, entscheiden sich für die anstehenden Dinge und bekommen die Kraft, diese zu verwirklichen.

Wenn Sie sich darüber Gedanken machen, was in Ihrem Leben als nächstes auf Sie zukommt, befreit Sie Humulus von dem alten Denken, mit dem Sie Situationen bisher bewertet haben, und schafft Raum für neues Denken und neue Lösungen. Denn wie schon Einstein wusste, kann die Lösung für ein Problem nie mit dem Denken erreicht werden, durch das es entstanden ist.

Humulus lässt Sie die Quintessenz erkennen, mit der etwas bewertet werden muss, um eine zukunftsfähige Entscheidung treffen zu können. Dadurch können Ängste vor neuen Situationen von vornherein vermieden werden. Wenn Sie Ihre Ängste aus einer neuen

Fortschreiten – Vertrauen – neue Erde – Anpassung

Warte betrachten und erkannt haben, was diese Ängste in Ihnen auslösen, können Sie sie auch überwinden.

Der Hopfen hilft Ihnen, sich abzugrenzen. Sie können in Bescheidenheit Ihren Platz im Leben einnehmen, ohne sich gegen übergriffiges oder aggressives Verhalten anderer verteidigen zu müssen. Dank Ihrer natürlichen Stärke und Autorität haben Sie es nicht mehr nötig, Ihren Platz im Leben zu verteidigen, sondern werden automatisch akzeptiert.

Anmerkungen

Der Wunsch nach Veränderung ist bei vielen Menschen vorhanden. Um wirklich etwas zu verändern, müssen Sie jedoch erst einmal Inventur betreiben. Prüfen Sie, was an Ressourcen vorhanden ist und was nicht. Kommen Sie erst einmal zur Ruhe. Gönnen Sie sich Zeit, um tief in sich hineinzuhorchen. Nur mit Hilfe von Energien, die Sie in sich gespeichert haben, können Sie echte Neuerungen bewirken. Wenn Sie sich weiterentwickeln und Ihr Potenzial komplett ausschöpfen wollen, müssen Sie erst Ihre eigenen Begrenzungen wahrnehmen, anerkennen und leben. Das klingt zwar paradox, ist aber so! Ein schweres Kaltblutpferd passt nicht zu den Vollblutpferden auf die Rennbahn und ein Vollblutpferd nicht vor den Pflug. Viele Menschen scheinen jedoch ihre Ressourcen und Bedürfnisse außer Acht zu lassen und treffen deshalb zum Teil schwer wiegende Fehlentscheidungen, die sich auf ihr ganzes Leben auswirken können. Lassen Sie sich bei Lebensentscheidungen nur von Ihrem Innersten leiten – und auf keinen

Fall von der Meinung anderer Menschen. Der Hopfen wird Ihnen ein guter Freund auf dem Weg zu Ihrem Innersten sein, wo Sie in Ruhe Ihr gesamtes auszuschöpfendes Potenzial wahrnehmen können.

42 Hydrastis canadensis (Kanadische Gelbwurz)

Traditionelle Anwendung

▶ entzündungshemmend
▶ antiseptisch
▶ Anregung der Schleimsekretion
▶ antiviral
▶ antibakteriell
▶ antimykotisch.

Energetische Anwendung

🔥 Pflanzenbotschaft: »Ich bringe Dir die Reinigung, Transformation und Wiedergeburt und helfe Dir, alte und belastende Programme zu löschen und wieder Hoffnung und Spaß am Leben zu finden.«

Hydrastis ist die Pflanze für die Menschen, die durch ihre Lebensumstände völlig ausgelaugt, also völlig saft- und kraftlos geworden sind. Meist sind dies Menschen, die nicht ihr eigenes Leben, sondern ein Programm leben, das innerhalb der Familie von Generation zu Generation weitergegeben wird.

Die Kanadische Gelbwurz hat die Fähigkeit, das Familiengedächtnis zu löschen und Verbindungen zwischen Generationen und Menschen zu neutralisieren, die uns zu Fehlern in unserem Leben veranlassen. Sie löscht die Festplatte in Ihrem Gehirn, in die alle Familienmuster eingeprägt sind. Sie werden im Sinne einer Quarantäne gesäubert, gereinigt und transformiert. Ihr Inneres Kind (→ S. 339), das durch die Eltern negativ programmiert wurde, wird von diesen falschen Programmen befreit.

Sie schaffen es, lebensverneinende und lebenshemmende Anschauungen zu verlassen, um wieder voller Hoffnung und Lebenslust aktiv am Leben teilzunehmen.

Zusammen mit Datura stramonium (→ S. 206) hilft Ihnen Hydrastis in Situationen, in denen das System zusammengebrochen ist und man für sich selbst schauen muss, ob und wie man wieder auf die Füße kommt und am Leben teilhaben kann. Schauen, was noch übrig ist, um dann aus den Resten wieder ein neues Leben aufzubauen. Auferstehen wie Phönix aus der Asche. Geläutert und gereinigt durch das Feuer, um erlöst aus allen Anhaftungen ein völlig neues und befreites Leben zu beginnen.

Anmerkungen

Die Hydrastis zugeordnete Zahl 42 steht für die Quarantäne auf der energetischen Ebene. Wenn Sie Gegenstände oder Orte neutralisieren möchten, müssen Sie die entsprechenden Mischungen mindestens 42 Tage anwenden, um ein dauerhaftes Ergebnis zu erzielen.

Wenn Sie beispielsweise eine neue Wohnung beziehen und die Räume energetisch reinigen möchten, verwenden Sie die entsprechende Mischung an 42 Tagen lückenlos hintereinander. Wenn Sie eine Antiquität gekauft haben, deren Herkunft zweifelhaft ist, besprühen Sie diese ebenfalls 42 Tage lang. Danach können Sie sicher sein, dass alle Fremdenergien dauerhaft beseitigt sind.

Wasserhaushalt – Quarantäne – falsche Lebensprogramme – Löschen des Gehirnspeichers

Das Gleiche gilt, wenn Sie in Ihrem Leben Neues beginnen oder eine neue Fertigkeit in Ihre Persönlichkeit integrieren möchten. Nehmen Sie sich immer mindestens 42 Tage Zeit. Nur dann können Sie sicher sein, eine erlernte oder erworbene Fähigkeit dauerhaft in Ihrem karmisch-energetischen Gedächtnis abgespeichert und in Ihren Energiekörpern manifestiert zu haben (→ S. 305).

43 Hypericum perforatum (Johanniskraut)

Traditionelle Anwendung

▶ beruhigend
▶ antidepressiv
▶ schmerzlindernd
▶ entzündungshemmend
▶ »Arnica der Nerven«
▶ Zentrales Nervensystem.

Energetische Anwendung

🌿 Pflanzenbotschaft: »Ich bringe Sonne und Licht in Dein Dasein und befreie Deine Angst vor der Dunkelheit in Dir.«

Hypericum ist die Pflanze des Lichts und der Energie Ihres geistigen Vaters (→ S. 339). Unter dem geistigen Vater versteht man alle gesellschaftlichen und ethisch-moralischen Grundwerte, die der Vater an die nächste Generation weitergeben sollte. Falls Ihr Vater Sie also nur auf der materiellen Ebene versorgt hat, aber auf der geistigen Ebene nie wesensbildend für Sie war, ist das Johanniskraut eine wichtige Pflanze für Sie.

Wenn Sie sich wie in einer dunklen Kammer eingeschlossen fühlen, Angst vor der Nacht und Dunkelheit haben, wird Ihnen die Energie von Hypericum helfen.

Dies gilt ebenfalls, wenn Sie immer wieder dunkle Zeiten durchstehen müssen oder Sie ein sehr großes Bedürfnis nach Sonne haben und im Falle der Abwesenheit des Sonnenlichts Ihre gesamte Befindlichkeit beeinträchtigt ist. Hypericum befreit Ihre dunklen Seiten, Ihre Schattenseiten, und gibt den Blick frei für eine lichtvolle und bessere Zukunft. Die Energie von Hypericum fegt wie eine lichtvolle Welle durch Ihre verschiedenen energetischen Körper und spült alles Schwarze und Negative hinweg.

Hypericum erlöst Sie von allen Aspekten des Seins, bei denen es um ein »Zuviel« geht. Dies gilt für alle Bereiche des Lebens: zu viel Wahrnehmung, zu viele Emotionen, zu viele materielle Anhäufungen. Zu vieles, was Sie bei Ihrem Vorankommen in diesem Leben behindert.

Johanniskraut, das in der Zeit der Sonnwende und damit des höchsten Sonnenstandes blüht und geerntet wird, enthält alle Energien des Sommers und der Unbeschwertheit eines wunderschönen Sommertages. Diese Lichtenergien schickt die spagyrische Essenz nun in Ihren Körper.

Vor schwierigen Entscheidungen hilft Ihnen Hypericum durch alle wichtigen Prozesse, die für eine Transformation des Problems notwendig sind. Die Pflanze gibt Ihnen die heitere Unbeschwertheit zu erkennen, dass Probleme stets einen lichtvollen Aspekt haben. Sie stärken uns, wenn wir bereit sind, uns ihnen zu stellen und sie zu lösen. Die dadurch frei gewordene Energie können wir nun nutzen, um uns in unsere Mitte zu bringen.

Wenn Sie Hypericum über einen längeren Zeitraum als Einzelpflanze einnehmen, kann sie Ihnen Ihren Lebensvertrag (→ S. 340), also die Lebensaufgabe, die Sie sich vor Ihrer Geburt für dieses Leben ausgesucht haben und mit der Sie auf diese Erde gekommen sind, präsentieren.

Sonne – geistiger Vater – fehlende Liebe des Vaters – Licht für die Zellen

Anmerkungen

Hypericum gilt in der Phytotherapie als Pen-
dant zu synthetischen Antidepressiva. Depression bedeutet »niederdrücken«. Wenn Sie sich
depressiv und lichtlos fühlen, überlegen Sie
zuerst, was Sie gerade niederdrückt. Mein Ein-
druck ist, dass Depressionen meist aufgrund
falsch gegangener Lebenswege entstehen, auf
denen man sich und sein »Licht« nicht frei
entfalten konnte. Vielleicht hat man aus falsch
verstandener Demut stets sein Licht unter den
Scheffel gestellt, wie es bei Matthäus (Mt 5,
13–16) im Neuen Testament beschrieben
ist. Vielleicht hat man aber auch den Eltern,
Freunden oder dem Partner zuliebe einen
Weg eingeschlagen. Wenn wir einen nicht für
uns vorgesehenen Weg gehen, müssen wir
jedoch auf das Licht verzichten. Depression
und Energielosigkeit sind die Folge. Vertrauen
Sie auf die belebende und erneuernde Kraft
des Johanniskrauts und lassen Sie Ihre Körperzellen mit Licht durchfluten. Dann sehen
Sie klar und leuchtend den Weg vor sich, den
Sie in diesem Leben einschlagen sollten.

44 Iris (Schwertlilie)

Traditionelle Anwendung

▸ Regulation der Leberfunktion
▸ Förderung der Gallensekretion
▸ Regulation der Darmfunktion
▸ Beruhigung der Magenschleimhaut.

Energetische Anwendung

🗡 Pflanzenbotschaft: »Ich helfe Dir, Dein Leben in einer breiten und bunten Facette wahrzunehmen und Deine Blockaden in Energien des Lichts zu verwandeln. Adieu Tristesse.«

Iris ist die Pflanze des Sehens, des Wahrnehmens, der ganzen Bandbreite gelebten Lebens, aber auch der tausend Begehrlichkeiten, die uns täglich begegnen.

⊘ Cave: Iris nie als Einzelessenz einnehmen, da sonst das »Sehen« schnell zum »Haben-Wollen« werden kann. Die Pflanze kann Sie durch Ihre verbesserte Wahrnehmung leicht in Versuchung führen. Als Einzelessenz gegeben kann Iris Gelüste und Bedürfnisse wecken, die gedankenlos zum Besitzen-Wollen führen.

Diese Pflanze wird Ihnen das Leben wieder in seiner ganzen Vielfalt ins Bewusstsein rücken. Die Schwertlilie reinigt und befreit Sie von allem Schweren in Ihrem Leben und schenkt Ihnen das Glück und das Lachen wieder. Ihre

Blockaden, Schuldgefühle und Bitterkeit werden in Lichtenergien umgewandelt und Ihre innere Wahrnehmung für die wahren Freuden des Lebens geöffnet.

Dank eines völlig neuen Blickwinkels erkennen und akzeptieren wir unsere Fehler. Wir gelangen auf ein anderes Bewusstseinsniveau und können dadurch mit dem Herzen statt nur mit den Augen und dem Verstand sehen.

Iris ist die Verbindung zwischen Himmel und Erde. Die Achse zwischen der geistigen und der materiellen Welt. Sie ist besonders wichtig für Kinder, da diese noch einen sehr guten Zugang zur nicht-materiellen geistigen Ebene besitzen. Die Pflanzenenergie hilft den Kindern, diese Verbindung ganz natürlich in ihrem Alltag zu erleben und zu integrieren.

Der Mensch verliert im Laufe seines Lebens den selbstverständlichen Zugang zur geistigen Welt. Als Erwachsener müssen Sie sich diesen Zugang wieder aktiv erarbeiten, indem Sie Ihre spirituelle Entwicklung vorantreiben. Auf diesem Weg wird Iris Sie unterstützen. Sie ist quasi Ihre Eintrittskarte, die der geistigen Welt signalisiert, dass Sie nun bereit sind, sich ihr wieder zuzuwenden.

Durch die Beschäftigung mit den geistigen Dimensionen des Lebens können wir leichter in der Realität ankommen und alles akzeptieren, was uns das Leben bietet. Die guten und die weniger guten Seiten.

Mehr sehen – sich ablenken – Schuldgefühle – Wunsch nach Besitz

Anmerkungen

Die Quersumme aus 44 ergibt die Zahl 8 von Angelica archangelica. Iris und Angelica können gut zusammen verwendet werden und besitzen beide alle Informationen aus all Ihren Inkarnationen. Sie funktionieren wie ein GPS-System, das Sie durchs Leben lenkt. Beide decken Ihre Fehler auf und helfen Ihnen, diese in Liebe anzuerkennen und zu korrigieren. Somit können Sie bei genauem Hinhören von diesen Pflanzen dazu inspiriert werden, sich für Ihren wahren Lebensauftrag zu öffnen. Öffnen Sie also Ihr Herz für die göttliche Lichtenergie und die Botschaften, die diese Pflanzen Ihnen zu erzählen haben.

45 Lycopodium clavatum (Bärlapp)

Traditionelle Anwendung

▸ blähungsmindernd
▸ krampflösend
▸ Regulation der Leberfunktion.

Energetische Anwendung

🍃 Pflanzenbotschaft: »Ich motiviere Dich, etwas Neues in Deinem Leben in Angriff zu nehmen, das vorher schier Deine Kräfte überstiegen hat.«

Lycopodium ist das Mittel der Ausdauer und der fehlenden Motivation, Dinge anzugehen. Es ist das Mittel der Energie vom Ich zum Du – also vom Egoismus zum Miteinander.

Diese Pflanze lässt Sie wieder mit Biss am Leben teilnehmen. Sie schenkt Ihnen die Kraft und die Ausdauer, langfristige Visionen in Ihrem Leben in Angriff zu nehmen. Lycopodium stellt Sie geistig auf ein Podest, von dem aus Sie die Gesamtsituation überblicken und einschätzen können. Mit neuem Überblick, Biss und Mut packen Sie selbst schwierige Dinge an. Sie verlieren die Angst, Neues zu wagen. Auch wenn Sie bisher meinten, dass es sich nicht lohne, ein neues Projekt anzufangen.

Lycopodium ist vor allem für Menschen geeignet, die oft mit sich selbst unfreundlich umgehen und im tiefsten Inneren sehr unsicher sind. Diese Unsicherheit verstecken sie hinter einer Fassade aus Arroganz, mit der sie es ihrer Umgebung schwer machen, ihnen zu helfen. Sie lernen mit Hilfe der Pflanze, sich angstfrei Ihrer Umgebung mitzuteilen und Ihre Ziele zu erreichen, ohne sich rücksichtslos gegenüber anderen Menschen zu verhalten.

Lycopodium hat sich von einem riesigen Urzeitbaum in eine neuzeitliche Farnart verwandelt. Daher beinhaltet seine Energie stets den Aspekt eines Menschen, der seiner verlorenen Größe hinterhertrauert.

Diese Pflanze ist wichtig für Menschen, die kein gesundes Selbstwertgefühl aufbauen können. Entweder fühlen sie sich als König der Welt und überschätzen sich maßlos oder sie sind total am Boden zerstört und tragen nicht den allerkleinsten Funken Selbstwertgefühl in sich.

Lycopodium lehrt Sie, dem Leben mit Demut zu begegnen und daraus den Mut für das Leben zu entwickeln.

Anmerkungen

Zu Lycopodium passt der Ausspruch Luthers: »Und wenn ich wüsste, dass morgen die Welt unterginge, würde ich heute noch ein Apfelbäumchen pflanzen.«

Wir leben in einer Welt des kurzfristigen Profits, in der alles sofort erfolgreich sein muss. Alles hat schnell rentabel und gewinnorientiert zu sein. Unternehmen beuten Mitarbeiter und Weltressourcen aus. Vielleicht sollten wir wieder lernen, für die Menschheit in ihrer Gesamtheit zu denken und nicht nur das momentane Wohlergehen im Auge zu haben. Dies könnte eine völlig neue Welt und Wirtschaftsordnung zur Folge haben, die ressour-

Passiv – demotiviert – Toleranz – Ausdauer – Podest

censchonend und menschheitsorientiert zum Wohl der ganzen Erde agiert.

Sie selbst können auf privater Ebene anfangen und für ein Umdenken sorgen: Nutzen Sie zum Beispiel Ihre Macht als Verbraucher und kaufen Sie nur Produkte, die ressourcenschonend produziert wurden. Entscheiden Sie sich bewusst gegen Konsum und fördern Sie mit den gesparten Geldern sinnvolle Naturschutzprojekte oder Institutionen, die dazu beitragen, diese Erde langfristig bewohnbar zu machen.

46 Malva silvestris (Käsepappel)

Traditionelle Anwendung

▸ entzündungshemmend
▸ erweichend
▸ Schleimhäute
▸ Haut.

Energetische Anwendung

❂ Pflanzenbotschaft: »Ich helfe Dir, große und wichtige Veränderungen in Deinem Leben zu unternehmen und einen Neubeginn in allen Phasen Deines Seins zu wagen.«

Malva silvestris ist die Pflanze des neuen Wassermannzeitalters. Sie steht für große Änderungen und einen klaren Neubeginn. In der Numerologie spiegelt sich das in der Quersumme der Malva zugehörigen Zahl 46 wieder: 4 + 6 = 10. Die Quersumme von 10 wiederum ist 1. Die 1 steht für Neubeginn. Malva silvestris ist die Energie des Neubeginns und des Übergangs. Die Energie der totalen Veränderung.

Die Pflanze hilft Ihnen, Ihre energetische Nabelschnur zu durchtrennen, die Sie mit alten und belastenden Energien verbindet, die Sie unfrei machen und beim Voranschreiten in Ihrem Leben behindern. Mit Hilfe von Malva können Sie alte, oft schmerzliche Kapitel in Ihrem Leben abschließen und in Frieden weitergehen.

Im Französischen bedeutet »Le mal va.«: »Das Böse geht.« Wenn das Böse geht, kann das Gute und Neue nachkommen und sich in Ihrem Körper manifestieren. Die Käsepappel reinigt Ihre Energiekörper von allem Negativen und lässt die Energie zwischen diesen Körpern wieder frei fließen.

Stellen Sie sich vor, Sie stehen vor einer Mauer und können nicht auf die andere Seite blicken. Sie wissen zwar, dass auf der anderen Seite die Lösung Ihres Problems wartet, haben aber nicht die erforderlichen Mittel und die Energie, um hinüberzublicken. Malva schenkt Ihnen die Energie, den Sprung und damit den Blick über die Mauer zu wagen.

Die Malve erlöst Sie von allen Energien, die Sie in der Vergangenheit festhalten wollen. Sie entlarven alles, was Sie bindet und daran hindert, in Ihrem Leben und Ihrer Entwicklung voranzuschreiten. Übergangsphasen werden oft angstbesetzt erlebt, weil das Loslassen ein Vakuum hinterlässt, man aber noch nicht weiß, was kommen wird.

Malva erlöst diesen Raum, der durch Überschneidung zweier Lebensphasen entsteht, von allen noch gespeicherten Ängsten. Dadurch kann der Übergang als heilsam erlebt werden und es entstehen keine neuen Muster, die in der Zukunft neue Probleme auslösen könnten.

Gut kombinieren lässt sich Malva in Übergangsphasen mit Pilocarpus (→ S. 198) und Coffea arabica (→ S. 204), die Sie von weiteren Ängsten erlösen, die Sie möglicherweise am Weitergehen hindern.

Anmerkungen

Zur Unterstützung der Wirkung von Malva empfehle ich folgende Meditationsübung, mit der Sie sich all Ihrer Bindungen entledigen können:

Hindernis – Neubeginn – Sprung ins Ungewisse – Kraft loszulassen und sich abzunabeln

- Stellen Sie sich zuerst Ihren Körper mit seiner leuchtenden Aura vor.
- Sehen Sie sich in Gedanken vor einer Brücke stehen, die über eine tiefe Schlucht führt. Sie können die andere Seite der Brücke nicht sehen.
- Dann nehmen Sie wahr, mit wie vielen Bändern Sie mit anderen Menschen, mit Orten oder Gegenständen verbunden sind. Spüren Sie nach, ob Sie diese Verbindungen noch mögen oder ob sie Ihnen inzwischen unangenehm sind. Lassen Sie sich dabei viel Zeit.
- Dann nehmen Sie Kontakt mit Ihrem Schutzengel auf. Dieser wird Ihnen helfen, mit einer Schere, einem Messer oder einem Schwert diese Fäden zu durchtrennen.
- Spüren Sie die befreiende Energie, wenn der Engel ein Band durchschneidet und sich somit der betreffende Mensch, der Ort oder der Gegenstand aus Ihren Energiekörpern lösen kann.
- Bedanken Sie sich bei dem Menschen, dem Ort oder dem Gegenstand, der Sie so lange Zeit begleitet hat. Nehmen Sie in Liebe und Dankbarkeit Abschied.
- Begleiten Sie ihn an das Brückenufer und verabschieden Sie sich ein letztes Mal. Sehen Sie nun, wie diese Energie langsam über die Brücke ans andere Ufer verschwindet.
- Bedanken Sie sich ein letztes Mal und lassen Sie nun endgültig los.

47 Mandragora officinalis (Alraune)

Traditionelle Anwendung

▶ schmerzstillend
▶ krampflindernd
▶ krampflösend
▶ blähungsmindernd.

Energetische Anwendung

🖝 Pflanzenbotschaft: »Ich helfe Dir, alle Traumata zu beseitigen, die Dich in dieser Inkarnation behindern und Dich die Fehler der Vergangenheit wiederholen lassen und erlöse den Schattenanteil ins Licht.«

Mandragora ist die Pflanze der Hexen, des Aberglaubens und der Menschen, die mit negativen Energien in ihrem Inneren zu kämpfen haben, die sich zwanghaft immer wieder mit denselben Dingen beschäftigen und ihre Fehler im Leben wiederholen.

Mandragora schützt Sie vor diesem Drang, Fehler immer wieder und wieder zu machen. Sie wirkt wie ein inneres Feuer, das all unsere inneren und selbst produzierten Dämonen vertreibt. Sie arbeitet an den Ursachen alter und karmischer Krankheiten, reinigt die Wut und wandelt sie in positive Energie.

Die Pflanze stabilisiert uns gegen negative Energien, sowohl gegen jene, die wir selbst produzieren, als auch gegen solche, die von außen in uns eindringen.

Sie hilft uns, uns auszudrücken und Dinge zu wagen, die wir uns aufgrund gesellschaftlicher Konventionen und unserer Erziehung nicht getraut hätten. Die Alraune erlaubt uns den Zugang zu uns bislang unbekannten Sphären und Bewusstseinszuständen. Sie hilft uns, von einer Bewusstseinsebene zur nächsten zu gelangen und dabei Lösungen für unsere Probleme im Schlaf zu finden.

Mandragora verkörpert die Energie des Elements Silber und bringt im materiellen Bereich Glück – wie das Symbol des chinesischen Drachens, der für Reichtum steht.

»Gehe bis ans Ende des Weges, auf dem Du Dich befindest, und lasse Dich durch nichts davon abbringen« ist die Botschaft der Alraune. Sie zeigt Ihnen, wann es besser ist, still zu sein und in sich gekehrt nach Lösungen zu suchen, als sich von außen beeinflussen zu lassen.

Menschen, die oft grundlos böse und zynisch sind, hilft die Alraune, diesen Anteil in sich zu erlösen. Sie erkennen, dass diese Reaktionen oft nur auf Neid und unerlösten Gefühlen basieren und mit dem Gegenüber nichts zu tun haben.

Bei der Entwicklung Ihres Charakters und der Vollendung eines Erdenzyklus werden Sie durch Mandragora ermutigt, auch in schwierigen Situationen den Kopf hoch zu halten und sich auf Ihre inneren Werte zu besinnen.

Während innerer Seelenarbeit, bei der Ihre Aura oft durchlässig ist, erlangen Sie eine große innere Kraft, um sich gegenüber Angriffen von außen zu verteidigen.

Tiefer Sinn des Lebens – Öffnung – Zwanghaftigkeit – Arbeit am eigenen Schatten

Anmerkungen

Mandragora kann Ihnen helfen, Verstorbene, die den Weg ins Licht noch nicht gefunden haben, loszulassen. Manchmal werden diese Menschen in der Zwischenwelt festgehalten, weil wir es nicht schaffen, uns auf eine gute Art von ihnen zu lösen, oder weil sie selbst durch bindende, nicht gelöste Ereignisse in ihrem Leben festgehalten werden. Am besten helfen Sie solchen Wesenheiten, indem Sie sie angstfrei und in Liebe ins Licht schicken und während dieser Aktion für sich ein Schutzgebet sprechen.

Vertrauen Sie diese Seele ihrem Schutzengel und Gott an und lassen Sie vor allem selbst los.

48 Matricaria chamomilla (Kamille)

Traditionelle Anwendung

▶ beruhigend
▶ krampflösend
▶ entzündungshemmend
▶ antibakteriell.

Energetische Anwendung

🗡 **Pflanzenbotschaft:** »Ich stärke Dich und ersetze Dir die fehlende Liebe Deiner irdischen Mutter, wenn die Stürme des Lebens mit aller Härte über Dich hinwegfegen und Du Deine Seele von alten Traumata befreien musst.«

Matricaria hilft Ihnen, fehlende Liebe und Geborgenheit, die Sie bei Ihrer leiblichen Mutter nicht erlebt haben, auszugleichen. Sie umhüllt Sie mit einem Schutz-kokon mütterlicher Liebe und schenkt Ihnen wie ein Kamin-feuer in einer kalten Winter-nacht Wärme und Geborgenheit.

Diese Pflanze wirkt direkt auf Ihren Solarplexus, ein Nerven-geflecht in der Bauchmitte, das für die emotionale Balance wichtig ist, und hilft Ihnen, sich emotional geborgen zu fühlen. Dies wird sich auf Ihr Inneres Kind (→ S. 339) auswirken, das sich in dieser Pflanzenenergie ebenfalls sicher und geborgen fühlt. Mit dieser inneren Kraft und Zuversicht gelingt es Ihnen leichter, die göttliche Stimme in sich wahrzunehmen.

Sie werden mit Kraftreserven ausgestattet, von denen Sie auf Ihrem Weg in die emotionale Freiheit zehren können, und Ihre Energiekörper werden in Einklang mit den Energien von Mutter Erde und kosmischen Strahlungen gebracht.

Matricaria ist eine wichtige Pflanze, wenn der Dialog zwischen Mutter und Kind unterbrochen ist. Sie hilft, eine neue gemeinsame Ebene des Miteinanders zu finden, auf der sich alle Beteiligten wohlfühlen können. Wenn Sie sich mit Ihrer Biographie auseinanderset-zen und einen Verrat der Eltern, insbesonde-re der Mutter, aufarbeiten, liefert die Kamille die Energie, um sich mit Ihrem Schicksal und Ihrer leiblichen Mutter auszusöhnen.

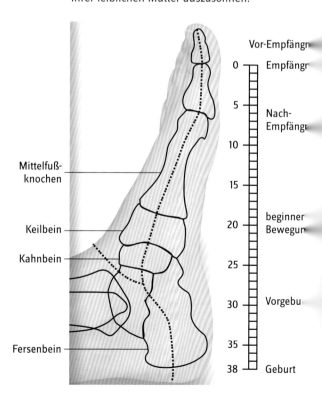

Mittelfuß-knochen

Keilbein

Kahnbein

Fersenbein

Vor-Empfängr
0   Empfängr
5
    Nach-
    Empfängr
10
15
20 beginner
    Bewegun
25
30 Vorgebu
35
38 Geburt

Härte – fehlende Mutterliebe – Schutz der Mutter – geerdete Spiritualität

✒ Tipp: Schon während der Schwangerschaft können Sie die Einzelessenz als Spray oder Einreibung anwenden. Das ungeborene Leben wird so auf der seelisch-geistigen und spirituellen Ebene geschützt und von mütterlicher Liebe umhüllt.

Bei Therapien, die auf die vorgeburtliche Phase abzielen, ist Matricaria ebenfalls wichtiger Bestandteil der Rezepturen. Da die gesamte vorgeburtliche Phase energetisch von der Ferse bis zum Ende der großen Zehe repräsentiert ist, können Sie die Essenz im Bereich der Fußinnenkante an der Fußsohle einreiben. Die Grafik links zeigt die Repräsentation der Pränatalphasen am Fuß nach Robert St. John.

Geben Sie zusätzlich noch einen Tropfen direkt in den Bauchnabel. Das hilft Ihnen auch, wenn Sie sich in einer therapeutisch schwierigen Phase befinden, in der Sie sich am liebsten von der Außenwelt abschotten und in den Schutz des Mutterleibs zurückkriechen möchten. Die nährende und schützende Energie wird sich über den Solarplexus ausbreiten und Ihr Bauchhirn, das an der Verarbeitung emotionaler Belastungen mitbeteiligt ist, umhüllen.

Anmerkungen

Die Verbindung zwischen Mutter und Kind ist immer eine sehr heikle Angelegenheit. Als Mutter will man nichts falsch machen. Das Kind soll eine optimale Kindheit erleben und beste Chancen für einen guten Start ins Leben erhalten. Aufgrund unserer fehlenden sozialen Netze, die früher durch Großfamilien abgedeckt wurden, bleibt heute meist die gesamte Erziehung an der Mutter hängen. Dadurch entsteht in der Regel eine sehr feste Mutter-Kind-Bindung, die durch alltägliche Probleme überlagert ist und die erst dann wahrgenommen wird, wenn der Abnabelungsprozess ansteht. Die eigentlichen Probleme gehen häufig erst dann los, wenn die erste Freundin oder der erste Freund auf der Bildfläche erscheint oder das Kind auszieht. Die Trennung trifft Mütter meist wie der Blitz aus heiterem Himmel. Loslassen ist häufig unmöglich.

Durch Wäschewaschen am Wochenende, das Versorgen mit Essen und andere Mittel versuchen viele Mütter vergeblich, das Unvermeidliche hinauszuzögern. Matricaria kann Ihnen als Mutter helfen, diesen Prozess der Loslösung von Ihren Kindern auf eine konstruktive und für beide Seiten befriedigende Art und Weise zu vollziehen.

49 Melilotus (Steinklee)

Traditionelle Anwendung

▸ schmerzstillend
▸ krampflösend
▸ zusammenziehend
▸ erweichend.

Energetische Anwendung

🜄 **Pflanzenbotschaft:** »Ich helfe Dir, das Leben wieder zu genießen, und bringe Harmonie und Stabilität, damit Du Dich mit Deinem Engel verbinden kannst.«

⊘ **Cave:** Verwenden Sie Melilotus am besten zusammen mit Amygdala amara, der Nummer 7 (→ S. 36). Diese beiden Pflanzen energetisieren und potenzieren sich in der Synergie um ein Vielfaches. In der Numerologie spiegelt sich dies darin wider, dass das Quadrat der Ziffer von Amygdala amara, also 7 × 7, die Zahl 49 von Melilotus ergibt.

Melilotus ist die Pflanze der ungeschützten Aura, des destabilisierten Menschen und der Transformation.

? Fühlen Sie sich oft unausgeglichen und psychisch instabil, ohne eigentlich zu wissen, warum?

? Haben Sie im Tagesverlauf extreme Energieschwankungen, die Sie nicht mit Ihren Aktivitäten oder Ihrem Biorhythmus erklären können?

? Fühlen Sie sich oft von Menschen auf der Straße beobachtet oder willkürlich von Fremden wahrgenommen?

Falls ja, haben Sie wahrscheinlich einen Defekt in Ihrer Aura, ohne davon zu wissen. Eine solche Lücke kann durch Schocks, Operationen, seelische Traumata oder Menschen, die Ihnen ständig Energie abziehen, entstanden sein. Melilotus hilft Ihnen, die Löcher in Ihrer Aura wieder zu schließen. Sie werden sich wieder wohl in Ihrer Haut fühlen und ein natürliches Selbstvertrauen erlangen, weil Sie sich sicher und geborgen wissen. Ihr feinstofflicher Körper wird in seiner Gesamtheit restrukturiert und Ihre Chakren (→ S. 19) werden harmonisiert.

Außerdem hilft Melilotus Ihnen auf der Suche nach Ihrem Lebensglück, nach der Erfüllung Ihres Daseins auf allen Ebenen des menschlichen Seins.

Melilotus reinigt und desinfiziert alte Wunden auf der seelischen Ebene.

Sie werden zur Vorsicht gemahnt, wenn Sie sich unbemerkt in Situationen befinden, in denen Sie schon einmal Probleme hatten oder gescheitert sind. Melilotus deckt alle lebensbehindernden Muster auf und schafft Bewusstsein und einen analytischen, erhellenden Blick für unseren Weg, um in der richtigen Perspektive für unser Leben die richtigen Entscheidungen zu treffen.

Melilotus weckt den Pioniergeist in Ihnen. Die Pflanze gibt den Impuls, sich in scheinbar ausweglosen Situationen für Veränderungen zu öffnen. Auch wenn die Bedingungen auf den ersten Blick nicht rosig erscheinen, gibt Melilotus den Anstoß, Ihrem Wunsch nach Veränderungen nachzugeben und auf scheinbar kargem Boden fruchtbares Land zu erschaffen. Sie lernen, in dieser Zeit mit dem Notwen-

Öffnung für die Liebe – Schutz – Transformation

digsten auszukommen, und erfahren so, dass weniger oft mehr ist.

Während der Nacht schützt die Energie des Steinklees Ihre Seele, die sich auf die Reise in transzendente und astrale Welten macht. Er stabilisiert Ihre energetischen Körper so sehr, dass diese einen starken Anziehungspunkt für die umherwandernde Seele bilden. So kann sie auch in schwierigen Wanderphasen schnell und unbeschadet zu Ihnen zurückkehren, statt als abgelöster Seelenanteil getrennt von Ihnen in anderen Ebenen verloren zu gehen.

Im normalen Alltag schützt der Steinklee erfolgreich vor Beeinflussung von außen, vor allem durch Werbung und manipulative Ideen. Nur wenn Ihre Energiekörper stabil und ineinander verwoben sind, können Sie aus einer inneren Ruhe heraus alle energetischen Angriffe abwehren.

Melilotus verhilft Ihnen zu der Einstellung »Danke nein, es ist genug!«. Dies wird in der zukünftigen Entwicklung und Transformation auf der Erde wichtig sein, damit alle von den Segnungen der Erde profitieren können.

Bei Chaos in Ihrer Seele kann Melilotus zusammen mit Propolis (→ S. 134) wieder Ruhe und Struktur in die Seele bringen.

Anmerkungen

Das Problem der instabilen Aura wird heute noch verstärkt durch die veränderte Erdenergiefrequenz und neue Magnetfelder, die durch die Überlappung vieler strahlungsintensiver Geräte entstehen. Menschen mit einem sensiblen Nervensystem und einer erhöhten

Wahrnehmung erleben oft Störungen, die sie gar nicht mehr zuordnen können. Dies äußert sich aus meiner Sicht unter anderem an der stetigen Zunahme des Hyperaktivitätssyndroms (ADHS) bei Kindern. Aber auch Erwachsene leiden zunehmend unter Konzentrationsstörungen, Gedächtnislücken und neurologisch bedingten Sensationen. Sowohl bei Kindern als auch bei Erwachsenen können die beiden Pflanzen Amygdala amara und Melilotus in Synergie wahre Wunder bewirken. Lassen Sie sich von diesen beiden Pflanzen wie von einem Kokon schützen und umhüllen.

50 Melissa officinalis (Zitronenmelisse)

Traditionelle Anwendung

▸ krampflösend
▸ verdauungsfördernd
▸ beruhigend
▸ nervenstärkend
▸ entspannend.

Energetische Anwendung

🔥 Pflanzenbotschaft: »Ich bringe Dich in Einklang mit der göttlichen Botschaft, um Deine Zukunftsängste zu vertreiben.«

Melissa ist die Pflanze der fünf großen Sorgen der Menschheit. Dies sind die Sorgen um:
▸ Geld
▸ Arbeit
▸ Gesundheit
▸ nahe stehende Personen und
▸ grundlegend existentielle Fragen.

Wir lernen, unsere Lebensprobleme aus einer anderen Perspektive zu sehen. Aus einer anderen Sicht der Dinge heraus lösen sich oft viele Ängste von selbst in Luft auf. Wir schaffen uns Freiräume, nehmen uns wieder wichtig und erleben, wie wir durch innere Ruhe und Distanz unsere positiven Eigenschaften wieder entdecken können.

Oft zeigt uns Melissa durch einen anderen Blickwinkel Alternativen auf, mit denen wir unsere Probleme einfacher lösen können. So fragt man sich vielleicht, ob das Zweitauto wirklich sein muss oder ob man hier nicht viel Geld sparen und damit neuen Freiraum gewinnen kann.

Wenn Sie ein Projekt in Angriff nehmen möchten, das Ihnen wirklich am Herzen liegt, aber auf den ersten Blick nicht realisierbar erscheint, dann hilft Ihnen die Zitronenmelisse, eine Alternative oder Lösung zu finden, an die Sie nie gedacht hätten.

So wie uns Melilotus (→ S. 120) in »seelischen Wüstenzeiten« zurechtkommen lässt, steht uns Melissa in »Wüstenzeiten des Geistes« bei, in denen wir wie vor einer Wand stehen, Ängsten ausgesetzt sind und keine Lösung für unsere Probleme finden.

Neues Denken und Handeln sind wichtige Aspekte dieser Pflanze. Die Energie von Melissa macht Ihnen klar, dass eine Tasse nur dann neu gefüllt werden kann, wenn sie einmal leer ist. Der Geist kommt zur Ruhe, die unerlöste und destruktive »Ja, aber ...«-Energie verschwindet aus Ihrem Denken. Sie hören aufmerksam und konzentriert hin, gönnen Ihrem Geist auch längere Ruhephasen und lernen, dass wir in unserer Gesellschaft ständig durch Werbung und manipulative Berichte beeinflusst werden.

Eine neue Freiheit wird Ihr Denken erfüllen. Im Wissen, dass es nur Ihre eigene Wahrheit geben kann, werden Sie unabhängig von Informationen von außen. Sie leben, statt gelebt zu werden. Melissa setzt durch die Zentrierung des Geistes ungeahnte, teils archaische Kräfte in Ihnen frei, die Sie ungeachtet fremder Meinungen Ihre persönliche Wahrheit leben lassen.

Dank neuem Denken und daraus resultierendem, hocheffizientem Zeitmanagement setzen Sie Impulse nach dem Motto »Wenn nicht jetzt, wann denn dann?« gleich um.

Fehlendes Vertrauen – Zukunftsangst – die fünf Sorgen der Menschheit

Ihr energetisches Nervensystem wird an die neuen Frequenzen der Erde angepasst. Dies ist wichtig, um in Zukunft Ihre Entwicklung in höhere geistige Sphären zur Vervollkommnung Ihrer Seele ohne jede Fremdbeeinflussung unterstützen zu können.

Anmerkungen

Die Zitronenmelisse passt sehr gut zu unserem Zeitgeist. Viele Menschen machen sich große Sorgen um ihre Zukunft, um die wirtschaftliche Situation oder einfach um Menschen aus ihrem persönlichen Umfeld. Wenn man sich in seinem Leben nur auf sich verlässt und keinen Glauben hat, ist man wie entwurzelt. Viele dieser Ängste hängen direkt oder indirekt mit unserer fehlenden Verwurzelung in Gott zusammen. Nur ein Mensch, der sich im schicksalhaften Wirken Gottes geborgen weiß, kann sein Leben und seine Existenz im großen Kontext des Weltgeschehens als geborgen in Gottes schützender Hand erleben.

Für mich ist Melissa deshalb auch eine Pflanze, die die liebende Dimension Gottes auf der Erde offenbart, der um unsere Nöte als Men-

schen auf materieller Ebene weiß. Sie beseitigt unsere materiellen Ängste, so dass wir frei sein können für die geistig-spirituelle Dimension unseres Lebens.

51 Mentha piperita (Pfefferminze)

Traditionelle Anwendung

▶ krampflösend
▶ verdauungsfördernd
▶ anregend
▶ belebend.

Energetische Anwendung

🌿 Pflanzenbotschaft: »Ich helfe Dir, in jeder Lebenslage aufrichtig mit Dir selbst zu sein und Deine Lebenslügen zu entlarven, um authentisch Dein eigenes Leben zu leben.«

»Lügen haben kurze Beine« ist das Motto der Pfefferminze. Sie ist die Pflanze des Geistes und der Wahrheit, der Wahrhaftigkeit und des ehrlichen Umgangs mit sich selbst und anderen Menschen. Letztendlich auch des schonungslos ehrlichen Umgangs mit der eigenen Biographie.

Im Extremfall kann eine Lüge - auch eine Selbstlüge - ein gesamtes Leben buchstäblich innerhalb von Sekunden vollständig zerstören. Machen Sie also Schluss mit den täglichen kleinen und großen Lügen und letztendlich der Selbstlüge, mit der wir uns um unser Leben betrügen!

Mentha piperita wird Ihnen auf Ihrem Weg der Wahrheit, der auch immer ein Weg der Liebe ist, gerne beistehen. Falls Sie sich in die Fallstricke von Lüge und Betrug begeben haben, hilft diese Pflanze Ihnen, einen Ausweg aus der Misere zu finden. Einen Ausweg, der alle Beteiligten das Gesicht wahren lässt, der jedem hilft, sich mit dem, was durch die Lüge vertuscht wurde, aktiv auseinanderzusetzen. Einen Ausweg, der das nun erworbene Wissen auch umsetzt, um auf dem Weg der Wahrheit voranzukommen.

Mentha piperita verkörpert energetisch das Element Antimon, das in der Therapie mit Planetenmetallen dazu dient, alle anderen Metalle und die ihnen zugeordneten Tugenden zu erlösen. Wenn Sie zu sehr in der Materie verhaftet sind, bekommen Sie durch Mentha als Repräsentant für das Antimon ein Bewusstsein für höhere kosmische Energien. In der Alchemie schafft es Antimon, Metalle voneinander zu trennen. Entsprechend kann Mentha als die höchste Energieform angesehen werden, die alle unerlösten Anteile eines Menschen hervorholt, sie in sein Bewusstsein hebt und dadurch erlöst.

Antimon ist ein Zwitter zwischen der Metall- und der Mineralwelt. Auch der Mensch - Träger planetarer Metallenergien und zugleich erdenhaft verbunden mit der Mineralwelt - ist in dieser zwitterhaften Energie gefangen. Mentha erlöst den Menschen aus diesem Zwiespalt. Sie ist der Schlüssel für den, der sowohl die planetaren, metallhaften als auch die erdverbundenen, mineralischen Kräfte für seine Entwicklung nutzen möchte, um dem alchemistischen Prinzip, nach dem sich der Geist aus der Materie entwickelt, zu folgen.

Die Pfefferminze sorgt dafür, dass der Geist die individuelle Ausprägung des Charakters kontrolliert. Da unser Charakter bestimmte Handlungen bedingt und diese wiederum unser Karma prägen, kontrolliert Mentha indirekt auch unsere weitere karmische Entwicklung.

Wahrheit – Lebenslügen – Führung

Mentha begleitet uns in unserer Entwicklung von der Erde zu den kosmischen und spirituellen Kräften. Sie schützt unser Gehirn vor magnetischen und elektrischen Kräften, die uns in unserer Entwicklung behindern und unsere Gehirnfrequenzen ernsthaft stören würden.

Diese Pflanze bringt in uns schlummernde Ideen an die Oberfläche und lässt sie Gestalt annehmen. Wir erkennen, dass manche unserer scheinbar »spleenigen« Ideen Visionen aus anderen Welten sind und hier auf der Erde verwirklicht werden möchten.

Mentha bringt uns auf eine neue spirituelle und vollkommene Ebene. Wir begreifen unser Ego als lebensfeindliches Element und überlassen uns in der Stille des Denkens unserem wahren Sein. Schließlich können wir uns mit Mentha aus den erdhaften Verbindungen lösen und in höchste kosmische Energien aufsteigen. Die Heilung des Geistes wird zu einer Heiligung des ganzen Seins.

Anmerkungen

Vielleicht gibt es häufig Situationen in Ihrem Leben, in denen Sie es mit der Wahrheit nicht so genau nehmen und mit kleinen Notlügen operieren, die eigentlich keinem schaden? Aus diesen kleinen Lügen wird häufig – fast unbemerkt – die ganz große Lebenslüge, aus der man vielleicht erst durch eine Krise oder eine schlimme Krankheit aufgeweckt wird.

52 Nux vomica (Brechnuss)

Traditionelle Anwendung

▸ Hemmung abnormer Magensäurebildung
▸ Erhöhung der Sekretion der Darmschleim-
  haut
▸ entspannend
▸ Regulation der Leberfunktion.

Energetische Anwendung

🖋 **Pflanzenbotschaft:** »Ich befreie Dich von
dem Stress in Deinem Leben, der Dich daran
hindert, Dein volles Potenzial in liebevoller
Weise zu entfalten, und aus der Falle der Perfektion und des Alles-alleine-machen-Wollens

zu entkommen. Außerdem befreie ich Deine
nicht gelebten Kapazitäten, um diese gemäß
Deines Lebensauftrags einzusetzen.«

Nux vomica ist die Pflanze des gestressten
modernen Menschen und geeignet für alle,
▸ die sich auf der Schnellspur durchs Leben
  befinden
▸ die meinen, nur mit Perfektion und massi-
  ver Anstrengung sei das Leben überhaupt
  zu organisieren
▸ die schnell zornig oder aggressiv werden,
  wenn irgendetwas nicht so läuft, wie sie es
  sich vorstellen
▸ die ständig unter Stress und Volldampf stehen.

Auszugleichende Energie	Spagyrische Essenzen
Fehlende mütterliche Zuneigung	Matricaria chamomilla (→ S. 118), Phytolacca decandra (→ S. 130)
Fehlende geistige mütterliche Zuwendung	Viscum album (→ S. 174)
Erblasten und Familiengeheimnisse mütterlicherseits	Phytolacca decandra (→ S. 130)
Fehlende väterliche Zuneigung	Nux vomica (→ S. 126)
Fehlende geistige väterliche Zuwendung	Hypericum perforatum (→ S. 108)
Energie der Liebe beider Elternteile bei seelischen Verletzungen	Bellis perennis (→ S. 52)
Probleme mit dem Vater, Vater-Sohn-Konflikt, Eltern sind nicht bekannt, adoptiertes Kind	Sabal serrulatum (→ S. 146)
Energien weit zurückliegender Generationen, Energie der Großeltern „Ahnenfelder"	Hydrastis canadensis (→ S. 106), Symphytum officinale (→ S. 156)
Familiengeheimnisse oder nicht ausgesprochene Verletzungen in der Familie	Gentiana lutea (→ S. 100)
Ständige Konflikte zwischen Kindern und Eltern	Rosmarinus officinalis (→ S. 142)
Kinder, die ihren Vater nicht kennen und deren Mütter während der Kindheit durch die Arbeit nicht für die Kinder da waren	Propolis (→ S. 134)
Störungen zwischen Vater und Kind; in spiritueller Hinsicht auch Auflehnung gegen Gott	Urtica dioica (→ S. 166)

Wut – Empörung – fehlende Vaterliebe – natürliche Autorität

Nux wird Sie von diesem inneren Stress befreien und Ihre Seele und Emotionen besänftigen. Diese Pflanze hilft Ihnen, innezuhalten und der Frage nach dem Sinn Ihres Lebens nicht mehr durch übermäßige äußere Aktivitäten auszuweichen. Sie wird Ihr übersteigertes Selbstbewusstsein, hinter dem in Wirklichkeit ein Minderwertigkeitskomplex steckt, in ein normales Selbstwertgefühl verwandeln. Es wird ein Gleichgewicht geschaffen zwischen Erfolg, Prestigedenken, materiellen Bedürfnissen und unserer spirituellen Suche.

Außerdem wird Nux vomica Ihnen helfen, wenn Sie unter der fehlenden Zuneigung Ihres Vaters gelitten haben und jetzt noch seelische Defizite dadurch verspüren. Deshalb spielt diese Pflanze beim Kontakt mit Ihrem Inneren Kind (→ S. 339) eine wichtige Rolle. Sie legt sich wie ein Schutzschild um Ihr Inneres Kind und lässt es so auf vertrauensvolle Weise mit Ihnen Kontakt aufnehmen.

Nux vomica erlöst Sie aus dem »Haben-Wollen«, aus der Sucht nach immer mehr. Sie erkennen, dass die Ressourcen auf der Erde begrenzt sind und dass nicht Gier, sondern ein gutes und kreatives Miteinander ein Weiterkommen auf der Erde ermöglicht. Im Teilen und nicht im Besitzen ist es möglich, die Bedürfnisse aller Menschen zu erfüllen. Gandhi hat einmal gesagt, dass die Erde genügend Ressourcen für die wahren Bedürfnisse der Menschen hat, aber nicht genügend für die Gier einiger Weniger.

Die Quintessenz von Nux vomica lässt sich in drei Botschaften zusammenfassen:
- ▶ »Miteinander statt gegeneinander«
- ▶ »Alles wird mehr, wenn wir es teilen«
- ▶ »Nein danke, ich habe genug«.

Anmerkungen

Der Ausgleich von Elternenergien in der Spagyrik kann auf verschiedene Weise erfolgen, siehe Tabelle links.

53 Okoubaka aubrevillei (Okoubaka)

Traditionelle Anwendung

- entgiftend
- antibakteriell.

Energetische Anwendung

🌿 Pflanzenbotschaft: »Ich befreie Dich von allem, was Dich in dieser Existenz auf jeder Ebene Deines Seins und in jedem Deiner Energiekörper körperlich, seelisch oder geistig vergiftet.«

Okoubaka ist die Pflanze des Giftes, der Reinigung und Befreiung auf physicher, geistiger, seelischer und emotionaler Ebene.
Diese Pflanze schützt Sie vor den negativen und destabilisierenden Energien, die Ihnen im täglichen Leben begegnen. Natürlich gibt es auch in uns selbst schwarze Energien, die darauf warten, von Okoubaka in eine für uns hilfreiche und entwicklungsfördernde positive Energie transzendiert und befreit zu werden. Das in uns liegende Schwarze und Schattenhafte wird durch Okoubaka in Gold, Licht und Liebe transformiert. Dieses Gold, der in uns schlummernde Schatz, kann nun aktiviert und gelebt werden.

Sie werden lernen, Entscheidungen frei und unbeeinflusst von anderen Menschen zu treffen. Verwünschungen, Flüche und sogar Geistwesen in Ihrer Aura werden durch diese afrikanische Pflanze eliminiert. Sie werden aus dem tiefen Loch nach oben ans Licht steigen und Ihre Schwarzseherei hinter sich lassen können. Damit sind Sie wieder bereit, sich auf die spirituelle Ebene Ihres Lebens einzulassen.

Die Energien von Menschen, die Ihnen das Leben schwer machen und Sie mit ihrer Schwarzseherei nach unten ziehen, werden dank Okoubaka neutralisiert.

Okoubaka hilft Ihnen zusammen mit Mandragora (→ S. 116), Ihren Schatten zu erlösen und diesen konstruktiv zu nutzen. Die Anfangsbuchstaben dieser beiden Pflanzen ergeben die Silbe »OM«, die nach spiritueller Auffassung als Schwingung des Kosmos den Urton des Lebens darstellt. Aus ihr ist der Kosmos entstanden und alles im Kosmos wird durch die Schwingung dieser Silbe transformiert und geheilt.

Mit dieser Pflanzenkombination können Sie Ihr spirituelles Bewusstsein erweitern und dabei Schattenanteile in Ihnen aufdecken und auflösen. Ein vom Schatten befreiter Mensch ist frei auf allen Ebenen seines Seins.

Okoubaka hilft Ihnen, Aspekte Ihres Lebens, die nicht geheilt werden können, durch Verzeihen zu erlösen. Manchmal ist es nicht möglich, mit starken seelischen Traumata auf der bewussten Seelenebene umzugehen. Okoubaka hilft Ihnen in diesen Fällen, das Verzeihen zu fördern.

Zusammen mit Betula alba (→ S. 54) ist Okoubaka in der Lage, Negativität und Depressionen aus Ihrem energetischen Blut zu waschen. Negative Schwingungen, die bisher durch die Resonanz mit der Negativität in Ihrem Inneren Zugang zu Ihnen fanden, können nun abgeblockt werden. Stattdessen gelangen Schwingungen von Liebe und Harmonie zu Ihnen. Ihr Leben wird lichtvoll und erfüllt von positiver kosmischer Energie. Sie stoßen Negativität ab und ziehen Harmonie in Ihr Leben.

Vergiftung – Befreiung – Reinigung – Umwandlung negativer Energie in Liebe

Anmerkungen

Wir leben in einer Zeit, in der wir täglich in wenigen Stunden auf allen Ebenen unseres menschlichen Daseins – körperlich, seelisch und geistig – mit weitaus mehr negativen Energien konfrontiert werden als noch vor Jahrzehnten in einem ganzen Lebensabschnitt. Die Medien überschlagen sich mit Negativmeldungen, die bekanntlich höhere Einschaltquoten bringen als erfreuliche Nachrichten. Einige Versicherungen werben mit Horrorszenarien, um fragwürdige Policen an den Mann zu bringen.

Versuchen Sie, in Ihrem Leben ganz bewusst solche Negativquellen auszuschalten. Halten Sie sich von Menschen fern, die Sie seelisch und geistig vergiften und Ihnen nicht gut tun (→ S. 296). Schauen Sie die Nachrichten des Tages ganz bewusst an und meiden Sie Sender, deren Berichte effektheischend und in erster Linie auf eine hohe Einschaltquote ausgerichtet sind. Sehen Sie sich Filme an, die Sie aufbauen, und keine Horrorfilme oder Dramen, die Sie nur weiter nach unten ziehen.

Es geht hier nicht darum, heile Welt zu spielen. Es geht darum, sich klar zu machen, dass es auf allen Ebenen unseres Seins Energien gibt, die uns destabilisieren und uns somit ernsten Schaden zufügen können. Der beste Weg, diese Energien loszuwerden, ist, sich ihnen erst gar nicht auszusetzen.

⊕ **Hinweis:** Hier wurde auf eine Abbildung der Pflanze verzichtet, da es nach traditionellem Glauben Unglück bringt, sie abzubilden.

54 Phytolacca decandra (Kermesbeere)

Traditionelle Anwendung

- schmerzlindernd
- infektionshemmend im Bereich von Hals, Nase und Ohren
- hormonregulierend.

Energetische Anwendung

⚘ **Pflanzenbotschaft:** »Ich lasse Dich Botschaften auf allen Ebenen Deines Seins wahrnehmen und helfe Dir, die göttliche Stimme in Deinem Leben zu hören.«

Phytolacca ist die Pflanze des Hörens und Zuhörens, des Verständnisses, der Kommunikation und der Fähigkeit, zwischen den Zeilen zu lesen.

Manchmal sehnen wir uns nach der direkten Kommunikation mit unserem Schöpfergott. Phytolacca wird Ihnen dabei helfen, diese Botschaften aus anderen Welten mit Ihren geistigen Ohren wahrzunehmen.

Auch bei der Verständigung mit anderen Menschen wird diese Pflanze Ihnen helfen, die Botschaft hinter der Botschaft und das nicht Ausgesprochene wahrzunehmen. Sie fördert die Kommunikation und hilft uns, den anderen Menschen zuzuhören. Phytolacca ist die Verbindung zu unserem kleinen Mann im Ohr, der uns so viel Weisheit mitzuteilen hat.

Bei der Meditation wird Sie diese Pflanze unterstützen, sich auf der feinstofflichen Ebene mit den Lichtwelten zu verbinden. Wenn Sie sich vorgenommen haben, in Ihrem Leben ein bestimmtes Ziel zu erreichen, gibt Ihnen Phytolacca noch einmal Kraft und Ausdauer, wenn Sie sich auf der Zielgerade befinden.

Zusammen mit Euphrasia (→ S. 90), die für das innere Sehen und die Intuition wichtig ist, hilft Ihnen Phytolacca als Pflanze der Botschaften des Unbewussten und der kosmischen Resonanz, klare Anweisungen aus der geistigen und spirituellen Welt zu erhalten. Mit dem Erwachen Ihres kosmischen Bewusstseins lernen Sie die Unterscheidung der Geister – eine wichtige Aufgabe des spirituellen Wachstums.

Wenn Süchte auf fehlender mütterlicher Energie oder fehlendem Stillen basieren, ersetzt Phytolacca den fehlenden mütterlichen und nährenden Aspekt auf allen Ebenen. Hilfreich ist diese Pflanze auch bei Milchallergikern, die als Baby zu früh mit Kuhmilch konfrontiert wurden.

Die Pflanze erlöst Familiengeheimnisse, vor allem solche aus der Familie der Mutter, und kann Sie so mit dem Schicksal aussöhnen. Durch die Erkenntnis, dass alles Schicksal auch immer konstruktiv und lebensfördernd genutzt werden kann, gelangen Sie zu innerer Ruhe und Gelassenheit.

Anmerkungen

Das Geräusch im Ohr, das viele fast in den Wahnsinn treibt, befällt immer mehr Menschen aller Altersstufen. Durch die Arbeit in meiner Praxis habe ich festgestellt, dass Tinnitus-Patienten in der Regel Bereiche in ihrem

Hören und Zuhören – tiefes Verständnis der Ereignisse im Leben – Ohr Gottes

Leben aussparen, wo sie einfach nicht hinhören wollen. Therapeutisch hat es sich bewährt,
eine Bilanz des eigenen Lebens zu machen
und alle Dinge aufzuschreiben, die einen
beschäftigen. Machen Sie Ihre »Hausaufga-
ben« in einem kleinen Tagebuch: Aus diesem
Tagebuch heraus ergeben sich oft Lösungen für
das »Nichtgehörte«. Mit der Annahme dieser
Botschaft ist auch das störende Geräusch im
Ohr oft ganz schnell verschwunden.

55 Piper methysticum (Kawa-Kawa)

Traditionelle Anwendung

▸ beruhigend
▸ harmonisierend
▸ ausgleichend
▸ angstlösend
▸ reiz- und schmerzlindernd.

Energetische Anwendung

🗲 Pflanzenbotschaft: »Ich helfe Dir, Deine Gedankenspiralen, die Dich ängstlich und unruhig machen, zu unterbrechen und lasse Dich zur Ruhe kommen.«

Bei Piper methysticum geht es darum, über sich hinauszuwachsen, seine Lebensverbote zu hinterfragen und die eigene Kreativität zu leben.

? Denken Sie ständig die gleichen Gedanken und können die Schallplatte in Ihrem Kopf, die auf Wiederholen eingestellt ist, nicht anhalten?

? Sind es immer wieder die gleichen Szenen, die sich unendlich oft vor Ihrem geistigen Auge abspielen?

? Sind Sie ängstlich und unruhig, fast schon etwas depressiv?

? Wirken Sie zerfahren und können Sie sich schlecht konzentrieren?

? Haben Sie einen Schock erlitten und fühlen Sie sich seitdem unruhig und nicht mehr ganz Sie selbst?

In diesen Fällen wird Kawa-Kawa Ihren Geist zur Ruhe bringen, Sie auf das gegenwärtige Geschehen zentrieren und Sie Ihre Ängste beherrschen lernen lassen. Damit können

Sie wieder mehr Kraft in Ihr Leben bringen und durch die angstfreie Zentrierung auf das Wesentliche lernen, die Dinge in der richtigen Relation zu sehen.

Piper methysticum ist ein wichtiger Begleiter, wenn Sie sich von unnützen und behindernden Lebensprinzipien und Verboten befreien wollen, die Sie sich selbst auferlegt haben. Ähnlich wie es Achillea millefolium (→ S. 24) bei Lebensverboten ist, die Ihnen von anderen Menschen oktroyiert wurden. Piper methysticum schwächt die selbst auferlegten Verbote ab, macht sie hinterfragbar und damit auflösbar. Schuldgefühle werden gestoppt, das Verbot, sein eigenes Lebensglück zu finden und zu leben, wird aufgehoben und ein Neuanfang mit einer spirituellen Ausrichtung möglich. Die Deklaration der Menschenrechte beschreibt die Energie dieser Pflanze und die Grenzen der eigenen Freiheit besonders gut: »Die Freiheit besteht darin, alles tun zu dürfen, was einem anderen nicht schadet.«

Dank Piper finden Sie Lösungen jenseits des dualen Denkens und logischer Prinzipien. Das Kreisen um das Problem wird auf eine spirituelle, nicht duale Ebene transformiert, auf der Lösungen gefunden werden können, die mit dem Gehirn allein nicht möglich wären.

Kawa-Kawa reinigt den Geist und durchflutet unser energetisches Gehirn mit so viel Licht, dass wir wieder eine klare, ungetrübte Kommunikation mit Gott aufnehmen können. Gedankenspiralen werden unterbrochen und das emotionale System gründlich gereinigt. So können wir auf einer hohen Schwingungsebene wieder Kontakt zur spirituellen Welt herstellen. Die Energie von Piper befreit uns

Angst – kreisende Gedanken – über sich hinauswachsen – lebensbehindernde Verbote aufheben

von psychischen Verunreinigungen, die durch unser Umfeld, die Massenmedien oder gesellschaftliche Meinungen entstanden sind, und lichtet den Nebel, der unser Gehirn blockiert.

Mit einer ausgeglichenen Psyche können Sie sich auf gesunde Weise gegenüber Ihrem Umfeld und seinen Erwartungen, die Sie vielleicht bewusst oder unbewusst erfüllen möchten, abgrenzen.

Menschen, die sich auf gedankliches Neuland begeben oder sich neues Wissen zu einem bisher unbekannten Thema aneignen, hilft Piper, sich gedanklich auf neue Ebenen einzulassen und dabei die geistig-spirituelle Dimension des Themas zu erfahren.

Ihre Gebete und Wünsche werden direkt zu der angesprochenen höheren Instanz geleitet. Der Weg zu Gott und seinem Wirken durch den Heiligen Geist wird frei. Als Reaktion erkennen Sie die Lösung des Problems – die dann aber meist gänzlich anders aussieht, als Sie ursprünglich gedacht haben.

Kawa-Kawa unterstützt Sie darüber hinaus in materieller und spiritueller Hinsicht beim Umgang mit Geld. Sie erkennen den wahren Wert des Geldes in Ihrem Leben, räumen ihm den richtigen Stellenwert ein und erkennen die spirituelle Botschaft hinter Ihren Problemen mit Geld.

Durch die Energie dieser Pflanzen vermag Ihre Seele, alle karmisch angehäuften Lebensspuren zu löschen und zu transformieren, damit Sie zu Ihrer wahren Berufung auf dieser Erde zurückfinden.

Zusammen mit Quercus (→ S. 200) stellt Piper in Ihnen und dadurch auch im Kontakt mit anderen Menschen wieder eine harmonische Ordnung her. Aus der Synergie dieser beiden Pflanzenenergien entsteht Klarheit im Geist und in der Kommunikation. Man sagt, was man meint, und meint, was man sagt. Eine schätzenswerte Eigenschaft, die in unserer Zeit der Scheindiplomatie viel zu selten geworden ist.

Anmerkungen

Ängste (→ S. 215) sind wahrscheinlich so alt wie die Menschheit. Sie sind Bestandteil vieler philosophischer Abhandlungen und spielen auch in religiösen Schriften eine immense Rolle. Der von Ängsten und Vorahnungen geplagte Mensch ist wichtiges Thema der Psalmen in der Bibel.

56 Propolis (Bienenkittharz)

Traditionelle Anwendung

- entzündungshemmend
- antimykotisch
- antiallergisch
- juckreizstillend
- antibakteriell
- antiviral
- wundheilungsfördernd.

Energetische Anwendung

◢ **Bienenbotschaft:** »Ich helfe Dir, Ordnung und Struktur in Dein Leben zu bringen und Deinen energetischen Körper zu schützen und zu reinigen.«

Propolis ist die Energie der Ordnung, des Fleißes und der positiv gelebten Disziplin. Der Bienenkittharz ist sowohl für Menschen geeignet, die diese Eigenschaften in einem sie selbst behindernden Übermaß besitzen, als auch für solche, denen es an diesen Eigenschaften mangelt.

Oft werden Störungen, Ängste und Unsicherheiten durch fehlende Ordnung und Strukturen in unserem Leben ausgelöst. Dieses Chaos kann Ängste verursachen. Falls Sie nicht mehr wissen, was Ihr Ungleichgewicht ausgelöst hat, bringt Sie Propolis an den Ursprung der Störung zurück.

Propolis ist Ihr »energetischer Meister Proper«, der Ihre Energiekörper reinigt. Er hält alles aus Ihren energetischen Körpern fern, was Sie belasten oder krank machen könnte. Sie werden mit dem Fleiß, der Struktur, der Ordnung und der Energie der Bienen versorgt. Propolis

leitet Sie an, diszipliniert all Ihre Angelegenheiten zu regeln.

Propolis hilft Ihnen, sich auf eine gesunde Art und Weise abzugrenzen. »Bis hierher und nicht weiter« ist die Botschaft, die Sie Ihrer Umwelt signalisieren. Ihr Geist und Denken werden wieder rein und klar. Sie erfahren, dass Sie auch für andere da sein können, ohne dass Sie sich mit Ihren eigenen Bedürfnissen komplett hinten anstellen müssen.

Ihr Körper wird von allen verunreinigenden Energien befreit. Dies kann die Erinnerung an einen Missbrauch ebenso sein wie manipulierend-zerstörerisches Gedankengut, dem Sie in einer Lebensphase ausgesetzt waren.

Von nun an können durch seelisch-geistige Verunreinigungen ausgelöste negative Charaktereigenschaften wie Faulheit, Pessimismus oder die Ablehnung von wirklichen Autoritäten keinen Schaden mehr in Ihrem Leben anrichten. Die Reinigung Ihres Charakters ermöglicht Ihnen, einen direkten Zugang zu spirituellen Anderswelten aufzunehmen. Sie erkennen bei Botschaften aus der geistigen Welt genau, ob es sich um eine Botschaft eines Ihnen wohlgesonnenen Wesens handelt oder ob Sie durch dunkle Mächte und deren Informationen von Ihrem Lebensweg abgelenkt werden sollen.

Anmerkungen

Propolis steht für die Jungfrau-Energie und die astrologische Energie des Saturns, der wiederum Struktur und Verantwortung repräsentiert. Struktur und Verantwortung werden oft als

Chronisch – Reinheit – Ordnung – Struktur

Gegensatz zu Freude empfunden und scheinen daher nicht mehr in unsere spaßgepräg-
te Gesellschaft zu passen. Seien Sie sich aber
bewusst, dass ein stressfreies und gelingendes
Leben oft auf klaren und einfachen Strukturen
basiert, die Halt und Energie geben. Gelebte
Ordnung schafft Klarheit im Denken, Handeln
und Fühlen.

Lassen Sie sich von Propolis führen. Sie werden lernen, dass Ordnung und Struktur wichtige Grundlagen sind und dass es sich lohnt,
Energie dafür aufzubringen, um sich damit
das Leben zu erleichtern.

57 Pulsatilla (Kuhschelle)

Traditionelle Anwendung

▸ regelfördernd
▸ tonisch
▸ venenkräftigend
▸ verdauungsfördernd.

Energetische Anwendung

🍂 **Pflanzenbotschaft:** »Ich helfe Dir, Deine sensible Seite nutzbringend in Dein Leben zu integrieren und Deine ständig wechselnden Seelenzustände als zu Deinem Leben gehörig zu akzeptieren.«

Die Kuhschelle ist die Pflanze der Sensibilität, der Diskretion, der subtilen Wahrnehmung und der Vorahnungen.

Pulsatilla hilft Ihnen, Ihre Sensibilität zu stabilisieren. Sie lernen, Ihre Sensitivität so einzusetzen, dass sie Ihnen nützlich ist und Sie nicht ständig behindert.

Sie sind eigentlich ein ganz liebenswerter Mensch, aber durch Ihre ständig wechselnden Launen für Ihre Umwelt manchmal schwer zu ertragen? Dabei sind Sie manchmal liebevoll, verträumt und anhänglich, um dann gleich wieder hysterisch, unsensibel und eifersüchtig zu sein?

Pulsatilla hilft Ihnen, ausgeglichener und ruhiger zu werden. Sie lernen, anderen Menschen in Freiheit zu begegnen und nicht ständig auf

der Hut zu sein, sich so zu verhalten, dass Ihr Gegenüber keinen Anstoß daran nimmt und Sie deshalb verlässt. Die Angst, von anderen Menschen verlassen zu werden, ist die stärkste Triebfeder für alle unbewussten Handlungen von »Pulsatilla-geprägten« Menschen.

Pulsatilla macht Sie sensibel für Dinge, die Sie stören und destabilisieren, hilft Ihnen, diese störenden Faktoren wahrzunehmen und lässt Sie reagieren, bevor sich bei Ihnen erste Symptome bemerkbar machen. Sie nehmen Dinge wahr, die Sie auf den ersten Blick nicht bemerkt hätten.

Sie lernen, Ihre Sensibilität als Transformator für Ihre Entwicklung einzusetzen, als Stärke zu nutzen und Veränderungen und Trennungen leichter zu verarbeiten.

Die in der Pflanze enthaltene Energie von Attila, dem Hunnenkönig, der sich erfolgreich gegen das übermächtige Reich der Römer zur Wehr gesetzt hat, erlaubt auch Ihnen, sich gegenüber Menschen, die es auf Ihre persönliche Stabilität und Ihren inneren Frieden abgesehen haben, abzugrenzen.

Anmerkungen

Sensibilität wird uns oft in der Kindheit durch Sprüche wie »Ein Indianer kennt keinen Schmerz« aberzogen. Wir haben verlernt, unseren sensiblen Seiten zu vertrauen, und verlassen uns auf unsere nach außen präsen-

Weinerlich – Sensibilität – Veränderung – Vorahnung

tierte Stärke. Vielfältige Störungen im täglichen Miteinander sind die Folge. Durch die
nicht gelebte Sensibilität geht uns ein großer
Anteil an emotionalem Erleben verloren, was
uns unserem Inneren Kind (→ S. 339) entfrem-
det.

Pulsatilla wird Ihnen helfen, Ihre Sensibilität
zur stärksten und transformierendsten Kraft
Ihres Lebens werden zu lassen.

58 Rauwolfia serpentina (Rauwolfia)

Traditionelle Anwendung

▸ gefäßerweiternd
▸ sedierend
▸ antidepressiv.

Energetische Anwendung

🔥 Pflanzenbotschaft: »Ich befreie Dich von großen Spannungen und Schocks in Deinem Leben, um Deine Lebensenergie wieder so fließen zu lassen, dass Deine Verbindung zur geistigen Welt und zum Kosmos aufrechterhalten bleibt.«

Rauwolfia ist die Pflanze des Kompromisses. Sie hilft Ihnen, einen Ausweg zu finden, Schwierigkeiten im Leben zu umgehen und letztendlich über die schwärzesten und negativsten Energien zu siegen.

Diese Pflanze wirkt ausgleichend und richtet Sie wieder auf, wenn Sie durch ein ständiges Auf und Ab in Ihrem Leben erschüttert werden. Sie hilft Ihnen, selbst die dunkelsten und negativsten Energien in Ihnen zu überwinden.

Wenn Sie in Ihrem Leben ein Ziel erreichen möchten und nicht direkt darauf zugehen können, zeigt Ihnen Rauwolfia den für Sie am besten gangbaren Weg. Sie werden auf allen Wegstrecken, auch auf den dunklen und gefährlichen, ermutigt, weiter voranzuschreiten und für Ihre Ideale und Lebensziele mit Diplomatie und Anpassung an die jeweiligen Schwierigkeiten zu kämpfen.

Ihr Lebensweg wird beleuchtet, so dass Sie sicher und mutig vorankommen können und

jedes »Minenfeld« umgehen. Die Energie der Pflanze wirkt wie eine Spirale: Eine energiereiche Spiraldynamik bringt Sie in Ihrem Leben vorwärts und letztendlich aufwärts in Richtung göttlichen Lichtes. Die in Ihnen befindliche spirituelle Energie wird so »erweckt«, dass Sie damit nicht überfordert sind.

Rauwolfia stärkt die Verbindung zwischen zwei Menschen, die sich lieben, und hilft, dass diese auch unter widrigen Umständen zueinander finden können.

Diese Pflanze bewahrt Sie davor, am Leben zu verzweifeln. Immer wenn Sie am Anschlag und dem Wahnsinn nahe sind, ist ihre Energie der Retter in der Not. Sie ermöglicht einen Austausch erdhafter und kosmischer Energien, so dass Sie gut geerdet und doch fest mit den kosmischen Energien verbunden sind und damit Zugang zu allen Informationen auf allen spirituellen Ebenen haben, die wichtig für Ihre weitere Entwicklung als Mensch sind.

Zusammen mit Azadirachta indica (→ S. 182) bringt Sie Rauwolfia ohne Stolpersteine auf Ihrem spirituellen Weg voran. Es wird verhindert, dass Kundalini (→ S. 339), die am unteren Ende der Wirbelsäule ruhende Schlange, die die spirituelle Erweckung anzeigt, frühzeitig und ohne Vorbereitung aufsteigen und somit viel Schaden anrichten kann.

Ihr spiritueller Energiekörper wird auf eine hohe Frequenz angehoben und auf die spirituelle Erweckungsreise vorbereitet. Auch stärkste negative Energien können bei Ihrer spirituellen Arbeit nicht mehr in Ihr Energiefeld gelangen.

Auf und ab – Schwierigkeiten umgehen – Spannungen – Kompromiss

Anmerkungen

Der Unterschied zwischen Lycopodium (→ S. 112) und Rauwolfia ist folgender:

▶ Lycopodium hilft uns, das von uns anvisierte Ziel auf einem direkten und geraden Weg zu erreichen.

▶ Rauwolfia ist hilfreich, wenn wir durch äußere oder innere Umstände gezwungen werden, einen Kompromiss einzugehen oder auf eine »Nebenstrecke« auszuweichen, um unser Ziel zu erreichen.

59 Rhus toxicodendron (Giftsumach)

Traditionelle Anwendung

▸ stoffwechselanregend
▸ entzündungshemmend
▸ schmerzlindernd
▸ beruhigend.

Energetische Anwendung

🜄 Pflanzenbotschaft: »Ich helfe Dir, zur Ursache Deines Leidens vorzudringen, und bringe Dich aus dem Dickicht der Dich erstickenden Emotionen in die Freiheit.«

Rhus toxicodendron ist die Pflanze, die uns verankert und verwurzelt, aber zugleich auffordert, aus dieser sicheren Basis heraus zügig voranzuschreiten. Wenn Sie den Geheimnissen Ihres Lebens auf den Grund gehen möchten, lässt Rhus toxicodendron Sie ganz nah zur Ursache Ihres Leidens vordringen. Wie ein Minensuchgerät lässt Sie die Pflanze an die verborgensten Stellen in Ihrem Inneren vordringen.

»Ultreia!« – »Auf und voran!«, der Schlachtruf der Jakobspilger – umschreibt gut die Energie von Rhus toxicodendron. Sie werden mit erhobenem Haupt – mutig, zuversichtlich und mit viel Elan, aber geerdet – auf Ihrem Lebensweg voranschreiten. Neuer Lebensmut, das Wissen und die Überzeugung, dass Ihre gelebten Werte völlig in Ordnung sind, lassen Sie mit neuem Selbstbewusstsein Ihren ganz eigenen Weg in dieser Inkarnation gehen.

Dank der Wirkung von Rhus toxicodendron auf das 1. Chakra (→ S. 19) werden Sie mit beiden Beinen fest auf der Erde stehen, aber zugleich im Bewusstsein der eigenen Mission die ureigensten spirituellen und geistigen Werte wieder entdecken und ins Leben integrieren. Sie werden realistisch bleiben und eine konkrete Basis für einen guten Neuanfang finden. Wenn Sie aber zu stark verwurzelt sind, dadurch unbeweglich im Geiste und in Ihren Handlungen werden, treibt Rhus toxicodendron Sie an, vorwärts zu gehen und Veränderungen im Leben zu akzeptieren.

Wenn Sie das Leben mit all seinen Hindernissen und Anforderungen im wahrsten Sinne des Wortes sauer gemacht hat, bringt der Giftsumach Geist und Seele wieder in Harmonie und Ausgleich.

Menschen, die Gift für Sie und Ihre Seele sind, werden daran gehindert, sich weiter in Ihrem Energiefeld einzunisten. Dank Rhus toxicodendron erkennen Sie immer schneller, wer es gut mit Ihnen meint, wirklich an Ihnen und Ihrer Entfaltung interessiert ist und wer Ihnen nur Energie raubt und Sie immer tiefer in Ihr gedankliches Dickicht treibt.

Gespräche sollten stets ein Austausch sein, nach dem Sie klarer sehen und nicht verwirrter zurückbleiben. Der Giftsumach hilft Ihnen, solch »giftige« Menschen zu erkennen und sich von ihnen zu lösen.

Sie lernen, sich aus dem Dickicht Ihres Lebens zu befreien. In der Energie des Neuen und in der Stimmung des Aufbruchs gelingt es Ihnen viel leichter, die erforderlichen Neuerungen in Ihrem Leben vorzunehmen. Indem Sie das Leben als Herausforderung und Wagnis sehen, finden Sie wieder zu Lebenslust und Freude.

Unbeweglichkeit – Dingen auf den Grund gehen – »Suchkopf« – Anpassung

Anmerkungen

Rhus toxicodendron hilft bei allen Beschwerden, die sich auf Bewegung hin zunehmend bessern. Deshalb steht die Energie der Pflanze symbolisch für eine Pilgerreise: sich aufmachen, seinen angestammten Platz verlassen, um das Leben wieder neu zu entdecken. Dadurch, dass wir Dinge anders als gewohnt machen und bereit sind, neue Wege zu gehen, schärft sich unser Bewusstsein. Diese erweiterte Wahrnehmung ist oft die Basis dafür, Neuerungen in Angriff zu nehmen. Der Sinn einer Pilgerreise ist es, nur mit dem Notwendigsten ausgerüstet und auf sich selbst gestellt, neue Eindrücke zu sammeln und so dem Leben in seiner Fülle und Ganzheit wieder nahe zu kommen. Integrieren Sie solche »Pilgerreisen« in Ihren Alltag: Nehmen Sie einen anderen Weg zur Arbeit, kaufen Sie in einem anderen Stadtteil oder Dorf ein oder spazieren Sie auf neuen Wegen.

Erkunden Sie die Energie von Rhus toxicodendron und erfahren Sie dadurch neue geistige und spirituelle Dimensionen des Lebens.

60 Rosmarinus officinalis (Rosmarin)

Traditionelle Anwendung

▶ Ausscheidung über Darm und Nieren
▶ krampflösend
▶ tonisierend
▶ kreislauf- und gefäßanregend.

Energetische Anwendung

🗡 Pflanzenbotschaft: »Ich regeneriere Dich auf allen Ebenen Deines Seins und helfe Dir, aus Dir selbst herauszugehen. Außerdem helfe ich Dir, Dich an alles zu erinnern, was Du bereits in Deinen früheren Leben gelernt hast.«

Rosmarinus ist die Energie der Liebe, des frischen Windes, der uns nach schweren Zeiten wieder aufatmen lässt. Diese Pflanze verkörpert die Energie eines unbeschwerten Tages am Meer, bei dem wir durch das Meeresrauschen, die ionisierte Luft und die friedliche Stimmung völlig zur Ruhe kommen.

Stellen Sie sich vor, Sie stehen an einem schönen Sommertag am Meer und lassen sich von der aufkommenden Brise erfrischen. Sie merken, wie alle Last des Tages von Ihnen abfällt, und Sie können nur noch staunen, wie herrlich und erfrischend das Leben doch sein kann. Sie merken, wie Sie immer ruhiger werden und Ihre aufgebrachten Emotionen, Ihre Wut auf alle Ungerechtigkeiten in Ihrem Leben zur Ruhe kommen. Alle Albträume, die Sie in der Nacht geplagt haben, scheinen sich durch die friedvolle Energie völlig in Luft aufzulösen. Sie schaffen es aus dieser Energie heraus, allen Menschen, die Sie bisher verletzt haben, in einem Zustand inneren Frie-

dens zu vergeben. Diese friedliche und fast schon heilige Stimmung legt sich wie ein Balsam auf all Ihre körperlichen und seelischen Wunden. In dieser friedlichen Energie ist es möglich, auf einer neuen Bewusstseinsebene einen Neubeginn zu wagen. Den Menschen, die verschlossen, ja fast schon in sich selbst eingeschlossen sind, schenkt Rosmarinus eine befreiende Energie. Sie lernen, aus sich herauszugehen und wieder am Leben in seiner ganzen Fülle teilzuhaben.

Rosmarinus ist immer dann für Sie wichtig, wenn das Leben einen faden und schalen Geschmack bekommen hat. Nichts kann Sie mehr richtig begeistern. Sie leben und erleben Ihren Alltag routiniert und ohne Freude. Rosmarinus öffnet Ihr Herz für die Ebenen, auf denen Sie wieder in Kontakt mit Ihren Herzenswünschen kommen. »Öffne Dein Herz für das Leben und stelle Dich Deinen Herzenswünschen, egal wie abgehoben oder scheinbar unerreichbar sie auch sein mögen. Ich schenke Dir Möglichkeiten und die Wahrnehmung für Wege, die Dich Deine Herzensziele erreichen lassen« lautet die Botschaft von Rosmarinus.

Anmerkungen

Ergänzend möchte ich noch eine kleine Meditation vorstellen, die Sie immer dann machen können, wenn Sie sich gestresst und extrem unwohl fühlen:

▶ Stellen Sie sich vor, Sie liegen an einem Meeresstrand und schauen ganz entspannt auf das Meer hinaus. Die Wellen branden ruhig und gelassen gegen den Strand.

Liebe – Kinder-Eltern-Konflikt – erfrischende Meeresbrise – Ausgleich der Gehirnhälften

▸ Sie spüren die Wärme der Sonne auf Ihrer Haut und sinken wohlig immer tiefer in den warmen weichen Sand.

▸ Langsam kommen die Wellen immer näher an Sie heran und spülen die letzten Reste von Anspannung aus Ihrem Körper.

▸ Sie überlassen sich ganz dem Rhythmus des Meeres und spüren, wie jede zurückweichende Welle alle Anspannung aus Ihrem Körper gleichsam mit hinaus ins Meer nimmt.

▸ Überlassen Sie sich der wogenden Energie und bleiben Sie so lange an diesem Ort, bis Sie sich wieder wohl und ausgeglichen fühlen.

61 Ruta graveolens (Weinraute)

Traditionelle Anwendung

▸ schmerzlindernd
▸ stauungsmindernd
▸ kreislaufanregend.

Energetische Anwendung

🌿 Pflanzenbotschaft: »Ich lösche alles, was in Dich und Deine Zellen einprogrammiert ist, um Dich völlig neu zu programmieren und so den Kurs Deines Schicksals positiv zu beeinflussen.«

Ruta graveolens ist die Energie der Vergangenheit, der im Gedächtnis eingravierten und damit kaum zu löschenden Informationen. Es ist die Pflanze der Wiedergeburt und der abgetriebenen Seelen.

Ruta gehört zu den Pflanzen, die auf der karmischen Ebene wirken. Die Weinraute ermöglicht eine Deprogrammierung unserer alten festgefahrenen Muster. Mit Hilfe der Pflanze und einer mit ihr neu erworbenen Neutralität und geistigen Freiheit schaffen wir es, unser Leben grundlegend zu verändern und auf eine neue Ebene des Bewusstseins zu gelangen. Sie werden zwanghafte Verhaltensweisen aufgeben können, die Sie am eigentlichen Fluss des Lebens behindern. Diese Blockaden kommen meist aus der Vergangenheit oder einem früheren Leben und haben schon längst keine Daseinsberechtigung mehr. Sie sind nur noch hinderlich. Der einzige Prozess, der damit noch verbunden ist, ist zu lernen, sie vollständig loszulassen.

Sie können Ihrem Rhythmus gemäß realistische Veränderungen vornehmen – Schritt für Schritt. Alte Glaubensmuster und uralte Ängste können losgelassen und die Energien von Reinheit, Neutralität und Freiheit in Ihre Energiekörper und das Denken integriert werden.

Zusammen mit Cimicifuga (→ S. 68), der Pflanze des verlorenen Zwillings, und Nicotiana tabacum (→ S. 202) für die spirituelle Entwicklung reinigt Ruta die Aura von Frauen, die immer wieder Probleme in der Schwangerschaft bis hin zu Fehlgeburten haben. Oft stecken unerlöste Seelen dahinter, die gewaltsam aus dem Leben gerissen wurden. Diese Seelen werden durch die Energie der drei Pflanzen erlöst und Ihre Aura und Ihr Energiefeld wieder frei für neues, willkommenes Leben.

Wenn Störungen innerhalb der Familie Ihren Lebensweg blockieren, hilft Ihnen die Kombination von Sambucus (→ S. 150), Ruta und Tabacum bei der Lösung karmischer Familienmuster. Besonders bewährt hat sich die Reinigung der Aura mit diesem Trio nach systemischen Familienstellungen. Bei Familienstellungen kann es passieren, dass Wesenheiten, die in den Stellungsprozess eingebunden waren, nicht den Weg zurück in die geistige Welt finden. Diese verursachen dann die Störungen, die durch die Familienstellung eigentlich erlöst werden sollten. Die Kombination dieser drei Pflanzen ermöglicht diesen durch den Stellungsprozess erdgebundenen Wesenheiten, friedvoll den Weg zurück ins Licht zu finden.

Im Gedächtnis verankert – Vergangenheit – abgetriebene Seele – Deprogrammierung – Wiedergeburt

Anmerkungen

Wenn Sie öfter von einer dumpfen Traurigkeit befallen werden, für die Sie keinen Grund in Ihrem Leben entdecken, kann diese aus der Erfahrung Ihrer Seele kommen, einmal ungewollt und abgetrieben worden zu sein. Diese Erfahrung kann eine aktuelle Inkarnation tiefgreifend emotional belasten. Siehe auch Seite 69.

Vertrauen Sie auf die reinigende und klärende Kraft von Ruta, die diese Erfahrung in eine friedvolle Energie transformieren kann.

62 Sabal serrulatum (Zwergpalme)

Traditionelle Anwendung

▶ alle Beschwerden des Urogenitaltraktes
▶ Regulation der endokrinen Drüsen.

Energetische Anwendung

🍂 **Pflanzenbotschaft:** »Ich helfe Dir, Dich mit Deiner irdischen Familie zu versöhnen und eine Beziehung zu Deinem himmlischen Vater aufzubauen.«

Die Energie von Sabal ist die Energie von Konflikten zwischen Generationen, insbesondere zwischen Vater und Sohn oder zwischen einem Gläubigen und Gott, aber auch die Energie der Versöhnung und schließlich der Entfaltung auf einer neuen Ebene mit einem neuen Horizont, ganz ohne Schuldgefühle.

Der Mensch, der Sabal benötigt, hat in der Regel Probleme mit seinem leiblichen Vater oder einer dominanten, eher männlich geprägten Mutter. Diese Konflikte werden oft auf den himmlischen Vater übertragen, so dass diese Person große Probleme hat, ein vertrauensvolles Gottesbild aufzubauen.

Die Zwergpalme hilft Menschen, ihren Platz in dieser Welt zu finden. Sie werden sich ihrer göttlichen Herkunft bewusst, auch wenn die irdische Abstammung vielleicht von einem großen Geheimnis begleitet ist und ein oder beide Elternteile nicht bekannt sind. Sabal ist wichtig für Menschen, die adoptiert worden sind und sich nicht »ganz« oder nicht als Einheit fühlen.

Die Energie der Pflanze ist die Energie der Ruhe und des Ausruhens, genau wie der Sabbat der Juden, der für Abstand zu den Anforderungen der Woche sorgen und die Basis für eine spirituelle Ausrichtung des Lebens bilden soll.

Wenn Sie immer wieder Probleme mit Geld haben, wird Sabal es schaffen, Ihnen einen Rahmen vorzugeben, in dem Sie sich gefahrlos finanziell bewegen können, ohne sich zu übernehmen. Sie lernen, sich von den Zwängen und der Magie des Geldes zu befreien. Sie begreifen, dass das Geld für den Menschen und nicht der Mensch für das Geld gemacht wurde.

Die Pflanze erlöst das göttliche Prinzip im Menschen und macht Körper, Seele und Geist bereit für die göttlichen Energien. Dadurch können Sie leichter die Lichtbrücke zwischen der hiesigen und der jenseitigen Welt wahrnehmen.

Falls Sie in einem früheren Leben das Wissen um die göttlichen Prinzipien missbraucht haben und nun darunter zu leiden haben, indem Sie Gott nicht oder als unendlich fern wahrnehmen, erlöst Sabal dieses Karma. Sabal schärft Ihre Wahrnehmung für das göttliche Geschehen in Ihrem Leben und ermöglicht es Ihnen vielleicht sogar, einen kurzen begnadeten Blick auf das Jenseits zu werfen.

Die Ausreifung des Menschen, der sich weigert, zu einem erwachsenen, selbstbestimmten Wesen zu werden, das um seine Göttlichkeit und seinen göttlichen Auftrag weiß, ist ein weiterer spiritueller Aspekt dieser Pflanze.

Generationsprobleme – Konflikt mit Gott – Versöhnung – Minderwertigkeitskomplex

Anmerkungen

Der Glaube an Gott und das Urvertrauen hängen in gewissem Maße mit dem zusammen, was wir auf dieser Erde erleben. Ihr Vater sollte diese Qualitäten des vollen Vertrauens in Ihrer Kindheit teilweise vorleben. Wenn Ihr Vaterbild in der Familie jedoch nicht von Liebe und Vertrauen geprägt ist, wird es Ihnen wahrscheinlich schwerfallen, an die Güte eines himmlischen Vaters zu glauben.

Wenn Sie versuchen, die Beziehung zu Ihrem Vater oder Ihren Eltern zu bereinigen, werden Sie merken, wie Sie auf fast wundersame Weise Zugang zu Ihrem himmlischen Vater finden.

63 Salvia officinalis (Salbei)

Traditionelle Anwendung

▸ schweißhemmend
▸ sekretionsfördernd
▸ entzündungshemmend
▸ antibakteriell
▸ antimykotisch.

Energetische Anwendung

🌿 **Pflanzenbotschaft:** »Ich helfe Dir, direkt an Dein Lebensziel zu kommen, ohne dass Du den Menschen in Deiner Umgebung mit Deinem Verhalten Schaden zufügst.«

Der Salbei ist die Pflanze der Rettung in letzter Minute aus ausweglosen Situationen, zum Wohle aller Beteiligten. Der Joker, der uns vom Schicksal in letzter Minute zugespielt wird. Er gibt uns Tugenden wie Ehrlichkeit, Anstand, Korrektheit und Aufrichtigkeit mit auf den Lebensweg.

Die Energie von Salvia bringt Sie ohne Umwege und ohne Ihrer Umgebung zu schaden direkt auf Ihren Lebensweg zurück, wenn Sie von diesem abgekommen sind. Mit Salvia erreichen Sie Ihr Ziel auf einem weniger gefahrvollen Weg als dem, den Sie vielleicht bisher gegangen sind. Sie schenkt Ihnen psychische Stabilität und warnt Sie vor Gefahren. Die Fehler vorangegangener Generationen werden vermieden. Sie schaffen es, sich von alten Mustern zu lösen, und laufen nicht mehr Gefahr, diese zu wiederholen. Die Pflanze bietet Ihnen einen Schutzschild, der destabilisierende Faktoren in der Zeit des Umbruchs von Ihnen fernhält. Außerdem hilft der Salbei Ihnen, sich mit der göttlichen lichtvollen Energie zu verbinden, indem er Licht in all Ihre Zellen strömen lässt.

Wenn sich Monotonie in Ihren Alltag oder Ihre Beziehung eingeschlichen hat, hilft der Salbei Ihnen, daraus zu entkommen und wieder Geschmack am Leben zu finden. Daher ist die Pflanze gut für Menschen in Beziehungen, in denen man sich nichts mehr zu sagen hat. Sie gibt Ihnen neue Impulse und hilft Ihnen, sich an die Gegenwart zu halten, statt in der Vergangenheit zu wühlen.

Salvia erleichtert den Übergang ab dem 50. Lebensjahr in die zweite Lebenshälfte und lässt uns unsere Erfahrungen an die nächste Generation weitergeben.

Salbei hilft Ihnen, wenn Sie sich nicht von Ihren Eltern, insbesondere von Ihrer Mutter, abnabeln können. Dank der Energie dieser Pflanze können Sie endlich Ihren eigenen Lebensweg gehen.
Salbei ist immer dann gefragt, wenn Ihnen vielfältige Symptome auf jeglicher Ebene zeigen, dass ein Prozess dringend der Heilung bedarf, Sie aber gar nicht wissen, wo Sie eigentlich anfangen sollen. Wenigen Tropfen Salvia mehrmals täglich als Einzelessenz eingenommen, werden Ihnen zeigen, wo Ihr wahres Problem liegt.

Anmerkungen

Routine und Monotonie können uns, ohne dass wir es merken, erheblich beeinflussen. Langsam untergraben sie unseren Alltag und schließlich vegetieren wir nur noch lustlos vor uns hin, ohne wirklich am Leben teilzunehmen. Dabei handelt es sich bereits um eine

Salz des Lebens – Lebensfreude – Hilfe in der Not – Lösung zum Nutzen aller Beteiligten

Vorstufe der Depression, die in dieser Phase aber noch relativ einfach behoben werden kann. Bringen Sie Schwung und Abwechslung in Ihr Leben! Entdecken Sie Neues und probieren Sie Unbekanntes aus! Kochen Sie mal nach Kochbuch und nicht immer nach Schema F. Decken Sie den Tisch liebevoll mit Ihrem besten Geschirr. Nutzen Sie vor allem alltägliche Verrichtungen, um Neues zu entdecken und wieder Esprit in Ihr Leben zu bringen. Geben Sie dem Alltag ein neues Gesicht. Sie werden merken, wie die Energielosigkeit langsam der Kreativität und der neu erwachenden Lebensfreude Platz macht.

64 Sambucus nigra (Holunder)

Traditionelle Anwendung

▶ schweiß- und wassertreibend
▶ fiebersenkend
▶ Steigerung der Bronchialsekretion
▶ antiviral
▶ antimykotisch
▶ antibakteriell
▶ immunstimulierend.

Energetische Anwendung

🌢 **Pflanzenbotschaft:** »Ich reinige Dich von aller Negativität, die sich in Deinen Energiekörpern angesammelt hat. Ich schenke Dir die Freiheit eines unbeeinflussten Geistes und eigener Gedanken.«

❓ Fühlen Sie sich vom Schicksal verfolgt und meinen Sie, unter dem unguten Einfluss anderer Menschen oder Dinge zu stehen?

❓ Sind Sie von unguten Gefühlen befallen, wenn Sie an bestimmte Personen in Ihrem Leben denken?

❓ Passieren Ihnen häufig immer wieder die gleichen Missgeschicke und wissen Sie nicht so recht, warum?

Dann ist es an der Zeit, den Holunder in Ihrem Leben willkommen zu heißen.

Sambucus ist die Pflanze der geistigen Freiheit. Der Freiheit der Gedanken. Diese Pflanze hilft Ihnen, Ihren Weg unbeeinflusst von der Meinung anderer zu gehen und Ihre Meinung nach außen hin zu vertreten. Der Holunder löscht alte Energien, so dass wir uns neutral und geschützt auf eine neue Lebensbahn begeben können. Sie sind bereit, Ihr Schicksal in die eigene Hand zu nehmen, und machen nicht mehr Ihr Umfeld dafür verantwortlich.

In vielen Gegenden werden Holundersträucher um das Haus herum gepflanzt, um das Haus und all seine Bewohner vor einer Besetzung durch fremde Energien zu schützen. Holunder soll Glück bringen und vor Missgeschick schützen.

Der Holunder wirkt sowohl auf der geistigen als auch auf der seelischen Ebene. Sie fühlen sich geborgen und geschützt, wenn Sie sich seiner Energie aussetzen. Er löscht negatives Karma und erneuert Ihre Energien auf allen Ebenen.

Wenn Sie in einer Familie mit vielen lebensbehindernden Mustern aufgewachsen sind und meinen, von dieser karmisch geprägten Energie nicht loszukommen, hilft Ihnen Sambucus, Ihre Neutralität zu finden. Der Holunder löscht den Einfluss von Menschen im gegenwärtigen Leben, aber auch den Einfluss von Ereignissen und Menschen aus früheren Inkarnationen. Er hilft Ihnen, andere Menschen neutral zu beurteilen.

Nach Paracelsus ist diese Pflanze bedeutsam, wenn jemand unter dem unguten Einfluss planetarischer Konstellationen steht und dies in sein Schicksal eingreift. Das Ens astrale, also das Schicksalhafte der Gestirne, wird durch Sambucus abgemildert oder gar neutralisiert – soweit es Ihr karmisches und gottgewolltes Schicksal zulässt.

Der Holunder schützt uns in der kommenden, von entscheidenden Veränderungen geprägten Zeit, indem er starke negative Kräfte, die uns in unserer weiteren spirituellen und geistigen Entwicklung stören würden, ausgleicht.

Willensfreiheit – Neutralität – Paracelsusmittel – Mercurius

Anmerkungen

Ihre Körperzellen erneuern sich mehrmals pro Jahr. Diese Regenerationsphasen sind eine große Chance für Ihren geistigen und physischen Körper, aus der Neuordnung der Zellen gestärkt hervorzugehen. Schalten Sie deshalb in jedem Lebensjahr Phasen ein, in denen Sie Körper oder Geist fasten lassen. Üben Sie in dieser Zeit bewussten Verzicht auf Sachen, die Ihnen sonst sehr wichtig sind oder von denen Sie meinen, dass Sie sie auf keinen Fall lassen können, wie z. B. das morgendliche Kaffeetrinken. Durch diesen Verzicht werden Sie wachsamer und geschulter für Dinge, die Ihnen durch die tägliche Routine vorher nicht aufgefallen sind.

Nehmen Sie diese Phasen erhöhter Wachsamkeit zur Neuorientierung her und nützen Sie in solchen Zeiten Ihren extrem wachen Geist, um sich alle Strukturen in Ihrem Umfeld, die Sie negativ beeinflussen, bewusst zu machen und sie zu beheben.

65 Sarsaparilla (Sarsaparille, Stechwinde)

Traditionelle Anwendung

▶ blutreinigend
▶ stoffwechselanregend
▶ harn- und schweißtreibend.

Energetische Anwendung

◈ **Pflanzenbotschaft:** »Ich schenke Dir völlige Freiheit, so dass Du nicht mehr an das Erbe Deiner Eltern gebunden bist, und reinige und stabilisiere Deine Gedanken.«

Sarsaparilla bewahrt Sie davor, in die Fallen der Inkarnation zu tappen. Dabei verrichtet sie ihre Arbeit still und unauffällig im Hintergrund. Wenn Sie einen Entwicklungsschritt in diesem Leben gemacht haben, stabilisiert Sarsaparilla Sie in dieser Energie. So wird verhindert, dass ein Schritt vorwärts zu zwei Schritten zurück wird.

Stellen Sie sich vor, dass Sie sich auf allen Ebenen Ihres Lebens verunreinigt, unrein an Ihrem Körper, in Ihrem Geist und in Ihrer Seele fühlen. Sie können aber keinen wirklichen Grund dafür finden. Dieses Gefühl der Unreinheit beeinflusst Sie auf allen Ebenen Ihres Lebens. Sie fühlen sich in der Gegenwart anderer Menschen und auch in der Gegenwart Gottes unwohl. Sie haben Probleme damit, Gott nahe zu sein, da Sie sich als seiner unwürdig empfinden. Sarsaparilla wirkt wie eine Seife für all Ihre Energiekörper. Sie fühlen sich wieder wohl in Ihrer Haut und akzeptieren sich so, wie Sie in dieser Inkarnation nun einmal sind. Durch diese Reinigung und die damit verbundene Neutralität erhalten Sie die Möglichkeit, unbeeinflusst von äußeren Energien Informationen aus all Ihren Inkarnationen zu erhalten.

Sarsaparilla enthält die Energie des Amnions, der Eihaut des Fötus, also quasi die Ur-Energie des Seins, die entwicklungsspezifische Schritte zum Menschwerden und Menschsein einleitet.

Sarsaparilla und Datura stramonium (→ S. 206) helfen synergistisch, wenn Sie sich in Ihrer Haut nicht wohlfühlen. Wenn Sie das Gefühl haben, in den falschen Körper geboren worden zu sein. Wenn Sie sich in Ihrer Umgebung und Ihrer Familie unwohl fühlen. Oder wenn Sie sich aufgrund einer massiven Krankheit in Ihrem Körper nicht mehr zu Hause fühlen. Die beiden Pflanzen setzen Sie in den Urzustand Ihrer Existenz zurück, aus dem heraus Sie sich schicksalswendend auf eine neue, konstruktive Lebensbahn einstimmen können.

Sarsaparilla stabilisiert alle Entwicklungen auf seelischer und geistiger Ebene, damit Sie von Erfahrungen wirklich profitieren können und Fehler, die Sie eigentlich schon erlöst haben, nicht immer wiederholen. Von Sarsaparilla zur Verfügung gestellte Geisthelfer werden Sie im Alltag und bei allen spirituellen Prozessen begleiten.

Anmerkungen

Wenn Sie sich auf energetischer Ebene verunreinigt fühlen, sollten Sie folgende Übung anwenden:

▶ Stellen Sie sich vor, Sie stehen in einer Kabine aus reinem Bergkristall.
▶ Diese Kabine ist so groß, dass Sie und Ihre Aura bequem darin Platz finden.

Befreiung – Stabilisierung – Reinigung

- Die ganze Kabine ist erfüllt von einem hellen Lichtstrahl, der durch die Energie des Bergkristalls direkt auf Sie gebündelt wird.
- Wenn Sie eine Vorstellung davon haben, wo sich in Ihrer Aura die Verunreinigung befindet, können Sie den Duschstrahl aus hellem Licht direkt dorthin senden. Alternativ stellen Sie sich vor, wie Sie an Ihrem ganzen Körper von diesem Lichtstrahl durchflutet und gereinigt werden.
- Alles Dunkle und Negative fällt von Ihnen ab und wird durch ein Loch am unteren Ende der Kabine direkt in die Erde geleitet, um dort transformiert und gereinigt zu werden.
- Bleiben Sie so lange in der Kabine, wie es Ihnen gut tut, und genießen Sie das befreiende Gefühl der inneren Reinheit.

66 Solidago virgaurea (Gemeine Goldrute)

Traditionelle Anwendung

▸ entzündungshemmend
▸ harntreibend
▸ Anregung der Nierenfunktion
▸ entgiftend über die Niere und Blase.

Energetische Anwendung

🍃 Pflanzenbotschaft: »Ich schenke Dir Ruhe und Frieden und befreie Dich von aller Angst, die Dich daran hindert, Dein Leben zu genießen und Deinen Lebensweg zu gehen.«

Solidago ist die Pflanze der in den energetischen Nieren gespeicherten Ängste. Hierbei handelt es sich um Ängste, die uns in unserem Menschsein lähmen und behindern. »Solidum agere« ist lateinisch und bedeutet »festigen«, »zu einem Ganzen machen«, im Sinne von Heilen. So wirkt Solidago. Sie werden gefestigt und erhalten eine »solide« Basis.

Vielleicht werden Sie immer wieder ohne Grund von Ängsten übermannt und sind dann innerlich wie gelähmt. Vielleicht haben Sie entwürdigende und desillusionierende Phasen erlebt, die Sie noch ängstlicher gemacht haben. Nun handeln Sie unsicher und zögerlich und wissen oft gar nicht, woher diese Unsicherheit und Ängste kommen. Solidago gibt Ihnen Sicherheit und Vertrauen in Ihre Zukunft. Sie werden mit Hilfe der Sie beschützenden Geistwesen wieder an den Ursprung Ihrer Lebensaufgabe gelangen, um diese angstfrei und zuversichtlich erneut angehen zu können. In der Vergangenheit begangene Fehler dienen lediglich dazu, das Problem zu verstehen und die Wiederholung der Fehler zu vermeiden.

Diese Pflanze befreit den fröhlichen Anteil Ihrer Persönlichkeit, der bei vielen Menschen in die hinterste Ecke ihres Daseins verbannt wurde – den lachenden, fröhlichen und ausgelassenen Menschen in Ihnen. Ihre Basis und Ihre Wurzel werden gestärkt, so dass Sie sich aus dieser Ruhe heraus dem Leben und Ihren Mitmenschen wieder öffnen können.

Solidago gibt Ihrer Aura die strahlende Reinheit und Frische zurück, die Sie ursprünglich, zu Beginn Ihres Lebens hatten. Eine solche Aura hilft Ihnen, keine Resonanz für negative Fremdenergien in Ihrem Umfeld zu bieten. Dadurch können negative Menschen und Ängste, die sich in Ihrer Aura festsetzen wollen, nicht mehr bei Ihnen anhaften und eindringen. An Ihrer gereinigten Aura prallen alle negativen und destruktiven Energien wie an einer glatten Glaswand ab.

Bei schweren Verletzungen, die sich als schwarze Löcher in Ihrer Aura abzeichnen, bringt Sie Solidago zu Ihrer ursprünglichen Reinheit der Seele zurück und lässt diese Löcher langsam verschwinden.

Für die in den nächsten Jahrzehnten anstehende Arbeit am Lichtkörper ist Solidago eine der wichtigsten Pflanzen. Nur eine durch Reinheit geläuterte und von allen materiellen Anhaftungen befreite Seele kann Licht in unsere Zellen lassen. Dieses Licht wiederum ermöglicht es Ihnen, Ihren energetischen Körper mit so hohen Energiefrequenzen zu versorgen, dass Sie problemlos in die nächste Dimension aufsteigen können.

Niere – Angst – Unsicherheit – solide Basis – Goldsymbolik

Anmerkungen

Die Niere wird in der chinesischen Medizin dem Sitz der Angst zugeordnet. Zudem haben die Nieren Ihre gesamte Lebensenergie gespeichert. Demnach ist es wichtig, seine Nieren zu pflegen, um sie energetisch und körperlich zu optimieren und dadurch Ängsten vorzubeugen (siehe Kapitel „Ängste", S. 219).

Die Pflege der Nieren kann wie folgt aussehen:

▶ Trinken Sie über den ganzen Tag verteilt genügend Wasser, auch wenn Sie sich nicht durstig fühlen. Nehmen Sie reines Wasser ohne jegliche Zusätze – auch ohne Kohlensäure. Ungefährer Maßstab für einen 75 kg schweren Erwachsenen: zwei Liter pro Tag.

▶ Senden Sie Ihren Nieren – sie sitzen rechts und links am seitlichen unteren Rücken – während des Tages immer mal wieder Energie in Form von Licht.

▶ Halten Sie Ihre Nieren während der kalten Jahreszeit durch entsprechende Kleidung warm.

▶ Trinken Sie mehrmals im Jahr wie bei einer Trinkkur Tees für das Blasen- und Nierensystem.

67 Symphytum officinale (Beinwell)

Traditionelle Anwendung

▶ entzündungshemmend
▶ schmerzlindernd
▶ wundheilungsfördernd
▶ blutreinigend
▶ immunstimulierend
▶ remineralisierend.

Energetische Anwendung

🔥 **Pflanzenbotschaft:** »Ich schaffe Struktur und Basis in Deinem Leben, damit Du fest verwurzelt auf der Erde Deinen Blick nach oben wenden kannst. Außerdem öffne ich Dich für Deine Intuition und helfe Dir, alle Programme zu löschen, die Du von Deinen Vorfahren übernommen hast und die Dich in dieser Inkarnation behindern.«

Symphytum officinale verkörpert die Energie der Verbindung zwischen zwei Menschen, die Energie der Stabilität, des harmonischen Miteinanders und die Befreiung von alten Leiden. Die Energie von Symphytum harmonisiert uns, stabilisiert und regeneriert unsere Aura und gibt uns so eine Basis. Es ist eine Energie, die den bestmöglichen Start in ein neues Leben ermöglicht oder den Start nach einer vernichtenden, zerstörenden Begegnung oder Begebenheit.

Diese Pflanze ist wichtig für Menschen, denen ein klares Ziel vor Augen fehlt, da der wahre Lebensweg durch falsche Muster und Prägungen nicht gesehen wird. Sie finden Lösungen, die kreativ und neu sind, nicht verstellt durch falsche Vorstellungen vom Leben oder wie das Leben sein sollte.

Mit Hilfe des Beinwells erkennen Sie einen Weg, Projekte umsetzen, die Ihnen sehr am Herzen liegen, bisher aber noch nicht realisiert werden konnten.

Symphytum fügt auf der zwischenmenschlichen Ebene zusammen, was zusammengehört. Die Pflanze löst aber auch Personen voneinander, die nicht zueinander passen. Mit dieser Pflanze erhalten Sie Achtung, ein Bewusstsein für und Respekt vor Menschen mit anderen Meinungen oder aus anderen Kulturkreisen. Das geht so weit, dass Sie es schaffen können, mit Ihren Feinden Frieden zu schließen.

Der Beinwell schafft es, dass wir die Füße fest auf der Erde haben, aber uns mit dem Kopf im Himmel befinden. So können wir uns ohne Gefahr für unser spirituelles Potenzial öffnen.

Die Energie dieser Pflanze kann helfen, Ihr Karma mit Hilfe der Heiligen auf dieser Erde zu regeln, um ein neues Leben mit einer neuen Identität, frei von alten Prägungen zu beginnen.

In schwierigen Lebenssituationen verankert Symphytum Ihre Energiekörper fest miteinander und hält Sie, selbst wenn Sie sich am liebsten von dieser Erde lösen möchten, im Hier und Jetzt.

Symphytum bringt Sie in Resonanz mit Dingen und Ereignissen, die Ihnen helfen, Wünsche zu verwirklichen. Sie werden »anziehend« für das, was Sie sich schon immer gewünscht haben. Vorausgesetzt natürlich, die Wünsche sind in Einklang mit Ihrem Lebensplan zu bringen und halten Sie nicht von Ihrer seelisch-geistigen Entwicklung ab. Ihr gesamtes Potenzial wird aktiviert, um Lebenskonzepte oder Herzenswünsche zu verwirklichen.

Blockadelöser – Schutz der Heiligen – Ausgleich Yin und Yang – Großeltern

Gemeinsam mit Amygdala (→ S. 36) und Melilotus (→ S. 120) ist der Beinwell ein wichtiges Heilmittel bei Verletzungen auf sehr tiefer Ebene – auch wenn sie aus anderen Inkarnationen stammen. Diese Kombination schützt während der Heilungsphase Ihre Aura und bewahrt Sie vor dem Eindringen fremder Energien, die weitere Störungen verursachen und die Heilung gefährden würden.

Familiengeheimnisse, die auf Großeltern oder noch fernere Generationen zurückgehen, werden mit Hilfe von Symphytum erlöst. Dadurch werden Sie auf die Aufnahme hoher Energieformen der kommenden Zeiten vorbereitet.

Anmerkungen

Vergebung und sogar mit Feinden Frieden zu schließen, ist eine der zentralen Forderungen des Neuen Testaments. Jesus war sehr radikal in seinen Aussagen. Wir sollen vergeben, damit uns der Vater im Himmel vergeben kann. Und wir sollen für unsere Feinde beten. Diese für menschliches Denken widersprüchlichen Aussagen beinhalten, dass jeder Mensch jeden Tag seines Erdendaseins Schuld auf sich lädt. »Wer ohne Sünde ist, der werfe den ersten Stein.« Wir werden oft schuldig, ohne direkt beteiligt zu sein. In Europa leben wir zum Beispiel auf Kosten der armen Entwicklungsländer. Für unser Benzin werden Wälder gerodet, um darauf Pflanzen für dessen Produktion anzubauen. Dieses Land fehlt dann für die Lebensmittelproduktion vor Ort. Es ist sehr wichtig, andere Menschen nicht zu verurteilen, da so aus Anklägern schnell Angeklagte werden können! Wie heißt es doch bei

Matthäus 7,1 im Neuen Testament: »Verurteilt nicht, damit Euer Vater im Himmel Euch nicht verurteilt.«

68 Taraxacum officinale (Löwenzahn)

Traditionelle Anwendung

- ▸ harntreibend
- ▸ blutreinigend
- ▸ Anregung der Leber- und Nierenfunktion
- ▸ Förderung der Gallensekretion
- ▸ schwermetallausleitend.

Energetische Anwendung

🖋 **Pflanzenbotschaft:** »Ich wandle Deinen Zorn, Deinen Hass, auch auf Dich selbst, in Liebe um und helfe Dir, Dich wieder selbst zu lieben und somit dem Leben gegenüber zu öffnen.«

Taraxacum ist die Pflanze der Selbstliebe, der Selbstannahme, der sozialen Integration, aber auch des Grolls gegenüber dem Schicksal, das es scheinbar nicht gut mit einem meint. Diese soziale Pflanze öffnet uns für andere und lindert unseren Zorn auf andere Menschen.

? Fühlen Sie sich in Ihrer Haut gar nicht wohl? Finden Sie Ihre Nase zu groß, die Füße zu klein oder der Hintern zu dick?

? Können Sie sich überhaupt nicht leiden? Und andere Menschen Sie ebenso wenig?

? Sie lassen kaum mal ein gutes Haar an anderen Personen, suchen die Fehler meist beim Gegenüber und niemals bei sich selbst?

? Sie sind oft verbittert und fühlen sich als Spielball des Schicksals?

Dann wird Taraxacum Ihnen helfen, sich selbst mit all Ihren Schwächen und Stärken anzunehmen. Der Löwenzahn befreit Ihren Hass auf sich selbst, auf andere Menschen, Tiere und Orte und die damit gebundene Energie. Er öffnet Ihr Herzchakra (→ S. 19), befreit den sich darin befindlichen Hass und lindert Ihren Zorn. Er kann ein tiefes Trauma heilen, das Sie seit Ihrer Kindheit mit sich herumschleppen.

Taraxacum verkörpert die Energie des Planeten Jupiter, der für Ich-Suche, Lebenssinn, Expansion, Glaube, Glück und geistiges Wachstum steht.

Der Löwenzahn befreit Sie vom Schwarz-Weiß-Denken, vom Denken in Gut und Böse, Richtig und Falsch. Sie erkennen die Nuancen des Lebens, die auch für Sie gelten. Ständige Selbstanklagen und negatives Denken über sich selbst werden erlöst.

Die Energie dieser Pflanze hilft Ihren Energiekörpern, die Botschaft der Selbstliebe auf allen Ebenen zu festigen. Nicht die übersteigerte, egoistische oder egozentrische Selbstliebe, die heute so oft anzutreffen ist, sondern eine Liebe, die auch die Umwelt mit einschließt.

Der Löwenzahn stärkt Ihre Aura, macht sie strahlend und rein, wie die Natur, die in jedem Frühling neu erwacht und neues Leben hervorbringt.

Gleichzeitig werden Sie sensibel den Anforderungen des neuen Zeitalters gegenüber. Sie lernen, auf kleinste Impulse von außen zu reagieren und diese umzusetzen. Egal, was von Ihnen gefordert wird. Es fällt Ihnen leichter, sich auf neue Verhaltensweisen umzustellen, wenn diese Ihrer seelisch-geistigen Entwicklung dienen.

Hass in Liebe – Jupiter – 12-Jahreszyklus – eigene Grenzen erweitern – Selbstlosigkeit

Die Pflanze versichert Ihrer Seele, dass Sie immer beschützt und behütet sind, ganz gleich was im Außen passiert.

Anmerkungen

Was einem selbst bei anderen Menschen auffällt, ist nur die Kehrseite der Medaille der eigenen Unzulänglichkeiten. Auch wenn es unbequem ist: Sie müssen erkennen, dass die scheinbaren Fehler der anderen Menschen die größten blinden Flecken in Ihrem eigenen Charakter sind.

Lernen Sie zuerst, sich selbst zu lieben und zu verzeihen, dann werden Sie allmählich lernen, anderen Menschen mit all ihren Unzulänglichkeiten zu vergeben. Wenn Sie sich selbst lieben, werden Sie auch Ihr Gegenüber mehr und mehr lieben. Und aus dieser Liebe anderen Personen gegenüber fällt es Ihnen dann wiederum leichter, sich selbst zu lieben.

69 Thuja occidentalis (Lebensbaum)

Traditionelle Anwendung

▸ antibakteriell
▸ abwehrsteigernd
▸ bronchospasmolytisch
▸ expektorierend
▸ entgiftend
▸ wassertreibend.

Energetische Anwendung

◗ Pflanzenbotschaft: »Ich bringe Dir nach belastenden Situationen in Deinem Leben Deine Lebensenergie zurück und sorge dafür, dass Du aus vollem Herzen wieder Ja zum Leben sagen kannst.«

Thuja ist der Baum des Lebens und entfernt alles aus Ihren Energiekörpern, was gegen das Leben ist. Der Lebensbaum spendet Kraft und Mut, um eine Bilanz des Lebens zu ziehen, eine Bilanz, die nicht nur für die Sollseite, sondern auch für die Habenseite aufmerksam ist, die Sie für alles öffnet, was Ihnen zum Leben dienlich sein kann. Thuja symbolisiert den Heiligen Geist, den Gott schickt, um den Menschen wieder Leben zu spenden.
Thuja stellt sich gegen alles, was dem Prinzip Leben widerspricht. Seine Energie zwingt die niedrigen Energien, in einer höheren Frequenz zu schwingen und so in die höheren Ebenen aufzusteigen. Der Lebensbaum gibt uns die Kraft und den Mut, eine Selbstbetrachtung unseres Schattens durchzuführen und in unser Leben zu integrieren. Thuja reinigt Sie und richtet Sie auf, wenn Sie sich in den schwersten Stunden nicht für das Leben entscheiden können. Die Lebensenergie kann frei fließen

und alte Blockaden werden gelöst. Zweifel am Leben und seinem Sinn werden ausgeräumt. Die zur Heilung der Lebensenergie notwendige Kreativität wird befreit. So erhalten Sie genügend Kraft, um Ihren Lebensweg fortzusetzen und Ihr Ziel zu erreichen – selbst wenn es scheinbar schon zu spät ist.

Diese karmische Pflanze befreit Sie ebenso wie Symphytum officinale (→ S. 156), Ruta graveolens (→ S. 144), Juniperus communis (→ S. 188) und Hydrastis canadensis (→ S. 106) von alten Belastungen. Ereignisse aus früheren Leben werden korrigiert, der Lebensfunke für dieses Leben neu geweckt und Licht in das Dunkel Ihrer Existenz gebracht. Thuja regt einen harmonischen Energiefluss entlang der Wirbelsäule an, der all unsere Chakren (→ S. 19) belebt. Außerdem befreit Thuja uns von religiösem Fanatismus.

Der Lebensbaum hilft Ihren unteren, materiell geprägten Chakren, die durch geistige und seelische Arbeit erhöhte spirituelle Energie nach oben in die höheren Chakren aufsteigen zu lassen. Kundalini (→ S. 339), die am unteren Ende der Wirbelsäule ruhende Energie, wird sanft angestoßen. Sie wird quasi gefragt, ob es nicht schon an der Zeit sei, langsam aufzusteigen und hohe geistige und seelische Prinzipien wachzurütteln.

Zusammen mit Thymus vulgaris (→ S. 162) schafft Thuja eine Energie, die Sie so mit Ihrem Inneren Kind (→ S. 318) verbunden sein lässt, dass eine eventuell traumatisierte Kindheit ausgeheilt werden kann. Sie können sich endlich mit den destruktiven Ereignissen aussöh-

Lebenskraft – Stirb und Werde – Ja zum Leben – Mut – Pluto

nen und diese zunächst negativen Energien in positive umwandeln und lebensfördernd leben.

Stellen Sie sich Ihr Leben als Band vor, das immer wieder kleine Unterbrechungen in Form von Knoten, also Lebensblockaden, aufweist. Thuja nimmt sich dieser Knoten an und löst sie. Bei existentiellen Krisen und in Übergangsphasen von Lebenskrisen gelingt es Thuja, auch schwer zu lösende Lebensknoten sanft und behutsam »aufzuknoten«.

Dank Thuja lassen Sie sich in Zukunft nicht mehr von der Energie herrischer und machthaberischer Menschen beeinflussen. Stark wie der Lebensbaum stehen Sie im Leben, im klaren Bewusstsein Ihres gesamten Potenzials und Ihrer Schwachpunkte. Wer sich seiner gesamten Energien bewusst ist, muss sich nicht verstecken, sondern kann so sein, wie er ist. Damit ist man automatisch in seiner Mitte und seiner Kraft und kann sich gut gegenüber anderen abgrenzen.

Anmerkungen

Thuja hat einen hohen Anteil an plutonischer Energie. Pluto (→ S. 340) repräsentiert in der Astrologie das Prinzip des Stirb und Werde: Eine alte Energieform muss erst absterben, damit eine neue entstehen kann. Die Zwischenstufe, in der das Neue noch nicht entstanden und das Alte noch nicht ganz vergangen ist, wird oft sehr angstvoll erlebt. Doch es gibt keinen anderen Weg, Neues entstehen zu lassen, als das Alte loszulassen. Thuja hilft, diese Zwischenphasen gut zu überstehen und sich nicht abbringen zu lassen.

70 Thymus vulgaris (Thymian)

Traditionelle Anwendung

▸ entzündungshemmend
▸ auswurffördernd
▸ antibakteriell
▸ verdauungsfördernd
▸ krampflösend
▸ antiseptisch.

Energetische Anwendung

🔥 **Pflanzenbotschaft:** »Ich befreie Dich von Deiner Traurigkeit, die über viele Generationen in Deiner Familie weitergegeben wurde, und bringe Dich in Kontakt mit Deinem Inneren Kind.«

Thymus befreit Sie von großer innerer Traurigkeit und von dem Leid, das in Ihrer Familie von Generation zu Generation weitergegeben wird. Falls Sie von Gefühlen des Verrats, der Erbschande und der Ablehnung innerhalb der Gesellschaft geplagt werden, kann diese Pflanze Ihnen unschätzbare Dienste erweisen.

Thymus ist hilfreich bei allen seelischen Verletzungen, die Sie in Ihren ersten sieben Lebensjahren erfahren haben. Darüber hinaus hilft Thymus Ihnen, mit Ihrem Inneren Kind (→ S. 318) zu kommunizieren und sich an Ihre ersten sieben Lebensjahre zurückzuerinnern. Er stellt das Gleichgewicht zwischen Ihrem erwachsenen Selbst und Ihrem Inneren Kind wieder her. Diese beiden Persönlichkeitsanteile sind wichtig, um ein Gleichgewicht zwischen Arbeit und Entspannung herzustellen. Wenn einer der Anteile überwiegt, werden

Sie entweder zum Workaholic oder Sie sind ständig auf der Suche nach noch mehr Freizeit und Spaß. Thymus ist eine hervorragende Pflanze für Kinder, die – aus welchen Gründen auch immer – nicht nach den Normen der Gesellschaft funktionieren. Die irgendwie anders sind. Hierzu gehören z. B. Indigokinder oder Kinder mit Verhaltensauffälligkeiten, aber auch Kinder, die schon im Kindesalter sehr ernst und oft tieftraurig sind. Dies ist die wichtigste Pflanze, um den Lebensauftrag zu erfüllen. Sie enthält alle Informationen aus dem Buch des Lebens, die wichtig für diese Inkarnation sind, und hilft uns, intuitiv wieder Zugang zu diesen Informationen zu erhalten. Thymus verhilft Ihnen zur Akzeptanz der Homosexualität bei sich selbst oder anderen.

Der Thymian gibt Ihrer Seele die nichtgeschlechtliche Orientierung zurück. Ihre Seele ist sowohl weiblich als auch männlich. Diese Pflanze hilft Ihnen, dies zu begreifen und diese Erkenntnis bei allem, was mit Sexualität und gesellschaftlich geprägten Themen zur Orientierung als Frau und Mann zu tun hat, in Ihr Leben zu integrieren.

Bei allen tiefsitzenden depressiven Verstimmungen, die scheinbar in keinem Zusammenhang mit Ihrem Leben stehen, ist Thymus eine wichtige Pflanze, um die Traurigkeit aus Ihren Energiekörpern auszuleiten und die Bahn freizumachen für neue, belebende und freudvolle Energien. Die Energie unbeschwerter Freude wird Sie nun durch Ihr Leben begleiten. Alles Schwere und Freudlose wird wie ein zu schwer gewordener Mantel von Ihnen abfallen, in dem Sie sich ohnehin nie wohl gefühlt haben.

Schuldgefühle – Bedauern – rosa Aura – Inneres Kind – Kindheitstraumata

Ihr Dasein wird eine Leichtigkeit bekommen, die viel von Ihrem Alltagsstress einfach verschwinden lässt. Sie lernen, das Wichtige vom Unwichtigen zu unterscheiden, und entwickeln klare Vorstellungen davon, wo Sie Verantwortung übernehmen müssen und wo Sie bisher den Rucksack anderer zu Ihrem gemacht haben und dadurch hoffnungslos überfordert waren.

Anmerkungen

Jeder Mensch hat – auch ohne schizophren zu sein – mehrere Anteile in seiner Persönlichkeit. Jeder davon erfüllt seine Aufgabe. Deshalb ist es wichtig, dass keiner dieser Anteile die Oberhand gewinnt. Einer davon ist das Innere Kind, das z. B. keine Entscheidungen treffen kann, die Sachverstand erfordern. Da ist der Innere Erwachsene gefragt. Das Innere Kind kann Ihnen aber bei der kreativen Arbeit, bei der Entwicklung Ihrer Intuition und emotionalen Intelligenz (→ S. 338) unschätzbare Dienste leisten. Informieren Sie sich mit Hilfe der umfangreichen Literatur zu diesem Thema (→ S. 342), um mit Ihren unterschiedlichen Persönlichkeitsanteilen zu kommunizieren und diese in Ihr emotionales und psychisches Erleben zu integrieren.

71 Tropaeolum majus (Große Kapuzinerkresse)

Traditionelle Anwendung

▶ antibakteriell
▶ abwehrsteigernd
▶ probiotisch.

Energetische Anwendung

🍂 Pflanzenbotschaft: »Ich schenke Dir Kraft und Vitalität, um Dich zu regenerieren, damit Du wieder auf die Ebene Deiner höchsten Energie kommst.«

Tropaeolum ist die Pflanze, die Sie wieder ganz nach oben bringt. Die Pflanze der Vitalität und der Regenerierung nach Phasen langer Erschöpfung. Tropaeolum bringt Zufriedenheit, die glückliche Lösung für ein großes Problem und schließlich das Happy End. Wenn Ihnen alles über den Kopf zu wachsen scheint und Sie über einen längeren Zeitraum Energieraub betrieben haben, hilft diese Pflanze Ihnen, genügend Energie aufzubauen, um wieder obenauf zu sein. Sie führt Sie an die Oberfläche, wenn Sie Phasen in Ihrem Leben hinter sich haben, die Sie extrem deprimiert und mutlos gemacht haben.

Auf der einen Seite werden Sie ermutigt, sich endlich in dieser Inkarnation zu verwirklichen, auf der anderen Seite bekommen Sie Hinweise, wo Ihre Grenzen in diesem Leben sind. Die Pflanze bereitet den Grund für Veränderungen, so dass Neuerungen auf fruchtbaren Boden fallen können. Sie werden mit einer stabilisierenden dynamischen Kraft zu innerem Frieden und seelischem Gleichgewicht geführt. Sie nehmen den Joker wahr, den Ihnen das

Leben manchmal bietet, eine leuchtende Idee, die scheinbar aus dem Nichts auftaucht, bleiben dabei aber trotzdem fest verwurzelt in der Realität. Menschen, die ständig obenauf und überall mit dabei sein wollen, zeigt die Pflanze realistische Grenzen der eigenen Energien auf.

Tropaeolum fördert zusammen mit Nicotiana tabacum (→ S. 202) Ihre bisher verborgenen Talente an die Oberfläche. Sie entdecken, wofür sich Ihre Seele in dieser Inkarnation wirklich entschieden hat. Sie kommen an die Urquelle Ihrer seelischen und geistigen Kräfte. In Kombination mit Tabacum bringt Tropaeolum Sie dazu, sich in dieser Inkarnation zu verwirklichen.

Sie entstressen automatisch Ihr Leben, indem Sie erkennen, wofür es sich lohnt, sich einzusetzen. Sie lernen, die Dinge von sich fernzuhalten, die nicht für Sie bestimmt sind und Ihnen nur unnötig Energie rauben, und entdecken Ihre wahren Talente.

Anmerkungen

Die Kapuzinerkresse führt Sie zur Quintessenz Ihres Daseins. Wenn Sie sich schon immer gefragt haben, was Ihre eigentliche Aufgabe auf dieser Erde ist, sollten Sie sich auf die Energie dieser Pflanze einlassen.

An die Essenz unseres Seins, an die Quelle zu kommen, ist eine der schwierigsten Aufgaben in diesem Leben. Sie sollten öfter einmal innere Einkehr halten, damit Sie bestimmen können, ob Sie sich noch auf Ihrem Lebenskurs befinden oder ob eine Kurskorrektur angesagt

Alles, was zu viel ist – Vitalität – Dynamik – regenerieren – wieder nach oben kommen

wäre. Planen Sie Zeiten des Innehaltens ein. Dies kann eine Woche im Jahr oder vielleicht ein paar Stunden pro Woche sein. Die für Sie richtige Lösung müssen Sie selbst finden.

Diese Zeiten der Stille sind keine Zeitverschwendung. Es ist eine Zeit des Auftankens, die Sie davor bewahrt, durch falsch gegangene Wege kostbare Lebenszeit bei Ihrer geistigen und seelischen Entwicklung zu verschwenden.

72 Urtica (Große Brennnessel)

Traditionelle Anwendung

▶ entschlackend
▶ entgiftend
▶ blutreinigend
▶ harntreibend.

Energetische Anwendung

🍃 Pflanzenbotschaft: »Ich befreie Deine Zellen durch Erhöhung der Vibration von aller Negativität, die durch Dein Umfeld erzeugt wird.«

Urtica ist die Pflanze des Planeten Mars, der für Power und Durchsetzungskraft steht. Die Pflanze stärkt das energetische Nervensystem, womit die Vibration Ihres Energiefeldes erhöht wird und negative Strahlungen, in welcher Form auch immer, nicht an Sie herankommen können. Durch die Eliminierung von Fremdenergien wird Stress in Ihrem Körper abgebaut.

Die Brennnessel reinigt unsere Emotionen. Sie bekommen Mut und Durchsetzungskraft, werden von jeglicher Fremdenergie befreit, die Sie in Ihrem Weiterkommen behindert.

Die Brennnessel regt Sie an, etwas zu wagen, wovon Sie bisher nur geträumt haben. Mit Hilfe dieser Pflanze wagen Sie den Sprung ins kalte Wasser.

Sie werden vor Menschen geschützt, die durch ihr aggressives Verhalten Ihr energetisches System durcheinanderbringen. Dies ist auch wichtig für Personen, die zwar nach außen hin stark und unverwundbar wirken, im Innersten aber sensibel und mit einem schwachen Nervenkostüm ausgestattet sind.

Urtica befreit Ihre Energie des 2. Chakras (→ S. 19) und lässt Sie somit wieder kreativ werden. Diese Pflanze kann gut mit Tropaeolum majus (→ S. 164) kombiniert werden. Urtica gibt die notwendige Energie, um große Veränderungen durchzuführen, und Tropaeolum schenkt Ihnen die Idee, wie diese Veränderungen konkret umgesetzt werden können.

Urtica ist eine wichtige Pflanze für systemische und familiär-karmische Prozesse. Sie reinigt negative, karmische Energien, die innerhalb einer Familie oder Gruppe zu Störungen führen können. Wir passen uns mit jeder Zelle an die Ur-Schwingung des Kosmos an, an das alles verbindende und erlösende OM. Unsere Aura kann nicht mehr durch destabilisierende elektromagnetische Wellen gestört werden.

Die Brennnessel schützt vor der Energie verfälschter Botschaften, die dann zu destruierenden Lebensmustern werden, innerhalb von Familien von Generation zu Generation weitergegeben werden und schwer wiegende systemische Störungen auslösen. Sie fördert Informationen, die das Familienkarma betreffen, offen zutage und befreit so ganze Generationen von der Last falscher Informationen.

Wenn Sie Ihren Platz in Ihrem System wieder gefunden haben, fällt es Ihnen auch leicht, sich Ihres Platzes und Ihrer Besonderheit im Kosmos bewusst zu werden.

Negativität – Stress – Strahlungen – Durchsetzungskraft – Power

Anmerkungen

Wir leben im Zeitalter von Handy, UMTS und WLAN und sind damit vielfältigen Strahlungen ausgesetzt, ohne dies zu bemerken. In der Wohnung steht vielleicht ein Elektrowecker am Bett, wir wärmen unser Essen mit der Mikrowelle auf und telefonieren auch zu Hause schnurlos. Die Auswirkungen all dieser Strahlen sind im Einzelnen noch gar nicht erforscht. Mögliche Folgen sind Nervosität, innere Unruhe, ein gestörtes Immunsystem oder ein undefinierbares Unwohlsein in der Nähe von Strahlungen.

Urtica hilft uns, unsere energetischen Körper vor Strahlungen jeglicher Art zu schützen.

73 Vaccinium myrtillus (Heidelbeere)

Traditionelle Anwendung

▶ stoffwechselfördernd
▶ adstringierend
▶ antiseptisch
▶ pflanzliches Insulin
▶ verhindert Schäden durch Diabetes.

Energetische Anwendung

🔥 **Pflanzenbotschaft:** »Ich helfe Dir, das wahre Vergnügen in Deinem Leben zu entdecken, und befreie Dich von den Lasten der Vergangenheit.«

Wenn Sie ein Kind der neuen Spaßgesellschaft sind, die Vergnügen um jeden Preis und zu jeder Tages- und Nachtzeit haben möchte, dann kann Ihnen Vaccinium helfen, die wahre Freude in Ihrem Leben zu entdecken.

Die Heidelbeere nimmt die Illusion falscher Freude wie zum Beispiel Süßigkeiten, übermäßig gelebte Sexualität und die scheinbare Notwendigkeit von Luxus, um Sie für das wahre Vergnügen zu öffnen. Sie schafft ein Gleichgewicht im Leben zwischen Freude, Recht und Pflichten.

Sie lässt Sie leicht werden und hilft Ihnen, alles Schwere und Träge aus dieser Existenz loszulassen. Sie werden erfüllt sein von einer nie gekannten Leichtigkeit des Seins. Alle Schuldgefühle, die Sie in diesem Leben nur behindern und die keiner wirklichen Schuld entspringen, werden von Ihren Schultern genommen. Vor allem Anschauungen, die Ihnen durch andere Menschen übergestülpt wurden, werden als solche entlarvt und haben nun keinen weiteren Einfluss auf Sie.

Die Heidelbeere begünstigt Zufälle im Leben, die im Zusammenhang mit dem Bestreiten Ihres Lebensunterhaltes neue und freudvollere Perspektiven in Ihrem Leben eröffnen.

Immer wenn Menschen uns Ihre Überzeugungen einimpfen wollen, leistet Vaccinium unschätzbare Dienste, um uns abzugrenzen oder bereits begonnene Gehirnwäschen wieder energetisch auszuleiten.

Die Energie dieser Pflanze verhindert, dass unser Körper in Resonanz mit fremden Informationen tritt und wir diese fälschlicherweise als unsere eigenen anerkennen.

Die Heidelbeere ist zudem ein wichtiges Mittel, wenn Sie als Säugling nicht gestillt worden sind. Gemeinsam mit Thymus vulgaris (→ S. 162) für die Arbeit am Inneren Kind (→ S. 318) kann Vaccinium Ihr Inneres Kind aus seiner Trotzhaltung erlösen und es zu einem Seelenanteil werden lassen, der Ihnen konstruktive und kreative Anregungen für Ihre Lebensführung gibt.

Anmerkungen

Wir leben in einer Gesellschaft, in der die Freizeit einen immensen Stellenwert hat. Man muss am besten zu jeder Zeit und überall Spaß haben: bei der Arbeit, bei der Kindererziehung, beim Sex, beim Zusammensein mit Freunden etc.

Freude am Leben zu empfinden, ist ein erstrebenswerter Zustand. Doch ist es ein großer

Vision – Weitblick – wahres Vergnügen – 6. Sinn – Befreiung von Schuldgefühlen

Unterschied, ob ich nur noch durch äußere Ereignisse Spaß habe oder ob die Freude auch aus kleinen alltäglichen Verrichtungen und Erlebnissen entstehen kann.

Die Heidelbeere lässt Sie über die wirklich wichtigen Dinge in Ihrem Leben, die Ihnen Freude bereiten, nachdenken und auch die kleinen Freuden des Alltags wieder wahrnehmen. Scheinbar freudlos erscheinende Durststrecken gehören zu unserer Entwicklung und unserem Leben dazu. Gerade diese Phasen sind es dann oft, die uns für die wahre Freude öffnen.

74 Valeriana officinalis (Baldrian)

Traditionelle Anwendung

▶ beruhigend
▶ schlaffördernd
▶ krampflösend.

Energetische Anwendung

🝑 Pflanzenbotschaft: »Ich helfe Dir, in schwierigen Momenten in Deinem Leben aufzutanken und mangelndes Selbstvertrauen in bedingungslose Liebe umzuwandeln.«

Valeriana unterstützt Ihr energetisches Nervensystem und wirkt dort wie ein Faradayscher Käfig, damit Sie geschützt und geerdet ein harmonisches Leben führen können. Der Baldrian liefert die Energien, die für unsere momentane Entwicklung wichtig sind, sich aber aufgrund der durch Erziehung aufoktroyierten Muster und »Lebensprogramme« bislang nicht entfalten konnten.

Wenn Ihnen Selbstvertrauen fehlt und Sie sich oft unsicher und wenig geerdet fühlen, ist Valeriana ebenfalls für Sie da. Der Baldrian stärkt Ihre Basis oder, besser gesagt, Ihre Körpermitte, aus der heraus Sie Sicherheit für den Umgang mit schwierigen Situationen oder Menschen bekommen. Diese Pflanze hilft Ihnen, wenn Sie sich für Ihre Umwelt wie ein Chamäleon darstellen, häufig Ihre Meinung wechseln und für Ihre Mitmenschen nicht richtig greifbar sind. Sie lernen, sich aus einer inneren Sicherheit heraus Menschen und Situationen zu stellen. Vielleicht sind Sie oft in einer Minute »himmelhoch jauchzend« und in der nächsten »zu Tode betrübt« – dann schafft Valeriana einen emotionalen Gleichklang.

Valeriana öffnet Sie für ein Gefühl höheren Glücks und begleitet Sie, wenn Sie sich entschließen, in dieser Inkarnation auf eine neue Stufe des Bewusstseins einzutreten. Die Pflanze ist der Inbegriff der christlichen Harmonie in unserem Energiesystem. Während des Schlafs verhilft sie zu einem erweiterten Bewusstsein und wirkt wie ein Trichter für die göttlichen Botschaften, die zu uns durchkommen wollen. Sie verbindet die Energie von Mutter Erde mit den Planetenenergien. Baldrian hilft Ihnen bei der Umstellung Ihres Lebenswandels. Wenn Sie sich auf einer Abwärtsspirale befinden, hilft er, eine Kehrtwendung um 180 Grad zu machen und die Leiter wieder nach oben zu klettern. Er erlaubt eine intelligente Umstrukturierung unserer täglichen Arbeit, um unser Tagespensum besser erfüllen zu können. Baldrian bringt Menschen in allen Lebenssituationen zueinander, indem er den Mangel an Toleranz und Liebe ausgleicht. Er verankert uns mit der Erde – im Gegensatz zu Viscum album (→ S. 174), der Pflanze, die uns mit höheren Mächten verbindet.

Valeriana lässt Sie erkennen, wer Sie wirklich sind und welche Fähigkeiten in Ihnen schlummern. Von nun an können Sie dem Leben mit gesundem Selbstbewusstsein und frei von Störungen, die durch Ihr Ego ausgelöst werden, begegnen. Indem Sie sich besser abgrenzen und auf das beschränken, was wirklich zu Ihnen gehört, wird bisher gebundene Lebensenergie frei. So gelingt es Ihnen, Ihr volles Potenzial auszuschöpfen, Menschen wieder nahe an sich herankommen zu lassen und die Lebensprinzipien Freude, bedin-

Fehlendes Selbstvertrauen – Toleranz – Frieden mit sich und der Umwelt schließen

gungslose Liebe und Vertrauen auf Gott in Ihrem Leben zu verwirklichen.

Die Energie dieser Pflanze lässt sich gut mit einem Satz aus dem I Ging umschreiben: »Durch die Beschränkung auf das Wesentliche wirst Du gesättigt.«

Wenn das Leben Ihnen einen Scherbenhaufen hingeworfen hat, vor dem Sie nun scheinbar machtlos stehen, schenkt Ihnen Valeriana die Energ

ie und die klaren »Kampfstrategien«, um diesen abzutragen und dabei die Botschaften des Universums zu verstehen.

Anmerkungen

Baldrian enthält Pheromone, also Sexualduftstoffe. Wenn Sie diese Essenz als Einzelpflanze einnehmen, werden sowohl bei Frauen als auch bei Männern sexuelle Lustgefühle geweckt. Nutzen Sie die Kraft dieser Essenz, um wieder Esprit in Ihr vielleicht schon etwas eintönig gewordenes Sexualleben zu bringen.

75 Viola tricolor (Ackerstiefmütterchen)

Traditionelle Anwendung

▸ schweißtreibend
▸ Förderung des Hautstoffwechsels
▸ harntreibend
▸ blutreinigend.

Energetische Anwendung

🜂 Pflanzenbotschaft: »Ich helfe Dir, die Welt mit anderen Augen zu sehen, und gebe Dir Vertrauen in das Leben zurück, auch wenn Du und Deine Seele missbraucht worden seid.«

Das Thema von Viola tricolor ist die Gewalt, die uns angetan wurde, aber auch die Gewaltbereitschaft, die in uns gespeichert ist. Sie ist die passende Pflanze für Gewalt auf allen Ebenen unseres Daseins und in all unseren Inkarnationen.

Das Stiefmütterchen befreit Sie von der Auswirkung aller Gewalt, die Ihnen in dieser und den letzten Inkarnationen angetan wurde. Das violette Licht dieser Pflanzenessenz reinigt Ihre negativen Gedanken. Oft ist uns gar nicht bewusst, in welchen Lebensbereichen wir Gewalt ausgesetzt sind, da diese oft subtil und kaum wahrnehmbar eingesetzt wird. Beispiele hierfür sind eine gewaltbesetzte Kommunikation, die Unhöflichkeiten unserer Mitmenschen oder einfach die ganz normale alltägliche Brutalität in Form von Zeitungs- oder Fernsehberichten, der wir ständig ausgesetzt sind. Viola tricolor reinigt Ihren Geist von den brutalen Bildern, die sich in Ihrem Gehirn festgesetzt haben. Sie bringt die reine und jungfräuliche Energie zurück, die es uns ermöglicht, auf dem spirituellen Weg nach oben fortzuschreiten.

Die Energie der Jungfrau ermöglicht es uns, uns dem Sohn zu öffnen, um so zum göttlichen Vater zu finden. Sie führt uns zum 7. Chakra (→ S. 19) und entfernt alles Negative, das uns durch falsche Ideologien angetan wurde.

Wenn Sie oder Ihre Seele gewaltvollen Prozessen ausgesetzt waren, reinigt und heilt Viola Ihre Seele und ermöglicht Ihnen, wieder volles Vertrauen in das Leben zu bekommen. Sie öffnen sich den lebensfördernden Prozessen, die Sie voranbringen und in voller Größe erstrahlen lassen. Sie lernen, das Verzeihen von etwas, was nicht ungeschehen gemacht werden kann, als seelisch reinigenden Prozess anzuerkennen.

Sie nehmen Ihr Leben wieder in seiner ganzen Bandbreite wahr und können so die wahren Schätze auf dieser Erde sammeln, die Sie mit in die nächste Inkarnation nehmen können. In letzter Konsequenz lernen Sie, dass die Spirale der Gewalt, die sich ständig weiterdreht, am sichersten durch die Bereitschaft zur Vergebung angehalten werden kann.

Die beiden Schwestern Viola und Mandragora (→ S. 116) haben sich die Aufgabe gestellt, uns bei allem zu helfen, was mit Gewalt, Bedrängnis, Nicht-frei-sein-Dürfen und Unterdrückung zu tun hat. Nur wer sich aus dem Muster von Gewalt befreit hat, wird es ablehnen, Gewalt – in welcher Form auch immer – bei seinem Gegenüber selber anzuwenden.

Gewalt – jungfräuliche Energie, die uns über den Sohn zum göttlichen Vater führt

Anmerkungen

Gewalt ist inzwischen so sehr in unseren All-tag integriert, dass wir sie schon gar nicht mehr wahrnehmen. Durch die täglichen effek-theischenden Bilder der Nachrichten haben wir uns an einen sehr hohen Gewaltpegel gewöhnt. Krimis als Buch oder Film haben Hochkonjunktur.

Die Gewalt ist so weit in unsere Sprache eingedrungen, dass inzwischen schon eine eigene Form der gewaltfreien Kommunika-tion (GfK) entwickelt wurde, um dem entge-genzusteuern. Entlarven Sie Gewalt in Ihrem Umfeld und versuchen Sie sich so gut wie möglich davor zu schützen oder zu befreien, damit diese Energie nicht weiter in Ihre Ener-giekörper vordringen kann.

76 Viscum album (Mistel)

Traditionelle Anwendung

▸ blutdrucksenkend
▸ gefäßerweiternd
▸ durchblutungsfördernd
▸ kreislaufanregend.

Energetische Anwendung

🖋 Pflanzenbotschaft: »Ich helfe Dir, alle Informationen in Deinem energetischen Blut zu reinigen und die fehlende Liebe und geistige Abwesenheit Deiner irdischen Mutter auszugleichen.«

Viscum album wird der astrologischen Energie des Mondes zugeordnet. Der Mond steht für alle Aspekte des Mütterlichen, für die Energie der geistigen Mutteraspekte sowie für die Macht Ihrer Gefühle.

Falls Sie Ihre Mutter viel zu früh verloren haben, sie nie für Sie da war, Ihnen keine echte Mutterliebe gegeben hat und Sie niemals richtig über diese Situation trauern konnten, aktiviert die Mistel einen heilsamen Trauerprozess. Sie lernen, Ihre damit verbundenen Emotionen auf angemessene Art zu erleben und auszudrücken. Durch die heilende Energie dieser Pflanze erleben Sie, wie sich echtes Mitleid und echtes Mitgefühl »anfühlt«, das von Selbstmitleid, Übermutterung und falscher Hingabe weit entfernt ist.
Die Mistel hilft Ihnen, von schlechten Gewohnheiten abzulassen. Sie können Ihren Erfahrungen und Fehlern aus der Vergangenheit, die Sie bisher nicht wahrhaben wollten, ins Auge blicken und die korrigierten Lebensanschauungen ins Leben integrieren.

Diese Pflanze reinigt Ihr energetisches Blut von allen krankmachenden und negativen Informationen, schenkt Ihnen Kraft und Ausstrahlung, innere Führung und lindert Ihre Beschwerden, wenn diese von den Mondphasen abhängig sind. So eignet sich die Mistel hervorragend, wenn Sie in bestimmten Mondphasen unter Melancholie oder unerklärlicher Traurigkeit leiden.
Viscum album ist eine wichtige Pflanze für die Biographiearbeit. Wie im Album Ihres Lebens können Sie einzelne, nicht gelebte und damit nicht erlöste Lebensanteile befreien und in konstruktive Lebensenergien umwandeln. Sie erhalten die Fähigkeit, Informationen aus Ihrer persönlichen Akasha-Chronik (→ S. 338) mit den Informationen aus der Weltenchronik zu verbinden, um wichtige Entwicklungsschritte in Ihrem Leben einzuleiten.

Sie blicken mit Liebe und erhöhter Bewusstheit auf Ihr Leben und lernen, sich selbst und anderen zu vergeben. Im Bewusstsein göttlicher Fügung für alles, was in Ihrem Leben geschieht, können Sie mit neuem Geist das Leben wie neugeboren aus einer ganzheitlichen Perspektive sehen.

Anmerkungen

Dass der Mond in unserem Leben und auf unserem Planeten eine übergeordnete Rolle spielt, wird wohl niemand bezweifeln. Ebbe, Flut und viele andere Vorgänge in der Natur sind der Macht des Mondes untergeordnet. Für den Fall, dass Ihnen ein Blick in den Mondkalender zu aufwendig ist und Sie sich nicht näher mit den Mondkonstellationen beschäftigen möchten, gebe ich Ihnen

Mond – geistige Mutter – Vergangenheit – Öffnung des Herzens – »Album des Lebens«

hier einen kurzen Überblick über die wichtigsten Mondphasen:

Zunehmender Mond. Diese Phase ist wichtig für Sie, wenn Sie Ihrem Körper etwas zuführen möchten. Er kann in dieser Phase Stoffe besser einlagern. Ihr Gehirn kann mehr Informationen speichern, sie lernen müheloser. Falls Sie beim zunehmenden Mond an Körpergewicht zulegen und an Ihrem Essverhalten nichts geändert haben, liegt das wahrscheinlich am in dieser Mondphase eingelagerten Wasser. Doch keine Sorge: Bei abnehmendem Mond wird dieses eingelagerte Wasser wieder verschwinden.

Vollmond. In dieser Phase sollten Sie Ihre Emotionen nicht allzu ernst nehmen. Viele Menschen sind bei Vollmond empfindlicher und fast schon mimosenhaft. Doch auch dies geht wie von selbst vorüber. Der volle Mond ist gut geeignet, um in einem Ritual (→ S. 293) Vorsätze zu fassen und diese in der entsprechenden Mondphase umzusetzen.

Abnehmender Mond. Der abnehmende Mond ist gut geeignet für alles, was Ihren Körper verlassen soll. Sie nehmen leichter ab, lagern weniger Wasser ein und können sich leichter von schlechten Gewohnheiten trennen. Diese Phase ist gut geeignet für Entgiftungen auf geistiger, seelischer und körperlicher Ebene.

77 Yohimbé (Yohimberinde)

Traditionelle Anwendung

▸ stimulierend
▸ kreislaufanregend
▸ blutdrucksenkend
▸ menstruationsregulierend.

Energetische Anwendung

🔥 Pflanzenbotschaft: »Ich gebe Dir die Kraft und Stärke des Pegasus, schenke Dir Einsicht, um eine Bilanz Deines Lebens zu ziehen und gebe Deinem Leben ein neues Ziel und einen Sinn.«

Yohimbé befreit Ihre Kraft, Ihre männliche Stärke. Das Y von Yohimbé wirkt wie ein Trichter, der spirituelle Informationen direkt zu Ihnen durchkommen lässt. Sie erleben die Energie des göttlichen Vaters als Basis für eine Spiritualität, die »weit in den Himmeln« und dennoch gut geerdet ist. Diese Pflanze hilft, Ihre Meinung öffentlich zu äußern, selbst wenn Sie wissen, dass diese von anderen Menschen nicht geteilt wird.

Die Energie der Rinde dieses Baumes gibt Ihnen Willenskraft und Beständigkeit, um eine Bilanz Ihres Lebens zu erstellen. Sie erkennen die Wahrheiten Ihres Lebens an und schaffen es, die Veränderungen, die jetzt in Ihrem Leben notwendig sind, ohne Angst oder aggressive Anklagen umzusetzen.

Yohimbé ist eine sehr spirituelle Pflanze, die die Energie des 2. Chakras auf das 7. Chakra, welches für die geistige und spirituelle Weiterentwicklung sowie den Zugang zum göttlichen Vater steht, transformiert.

Durch die Kraft dieser Pflanze spüren Sie einen Ort der Stärke in sich, aus dem heraus Sie leicht Zugang zur göttlichen Energie finden können. Dieser Platz in Ihnen kann nur von Gott ausgefüllt werden. Falls dies nicht geschieht, werden Sie sich wahrscheinlich ein Leben lang in irgendeiner Form einsam fühlen. Yohimbé hilft Ihnen, diesen Platz in sich zu entdecken, also Ihre Quelle, aus der heraus Sie entstanden sind und wo Sie der göttlichen Energie in sich jederzeit begegnen können.

Yohimbé verkörpert die Vereinigung von Sonne und Mond. Die Einheit des weiblichen und männlichen Prinzips. Und damit die Ganzheit als Mensch, die Voraussetzung für die höchsten spirituellen Prozesse ist. Nur wenn wir unsere Seele nicht als sexuell gebundenes Wesen, sondern als neutrale Seinsform wahrnehmen, können wir uns wirklich transformierenden spirituellen Prozessen öffnen. Diese hochspirituelle Pflanze öffnet Ihr Herz und befreit Sie über die Transformationskraft des 4. Chakras von der dualen Wahrnehmung.

Dank Yohimbé können Sie sich durch geistig-spirituelle Kräfte und nicht durch Zorn und Aggression gegenüber anderen abgrenzen. Das Gefühl für die eigene Größe – nicht zu verwechseln mit Hochmut oder Stolz – hilft Ihnen bei der Abgrenzung und Entwicklung der eigenen, unverkennbaren und reinen Seele.

Anmerkungen

Die Vorstellung, dass Gott in jedem Menschen innewohnt, war für unsere Altväter eine gotteslästerliche Vorstellung. Gott wurde immer über allem thronend und erhaben dargestellt,

Pegasus – Kraft – Stärke – Neuanfang – Lebensbilanz

als der unendlich große Gott, der weit von uns kleinen, sündigen Menschen entfernt ist. Es gibt jedoch eine alte koptische Ikone, auf der Christus, der Stellvertreter Gottes auf Erden, auf gleicher Ebene wie der Mensch dargestellt ist. Christus legt seine Hand auf die Schulter des Menschen und heiligt ihn dadurch. Diese Ikone verkörpert die Energie von Yohimbé.

📌 Tipp: Die Ikone kann als Kopie über die deutsche Bestelladresse der Communauté de Taizé bezogen werden. Diese lautet: www.made-by-taize.de.

78 Echinacea purpurea (Roter Sonnenhut)

Traditionelle Anwendung

▶ Infektionen, die mit der Körpermitte in Verbindung stehen
▶ Immunstimulans.

Energetische Anwendung

🍂 **Pflanzenbotschaft:** »Ich bin der Balsam für Deine geschundene Seele und helfe Dir, Deine jetzige Inkarnation mit all ihren Freuden und Leiden anzunehmen.«

Echinacea purpurea wird Balsam für Ihre geschundene Seele sein. Die Pflanze symbolisiert die inkarnierte Seele, die nun bereit ist, das irdische Dasein mit allem Freud und Leid anzunehmen. Sie fungiert als Mittler zwischen Echinacea (angustifolia) (→ S. 78), die dem Körper zugeordnet ist, und Echinacea pallida (→ S. 80), die dem Geist entspricht.

Leiden Ihrer Kindheit, die durch fehlende Zuwendung und mangelndes Verständnis Ihrer Eltern entstanden sind, werden aufgedeckt und können entsprechend bearbeitet werden. Sie söhnen sich mit Gott, Ihren Eltern und Ihrer Kindheit aus.

Wenn Sie zu sehr auf das Haben und die Materie in Ihrem Leben konzentriert sind, gleicht Echinacea purpurea Ihr Energiefeld so aus, dass aus diesem Haben oder Besitzen-Wollen die Hinwendung zum Sein wird. Sie sehen Ihren irdischen Lebensweg nicht mehr als Anhäufung von Geld und Materie, sondern als Erfahrungsweg, der Sie seelisch und geistig bereichern soll.

Sie lernen, in Resonanz mit der kosmischen Ordnung zu treten, um ein Leben auf einer hohen Entwicklungsstufe zu führen. So können Sie in Harmonie und Ordnung Ihren Weg finden, in innerem Frieden und Einklang leben und Verantwortung für die Schöpfung entwickeln.

Echinacea purpurea und Propolis (→ S. 134) sind zwei hervorragende Schwestern, wenn es darum geht, wieder Ordnung in Ihre Seelenstruktur zu bringen. Propolis kümmert sich um in dieser Inkarnation erworbene seelische Störungen, während Echinacea purpurea aus Ihrem Vorleben mitgebrachte unerlöste und damit krankmachende Seelenstrukturen erlöst.

Vergessen Sie dabei aber nie, dass alle drei Echinacine notwendig sind, um die Arbeit auf allen Ebenen zu verrichten. Eine seelische Störung wird immer auch Auswirkungen auf geistige und körperliche Prozesse haben und umgekehrt. Echinacea purpurea bringt die Energien der drei Echinacine in vollständige Harmonie.

Der Rote Sonnenhut ist der Motor, sich für das kommende goldene Zeitalter, die Ära von 2013 bis 2032, in der wir unsere materiellen Bedürfnisse zugunsten höherer seelischer und geistiger Prinzipien zurückstellen, immer mehr als immaterielles Wesen zu entwickeln. Er lässt uns neue Konzepte für diese neue, aufregende Zeit der Veränderung entwickeln.

Balsam für die Seele – Brücke – Sein statt Haben – Entwicklung der inkarnierten Seele

Anmerkungen

Lesen Sie auch aufmerksam die Texte für Echinacea pallida und Echinacea (angustifolia). Alle drei Pflanzen gehören zusammen und sollten stets zusammen verwendet werden (→ S. 78).

79 Photinia (Glanzmispel)

Traditionelle Anwendung

Nicht bekannt.

Energetische Anwendung

Diese Pflanze ist in Deutschland noch nicht als Einzelessenz verfügbar. Sie ist jedoch Bestandteil verschiedener Fertigrezepturen der Firma Phylak. Auf der geistigen Ebene kann man sagen, dass die Essenz der Pflanze noch nicht zu erhalten ist, da ihre verfügbare Energie für uns auf unserer jetzigen spirituellen Entwicklungsstufe noch zu hoch ist.

🌡 Tipp: Sollten Sie einmal Photinia als Einzelessenz benötigen, beispielsweise weil Sie durch Berechnung Ihrer Pflanzenessenz auf die Zahl 79 kommen, können Sie ersatzweise Betula alba (→ S. 54) verwenden.

Photinia bringt das Licht an bisher unerreichte Stellen in Ihren Energiekörpern. Jede Zelle Ihrer verschiedenen Körper wird mit diesem transformierenden Licht durchflutet, um Sie auf die Anforderungen für den Aufstieg in die nächste Dimension vorzubereiten. Sie können sich für die Liebe Gottes, die Erlösung durch Glauben und das Angenommen-Sein durch die göttliche Energie öffnen.

Anmerkungen

Photinia steht vor allem für die Warnung, geistig-spirituelle Entwicklungsschritte vor der vorgesehenen Zeit einzuleiten. Heute gibt es viele Möglichkeiten, an Wissen zu kommen, das in vergangenen Zeiten nur als Einweihungsritus nach sehr langer Vorbereitungszeit weitergegeben wurde.

Diese Weitergabe erfolgte in aller Regel erst, nachdem eine geistig und spirituell hoch ent-

Photoenergie – Gold – Gott – strahlendes Licht

wickelte Person zu der Überzeugung gekommen war, dass der Einzuweihende in der Lage sei, dieses Wissen für sein Leben und für seine geistig-spirituelle Entwicklung nutzbringend anzuwenden. Zudem musste der Einweihende der Überzeugung sein, dass der Eingeweihte dieses Wissen nicht in schadhafter Weise für sich oder andere Menschen nutzen würde.

Nehmen Sie die materiell noch nicht verfügbare Energie von Photinia als Maßstab für den vorsichtigen und verantwortungsvollen Umgang mit allen spagyrischen Einzelmitteln oder Mischungen. Wenden Sie Spagyrika immer in einem Geist der Wahrhaftigkeit, der Aufrichtigkeit und der selbstlosen Hingabe an das Prinzip Leben an.

80 Azadirachta indica (Neem)

Traditionelle Anwendung

▶ Hilft von A bis Z, wird in Indien die »Apotheke des Dorfes« genannt.

Energetische Anwendung

🌢 **Pflanzenbotschaft:** »Ich helfe Dir, alles zu beseitigen, was Dich belastet, auch wenn es aus Deinem Vorleben kommt, und verhelfe Dir zu einer tiefen Regeneration von Körper, Seele und Geist. Darüber hinaus befreie ich Dich vom Prinzip des Zufalls in Deinem Leben.«

Azadirachta wird in Indien als »Dorfapotheke« in fast allen Bereichen der Gesundheit eingesetzt. Es heißt, diese Pflanze heile alles von A bis Z. In der energetischen Medizin hat sie ebenfalls ein sehr breites Anwendungsspektrum.

Falls Sie sich energetisch völlig ausgelaugt fühlen, wird Sie Azadirachta mit ihrer Energie wieder erfrischen.

Diese Pflanze schenkt Ihnen neue und positive Energie, damit Sie eine neue Richtung in Ihrem Leben einschlagen können. Sie reinigt auf energetischer Ebene die Vergangenheit, um die Gegenwart besser bewältigen zu können, und hilft uns zu erkennen, dass im Universum alles mit allem und jeder mit jedem verbunden und voneinander abhängig ist.

Neem schafft ein energetisches Gleichgewicht zwischen der Tier-, Menschen-, Mineral- und Pflanzenwelt.

Azadirachta betreibt eine Art Psycho-Hygiene, löscht in Ihrem Gehirn die Erinnerungen an frühere Verletzungen und programmiert dieses neu. Alte karmische Belastungen aus früheren Leben werden gereinigt. Wenn Sie Probleme mit Inkarnationen aus Indien mitgebracht haben oder sich zur indischen Kultur besonders hingezogen fühlen, ist diese Pflanze für Sie ideal.

Azadirachta befreit den Menschen vom Prinzip des Zufalls und manifestiert den Willen Gottes in unserem Leben. Falls Sie über Leid und Schicksal, z. B. durch einen schicksalhaften Unfall, mit anderen Menschen verbunden sind, hilft Ihnen Azadirachta, den Sinn hinter scheinbar sinnlosen Ereignissen zu sehen. Sie lernen, dass es kein ungerechtes Schicksal gibt, sondern dass alle Ereignisse einem höheren, für uns oft nicht begreifbaren Ziel dienen. Diese Pflanze festigt Ihren energetischen Körper nach schwersten schicksalhaften Ereignissen – auch nach Verrat und Betrug – die Ihr Vertrauen in Gott, die Menschen und das Leben grundlegend erschüttert haben, so dass Sie wieder Zuversicht fassen.

Schicksal kann oft nur dadurch erlöst werden, dass Sie inneren Frieden damit schließen und sich so aussöhnen.

Außerdem wirkt die Pflanze auf Ihr 8. Chakra (→ S. 19). Der Neembaum hilft Ihnen, sich auf einen Weg der Weisheit zu begeben, der Ihnen den Zugang zur Akasha-Chronik (→ S. 338) ermöglichen kann.

»Ich befreie Dich« ist die wohl wichtigste Botschaft dieser hochspirituellen Pflanze. Sie erlöst uns von allen Energien, die uns zu schaffen machen. Auf körperlicher Ebene kann Neem Sie von belastenden Parasiten oder Bakterien befreien – allerdings gelingt

Reinigung – Regeneration – Quantensprung des Herzens – Akasha

dies nur, wenn Sie die seelische, geistige und spirituelle Botschaft Ihrer Krankheit verstanden haben.

Zusammen mit Euphrasia (→ S. 90), Solidago virgaurea (→ S. 154) und Allium cepa (→ S. 32) befreit Sie Neem Schicht für Schicht von allen Energien, die Ihren Geist vernebeln und so Ihre Entwicklung behindern.

Pilocarpus (→ S. 198), Azadirachta indica und Coffea arabica (→ S. 204) lehren Sie, dass Leben nur gelingen kann, wenn Sie es selbst in die Hand nehmen – auch wenn Sie einmal scheitern. Es lohnt sich immer, auch in scheinbar ausweglosen Situationen, aufzustehen und weiterzumachen.

Anmerkungen

Das 8. Chakra ist das Chakra, das unserem geistigen Führer oder unserem Schutzengel in diesem Leben zugeordnet ist. Hier ist unser gesamtes energetisches Gedächtnis mit Informationen aus allen schon gelebten Inkarnationen gespeichert. Durch dieses Chakra können wir direkten Zugang zu Daten aus der Akasha-Chronik erhalten.

81 Dioscorea villosa (Yamswurzel)

Traditionelle Anwendung

▸ progesteron- und östrogenähnliche Wirkung
▸ Menstruationsbeschwerden
▸ prämenstruelles Syndrom.

Energetische Anwendung

🍂 **Pflanzenbotschaft:** »Ich helfe Dir auszusprechen, was Du in Deinem Innersten trägst und befreie Deine weibliche Seite, um Dich den einfachen Dingen des Lebens gegenüber sensibler werden zu lassen.«

Dioscorea ist die Pflanze, die Ihnen hilft, sich als göttliches Wesen im Paradies wahrzunehmen. Sie schenkt Ihnen Geduld im Umgang mit sich selbst, anderen Menschen und Lebenssituationen. Dioscorea, von »dios« (Gott) und »cor« (Herz), wird das Göttliche in Ihrem Leben auf Ihrer Herzebene manifestieren. Das Wirken Gottes kann sich mit Hilfe der Yamswurzel in Ihrem energetischen Herzen festigen.

Dioscorea hilft, sich vom Stress des Alltags zu befreien, und verjüngt Sie in allen Ihren Energiekörpern.

Sie lernen, dass Ihre Intuition und nicht nur Ihr bewusstes Denken ein wichtiger Bestandteil Ihres Lebens ist. Ihre rechte, intuitiv orientierte und Ihre linke, logisch ausgerichtete Gehirnhälfte – und damit Ihr intuitives und logisches Denken – werden energetisch miteinander verbunden.

Sie werden weich und sensibel für die einfachen Dinge im Leben und lernen, auf die Botschaften Ihrer Seele zu vertrauen und die aus ihr kommenden Wahrheiten auszusprechen. Darüber hinaus belohnt Sie diese Pflanze mit unendlicher Geduld, die Ihnen Frieden in Ihrem Inneren verschafft.

Dioscorea lässt Sie eine Ebene reinen Bewusstseins in Ihrem Inneren entdecken, die notwendig ist, um sich an die veränderten Schwingungsfrequenzen der Erde anzupassen. Das Göttliche im Inneren zu entdecken, ist die einzige Chance, sich nachhaltig und authentisch zu verändern. Nur mit Zugang zu der Ebene, auf der wir einzigartig und authentisch sind, können wir unseren Lebensplan erfüllen.

Die Yamswurzel macht Ihnen alle Bereiche Ihres Lebens bewusst, in denen Sie noch fremdgesteuert und egozentrisch an nicht erlösten Lebensthemen haften. Diese können Sie mit Hilfe dieser göttlichen Pflanze nach und nach ganz in der Geschwindigkeit erlösen, die Ihr Geist und Ihre Seele brauchen, um vollends heil zu werden.

Anmerkungen

Handeln Sie nach dem Motto: »Geduld ist gelebter Friede.« Wir machen uns viele Gedanken, wie wir den Weltfrieden verbessern können. Seien Sie sich bewusst, dass der Friede auf der Welt bei Ihnen anfängt! Nach der Vorstellung, dass wir alle eins sind und jeder mit jedem und allem verbunden ist, wirkt sich Ihr innerer Zustand auf die äußere Welt aus.

Als kleine Alltagsübung können Sie versuchen, mehr Geduld an den Tag zu legen. Wenn Sie registrieren, dass Sie ungeduldig werden, heißen Sie dieses Gefühl der Ungeduld als Ihren

Ungleichgewicht – Geduld – Manifestation des Göttlichen in Ihrem Herzen

geistigen Lehrer willkommen, der Sie jetzt in diesem Moment unterrichten möchte. Üben Sie jeden Tag! Sie werden feststellen, dass Sie dadurch allmählich gelassener werden. Sie werden nicht nur geduldiger mit anderen Menschen, sondern auch mit sich selbst. Ein starker innerer Friede wird sich in Ihnen ausbreiten. Und dieser in jedem Menschen innewohnende innere Friede wird dafür sorgen, dass er sich auch auf der materiellen Ebene als Weltfrieden manifestieren kann.

82 Taxus baccata (Eibe)

Traditionelle Anwendung

▸ Präkanzerosen
▸ Zysten
▸ Warzen
▸ Rheuma
▸ Gicht.

Energetische Anwendung

🖋 Pflanzenbotschaft: Ich helfe Dir, loszulassen und Dich zu verändern, und schenke Dir dafür die Leichtigkeit eines Vogels.«

Taxus baccata wird Sie mit einer goldenen Aura umhüllen und Sie eine nie gekannte Leichtigkeit erleben lassen. Sie fühlen sich frei wie ein Vogel, der in der Luft schwebt, seine Kreise zieht und mühelos alles überblicken kann. Diese Pflanze macht Sie frei von allen Anhaftungen an die Materie und befreit Sie auf Ihrem Lebensweg von allen überflüssigen materiellen Dingen. Das Gefühl, dass Sie es in diesem Leben besonders schwer hätten, wird durch diese Pflanzenenergie transformiert, indem Sie den richtigen Blickwinkel auf die Probleme Ihres Lebens bekommen und diese als Chance zu Wachstum und nicht als Strafe Gottes erkennen.

Taxus baccata bringt Sie bei Ihrer Metamorphose durch alle Schichten Ihres Bewusstseins. Sie werden auf das kosmische Schwingungsfeld eingestellt und alle Ereignisse Ihres Lebens, auch die schicksalhaften, können von Ihnen logisch und folgerichtig eingeordnet werden. Die Eibe wirkt wie ein Filter, der Sie alles Wichtige und Nützliche aufnehmen lässt und alles Schädliche und Unnütze eliminiert. Alle Ihnen anhaftenden parasitären Energien werden aus Ihren energetischen Körpern befreit.

Die Eibe gehört wie Neem (→ S. 182) zum 8. Chakra und ermöglicht es Ihnen deshalb, nachts in Ihren Träumen Zugang zur universellen Weisheit zu erhalten. Die Pflanze reinigt Sie von parasitären Energien, damit Sie im Leben schneller vorwärts kommen.

Zusammen mit Arnica montana (»der Mensch auf der Anhöhe«, → S. 42) und Lycopodium clavatum (»der Mensch auf einem Podest«, → S. 112) hilft Ihnen Taxus (»der Mensch in völliger Freiheit«) immer dann, wenn Sie sich in Lebensprozessen verstrickt haben, aus denen Sie scheinbar nicht mehr herausfinden.

Ein Zeichen hierfür kann z. B. sein, wenn Ihnen das Leben so vorkommt, als würden Sie jeden Tag neu bestraft werden. Sie kommen weder auf energetischer noch auf körperlich-materieller Ebene auf die Höhe. Immer wieder passieren scheinbar sinnlose Dinge, die Ihnen nur zu schaden scheinen. Dann lässt Sie das Dreigespann von Arnica, Lycopodium und Taxus wieder den roten Faden in Ihrem Leben erkennen.

Taxus zeigt uns, dass unser Leben lediglich eine Durchreise in eine höhere Bewusstseinsdimension ist und wir auf diesem Weg eine seelisch-geistige Entwicklung durchmachen. Um die mit dieser Reise verbundene Erdenschwere abzuschütteln, brauchen wir Leichtigkeit für Körper, Seele und Geist. Taxus schenkt diese Leichtigkeit, die absolut nichts mit Unbedarftheit zu tun hat. Vielmehr schaf-

Vorwärts – Metamorphose – goldene Aura – Loslassen – Tod & Wiedergeburt

fen wir es, unbeeinflusst von Dumpfheit und Schwere messerscharf zu denken und klare Entscheidungen zu treffen.

Taxus verleiht Ihnen eine Antenne, mit der Sie automatisch Impulse aus der »leichten«, seelisch-geistigen Welt empfangen können, und verbindet Sie mit dem morphogenetischen Feld der absoluten Weisheit.

Anmerkungen

Es lohnt sich immer mal wieder, über das nachzudenken, was wir auf unserem Lebensweg mit uns herumschleppen und womit wir uns abmühen.

Die Energie dieser Pflanze beinhaltet eine gewisse Leichtigkeit. Sie können diese Mühelosigkeit in Ihrem Alltag erreichen, wenn Sie sich eine Prioritätenliste schreiben. Halten Sie darin alles fest, was für Sie wirklich wichtig ist. Erkennen Sie, ob Sie sich mit materiellen Dingen überladen, die Sie nicht benötigen, oder ob Sie den Rucksack für andere Menschen schleppen und damit bei diesen einen wichtigen Entwicklungsschritt verhindern. Es geht nicht darum, sich unnötigen Purismus in allen Lebensbereichen aufzuerlegen. Aber denken Sie darüber nach, was Sie wirklich »nährt« und was Sie nur belastet. Dann können Sie getrost loslassen. Durch dieses Loslassen (→ S. 183), vielleicht initiiert von Taxus baccata, erfahren Sie die »Leichtigkeit des Seins«.

83 Juniperus communis (Wacholder)

Traditionelle Anwendung

▸ harntreibend
▸ antirheumatisch
▸ antiseptisch
▸ krampflösend
▸ entgiftend
▸ blutreinigend.

Energetische Anwendung

Pflanzenbotschaft: »Ich helfe Dir und ich schütze Dich, damit Du Dich von der Anhaftung an die Materie, von Schwere, Illusion und von der Negativität in Dir und in anderen Menschen befreien kannst, um an die Quintessenz Deines Seins zu gelangen.«

Juniperus trägt die Insignien von Jesus Christus und kann mit Gottes Hilfe Ihr Karma verändern. Bei Juniperus geht es um die Idee, dass Erlösung nicht durch eigene Leistung möglich ist, sondern einzig durch Glauben. Ihr Glaube wird gestärkt und Zweifel und Ängste werden aus Ihren Energiekörpern entfernt. Sie schöpfen wieder Hoffnung für scheinbar aussichtslose Unterfangen und werden in der Gewissheit leben: »Immer wenn Du meinst, es geht nicht mehr, kommt von irgendwo ein Lichtlein her.«

Ihre Energiekörper werden vor der Besetzung durch Fremdenergien geschützt. Ihr Geist wird von Negativität gereinigt, so dass er Ihren Lebensweg wie ein Licht ausleuchten kann. Sie lernen, das Gute und Wahrhaftige vom Bösen und Falschen zu unterscheiden und den Wolf im Schafspelz zu entlarven.

Der Wacholder beruhigt Ihre Stürme im Wasserglas des Lebens und hilft Ihnen, in jeder Situation einen kühlen Kopf zu bewahren. Er zerreißt den Schleier der Illusion, um nützliche und wahrhaftige Informationen durchzulassen. Er befreit Sie von Illusionen, die Sie auf Ihrem Lebensweg nur behindern würden. Sie lernen, den Lebensweg zu gehen, den Sie als Ihren wahrhaftigen Weg erkannt haben – auch wenn andere diesen Weg anzweifeln oder sogar darüber spotten.

Juniperus repräsentiert die erlöste Energie von Fagopyrum esculentum (→ S. 92). Fagopyrum steht für die Energie Jesu als der Menschensohn, der sich am Berg Horeb für seinen Passionsweg entscheiden muss. Juniperus ist die Energie von Jesus Christus, der sich aufgrund dieser Entscheidung zum Gottessohn entwickeln darf. Juniperus entfacht Ihr Lebensfeuer neu und weckt wieder Ihre Neugier aufs Leben. Sie fühlen sich mit der ganzen Welt als Einheit verbunden und erkennen, dass Sie ein wichtiges Teil im Puzzle des Lebens sind, wertvoll und kostbar. Und dass die Welt ohne Sie um ein Vielfaches ärmer wäre.

Juniperus hilft, sich über den Zugang zum kosmischen Christusnetz, einem morphogenetischen Informationsgitter, das alle Gläubigen auf dieser Erde miteinander verbindet, und den darin enthaltenen Informationen von universalen negativen Energien zu befreien. Sie werden aus dem weltumspannenden Angstnetz erlöst, dessen sich verschiedenste Institutionen bedienen, um materielle Vorteile zu erhalten. Ein gutes Beispiel dafür ist die Impfpolitik, bei der mittels Angstmacherei möglichst viele Menschen von den angebli-

Teilen – Erneuerung – Schutz – Sicherheit – goldene Aura – Jungbrunnen

chen Vorteilen einer Impfung überzeugt werden sollen.

Die Essenz von Juniperus enthält die Energie des aramäischen Vaterunsers, das Jesus in seiner Muttersprache als kosmischen Code an die Menschen weitergegeben hat. Dieses Gebet stellt eine völlig neue Beziehung zu Gott her, einem Gott, dem wir als Vater begegnen dürfen und der uns seine Kinder nennt.

Anmerkungen

Wenn Sie den einzelnen Buchstaben im Alphabet Zahlen zuordnen und diese Zahlen auf den Namen von Jesus Christus und Juniperus communis übertragen, kommen Sie jeweils auf die Quersumme 83. Beide haben somit die gleiche Energie.

In Juniperus manifestiert sich also die Christusenergie. Die Botschaft Jesu Christi, dass wir nicht durch Taten erlöst werden, sondern durch Glauben, wird Sie mit dieser Pflanze durchdringen. Sie sind ein geliebtes Kind Gottes, das durch seine bloße Existenz von Gott geliebt wird. Frère Roger, der Gründer der Ordensgemeinschaft von Taizé, hat einmal gesagt: »Gott kann nur lieben.« Juniperus hilft Ihnen, diese Wahrheit in Ihr Leben zu integrieren.

84 Catharanthus roseus (Tropisches Immergrün)

Traditionelle Anwendung

▸ Diabetes
▸ Cholesterinsenkung
▸ Blutreinigung
▸ Präkanzerose
▸ gefäßschützend.

Energetische Anwendung

🗡 **Pflanzenbotschaft:** »Ich enthülle Dir die Wahrheit und lasse die Masken der Illusion fallen, um Dir den Sinn der Ereignisse in Deinem Leben verständlich zu machen.«

Catharanthus bringt alles aus Ihrem Innersten an die Oberfläche, sämtliche Ideologien, jegliche Prinzipienreiterei, alle Meinungen, die Sie von anderen kritiklos übernommen haben, und alle Illusionen, die Ihnen die Freude am Leben rauben. Wie in einem Vulkan wird alles Negative und Krankmachende nach außen ans Licht befördert und entlarvt. Sie verstehen auf einmal die Wahrheit hinter der Wahrheit, das nicht Ausgesprochene, das, was man vor Ihnen zu verheimlichen versucht hat. Sie bekommen ein neues und umfassendes Verständnis für alle Ereignisse in Ihrem Leben. Ihre Energiekörper werden wieder harmonisch miteinander verbunden. Ihr Bewusstsein wird in die nächsthöhere Ebene transzendiert, so dass Sie sich leichter selbst verwirklichen können. Sie lernen Ihre Spielchen kennen, die Sie vom wirklichen und authentischen Leben fernhalten. Ihre Wahrnehmung wird sich dreidimensional verändern, so dass Sie die Probleme in Ihrem Leben in ihrer ganzen Bandbreite wahrnehmen können.

Catharanthus wirkt im Zusammenspiel mit Mandragora (→ S. 116) in Ihrem Innersten wie ein Spiegel, in dem Sie deutlich Ihren eigenen Schatten erkennen. Ohne Unterstützung löst diese Begegnung häufig Ängste aus. Man kann nicht glauben, dass das, was da vor einem steht, wirklich ein Teil seines Innersten sein soll. Doch dank der Kraft dieser beiden Pflanzen wird mit unendlich liebevoller Energie der Schleier der Illusion von Ihnen genommen. Sie können sich ganz vorurteilsfrei und ohne zu erschrecken sehen, wie Sie sind. Licht und Schatten, Gut und Böse, Dunkelheit und Licht sind verschiedene Aspekte einer Sache. Beide Aspekte gehören zum Leben dazu. Auch der unangenehme Teil darf nicht abgespalten werden, sondern muss integriert und damit erlöst werden. Sonst werden Sie zu einem gespaltenen Menschen.

Catharanthus hilft, einen ins Stocken geratenen Lebensprozess wieder in Gang zu bringen. Die Situation wird behutsam zu einem Punkt geführt, an dem es kein Zurück mehr gibt. An diesem Punkt wird eine Heilkrise ausgelöst, die negative Energie aus Ihrem Körper entlässt und Platz schafft für konstruktive Kräfte, die nun in Ihrem Leben wirken können.

Dies zeigt sich oft auch im Außen. Alles, was Sie behindert und an Ihrer Entwicklung stört, wird behutsam eliminiert. Seien es Menschen, Gegenstände oder geographische Gegebenheiten. Sie lernen, dass nur im Lassen der Raum für Neues und Wachstum geschaffen werden kann. Ein System muss erst leer sein, damit es sich neu füllen kann.

Wenn Sie diesen Prozess bei gleichzeitiger Einnahme von Catharanthus behindern, können

Ursprung – Maske – Illusion – Verbindung von Herz und Gehirn – Vulkan

sich die Energien vulkanartig entladen. Das mag auf den ersten Blick erschreckend sein, weil die Energien scheinbar zerstörerisch wirken, bei näherem Hinsehen erlösen sie aber alle ungeklärten Persönlichkeitsanteile im Innen und im Außen.

Anmerkungen

Wenn Sie Ihre Lebenslügen und Ihre Schauspielerei in ein wahrhaftiges Leben umwandeln möchten, kann Ihnen Catharanthus hilfreich sein. Hierzu eine kleine Übung:

▶ Stellen Sie sich vor, Sie befinden sich auf einer Bühne. Sie stellen Ihren Tagesablauf oder prägnante Situationen in Ihrem Leben noch einmal direkt vor Ihrem inneren Auge so plastisch wie möglich nach.
▶ Sie gehen von der Bühne ab. Sie entledigen sich Ihrer Masken. Sie legen die Kleidung ab, die Sie beim Schauspielern verwendet haben.
▶ Beobachten Sie nun die Person, die sich dahinter verbirgt: Ihr wahres Ich.
▶ Nehmen Sie mit dieser Person Kontakt auf und fragen Sie, warum sie sich verstellen muss. Und erfahren Sie auf diese Art und Weise, wie Sie wirklich sind.

In der Interaktion mit dieser Person, die Sie hinter der Bühne, jenseits aller Schauspielerei kennen lernen, werden Sie es dann wagen, sich immer mehr mit Ihrem wahren Ich an die Öffentlichkeit zu trauen.

85 Podophyllum peltatum (Maiapfel)

Traditionelle Anwendung

▶ Hautprobleme
▶ leberstärkend
▶ Allergien
▶ Psora.

Energetische Anwendung

🌢 Pflanzenbotschaft: »Ich erfrische Dich mit meiner frühlingshaften Energie und gebe Dir genügend Impulse, um Dein Leben wieder in die richtige Bahn zu lenken.«

Podophyllum ist die Pflanze, die Ihr Innerstes reinigt, damit Sie ohne Belastung einen neuen Weg in Ihrem Leben einschlagen können. Sie ist der erste, aber entscheidende Impuls für alles, was wir im Leben neu beginnen möchten. Sie gibt quasi den Startschuss, um endlich loszugehen – selbst wenn Sie diesen Weg bisher mit tausenderlei Ausflüchten nicht zu gehen gewagt haben.

Podophyllum erlaubt Ihrer Energie, wieder harmonisch in den körpereigenen Energiekreisläufen zu fließen. Sie öffnet Ihre Chakren, damit eine Kommunikation mit den kosmischen Energien und Ihren Umgebungsenergien stattfinden kann. Durch die Öffnung der Chakren können Sie sich wieder in Harmonie wahrnehmen und lernen, über die Selbstliebe hinaus auch andere Menschen zu mögen und diesen nahe zu sein. Die Pflanze hilft uns, in Resonanz zur neuen Bewusstseinsebene zu kommen, die der Menschheit jetzt zur Verfügung steht.

Podophyllum schubst Sie an und ermuntert Sie, vorwärts zu gehen und auf Ihrem Lebens-weg weiter voranzuschreiten, auch wenn Sie sich völlig ausgelaugt und gehemmt fühlen. Bei neuen Unternehmungen werden Sie von vornherein auf die richtige Bahn gelenkt. Podophyllum zeigt uns wie der Faden der Ariadne einen Ausweg aus dem Labyrinth unserer Probleme in dieser Inkarnation. Diese Pflanze befreit uns von den Schemen und Mustern unserer Vorfahren und ermutigt uns, in voller Sicherheit, einen Schritt nach dem anderen, vorwärts zu gehen, auch wenn wir mit unseren Plänen den gesellschaftlichen Normen nicht entsprechen.

In Vorbereitung auf die neuen Energien des Aufstiegs verwurzelt uns der Maiapfel in dieser Inkarnation. So können wir in angemessene Resonanz mit dem Universum treten, das auf einer neuen und höheren Frequenz schwingen wird. Wir gehen in Resonanz mit neuen, bisher ungewohnten Energien, die wir aber dank Podophyllum sofort konstruktiv für uns nutzen können.

Zugleich reinigt uns Podophyllum von zerstörerischen Energien, die wie eine Erbkrankheit von Generation zu Generation weitergegeben werden. Durch eine Reinigung von Informationen jeglicher Art erkennen wir die Botschaft hinter der Botschaft. Damit werden unsere merkuriellen Anteile – also die Verbindungsebenen zum Planeten Merkur, der für aufrichtige und ehrliche Kommunikation steht – gereinigt, transformiert und schließlich erlöst.

Gerade in einer Zeit, in der Quecksilber, die metallische Entsprechung des Planeten Merkur, in einer für uns schädlichen Weise als Amalgam oder Bestandteil von Impfstoffen verwendet wird, gewinnt Podophyllum eine

Neubeginn – Impuls – entscheidender Schritt in die richtige Richtung

besondere Bedeutung. Die Metalle wurden den Menschen von den Planeten gegeben, um sich auf der Erde entwickeln zu können. Falls diese Metallenergien missbraucht werden, zeigen sich Störungen in den Themen, die den Planeten zugeordnet sind. Bei Merkur betrifft das die gesamte Kommunikation auf allen Ebenen. Im Zeitalter einer neuen, die Welt prägenden Kommunikationsform wie dem Internet sind die Folgen des Missbrauchs durch die massive Verbreitung natürlich noch schlimmer als zu Zeiten der reinen Printmedien. Wir erhalten kaum noch echte Informationen, sondern jede Menge nutzlosen Datenmüll, ohne dies zu merken. Das hat zur Folge, dass trotz einer massiven Informationsflut echtes Wissen fast nicht mehr weitergegeben wird. Dies zeigt sich auf der Informationsebene darin, dass wir zunehmend via Internet und andere Medien gesteuert und manipuliert werden – meist ohne es zu merken. Podophyllum wird Ihnen helfen, den missbrauchten Merkur in sich zu erlösen, damit Sie Botschaften wieder richtig wahrnehmen und für sich verwerten können.

Nutzen Sie die Kraft des Maiapfels, wenn Sie eine neue Aufgabe bewältigen oder sich auf einen neuen Abschnitt Ihres Lebensweges begeben wollen. Wagen Sie mit Hilfe dieser Pflanze das Abenteuer Leben.

Anmerkungen

»Jeder noch so lange Weg beginnt mit dem ersten Schritt«, so lehrt uns eine buddhistische Fabel. Der Maiapfel ist die Energie des ersten Schrittes, der Zauber des ersten Augenblicks, der jedem Neuanfang innewohnt. Hermann Hesse hat dies sehr schön in seinem Gedicht »Stufen« als den Zauber beschrieben, der uns Kraft gibt und der automatisch in jedem Neubeginn steckt.

86 Vinca minor (Kleines Immergrün)

Traditionelle Anwendung

▸ immunstärkend
▸ durchblutungsfördernd
▸ antiallergisch.

Energetische Anwendung

🌢 Pflanzenbotschaft: »Ich helfe Dir, in einen Schutzmantel gehüllt, der Dich unsichtbar werden lässt, zu Deinen Problemen vorzudringen und diese zu entlarven, so dass Du in diesem Leben Deine wahre Mission erfüllen kannst.«

Vinca minor ist die Pflanze des Sieges auf der ganzen Linie und wird Ihnen helfen, sich täglich neu zu entdecken. Die Pflanze lässt Sie alle falschen Anschauungen ablegen, die Sie auf Ihrem Lebensweg behindern. Sie ist wie ein Spiegel, der uns erlaubt, uns in anderen Menschen zu erkennen, die letztendlich nur ein Spiegelbild unseres Selbst sind.

Vinca minor hilft allen Menschen, die ihre Meinungen radikal ändern müssen, da sie sich auf einem falschen Lebensweg befinden. Sie werden Ihre Vorstellungen von sich und dem Leben aufgeben und sich auf die wahre, Ihnen entsprechende Lebensweise einlassen. Wie in einem Spiegelbild nehmen Sie neue Facetten wahr, die Sie zu Ihrer weiteren Entwicklung nutzen können.

Außerdem hilft Ihnen das Kleine Immergrün, sich Ihren Ängsten zu stellen, ihnen angstfrei ins Auge zu blicken und sich ihrer somit zu entledigen.

Wenn Sie sich in einem Entwicklungsprozess befinden, der aus dem Ruder gelaufen ist und nun selbstzerstörerisch in Ihnen abläuft, hilft Vinca minor, diesen zu stoppen und alle autoaggressiven Verhaltensweisen loszulassen. Das Kleine Immergrün verleiht Ihnen Demut und Einfachheit, um Ihren ursprünglichen, karmisch vorgesehenen Zustand wieder zu entdecken und bewusst wieder einzunehmen. Es erlaubt Ihnen, Ihren wahren Platz im Leben zu finden und Ihre Mission in aller Einfachheit zu erfüllen. Es regt Sie zum Nachdenken an und hilft Ihnen, neue Impulse aufzugreifen und aus diesen heraus auf eine neue Art zu denken und zu leben.

Vinca minor lässt Sie zu Ihrer Kindheit zurückkehren, die ererbten, falschen Vorstellungen Ihrer Eltern und Vorfahren loslassen und diese neue Position auch vertreten. Es erlaubt Ihnen, die Parameter Ihres Schicksals innerhalb der Inkarnation zu verändern, wenn Sie dies aktiv beschließen.

Vinca minor stärkt unseren Willen, unser Erdendasein trotz verlockender »Ausstiegschancen« in Form von Massenkarma, Naturkatastrophen und kollektiven schicksalhaften Ereignissen zu vollenden. Das Kleine Immergrün rät Ihnen, trotz schwerwiegender Umstürze und Einbußen an Ihrer liebgewonnenen Lebensqualität auf der Erde zu bleiben, um die kommende goldene Zeit als inkarnierter Mensch genießen zu können. Die Erde ist nun einmal ein Lernplanet, der immer wieder bestimmte Lektionen von uns fordert und zum Aufbruch ruft. Hesse hat es in seinem Gedicht »Stufen« beschrieben: »Nur wer bereit zu Aufbruch ist und Reise, mag lähmender Gewöhnung sich entraffen.«

Sieg – an die Wurzel vordringen – neue Chance im Leben ergreifen

Anmerkungen

Lebenskrisen sind immer auch Chancen zur Entwicklung. Es ist ganz normal, wenn Sie sich in einer Krise schlechter und weniger energiegeladen als sonst fühlen, da Ihre Seele gerade Schwerstarbeit leistet. Sie muss sich neu strukturieren, neue emotionale Muster aufbauen und diese in Ihre energetischen Körper integrieren. Falls Sie jedoch merken, dass sich Verhaltensweisen einschleichen, die an Ihre Substanz gehen, sollten Sie sich für diesen Lebensabschnitt professionelle Hilfe holen.

Ausdruck eines autoaggressives Verhaltens kann es sein, wenn Sie ...

▶ aufgrund eines falschen Schönheitsideals extrem abnehmen
▶ aus Unzufriedenheit plastische Eingriffe an Ihrem Körper vornehmen lassen
▶ Ihren Lebensrhythmus so verändern, dass Phasen der Ruhe und Entspannung zu kurz kommen
▶ es nicht mehr schaffen, mal alleine und ohne Beschäftigung zu sein.

Die Liste ließe sich beliebig fortführen, doch sind dies die in unserer Gesellschaft am häufigsten auftretenden Symptome, die auf eine autoaggressive Störung hinweisen können.

87 Tilia (europaea) (Linde)

Traditionelle Anwendung

▸ Nervenbeschwerden
▸ Infekte und deren Begleiterscheinungen
▸ nervöse Beschwerden im Verdauungstrakt
▸ Herz-Kreislaufbeschwerden.

Energetische Anwendung

🖋 Pflanzenbotschaft: »Ich übernehme die Aufgabe eines Visionärs in Deinem Leben, damit Du im Einklang mit Deinen gereinigten Emotionen ein verantwortungsvoller Mensch werden kannst, der anderen Menschen und dem Leben mit wohlwollender Autorität gegenübertreten und mutig mit einer Vision im Leben voranschreiten kann.«

Tilia ist die Pflanze der Visionen Ihres Lebens, die Sie bisher nicht zu denken gewagt haben. Sie ermöglicht den Zugang zu Ihrem limbischen System (→ S. 340), in dem sich alle emotionalen Blockaden befinden, die Sie an Ihrem wirklichen Leben hindern und dafür verantwortlich sind, dass Ihre Visionen nicht wahr werden.

Die Linde wird seit alters her als Baum der Liebe und des Friedens beschrieben. Man glaubte, dass sie wegen ihres Wohlgeruchs ein heiliger Baum sei und pflanzte sie entsprechend oft neben Kirchen. Unter ihr findet man die Weisheit Gottes. Deshalb haben sich in vielen Kulturen Menschen unter Lindenbäumen versammelt, um göttlichen Rat zu erhalten.

Die Linde ist der Baum der Gerechtigkeit. Sie hilft, die Dinge klar und folgerichtig zu sehen. Sie fördert die Befreiung des Besten in uns. Sie lehrt uns Respekt und Achtung. Sie schenkt uns tiefe Weisheit, die uns befähigt, zum richtigen Zeitpunkt die richtigen Dinge zu tun.

Die Linde ist eine visionäre Pflanze, die es ermöglicht, Dinge und Ereignisse vorherzusehen und somit den Ereignissen vorausschauend zu begegnen. Sie überwacht den Gegner und passt die eigene Taktik den jeweiligen Gegebenheiten an. Sie lässt Sie Ihre Intelligenz und Ihren Scharfsinn benutzen, um den richtigen Weg zu finden. Tilia wirkt auch auf das limbische System, den Speicher der Emotionen als unbestechlichen, universellen Computer, der weise, gerecht und wahr über Ihre Vorgehensweise bei Ereignissen in Ihrem Leben entscheidet.

Tilia hilft Ihnen, Ihre Mission zu einem guten Ende zu bringen und sicher und wohlbehütet im Hafen anzukommen. Dieser Baum vermittelt Vertrauen und erlaubt Ihnen, Ihr Talent zur vollen Entfaltung zu bringen. Er verbindet die beiden größten kosmischen alchemistischen Prinzipien: den Frieden und die Liebe.

Tilia hilft Ihnen zusammen mit Nicotiana tabacum (→ S. 202), auch dann Lösungen zu finden, wenn Ihre Lage aussichtslos erscheint. Auf einmal steht die Lösung völlig klar vor Ihrem inneren Auge. Tabacum entfernt den Schleier, der die Wahrheit verbirgt, und Tilia hilft, unvoreingenommen und frei von emotionalen Mustern darauf zu reagieren.

Tilia verschafft uns darüber hinaus Zugang zur geistigen Welt, die konstruktive Hilfe für unser Erdendasein bereithält. Durch die Kombination von Tilia und Tabacum erkennen Sie Ihren geistigen Führer, Ihren Schutzengel und Wesenheiten, die Ihnen in Ihrer jetzigen Inkarnation hilfreich zur Seite stehen können.

Taktik – Trainer – Visionssuche – absolute Neutralität – gereinigtes emotionales System

Anmerkungen

Begeben Sie sich in Ihrem Leben wieder auf Visionssuche! Nehmen Sie eine Auszeit vom Alltag und schreiben Sie auf, wie Sie sich Ihr Leben in Zukunft wünschen:

? Welche charakterlichen Eigenschaften möchten Sie entwickeln?
? Wo und wie wollen Sie in Zukunft leben?
? Mit welchem Partner, welcher Partnerin möchten Sie zusammen sein?
? Wie möchten Sie sich innerhalb der Gesellschaft definieren?

Schreiben Sie auch Dinge auf, die Ihnen momentan noch unrealistisch erscheinen. Jeder Wunsch, jede Vision sagt etwas über Sie und Ihre Seele aus. Machen Sie sich einen Zukunftsplan für das nächste Jahr und einen für die nächsten fünf Jahre und fixieren Sie diese Visionen schriftlich. Lesen Sie sich die Liste immer mal wieder durch und korrigieren Sie sie gegebenenfalls entsprechend Ihrer Entwicklung. Diese Liste kann Ihnen in Zeiten von Trostlosigkeit und gähnender Routine helfen, eine positive Zukunftsperspektive beizubehalten.

Sie werden merken, wie sich Ihre Bedürfnisse durch Tilia weg vom materiell orientierten Lebensstil hin zum geistig orientierten Leben wandeln. In der Bibel heißt es dazu: »Trachtet zuerst nach dem Reich Gottes, so wird Euch alles andere von selbst zufallen.«

88 Pilocarpus (Jaborandi)

Traditionelle Anwendung

▸ antibakteriell
▸ autonomes Nervensystem
▸ alle Beschwerden des Auges
▸ nervöse Herz-Kreislaufbeschwerden.

Energetische Anwendung

⬧ **Pflanzenbotschaft:** »Ich helfe Dir, dich von Deinen Abhängigkeiten zu befreien und selbstbestimmt wieder Herr über Dein Leben zu werden.«

Pilocarpus ist der Pilot, der Jockey, der Macher, der sein Leben selbstbestimmt in die Hand nimmt, der nicht ständig darüber klagt, wie das Schicksal ihm wieder mitgespielt hat, der sich darüber im Klaren ist, dass letztendlich nur er darüber entscheidet, wie sein Leben aussieht. Es ist die Pflanze des Übergangs, wenn ein neuer Lebensabschnitt ansteht.

Diese Pflanze vertreibt das Dunkel, indem sie die Schwingungen eines Ortes erhöht. Dadurch gelingt es Ihnen leichter, einen Zustand erhöhten Bewusstseins zu erreichen. Sie werden Süchte und Abhängigkeiten in Ihrem Leben erkennen und es leichter schaffen, sich davon zu lösen.

Ihr Lebensweg wird eingerahmt, so dass Sie sich in Zukunft nicht mehr verirren oder sich an Nebenschauplätzen, die Ihre Entwicklung nicht fördern, aufreiben. Alles, was Sie in Ihrer Entwicklung fördert, bleibt und alles andere wird sich allmählich von Ihnen verabschieden.

Sie sehen und verstehen die Situation. Gegebenenfalls wiederholen Sie sie so lange, bis sie komplett von Ihnen verstanden wurde und endgültig in Ihr Bewusstsein integriert werden kann. Sie schaffen es selbst in schwierigen Übergangsphasen, sich vom krankmachenden Chaos zu befreien und Ordnung und Struktur in Ihr Leben zu bringen.

Durch die Wirkung auf das Reptiliengehirn, in dem unsere primitiven Grundfunktionen und unsere Ängste gespeichert sind, können wir uns mit der Energie von Pilocarpus von diesen Urängsten lösen. Dieses Reptiliengehirn erfüllte zu Beginn unserer Evolution eine überlebenswichtige Funktion, indem es uns befähigte, schnell und ohne aktiv zu denken reflexartig auf drohende Gefahren zu reagieren.

Im heutigen Alltag führt die gleiche Aktivität meist nur dazu, dass Stress ohne bedeutsamen Grund aufgebaut wird, der aber entgegen unserer Natur nicht in Flucht und Bewegung umgesetzt werden kann. Das behindert uns immer wieder im Alltag, wenn wir mechanisch und instinktgesteuert reagieren. Damit wir nicht ständig in diese Reaktionsmuster verfallen, stehen uns Pilocarpus und Coffea arabica (→ S. 204) bei, indem sie diesen Gehirnanteil energetisch unterstützen und steuern.

Auch für unsere Reinigung von vererbten und kulturell geprägten Ängsten ist Pilocarpus von unschätzbarem Wert. Diese Energie benötigen wir dringend, damit wir von unserem angstgeprägten Denken wegkommen und in großen Strategien Lösungen für alle Menschen finden können.

Sie lernen, dass andere Menschen, Kulturen und Meinungen keine Bedrohung für Sie darstellen, solange Sie die entsprechende innere

Beherrschung tiefer Ängste – sein Schicksal selbst in die Hand nehmen – positiver Umgang mit Geld

Stärke besitzen. Schließlich haben Sie Ihren eigenen, ganz individuell geprägten, einzigartigen Platz auf diesem Planeten, den kein anderer einnehmen kann!

Anmerkungen

Die Pflanzen Tilia (→ S. 196), Pilocarpus und Quercus (→ S. 200) gehören unbedingt zusammen. Sie repräsentieren die menschliche Entwicklung in allen Facetten und auch in dieser Reihenfolge.

Tilia hilft Ihnen, auf Ihr Innerstes zu hören. Sie erhalten Zugang zu Ihren Emotionen der Vergangenheit. Die Pflanze hilft Ihnen wie ein Coach, sich Ihrer Lebensaufgabe bewusst zu werden. Pilocarpus bringt Sie mit Ihren Instinkten, Trieben und Urängsten in Verbindung. Sie lehrt Sie, dass Sie der eigene Akteur in Ihrem Leben sind. Quercus schließlich wirkt auf den Geist. Die Eiche lässt Sie erkennen, dass Sie den Funken des Göttlichen in sich tragen und ermöglicht Veränderungen auf höchstem spirituellem Niveau.

89 Quercus (Eiche)

Traditionelle Anwendung

▸ entzündungshemmend
▸ blutstillend
▸ entgiftend.

Energetische Anwendung

🌢 Pflanzenbotschaft: »Ich ermögliche Dir, Dich auf eine nie geahnte und revolutionäre Weise in Deinem Leben weiterzuentwickeln, gemäß den Anforderungen des neuen Energiefeldes der Erde.«

Quercus ist die Pflanze der Revolution, der Quantensprünge, des Glücks und des friedvollen Miteinanders.

Sie lernen, sich für Menschen, Meinungen und Ideen zu öffnen und Menschen vorurteilsfrei zu begegnen. In Synergie mit anderen Menschen schaffen Sie es, revolutionäre Veränderungen in Ihrem Leben vorzunehmen. Sie folgen einer gemeinsamen Mission, bei der jeder seine ihm zugeordnete Aufgabe erfüllen darf. Sie verlassen das Konzept der Dualität, um einen einzigartigen und nur von Ihnen gangbaren Weg zu gehen. Durch das Verlassen gewohnter Schemata und mit einem erweiterten Bewusstsein gelingt es Ihnen, sich von den Illusionen der materiellen Welt zu befreien. Sie brechen aus gewohnten Bahnen aus und lernen, dass der Weg zum Glück nur ein ganz persönlicher sein kann. Quercus kann Ihnen helfen, eine Entwicklung zu beschleunigen, indem Sie eine Abkürzung nehmen. Jegliche Form von Veränderungen, die im Einklang mit Ihrem authentischen Lebensweg sind, werden beschleunigt.

Die Energie der Wirbelsäule und der Chakren (→ S. 19) wird harmonisiert, so dass die Energie frei fließen kann. Zusammen mit Tilia (→ S. 196) und Pilocarpus (→ S. 198) bildet Quercus eine Dreieinigkeit, die Licht in unsere Zellen schickt, damit Heilung auf höchster Ebene geschehen kann. Quercus hilft in dieser Trias, alles von Ihnen fernzuhalten, was Ihrer Heilung auf höchster Ebene nicht förderlich ist, und öffnet eine Tür, die zum Leben, zur bedingungslosen Liebe und zur Heilung führt.

Quercus ist die Pflanze der Zukunft. Die Pflanze der Vision, wie das Leben hier auf der Erde einmal ausschauen kann, wenn wir uns dem Miteinander öffnen. Eine Öffnung nach außen ist nur dann wirklich möglich, wenn wir wissen, wer wir im Innersten sind. Der Lyriker und Theologe Angelius Silesius hat einmal gesagt: »Mensch, werde wesentlich! Denn wann die Welt vergeht, so fällt der Zufall weg, das Wesen, das besteht.«

Die Eiche ermöglicht uns, unsere Einzigartigkeit und Kraft, einer Quelle gleich, in unserem Inneren zu entdecken und sie im Außen zu leben und zu verteidigen. Ein Miteinander kann nur gelingen, wenn wir wissen, wer wir sind und wo unsere Grenzen, auch unsere Belastungsgrenzen liegen.

Quercus stärkt die äußerste Hülle unserer Aura und befreit uns von unerlösten Mustern, die bislang Energien, die nicht im Einklang mit uns stehen, Resonanz geboten haben. Völlig geschützt und unbeeinflusst von diesen Energien, die keinen Zugang mehr zu uns finden, stehen wir stark und unerschütterlich da wie die tausendjährige Eiche.

Quantensprung im Leben – Anpassung an die neue Schwingung der Erde – Glück – Revolution

Anmerkungen

Die Eiche gilt in vielen Kulturen als Symbol für Kraft und Langlebigkeit. Da die Pflanze viel Gerbsäure enthält, die heilend auf die Haut wirkt, gilt sie auch als Schutzpflanze für die Haut. Die spagyrische Essenz hilft Ihnen, sich nicht nur in Ihrer Haut wohlzufühlen, sondern sie schützt Sie auch vor Mikrostrahlung, die die Frequenz des Lichtes bricht und verändert.

Wir bekommen Licht nicht mehr in seiner vollen Strahlungsfrequenz ab und sind so anfälliger für Krankheiten wie z.B. Depressionen, die mit Lichtmangel zusammenhängen. Verwechseln Sie bitte Licht nicht mit Sonneneinstrahlung! Hier geht es um das ganz normale Tageslicht, auch wenn die Sonne nicht scheint. Versuchen Sie deshalb, so viel unverändertes Tageslicht wie möglich abzubekommen, das frei von Strahlenbelastung und künstlichen Lichtfrequenzen ist. Versuchen Sie also, sich so oft wie möglich in der freien Natur aufzuhalten.

90 Nicotiana tabacum (Tabak)

Traditionelle Anwendung

▸ Stimulierung des zentralen Nervensystems
▸ Verdauungsbeschwerden mit Übelkeit und Erbrechen
▸ Angina pectoris.

Energetische Anwendung

◢ Pflanzenbotschaft: »Ich erlöse Dich aus allen materiellen Anhaftungen und schaffe einen Energiekörper aus Licht, der es Dir ermöglichen wird, in die nächste Dimension einzutreten, so dass Du für die kommende lichtvolle Zukunft vorbereitet bist.«

Tabacum gibt uns die Möglichkeit, mit unserer Seele zu kommunizieren. Schamanen, nach deren Verständnis körperliche Beschwerden nur über einen Zugang zur Seele geheilt werden können, rauchen Tabakkraut, um in einem rauschhaften Zustand Zugang zur Seelenebene des Patienten zu erhalten. Die Energie des Tabaks löst den schwarzen Nebel auf, der unseren Energiekörper möglicherweise umgibt. Wir sehen wieder klarer und erlangen Zugang zu geistig-spirituellen Dimensionen, die uns bisher verborgen geblieben sind.

Überhaupt ist die Entlarvung des bisher Verborgenen eine wichtige Aufgabe dieser hochspirituellen Pflanze, die uns helfen wird, beim Aufstieg in lichtvolle Dimensionen ab dem Zeitalter 2013 einen Energiekörper zu entwickeln, der mit den neuen Resonanzen der Erde kommunizieren kann. Dank der so gewonnenen klaren Wahrnehmung können wir spirituell mit Siebenmeilenstiefeln kraftvoll voranschreiten – vorbei an allem, was wir bisher als Blockade erleben mussten.

Tabacum schafft es, Sie in Ihre ursprüngliche Reinheit, also in die Energie Ihrer unverletzten und geheilten Seele zurückzubringen. Sie können sich wieder in Ihrer ganzen Größe und Reinheit anderen Menschen öffnen. Dabei bleiben Sie uneigennützig und klar und können sich im positiven Sinne abgrenzen.

Die Tabakpflanze vertreibt die schwarze Wolke auch in Form von elektromagnetischer Strahlung, die uns bisher daran gehindert hat, wichtige Informationen für den Aufstieg unseres Lichtkörpers zu erhalten. Sie erlöst Sie auf der Ebene des 4. Chakras aus dem dualen Denken, welches das größte Hindernis für unsere spirituelle Entwicklung ist. Durch die gereinigte Antenne nach oben erlangen wir Zugang zu unserem göttlichen Potenzial, das in jedem schlummert und nur darauf wartet, entdeckt zu werden. »Ich bin Du, und Du bist Ich« ist dabei die wichtigste göttliche Botschaft.

Entwicklung auf spiritueller Ebene – Verborgenes sichtbar machen – Deprogrammierung des Unterbewusstseins

Anmerkungen

Für die spirituellen Zeiten, die nun vor uns liegen, ist es wichtig, das duale Denken zu verlassen. Mit reiner Logik kommen wir nicht weiter. Das dürfte allen von uns klar sein.

Wichtig ist es, die materielle Ebene zu verlassen, um zukünftigen Generationen eine lebenswerte Umwelt zu hinterlassen. Es geht nicht darum, wie der Hamster im Rad alles zu wiederholen, was wir bisher falsch gemacht haben, und das Ganze darüber hinaus noch auf die Spitze zu treiben, indem wir zum Beispiel unseren umweltschädlichen hohen Energieverbrauch auch noch durch aus Nahrungsmitteln erzeugten Sprit decken.

91 Coffea arabica (Kaffeepflanze)

Traditionelle Anwendung

▸ das zentrale Nervensystem stimulierend
▸ Herzfrequenz und Blutdruck steigernd
▸ harntreibend.

Energetische Anwendung

🌢 Pflanzenbotschaft: »Ich helfe Dir, durch innere Kraft und Ruhe diese schwierige Phase in der geistig-spirituellen Entwicklung der Menschheit gut zu überstehen und spirituell gestärkt aus allen Ereignissen hervorzugehen.«

Coffea erlöst Sie von der inneren Unruhe, die sich seit Jahren in unserer Welt breitmacht, ausgelöst durch kollektive Ängste um das Wohlergehen der Erde und geschürt durch überlappende, sich ständig verändernde elektromagnetische Felder, die die Urschwingungsfrequenz der Erde erheblich stören. Doch nicht nur die Erde und ihre Frequenzen, sondern auch die sehr empfindlichen Frequenzmuster Ihres Gehirns werden gestört. Die Energie von Coffea befreit Sie aus dieser Abwärtsspirale und schenkt Ihnen geistige Ruhe bei gleichzeitiger höchster Konzentration.

Störende Fremdenergien hindern uns daran, uns geistig-spirituell weiterzuentwickeln. Oft verharren wir in der Materie, was durch unsere Konsumgesellschaft gefördert wird: Einkaufen als oberstes Lustprinzip, statt zu meditieren oder sich gründlich mit seinem Leben auseinanderzusetzen.

Durch Coffea kehrt Ruhe in unserem Gehirn ein. Keine schläfrige und dumpfe Ruhe, sondern ein hochwacher, sensitiver Zustand, der notwendig sein wird, um die nächsten Jahre auf eine konstruktive Art und Weise zu überstehen. Coffea ist also in allen Situationen gefragt, in denen der Geist hellwach, aber der Körper ruhig bleiben soll. Meditation und Kontemplation werden auf eine hohe spirituelle Ebene angehoben.

Schwerwiegende Probleme sollten immer aus einer kontemplativen Betrachtung des Problems gelöst werden. Schon Tilia, der Lindenbaum (→ S. 196), hat uns diese Botschaft weitergegeben. Man versammelte sich unter der Linde, um mit menschlichem Verstand und Logik nicht lösbare Probleme mit Hilfe der Energie des göttlichen Baumes zu betrachten. Coffea gibt uns die gleiche Botschaft: »Sammle Deine Gedanken, Deine Energie und handle dann kraftvoll aus Deiner Mitte heraus.«

Die Kaffeepflanze richtet Sie wieder auf, wenn durch ein völlig überreiztes Nervensystem alle Grundfunktionen von Körper, Seele und Geist gestört sind. Das Nervensystem wird mit seinen Funktionen auf eine spirituelle Ebene angehoben. Sie bekommen Antennen für Nachrichten und Botschaften aus anderen Dimensionen. Sie lernen, dass es für den Menschen wichtig ist, sich als Wesen beider Welten, also der seelisch-geistigen und der materiellen Welt, wahrzunehmen.

Zusammen mit Achillea millefolium (Verbote gesellschaftlicher Art, → S. 24) und Piper methysticum (selbst auferlegte Lebensverbote, → S. 132) hilft Coffea, angepasst an eine sich völlig verändernde Welt neue Gesetzmäßigkeiten für das Leben zu kreieren, ohne dabei auf alte Blockaden und Denkmuster zu hören.

Erlösung aller Schuldgefühle und des Schattens – Aussöhnung mit sich selbst – Neustart trotz Schwierigkeiten

Eine Reise durch die geistige Welt könnte die Energie des Bergkaffees gut beschreiben. Mit viel Überblick über alle Ebenen des Lebens. Der Mensch auf der Höhe seiner geistigen Kraft. Zum Wohle aller Beteiligten.

Anmerkungen

Die Verbote, am Leben teilzuhaben, sind durch drei Pflanzen gekennzeichnet: Achillea millefolium, Piper methysticum und Coffea.

Das erste Verbot hat uns Achillea millefolium mitgeteilt: »Du musst doch darauf hören, was Deine Umwelt von Dir fordert!« Es hat Menschen geschaffen, die in allen Kulturen und Gesellschaften das Wohl der anderen über ihr eigenes Wohlergehen gestellt haben. Während des Nationalsozialismus wurde dies auf seine Spitze getrieben durch blinden Parteigehorsam. Dieser blinde Gehorsam soll vor Unsicherheit schützen. Man muss nicht selbst entscheiden und kann viel Verantwortung oder vielleicht sogar Karma abgeben. Dies funktioniert nur bedingt und ist oft zum Schaden beider Parteien. Ein Leben kann nur funktionieren, wenn der Mensch auf die Bedürfnisse seiner Seele, seines Geistes und seines Körpers eingeht. Bitte verwechseln Sie das nicht mit Egozentrik, Egomanie und Egoismus, die heute weit verbreitet sind. Dies sind pervertierte Prinzipien des selbstbestimmten Menschen.

Das zweite Verbot findet in unserem Inneren statt. Durch unerlöste Muster, unreflektiertes Verhalten und ein nicht erlöstes Inneres Kind (→ S. 339) bauen sich Lebensverbote auf, die uns schließlich völlig starr werden lassen.

Erst im Geist und in der Seele und schließlich auch auf körperlicher Ebene. Dies äußert sich im vermehrten Auftreten von Beschwerden der Wirbelsäule und der Gelenke. Der Mensch wird auch im Außen immer starrer. Piper methysticum hilft Ihnen, auf eine andere Ebene des Denkens zu gelangen. Dies geschieht auf ähnliche Art und Weise wie auf den polynesischen Inseln, wo Kava-Kava heute noch verwendet wird, um in einer Art Initiation junge Menschen in selbstbestimmte und verantwortliche Erwachsene zu überführen.

Coffea ist die Dritte im Bunde. Alle Verbote werden untersucht. Oft stellt man dann erstaunt fest, dass ein doppeltes Verbot eigentlich eine Aufforderung, ein Ja ist. Ein Ja zum Leben. Frei und selbstbestimmt sein. Zum Wohle aller und zum Nutzen der eignen Entwicklung.

92 Datura stramonium (Gemeiner Stechapfel)

Traditionelle Anwendung

▶ als arzneiliche Droge hochgiftig
▶ daher nur Anwendung als homöopathische Zubereitung.

Energetische Anwendung

🌢 Pflanzenbotschaft: »Ich befreie Dich aus Deinem inneren Gefängnis und Deinen seelisch-geistigen Zwangsjacken, um Dich vorzubereiten für das Heraustreten aus der alten Energie zur vollen Ausprägung Deines gottgewollten Seins.«

Datura ist ein kosmischer Code, wie er in allen Geheimwissenschaften wie der Kabbala und der Astrologie seit Jahrtausenden zur Weiterentwicklung der Menschheit verwendet wird. Diese Pflanze dechiffriert diese Codes und macht somit viele Ereignisse in Ihrem Leben logischer. Sie schult Ihr Gehirn und Ihre Wahrnehmung für die Sprache Gottes, für Analogien in Ihrem Leben und für die Synchronizität, also wiederkehrende Ereignisse, die jeweils nur scheinbar neu sind, aber doch immer das gleiche Grundthema haben. Sie werden erlöst aus der weltlichen Gehirnwäsche, die jeden Tag durch Mitmenschen, Fernsehen, elektromagnetische Felder und »Erleuchtete« in Ihr Leben eindringt.

Sie lernen, dass Sie bestimmten, mitunter schicksalhaften Ereignissen oft nur deshalb Resonanz bieten, weil Ihre »Antennen« oder in Ihrer Aura eingeschlossene Wesenheiten die passenden Frequenzen besitzen. Wenn Ihre Wahrnehmung dann noch zusätzlich durch Sie umgebende Magnetfelder beein-

trächtigt wird, haben Sie kaum noch eine Chance, aus diesem Teufelskreis fehlerhafter Wahrnehmung, die auch Ihre Spiritualität stört, zu entkommen. Die falsche Frequenz und der falsche »Zugangscode« zu Ihrem Bewusstsein sind dafür verantwortlich, dass Sie mit kollektiven Fehlinformationen wie ferngesteuert nur noch roboterhaft funktionieren.

Dank Datura werden Sie sensitiv für wichtige Ereignisdaten. Über die Bewusstheit aus der Akasha-Chronik (→ S. 338) gelingt es Ihnen, intuitiv und zielsicher zur richtigen Zeit am richtigen Ort zu sein. Die Energie von Karma wird durch die Energie von Kairos erlöst. Dies bedeutet, dass die Energie von Datura ganz gezielt auf Ihr Schicksal wirken kann.

Ereignisse vor Ihrer Geburt, die Sie zwar entscheidend geprägt haben, Ihnen aber nicht bewusst sind, werden für Sie greifbar. Datura führt Sie zurück zur Energie einer frühen embryonalen Entwicklungsphase, in der die entscheidende anatomische Ausprägung stattfindet. Geist und Seele sollten zwar im Laufe eines Erdenlebens aus dieser Phase heraustreten, doch geschieht das nicht in jedem Fall. So können auch Erwachsene auf seelisch-geistiger Ebene noch mit einem Trauma aus ihrer vorgeburtlichen Entwicklung verbunden sein.

Durch Frequenzveränderungen in unserer Umwelt haben die Wahrnehmung und die Intuition in den letzten Jahren selbst bei sonst sehr empfänglichen Menschen deutlich gelitten. Informationen aus der geistigen Welt kommen dadurch ähnlich wie bei einem schlecht eingestellten Radio nicht mehr klar bei uns an. Zusammen mit Euph-

Der Tag danach – Vorwegnahme von Ereignissen – Phoenix aus der Asche – Ankündigung der Apokalypse

rasia (→ S. 90) verbessert Datura wieder Ihre Intuition.

Schließlich zeigt der Stechapfel Grenzen in Ihrem Leben auf, die Sie nicht überschreiten sollten. Der Baum der Erkenntnis ist der Baum, der dem Menschen nur dann zugänglich ist, wenn er sich auf die Weisungen Gottes einlassen kann. Höhere geistige Erkenntnisse, symbolisiert durch den Apfel, sollten immer in großer Demut und nicht mit dem Ziel, Gott zu durchschauen und überflüssig zu machen, empfangen werden.

Anmerkungen

»Ich bin, ich weiß nicht wer. Ich komm´, ich weiß nicht woher. Ich geh´, ich weiß nicht wohin. Mich wundert, dass ich so fröhlich bin.« Dieser mittelalterliche Spruch kennzeichnet sehr gut die Energie von Datura.

Die kommenden Jahre werden vor allem seelisch-geistigen und spirituellen Entwicklungen dienen. Der Mensch soll endlich aus der reinen Materie erlöst werden. Nicht das Haben und Wollen, sondern das reine Sein werden im Vordergrund stehen.

Der Stechapfel wird Ihre Wahrnehmung Schritt für Schritt für die wichtigen Erkenntnisse in Ihrem Leben schulen. Nicht die Einflüsterungen der Schlange, wie in der Schöpfungsgeschichte beschrieben, sondern die Erkenntnisse eines selbstbestimmten und erlösten Menschen, der sich auf dem Weg Gottes weiß, werden in Ihr Bewusstsein treten.

93 Nuphar lutea (Gelbe Teichrose)

Traditionelle Anwendung

▶ Lungenerkrankungen

Nuphar lutea wurde schon von den Mayas und den Ägyptern als Pflanze angesehen, die den Zugang zu hohen spirituellen Ebenen und die Begegnung mit dem Höheren Selbst ermöglicht. Sie wurde verwandt, um Initiierungsrituale und den Zugang zu kosmischen Gesetzmäßigkeiten, die Auswirkungen auf das Leben der Menschen auf der Erde haben, zu erreichen. Die Pflanze wurde als Öffner des Geistes angesehen, um kultur- und dimensionsübergreifend zu denken und dann auch zu handeln. Die Botschaft der Götter verstehen und umsetzen lernen also.

Sie reinigt alle Chakren auf der körperlichen Ebene, erlöst das trauernde Innere Kind und lässt somit alle Energien aus der Materie ins spirituell-geistige Einfließen.

Zusammen mit Gentiana hilft Sie den Menschen, bisher nicht Erledigtes und Verdautes aus dem näheren Umfeld und der Familie zu erlösen. Die Kombination mit Nicotiana tabacum, Dulcamara solanum und Gentiana werden wichtige Basisessenzen sein, die dem Menschen helfen, sich aus systemischen Verstrickungen unbekannter »Familiengefängnisse«, in denen das ganze Leben geopfert wird, zu befreien.

Die Erlösung der Herzenergie des Menschen, um sich Menschen und Partnern wahrhaftig öffnen zu können, und die Reinigung des 4. Chakras wird Nuphar lutea als Hauptaufgabe in Ihrem Leben erledigen. Die Emoti-onen, gleich einem See, auf dem die Teichrose majestätisch schwimmt, werden ruhig. Der See der Emotionen liegt klar vor Ihnen, so dass Sie problemlos auf den bisher nicht bekannten Grund von Trauer, Verletzungen und Demütigungen aus Ihrem Umfeld und der Gesellschaft blicken können. Vielleicht erkennen Sie, dass es nun keine Emotionen mehr in Ihrem Leben gibt, vor denen Sie Angst haben müssen, da Sie klar erkennen, wo die wahren Ursachen bisher ungeliebter Empfindungen herkommen.

Erkennen heißt erlösen. Ein weiterer wichtiger Aspekt von Nuphar lutea. Die Erkenntnis wird Sie unter dem Einfluss von Nupharlutea als wichtiges Hilfsmittel nun durch Ihren Alltag, wie immer Sie ihn auch leben werden, begleiten. Erkennen, sich seine Emotionen und Empfindungen auch wirklich eingestehen, und zu sich stehen trauen. Mit allen Konsequenzen.

Auch das Erkennen von Aspekten Ihres Lebens, die wirklich für das Leben sind, egal ob es sich um Therapien, Ernährung oder auch Verhaltensweisen handelt, die Sie zum wahr(haftigen)en Leben führen. Sie entlarven Ablenkungsstrategien von anderen Menschen oder der (Konsum) Gesellschaft, die Sie von Ihrem Lebensweg und damit der Verbundenheit mit Ihrer Seele ablenken.

Die Teichrose, die morgens ihre Blüten öffnet und abends wieder schließt, wurde als Symbol für die Auferstehung des Menschen in ein neues Leben nach dem Tod angesehen. Auch für einen Menschen, der zwar körperlich am Leben, aber innerlich schon längst abgestor-

Der Kuss des Prinzen – Die Menschheit erwacht ins spirituelle Denken hinein – Erlösung der Menschheit aus dem Gefängnis der Trauer – Befreiung der Herzenergie – Erlösung der Lebenden Toten

ben ist. Lebende Zombies also, wie sie in unserer konsumorientierten Gesellschaft mit Social Networks und Co. zur Genüge vorkommen.

Komme ins Leben, bevor es zu spät ist. Ins wahre und wahrhaftige Leben. Und erlöse Dich von Fremdbestimmtheit auf allen Ebenen Deines Daseins.

Die Pflanze steht für die Dreieinigkeit Gottes, die auch schon in anderen Kulturen eine große Bedeutung hatte. Zum Beispiel bei den Ägyptern, wo zwischen Osiris, Horus und dem regierenden Pharao als Gottheit auf Erden, eine Trinität bestand.

Die Teichrose wächst im Wasser, also der Entsprechung des Heiligen Geistes. Getauft mit dem Neuen Geist Gottes. Tief verborgen im Untergrund sind die Wurzeln, also der Gott allen Lebens, verborgen. Und schließlich die Pflanze selbst, entstanden und verwurzelt mit dem Urgrund, getragen vom Geist, also dem Wasser, und nun für die Menschen sichtbar. Die Pflanze, die den Rhythmus des Tages gemäß sich immer wieder öffnet, um sich dann am Abend in sich selbst zurückzuziehen und die Nacht zu verbringen. »Wenn Du betest, gehe hinein in Deine Kammer, schließe die Tür und öffne Deinen Geist für die Botschaft Gottes.«

welt, die uns vorgibt, wie unser Leben zu verlaufen hat. Kaum ein Mensch schafft es mehr, sich abzugrenzen von Eindrücken, die unseren Geist und unser Denken künstlich bewegen und manipulieren. Alles muss laut, spektakulär und einzigartig sein, um überhaupt noch wahrgenommen zu werden. Alles muss größer, schneller, schöner und besser sein.

Wir leben nicht mehr in der Welt, sondern, wie es ein Telekommunikationsgigant ausdrückt, im besten verfügbaren Netz. Überwacht, kontrolliert, manipuliert und gelebt.

Lassen Sie sich von der Energie dieser Pflanze befreien aus dem Sumpf von Überwachung, Manipulation und geistigen Besetzungen, die verhindern, dass Sie wahrhaft leben können.

Anmerkungen

Unser Leben wird bestimmt von E-Mails, Sozialen Netzwerken, dem Internet, großen Lebensmittelkonzernen und nicht zuletzt der Mode-

94 Solanum dulcamara (Bittersüßer Nachtschatten)

Traditionelle Anwendung

▸ blutreinigend
▸ Rheuma und andere Gelenkbeschwerden
▸ Migräne
▸ Asthma und chronische Bronchitis
▸ chronische Hauterkrankungen
▸ weitere Erkrankungen im Formenkreis von Lunge-Haut-Dickdarm.

Energetische Anwendung

🌿 Pflanzenbotschaft: »Ich bin gekommen, um Dich aus Deinem Zustand der Unbewusstheit zu erlösen.«

Dulcamara ist die Pflanze der neuen Zeit (→ S. 209), in der die Menschheit aus ihrem jahrtausendealten Dornröschenschlaf erwachen soll. Dulcamara hilft uns, unsere bisher ungelebten und unerlösten Persönlichkeitsanteile in lichtvolle Energien zu verwandeln. Der Nachtschatten hilft den Pflanzen Drosera (→ S. 76), Okoubaka (→ S. 128) und Mandragora (→ S. 116), ihren Schattenanteil in Licht zu transformieren, das wie Photonen in unsere Zellen eindringt und uns auf höchster spiritueller Ebene zu erlösen vermag.

Sie lernen, Ihren eigenen Weg zu gehen, einen Weg der Bewusstheit und des Herzens, auch wenn Sie bisher durch das Unverständnis und die Unbewusstheit Ihrer Umwelt daran gehindert wurden. Dulcamara schützt Sie vor der Energie anderer Menschen, indem sie Ihren wahren Wesenskern nur Menschen offenbart, die Ihnen wohlgesonnen sind und Ihnen bei Ihrer irdisch-geistigen Entwicklung weiterhelfen.

Sind Sie durch Ihre bisherigen Lebensumstände verbittert? Dann wird Sie die Energie von Dulcamara erlösen, so dass Sie wieder Lust und Freude am Leben verspüren. Aus allem, was Sie bisher verbittert und verzweifelt gemacht hat, lernen Sie die Lektion und befreien sich von dieser Energie. Hier wird die Arbeit von Amygdala amara (→ S. 36) neu erlöst. Das bedeutet, dass gesellschaftliche Themen neu erlebt und bewertet werden und so wieder eine Integration in die Gesellschaft ohne Verbitterung möglich wird.

Wenn Sie in der Zeit des neu erwachenden Bewusstseins an migräneartigen Zuständen leiden, die Ihren Kopf zu vernebeln drohen, ist Solanum dulcamara ein wichtiger Wegbegleiter. Die Pflanze hilft Ihrem Energiekörper dabei, sich an die neu erwachenden und uns in unserem Sein herausfordernden Energien anzupassen, so dass wir gut für die sich verändernden energetischen Bedingungen auf der Erde gerüstet sind.

Für Menschen, die sich schwertun, bei einer Sache oder einem Menschen zu bleiben, also in seelischer, geistiger und körperlicher Hinsicht treu zu sein, ist Dulcamara eine wichtige Hilfe. Die Energie der Pflanze gibt Ihnen sicheren Halt in Zeiten, in denen es Ihnen schwerfällt, einem Menschen, einer Sache und letztendlich auch Gott treu zu bleiben und nicht in die materielle Welt abzudriften.

In verschiedenen Kirchen, die sich auf alten Kultplätzen befinden, wurde Dulcamara an die Decke gemalt, um negative Energien abzuhalten und bereits vorhandene in positive Energien zu transformieren.

Sonne – Erlösung des Schattens – Befreiung der Menschheit aus dem Dornröschen-schlaf – Erweckung des universellen Bewusstseins

Der Nachtschatten ist zudem die Pflanze der geistigen und spirituellen Wiedergeburt, der »Geist Gottes«, der auf die Menschen herab-kommt, um ihre Herzen für die Botschaft Got-tes in der Welt zu öffnen. Seine Energie erleich-tert Ihnen den Übergang in die neue Zeit.

Wenn in Ihrem Leben scheinbar unüberwind-liche Hindernisse auftauchen, hilft Ihnen Dul-camara, einen Plan aufzustellen, der Sie im Kontext zu Ihrer Umwelt sieht und Ihnen Lösungsstrategien aufzeigt, die für alle Betei-ligten von Vorteil sind.

Anmerkungen

Die Jahre ab 2013 werden dadurch gekenn-zeichnet sein, dass der Mensch durch Anforde-rungen in der Materie neue geistige und spiri-tuelle Kräfte entwickelt. Über das Fordern im Menschsein und in der Neuausrichtung der materiellen Grundbedürfnisse werden das Prinzip des Minimalismus, die Ausrichtung auf die wirklich wichtigen Dinge im Leben und das Bewahren von traditionellen und lebens-spendenden Werten eine neue Wertigkeit im Leben bekommen.

95 Lobelia inflata (Aufgeblasene Lobelie)

Traditionelle Anwendung

- blutreinigend
- Rheuma und andere Gelenkbeschwerden
- Migräne
- Asthma und chronische Bronchitis
- chronische Hauterkrankungen
- weitere Erkrankungen im Formenkreis von Lunge-Haut-Dickdarm.

Energetische Anwendung

Pflanzenbotschaft: »Ich helfe Dir, Dich ohne Dein Karma und Deinen Lebensweg verfälschenden geistigen Einflüssen auf Deinem Lebensweg vorwärts zu bewegen und unbeeinflusst Deine Mission auf Erden zu erfüllen.«

Lobelia hilft uns, unseren Lebensweg in diesen energetisch sehr schwierigen Zeiten fortzusetzen. Wir werden stabilisiert in der Materie und bekommen einen Ausgleich für unsere energetischen Gehirnanteile, die immer mehr den Attacken geistiger Angriffe auf unser Leben ausgesetzt sind. Der Geist beherrscht die Materie. Diese spirituelle, seit Jahrtausenden bekannte Information nutzen die neuen Medien und Widersacher immer mehr, um einen Großangriff auf unsere beiden Gehirnhälften zu starten. Dazu kommen dann noch die chemischen und physikalischen Störungen in Form von Wellen, künstlich erzeugten Frequenzen und veränderten Erdmagnetfeldern, die es dem Menschen sehr schwer machen, in seiner Energie und seiner Wahrheit und Wahrnehmung zu bleiben. In der spagyrisch-alchemistischen Heilkunde wurde schon immer darauf geachtet, dass Geist

und Körper möglichst rein und unverfälscht sind, um der Seele einen guten Lebensweg zu ermöglichen. Jetzt kommt es immer häufiger vor, dass die Seele durch codierte Informationen, die häufig nur materiellen oder im schlimmsten Falle Karma verfälschenden Zwecken dienen, von ihrem Lebensweg abweicht.

Sie werden in Kontakt mit den echten und wahrhaftigen Gesetzen des Lebens gebracht, und somit schaffen Sie es leicht, sich von falschen und verwirrenden Gesetzmäßigkeiten zu befreien. Solche, die nur dem Selbstzweck dienen, und nicht für den Menschen geschaffen sind. „Der Sabbat ist für den Menschen da, und nicht der Mensch für den Sabbat" sagt schon Jesus in einem Gleichnis über die Gesetze(mäßigkeiten) des Lebens.

Ein Mensch, der sich von äußeren Einflüssen auf sein Denken befreit hat, wird auch leichter erkennen, was das Leben von ihm möchte. Lobelia fordert uns vehement auf, doch unseren Auftrag hier auf diesem Planeten zu erfüllen, und zu erkennen, dass wir ein Rädchen in einem großen Getriebe sind, das ohne uns nicht funktioniert. Sie entdecken den einzigartigen Menschen in wahrhafter Größe in sich, indem Sie an das Potential herangeführt werden, das wie das Untere eines Eisberges tief in Ihnen verborgen lag. Sie erkennen die Mission, warum Sie auf die Erde gekommen sind, und wie Sie diese erfüllen können. Lobelia hilft Ihnen, die Widerstände zu erkennen und zu transformieren, so dass Sie wie die großen Propheten Gottes Ihre ureigenste Mission auf diesem Planeten verwirklichen können.

Lobelia beruhigt den Geist, wenn Sie sich Höheren Sphären und Energien zuwenden

Ausdehnung des Bewusstseins – Verbindung zwischen Himmel und Erde – sich erinnern – Regeneration aller Energiekörper – Schutz unseres energetischen Gehirns

möchten. Sie beruhigt die Energie der Trauer, die uns immer wieder beeinflussen und uns von der Freude des Lebens, und der Freude, die tief in unserem abhalten möchte.

Die Pflanze schenkt uns Vertrauen in uns selbst. Sie lässt uns erkennen, wo wir wirkliche Stärken und Schwächen haben, und richtet unseren Fokus auf das in unserem Leben, was wirklich funktioniert und lässt die Dinge weniger werden, die nur unserem Ego entspringen. Das aufgeblasene Ego wird entlarvt, und Sie schaffen es somit, wieder an Ihr Innerstes, an Ihre Herzenergie zu kommen.

Anmerkungen

Papst Johannes XIII hat in einem Interview eine Aussage über ein Potential und die Mission eines Menschen etwas gesagt, was die Energie von Lobelia genau widerspiegelt. „Frage nicht Deine Ängste um Rat, sondern Deine Hoffnungen und Träume. Denke nicht über Enttäuschungen nach, sondern über Deine ungenutzten Möglichkeiten. Denke nicht an das, worin Du versagt hast und gescheitert bist, sondern welche Möglichkeiten Dir noch offen stehen.“

96 Iberis Amara (Bittere Schleifenblume)

Traditionelle Anwendung

▶ blutreinigend
▶ Rheuma und andere Gelenkbeschwerden
▶ Migräne
▶ Asthma und chronische Bronchitis
▶ chronische Hauterkrankungen
▶ weitere Erkrankungen im Formenkreis von Lunge-Haut-Dickdarm.

Energetische Anwendung

🔥 **Pflanzenbotschaft:** »Ich befreie Dich von linearen Konzepten, die Dich auf Deinem weiteren spirituellen Weg nur behindern, und installiere eine vertikale nach Oben gerichtete Energie in Deinen Energiekörpern, die Dich Deinen spirituellen Weg ohne negative Beeinflussung weiter gehen lässt.«

Iberis befreit die weiblichen Energien auf der Erde, die über Jahrtausende von den männlichen Energien überlagert oder sogar bekämpft wurden. Denken Sie nur an die Weisen Frauen, die mit Ihrem Heilwissen Jahrhundertelang verfolgt, gefoltert und bekämpft wurden, nur weil Sie mit Ihrem wahrhaftigen Wissen über Heilung und die Geistigen Gesetze des Lebens den kirchlichen und weltlichen Herrschaften mit Ihrem spirituellen und medizinischen Halbwissen als Bedrohung erschienen sind.

Die weibliche Energie in uns ist die, die uns letztendlich befreit, da sie nur das akzeptiert, was dem Leben dient, und alles andere als lebensfeindlich entlarvt und bekämpfen wird.

In allen Bereichen des Lebens gibt es inzwischen so viele „Errungenschaften" der modernen kognitiv gesteuerten Wissenschaft, die zwar vordergründig eine Hilfe für uns und unser Leben darstellen, aber bei genauer Betrachtung mit Ihren negativen Auswirkungen auf unsere Gesundheit und unser Leben eigentlich als absolut lebensfeindlich eingestuft werden müssten. Sie können hier alle Beispiele aus allen Bereichen nehmen, wo die eher geringe Wirkung auf unser Leben mit einer sehr schädlichen Nebenwirkung erkauft wird. Die Pharmaindustrie ist hier ein gutes Beispiel. Um eine „Wirkung" zu erzielen, werden oft verheerende Nebenwirkungen in Kauf genommen.

Iberis hilft Ihnen zusammen mit Datura, die langfristigen Auswirkungen von Dingen auf Ihr Leben zu erkennen. Und den Preis, den Sie letztendlich für etwas wirklich bezahlen müssen.

Was ist zum Beispiel der echte Preis für umweltvernichtend hergestellte Lebensmittel, die vollgepumpt sind mit Pestiziden und Unkrautvernichtungsmitteln, den unser Körper und die Umwelt für die Billigangebote irgendwann einmal zahlen muss.

Iberis hilft, alte Verletzungen, auch aus anderen Leben, loszulassen. Somit werden Sie auch frei von Energien Vergangenheit, die Sie am Sprung auf die neue Bewusstseinsebene behindern. Das Festhängen in Verletzungen ist oft der Grund, warum Muster, die unser Leben behindern oder zerstören, nicht losgelassen werden können. Iberis entlarvt alles,

Befreiung der spirituellen und geistigen Aspekte – Bauch und Gehirn miteinander verbinden – Befreiung der Herzenergie – seinem ureigenen Weg folgen – Verzeihen über mehrere Inkarnationen hinweg-

was Sie in diesem Muster gefangen hält, und hilft Ihnen, diese dann in Frieden loszulassen.

Iberis schützt Ihr Gehirn vor allem, was Sie hindern könnte, die Errungenschaften des Geistes, die Sie sich in diesem Leben erarbeitet haben, mit der Seele zu verbinden. Sie können somit Impulse auf mehreren Ebenen empfangen. Die Seelenimpulse können sich mit den Geistigen Impulsen und umgekehrt verbinden. Somit haben Sie eine doppelte Sicherheit für Ihre Intuition und zukünftige Lebensentscheidungen, die aufgrund der gestiegenen Anforderungen der Umwelt an Ihr System sicher nicht mehr linear verlaufen, sondern individuelle Entscheidungen erfordern.

Sie erkennen die Lösung hinter der vordergründig sichtbaren Lösung, die immer dem Ziel dienen wird, Ihre Entwicklung auf seelischer Ebene auf höchstem Niveau voranzutreiben.

Körper und Umwelt, langfristige Auswirkungen auf die Menschheit, etc. Iberis hilft uns dabei.

Anmerkungen

Die Lösungen für die Zukunft sehen sicher nicht so aus wie die Lösungen der „Wissenschaft" aus der Vergangenheit. Diese „Lösungen" haben uns häufig mehr Probleme beschert als Lösungen gebracht. Iberis hilft uns völlig umzudenken gemäß dessen, was Einstein über die Lösung für Probleme gesagt hat: „Du kannst ein Problem niemals mit dem gleichen Denken lösen, durch das es entstanden ist." Eine Lösung in der Zukunft muss viele Aspekte berücksichtigen wie zum Beispiel Energieeffizienz, Verträglichkeit für

97 Alchemilla vulgaris
(Gemeiner Frauenmantel, Liebfrauenmantel)

Traditionelle Anwendung

▸ Hormone
▸ Haut
▸ Schleimhaut
▸ Blutgefäßsystem
▸ chronische Hauterkrankungen.

Energetische Anwendung

◗ Pflanzenbotschaft: »Ich beschütze Dich mit meiner weiblich transformierenden Energie, damit Du den Sprung auf die nächste Ebene des Bewusstseins leicht und mühelos vollziehen kannst.«

Alchemilla vulgaris möchte unsere niedrigen Energien, die uns im alten System der Welt noch gefangen halten, auf eine Höhere Ebene transformieren. Altes Denken, traditionelles Handeln, Verhaltensmuster, die nie hinterfragt worden sind, dies sind alles Energien, die von Alchemilla auf eine neue Ebene transformiert werden möchten. Die Lösungen der Zukunft sind kreativ-weiblich, und nicht linear-männlich. Wohin uns lineares männliches Denken mit Wissenschaftsgläubigkeit gebracht hat, bekommen wir heute an allen Ecken und Enden zu spüren. Alchemilla soll transformieren, aber beschützend. Alchemilla will uns helfen, das Innere Gold, nämlich die Zufriedenheit zu entdecken. Wir werden gestärkt und geschützt vor äußeren Einflüssen. Alle energetischen Körper des Menschen, physisch, mental und emotional werden gestärkt, damit keine fremden Energien die Aura des Menschen durchdringen können. Der Mensch wird auf eine neue Ebene gebracht, quasi wie auf eine Aussichtsplattform, von der aus er die Zukunft , aber auch die Vergangenheit neu bewerten kann.

Es ist wie bei einer Raupe, die im Kokon sehr begrenzt in ihrem Alltag ist und sich nun verpuppt, die alte Haut abstreift, um als wunderschöner Schmetterling nun Erfüllung zu finden.

Wir lernen, die alltäglichen Begrenzungen hinter uns zu lassen. Alchemilla treibt uns an, in eine neue Richtung zu denken und zu handeln. Diese Erweiterung des Bewusstseins hat zur Folge, dass sich unsere Schwingungen komplett erhöhen, und wir nun von Energien erreicht werden können, die uns durch unsere niedrigfrequente Schwingung bisher nicht erreichen konnten.

Alchemilla bietet Schutz. Der Frauenmantel, die Energie der schützenden Mutter, die uns ins Leben bringt und nährt, wird von dieser Pflanze repräsentiert. Zusammen mit Matricaria heilt sie viele Verletzungen, die uns im Erdenleben von einem nicht erfüllenden Zusammensein mit der irdischen Mutter zugefügt wurden. Diese beiden Essenzen in die Aura gesprüht, schaffen einen wärmenden und schützenden Mantel bei traumatischen Erlebnissen und Erinnerungen aller Art.

Die Transformationsenergie von Alchemilla schafft es, scheinbar negative Erlebnisse und Ereignisse unter einem völlig neuen Aspekt zu sehen und dadurch das Leben neu zu bewerten. So merken wir, das Schicksal häufig nur Sal(z) für unser inzwischen fade gewordenes Leben ist, damit dies wieder schmackhaft und voller Abenteuer erlebt werden kann.

Schutz und Regeneration. Befreiung aus emotionalen Abhängigkeiten. Transformation. Die alte Haut abstreifen. Schmetterling.

Alchemilla macht uns bewusst, dass Transformationsprozesse nie einfach zu erleben sind. Und dass in jeder Veränderung gewaltige Kräfte stecken, die beherrscht und gelebt sein wollen. Um zu unserem Inneren Licht zu gelangen, müssen wir oft Wände aus Emotionen und Mustern niederreißen, um schließlich an unsere Quelle, unser Inneres Licht zu gelangen. Die Energie von Alchemilla hilft uns bei diesem Prozess.

Der Mensch lernt sich unter dem Einfluss von Alchemilla zu emanzipieren. Sowohl Frau als auch Mann. Um zur Emanzipation zu gelangen, braucht man in der Übergangsphase sehr viel Schutz. Der Liebfrauenmantel kann uns diesen Schutz bieten. Emanzipation bedeutet nicht, sich zu isolieren, und einen eigenen Weg zu gehen, sondern zu sich und seinen Kräften und Fähigkeiten zu stehen, und diese Kräfte im Sinne der Menschheitsentwicklung einzusetzen. Zum eigenen Wohle, aber auch zum Wohle der ganzen Menschheit. Alchemilla vulgaris und Primula veris helfen uns in der Kombination, in die eigene Kraft zu kommen, den eigenen Weg zu finden, ohne in egozentrischer E(s)(g)oterik zu verfallen.

Wissen sich spirituell weiter zu entwickeln, ist also zur EGOterik verkommen.

Anmerkungen

Transformation und spirituelle Entwicklung wird heute oft nur als Möglichkeit gesehen, einen möglichst angenehmen und widerstandsfreien Lebensstil zu pflegen. Die Kurse für Geld/Reichtum kreieren sind voll. Ein bisschen Quantenheilung, zwei Finger in die Luft halten, und schon wird man ohne eigenes Zutun reich und glücklich. Der eigentliche Sinn der Esoterik, nämlich über geheimes

98 Primula veris
(Echte Schlüsselblume, Himmelsschlüssel)

Traditionelle Anwendung

▶ Nervensystem
▶ Herz
▶ Lunge
▶ Haut.

Energetische Anwendung

🔥 Pflanzenbotschaft: »Ich öffne Dein Herz und Deinen Verstand für neue Möglichkeiten im Leben, die Du bisher nicht wahrnehmen konntest. Damit kommst Du zum echten und wahren Sein, statt nur gelebt zu werden.«

Der Frühling ist die Zeit, in der die Erstarrungen in der Natur aufgelöst werden und das Leben sich wieder zu regen beginnt. Primula hilft dem Menschen, sich aus seiner Inneren Starre zu lösen. Es regt die Energien im Körper an, wieder zu fließen. Die Energie in den Meridianen wird wieder frei und kann nun harmonisch den ganzen Körper durchziehen.

Alles, was starr, zwanghaft und lebensfeindlich war, wird uns nun ins Bewusstsein gebracht. Zusammen mit Alchemilla schafft es der Himmelsschlüssel, die niedrigen Frequenzen zu erhöhen, damit Ihr System aufnahmefähig für neue Informationen werden kann. Wie bei einem Radio, wo Sie für ein neues Programm die Frequenz im Gerät verändern müssen, schafft es Primula, durch Frequenzerhöhung ein neues Programm im Leben zu installieren.

Zuerst einmal müssen Sie alle alten und verletzenden Erinnerungen loslassen, bevor Primula und Alchemilla Sie auf die Neue Ebene heben kann. Oft ist dieser Prozess sehr schmerzhaft. Festgefahrene Strukturen, die viel Energie brauchen, um gelöst zu werden, lösen oft schmerzhafte Prozesse auf Körper-, Seele- und Geistebene aus. Erst wenn diese Arbeit vollständig getan ist, die gesamten Energiekörper des Menschen gereinigt sind, kann die Neue Energie in Ihr Leben fließen. Falls diese Arbeit nur unvollständig getan wurde, wird es Dissonanzen geben, wie bei einem Radio, das in einer Zwischenfrequenz eingestellt wurde.

In vielen alten Geschichten und Sagen wird von der Schlüsselblume erzählt, dass Petrus sie auf die Erde hat fallen lassen, damit der Mensch einen Zugang zu seinem Inneren Himmel, zu seiner eigenen Quelle entwickeln kann.

Wir lernen, dass wir uns zentrieren müssen, dass wir in der Stille und Ruhe zu uns selbst finden müssen, weitab vom lauten Lärm der Welt, um dann mit Hilfe von Primula den für uns Goldenen Mittelweg für unser Leben zu finden.

Primula hilft uns zu vergeben. Häufig haben Menschen schon viel Vergebungsarbeit geleistet, doch tief in den Windungen unseres Gehirns und Herzens gibt es noch einen kleinen Bereich, wo die Vergebung noch nicht stattgefunden hat. Diese Bereiche hilft uns Primula zu entdecken. In Kombination mit Melilotus (Schutz bei der Inneren Arbeit) , Alchemilla vulgaris (das alte Denken loslassen) und Primula veris lernen wir Bereiche in uns zu entdecken, zu akzeptieren und damit zu erlösen, die uns bisher das zwar gedient haben, aber jetzt nicht mehr passen, um auf die

Schlüssel für ein neues Leben finden. Tiefgreifende Reinigung und Erneuerung. Den Körper neu erleben als Gefäß der Seele. Neustart durch Entdeckung unserer Heiligen Codierung. Erlösung aus der Inneren Starre. Sich selbst, anderen Menschen und dem Schicksal vergeben können.

neue Ebene zu kommen. Auch die Bereiche, in denen sich noch alte unerlöste Wut und Trauer angesammelt haben, und zu unerklärlichen Befindlichkeitsstörungen führen können. Letztendlich müssen wir anderen Menschen vergeben, uns selbst und auch dem Schicksal. Dies ist die wichtigste Botschaft von Primula veris.

Primula ist letztendlich der Schlüssel zur Selbstheilung. In der Therapieszene ist der größte nicht angeschaute Schatten der Wunsch, den Patienten zu heilen. Anstatt sich als Therapeut als Impuls für den Menschen zu sehen, möchte man den Menschen „heilen". Übersieht dabei oft die Projektionen der eigenen ungeheilten Wunden und therapiert dann im Anderen sich selbst, da der Blick auf die Seele des anderen Menschen durch die eigenen nicht angeschauten und ungeheilten Schattenanteile verstellt ist. Es ist also besser, sich der Energie von Primula zu überlassen, die uns lehrt, dass die Heilung nur aus uns selbst heraus geschehen kann.

Zusammen mit Propolis schafft es Primula, eine tiefgreifende und erneuernde Energie in Ihr Leben zu bringen. Ähnlich wie die Energie in einem Haus, dass durch einen Frühjahrsputz perfekt gereinigt wurde. Alles Alte wurde weggeworfen. Vielleicht noch einmal liebevoll und wehmütig betrachtet, bevor es losgelassen werden konnte, und nun frei und voll fließender Energie ist.

Anmerkungen

Primula zeigt uns, dass neue Energien, die unser Leben bereichern und transformieren möchten, ähnlich wie im Frühling noch sehr zaghaft und anfällig sind. Diese neuen „Pflanzen" , die in unserem Geist und Seele heranreifen, gilt es zu schützen. Deshalb ist in Zeiten der Transformation und Erneuerung wichtig, sich viele Auszeiten und Schutz zu gönnen. Die Alchemie spricht von lunaren (mondhaften) Prozessen, in denen sich Körper, Geist und Seele regenerieren. Diese Prozesse sollten ähnlich wie eine ruhige Vollmondnacht still und in Ruhe erlebt werden. Es ist also eine Zeit des Rückzugs mit einer heiteren Inneren Ruhe, die sich auf das Neue in Ihrem Leben freut.

3

Anwendungsbeispiele

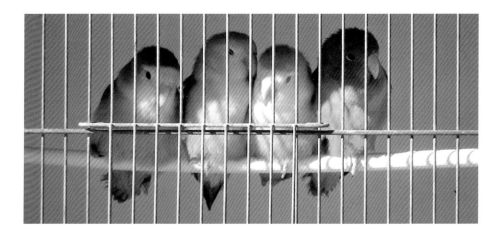

Unsere Angst ist es nicht, dass wir der Sache nicht
gewachsen sein könnten. Unsere tiefste Angst ist,
dass wir unmenschlich mächtig sind.

Es ist unser Licht, das wir fürchten, nicht unsere Dunkelheit. Wir fragen uns: »Wer bin ich
eigentlich, dass ich leuchtend, hinreißend,
begnadet und phantastisch sein darf?«

Aber wer bist du denn, dass du es nicht sein
darfst?

Du bist ein Kind Gottes. Wenn du dich klein
machst, dient das der Welt nicht. Es hat
nichts mit Erleuchtung zu tun, wenn du dich
begrenzt, damit Andere um dich herum sich
nicht verunsichert fühlen.

Du wurdest geboren, um die Ehre Gottes zu
verwirklichen die in uns ist. Sie ist nicht nur in
einigen von uns – sie ist in jedem Menschen.

Und wenn wir unser Licht erstrahlen lassen,
geben wir unbewusst auch den anderen
Menschen die Erlaubnis das Selbe zu tun.

Wenn wir uns von unserer Angst befreit
haben, wird unsere Gegenwart ohne
unser Zutun Andere befreien.

Nelson Mandela

Ängste

Niemand ist frei von Ängsten. Das Thema Angst ist wohl so alt wie die Menschheit selbst. Wir haben Angst vor der Zukunft, Angst, was die Nachbarn über uns sagen werden, Angst, von Gott verlassen zu sein, Angst vor der Angst.

Nach meiner Einschätzung resultieren die meisten Ängste aus einer mehr oder weniger bewussten Abwendung von Gott und der Illusion, dass unser Leben kontrollierbar sei. Wenn unser Verstand dann an Grenzen der Kontrollmöglichkeiten stößt, entstehen aus diesem Kontrollverlust vielfältige Ängste. Ich bin davon überzeugt, dass die Angst vor Kontrollverlust die Urform all unserer Ängste ist. Somit kann sich letztendlich nur derjenige von seinen Ängsten befreien, der sich bewusst macht, dass er keinerlei Kontrolle über irgendetwas in diesem Leben hat und dass alles, was uns umgibt und was wir besitzen, aus reiner Gnade bei uns ist. Zwar spricht nichts gegen eine sinnvolle und angemessene Vorsorge, doch hilft es niemandem, sich unnötig Sorgen zu machen. Handeln Sie also ganz nach dem Motto: »Vertraue auf Gott, aber binde Dein Kamel an einen Baum.« Dieses Denken ist eine gesunde Basis für den konkreten Umgang mit unseren Ängsten. Überlegen Sie einmal, wie viele Dinge, vor denen Sie bereits Angst hatten, wirklich eingetroffen sind – wahrscheinlich nur wenige. Die letzte Form des Kontrollverlustes ist der Tod. Und die Ängste, die unser Leben beherrschen, sind letztendlich die Angst vor dem Tod und vor dem, was danach kommt.

ⓘ **Hinweis:** Grundsätzlich sollten Sie sich darüber im Klaren sein, dass alle tief sitzenden Ängste auch einen therapiebedürftigen pathologischen Ursprung haben können. In diesem Fall gehört die Therapie in die Hände eines erfahrenen Therapeuten. Diese Ängste sind meistens lähmend und können von Ihnen nicht gehandhabt werden. Ihr Ursprung ist in der Regel nicht klar erkennbar. Die hier genannten spagyrischen Mischungen können Sie in Absprache mit Ihrem Therapeuten in der angegebenen Dosierung ergänzend zu einer weiteren Therapie einsetzen.

Bedenken Sie, was der Begründer der Bachblüten-Therapie, Dr. Edward Bach, wie folgt formulierte: »Krankheit ist weder Grausamkeit noch Strafe, sondern einzig und allein ein Korrektiv unserer Seele, um uns auf unserem Lebensweg zu korrigieren ...« Dies gilt entsprechend für Ängste. Wenn Sie sich dazu entschieden haben, mit Ihren Ängsten selbst umzugehen, empfehle ich gedanklich folgendermaßen vorzugehen. Prüfen Sie zunächst jeweils, ob es sich um konstruktive oder pathologische Ängste handelt.

Konstruktive Ängste sind förderlich und helfen Ihnen, Ihre momentane Situation mit einem verschärften Bewusstsein wahrzunehmen. Dies entspricht dem eigentlichen physiologischen Sinn von Ängsten. Alle unsere Sinne sollen geschärft werden, um mit drohenden Gefahren konstruktiv umzugehen.

Die pathologischen Ängste hingegen wirken sich lähmend aus. Sie beeinflussen unser Handeln eher destruktiv und haben oft keinen ersichtlichen Grund. Sie schärfen nicht unsere Wahrnehmung, sondern lösen ein dumpfes Gefühl in uns aus, das uns zu lähmen scheint.

Im Folgenden finden Sie einige Anregungen, wie Sie mit Ihren Ängsten umgehen können. Versuchen Sie, Ihren Ängsten zunächst emotionslos zu begegnen und sie direkt anzuschauen. Konzentrieren Sie sich zunächst nur auf die Fakten – ohne Ihre Gefühle zu beachten.

Dinge, die man direkt anschauen und beim Namen nennen kann, sind meistens halb so schlimm.

🦶 **Tipp:** Es fällt Ihnen leichter, Ihren Ängsten ins Gesicht zu sehen, wenn Sie »Vipassana«, eine Konzentrationsübung aus dem Yoga, praktizieren. Bei Vipassana betrachten wir Gedanken und Gefühle, die in unserem Inneren aufsteigen, ohne sie zu bewerten. Dadurch vermeiden wir, dass wir mit Dingen in Resonanz treten, die nur aufgrund von in uns vorhandenen Mustern ausgelöst werden. Nehmen Sie Ihre Angst zunächst neutral ohne jede Bewertung wahr. Lassen Sie Ihre Ängste dazu am besten in einer geschützten Situation, z. B. während einer Meditation, hochkommen und schauen Sie sie einfach an.

▸ Atmen Sie langsam und tief aus und ein.
▸ Begrüßen Sie Ihre Angst und danken Sie ihr für das, was sie Ihnen mitteilen möchte.
▸ Sehen Sie die Angst als einen Freund, der Sie warnt, der Sie aufmerksam macht, der Sie aufrüttelt, der Sie sich wieder spüren lässt, der nur Ihr Bestes möchte.
▸ Nehmen Sie dann die Botschaft hinter der Angst wahr. Fragen Sie Ihre Angst direkt, was sie Ihnen mitteilen möchte.
▸ Versuchen Sie herauszufinden, ob die Angst hilfreich und begründet ist oder ob sie nur aufgrund alter Muster und Prägungen in Ihnen steckt.

Versuchen Sie sich, ähnliche Ereignisse oder Erinnerungen ins Gedächtnis zu rufen, bei denen Sie genauso reagiert haben. Vielleicht kommen Sie ja so an die eigentliche Urangst.

Angst wird oft weggeredet. Typische Sätze sind: »Da ist doch nichts!«, »Spinn doch nicht so rum!« oder »Was soll denn da schon sein!«. Wir haben selten gelernt, aktiv mit unserer Angst umzugehen, weil sie durch unsere Umwelt oder unser ängstliches Ego sofort bestritten oder ignoriert wurde. Alles, was Sie nicht bewusst wahrnehmen und in Ihre Persönlichkeit integrieren, wird auf Dauer ein selbständiges Dasein führen und Sie immer wieder durch plötzliches und unerwartetes Auftauchen in Ihrer Lebensführung stören.

Sprechen Sie mit Freunden, Angehörigen oder Ihrem Therapeuten über Ihre Ängste. Falls Sie aufgrund irgendwelcher Verfehlungen um Ihr Seelenheil fürchten, vertrauen Sie sich einem Seelsorger an. Sie können sich auch Gott mit Ihren Ängsten anvertrauen – ganz unabhängig davon, wer oder was Gott für Sie ist.

Schreiben Sie ein Angsttagebuch. Bevor Sie nachts schlaflos und von Schreckgespinsten heimgesucht wach liegen, können Sie diese in Ihrem Tagebuch genau festhalten und Ihre Ängste bei Tageslicht in Ruhe durchlesen, bearbeiten und sich von ihnen verabschieden.

Lesen Sie in den Psalmen der Bibel. Sie werden merken, von welchen Ängsten Menschen schon vor Tausenden von Jahren geplagt wurden. Machen Sie sich bewusst, dass Sie mit Ihren alltäglichen Ängsten und Nöten nicht allein dastehen.

Halten Sie inne, wenn Sie Ängste in sich hochkommen spüren, und hinterfragen Sie diese Ängste nach ihrem Wahrheitsgehalt.

Viele Ängste hängen auch damit zusammen, was wir über das Leben und den Tod denken. Beschäftigen Sie sich mit Religionen, Philosophien oder Weltanschauungen, die Ihnen helfen, mit dem Thema Angst und dem Sinn des Lebens umzugehen. Machen Sie sich klar, dass Ihr Leben von einer Höheren Instanz zu einem bestimmten, für Sie spezifischen Zweck geführt wird. Und: Akzeptieren Sie einfach, dass Ängste zu Ihrem Leben gehören!

⊘ **Cave:** Falls Sie von massiven Ängsten befallen werden, die Sie nicht mehr selbst managen können und die Sie in Ihrer täglichen Lebensführung beeinträchtigen, wenden Sie sich an einen professionellen Therapeuten, der Ihnen weiterhelfen kann! In Absprache mit ihm und im Einklang mit seiner Therapie können Sie spagyrische Mittel unterstützend einsetzen.

🥄 Tipp: Die folgenden Hinweise können Ihnen helfen zu lernen, mit Ihren Ängsten umzugehen:

▸ Lesen Sie in den Psalmen, von welchen Ängsten Menschen schon vor Tausenden von Jahren geplagt wurden. Machen Sie sich so bewusst, dass Sie mit Ihren alltäglichen Ängsten und Nöten nicht alleine dastehen.

▸ Ängste gehören zu Ihrem Leben und sind in der positiven Form hilfreich, um richtige Entscheidungen zu treffen.

▸ Wenn Sie Ängste hochkommen spüren, versuchen Sie, diese ohne innere Bewertung und ohne emotionale Intensität wahrzunehmen. Bedrohliche Dinge, denen man ins Gesicht schaut, entpuppen sich meist als harmloser, als sie vorher schienen.

▸ Hinterfragen Sie Ihre Ängste nach ihrem Wahrheitsgehalt. Teilen Sie Ihre Ängste in rationale und irrationale, die jeglicher Grundlage entbehren.

▸ Machen Sie sich dann bewusst, dass der Nutzen von Ängsten und Sorgen begrenzt ist. Niemand lebt länger, weil er sich Ängste oder Sorgen macht.

▸ Machen Sie sich bewusst, dass das Leben ein Geschenk und letztendlich nicht zu ergründen ist – und Kontrolle demzufolge eine Illusion bleibt!

⚠ Wichtig: Bei allen aufgeführten Rezepturen gegen die Angst sollten Sie extrem vorsichtig und niedrig dosieren, um eine Erstverschlimmerung durch eine zu hohe Dosierung zu vermeiden.

Dosierung. Die Einzeldosis umfasst 1 bis höchstens 7 Tropfen, die Höchstdosis 21 Tropfen in 24 Stunden. Sie können die Tropfen direkt auf die Zunge geben und im Mund verweilen lassen oder die Nierengegend einreiben, die aus der chinesischen Medizin als Sitz der Angst bekannt ist. Da das Ohr der Niere zugeordnet ist, können Sie auch die Ohrmuschel einreiben.

📖 »Ich werde bewusst«

Rezeptur Phylak Sachsen GmbH

Aconitum napellus 1
Euphrasia 1
Solidago virgaurea 1

Dosierung. Dieses Mittel nur abends vor dem Schlafengehen einnehmen. Nehmen Sie direkt vor dem Einschlafen 1 bis höchstens 7 Tropfen ein. Die für Sie richtige Dosierung müssen Sie selbst herausfinden. Nach der Einnahme der Tropfen sollten Sie – in Ihrem Traumgeschehen angeregt – entspannt und tief schlafen.

⚠ Cave: Bei falscher Dosierung – sei sie zu hoch oder zu niedrig – schlafen Sie schlecht. Dies ist nicht erwünscht. Steigern oder reduzieren Sie die Gabe entsprechend. Falls Sie diese Mischung in keiner Dosierung vertragen, lassen Sie sich bitte in der Apotheke 1 ml Juniperus communis dazumischen. Diese Pflanze macht die Mischung bei Bedarf verträglicher.

Wirkung. Diese Mischung wird in richtiger Dosierung Ihr Traumgeschehen stark anregen. Sie werden während des Schlafes an alte traumatisierende und angstauslösende Ereignisse herangeführt. Viele Ängste und Traumata kann die Seele so über das Unterbewusstsein verarbeiten, ohne dass Sie dadurch in Ihrem Tagesgeschehen gestört werden.

📖 »Ich trete in Kontakt mit meinem Schöpfergott«

Rezeptur Phylak Sachsen GmbH

Dioscorea villosa 1
Euphrasia 1
Urtica 1
Sabal serrulatum 1

Dosierung. Nehmen Sie mehrmals am Tag 1-7 Tropfen. Die Einzeleinnahme darf sieben Tropfen auf keinen Fall übersteigen. Höchstdosis sind 21 Tropfen in 24 Stunden.

Wirkung. Diese Mischung wird Sie mit Ihrem Schöpfergott in Kontakt bringen. Durch die Rückkehr zu Ihrer Quelle, die Sie geschaffen hat, werden Sie wieder Vertrauen in das Leben finden. Dadurch können viele Ängste gar nicht mehr hochkommen. Wer sich in Gott geborgen fühlt und um ein geführtes Leben weiß, für den sind viele Ängste von vornherein nichtig.

📖 »Ich stelle mich meinen Ängsten«

Rezeptur Phylak Sachsen GmbH

Achillea millefolium 1
Nux vomica 1
Gentiana lutea 1
Solidago virgaurea 1
Thuja occidentalis 1

Oder alternativ:

📖 »Ich überwinde meine Ängste«

Rezeptur Phylak Sachsen GmbH

Pulsatilla 1
Eupatorium perfoliatum 1
Urtica 1
Rosmarinus officinalis 1
Solidago virgaurea 1

Dosierung. Ausgehend von 1×1 Tropfen täglich innerhalb weniger Tage auf 3×3 Tropfen in 24 Stunden steigern.

Wirkung. Diese beiden Mischungen können Sie als Basismischungen für Ihre Ängste sehen. Die Mischung »Ich stelle mich meinen Ängsten« ist für Menschen gedacht, die es bisher nicht gewagt haben, ihren Ängsten ins Gesicht zu schauen und direkt mit ihnen konfrontiert zu werden. Die Mischung »Ich überwinde meine Ängste« ist für Menschen gedacht, die sich schon öfter mit ihren Ängsten auseinander gesetzt haben und wissen, mit welchem »Dämon« sie zu kämpfen haben. Falls Sie unsicher sind, wählen Sie intuitiv eine der beiden Mischungen aus. Sie können diese Mischung gut mit einer Pflanze für spezifische Ängste (→ S. 224) kombinieren, so dass aus der Standardmischung eine individuelle Rezeptur entsteht. Haben Sie z. B. Achillea millefolium ausgesucht, weil Ihre Ängste oft einen gesellschaftlichen Hintergrund haben, sieht Ihre persönliche Mischung wie folgt aus:

Rezeptur Phylak Sachsen GmbH

Achillea millefolium 1
Nux vomica 1
Gentiana lutea 1
Solidago virgaurea 1
Thuja occidentalis 1
Achillea millefolium 1

Achillea millefolium ist doppelt enthalten. Der Apotheker wird dieses Mittel also zweimal zu gleichen Anteilen, aber zu unterschiedlichen Zeitpunkten in die Mischung geben.

Dosierung. Zu Beginn 1×1 Tropfen täglich einnehmen. Innerhalb weniger Tage auf 3×3 Tropfen in 24 Stunden steigern.

Wirkung. Die Wirkung dieser Mischung ergibt sich aus den Wirkungen der Basismischung »Ich stelle mich meinen Ängsten« bzw.»Ich überwinde meine Ängste« (→ S. 222) sowie der individuell zugemischten Pflanze.

»Ich erlöse alle unbewussten Ängste«

Rezeptur Phylak Sachsen GmbH

Datura stramonium 1
Coffea arabica 1
Nicotiana tabacum 1
Pilocarpus 1
Gelsemium sempervirens 1
Cynara scolymus 1

Dosierung. Nehmen Sie von dieser Mischung mehrmals täglich 1 bis 3 Tropfen pur auf die Zunge. Steigern Sie langsam, solange keine besonderen Beeinträchtigungen auftreten, auf 3 x 13 Tropfen. Hier eignet sich auch die Dosierung nach Fibonacci (→ S. 15).

Wirkung. Datura und Coffea erweitern das Spektrum der Pflanzen, die direkt auf unser Reptiliengehirn wirken, also den Anteil des Gehirns, in dem reflexartig Ängste ausgelöst werden. Das war ursprünglich wichtig für Fluchtreaktionen. In unserer modernen Gesellschaft werden nun durch Reizüberflutung und Stress auf den verschiedensten Ebenen oft die gleichen Fluchtmechanismen ausgelöst.

Was ursprünglich einmal sinnvoll war, weil es Kräfte für die Flucht aktvierte, läuft heute ins Leere, weil Flucht keine adäquate Lösung für heutige Stressauslöser ist. Im Gegenteil. Weil wir uns nicht – wie bei der Flucht – länger intensiv bewegen, bleiben die körpereigenen Stressfaktoren aktiv, setzen uns unter Dauerspannung und machen uns langfristig krank.

»Die Angst begleitet mich schon ein ganzes Leben«

Rezeptur Phylak Sachsen GmbH

Iris 1
Convallaria majalis 1
Malva silvestris 1
Aconitum napellus 1
Solidago virgaurea 1
Tilia 1
Gelsemium sempervirens 1
Pilocarpus 1
variable individuelle Pflanze 1
Sambucus nigra 1
Ruta graveolens 1
Hypericum perforatum 1
Quercus 1

Cave: Diese Mischung bitte nur um eine individuelle Pflanze ergänzen.

Dosierung. Im Akutfall nehmen Sie stündlich einen Tropfen, bis die Angst weg ist. Nachdem sich die akuten Symptome gebessert haben, nehmen Sie über mehrere Monate täglich 2×1 Tropfen.

Wirkung. Diese Mischung wird vor allem dann eingesetzt, wenn die Ängste schon über einen sehr langen Zeitraum bestehen. Sie können sich an den Ursprung gar nicht mehr erinnern und gehen in der Regel davon aus, dass die

Angst teilweise aus der Kindheit oder früheren Leben stammen könnte.

Pflanzen für spezifische Ängste

Wenn Sie eine Mischung gezielt für eine bestimmte Angst einsetzen wollen, können Sie eine der oben aufgeführten Basismischungen auswählen und eine bis höchstens drei der folgenden Pflanzen zufügen. Beachten Sie bitte, dass weniger manchmal mehr ist. Das soll heißen, dass der energetische Körper oft besser mit weniger Informationen als mit zu vielen zurechtkommt und die Wirkung einer sorgfältig ausgewählten Pflanze oft am besten ist.

Achillea millefolium. Angst vor dem, was die anderen wohl über einen sagen werden, wenn man aus vorgegebenen Schemen und gesellschaftlich akzeptablen Mustern ausbricht.

Aconitum napellus. Todesangst, Schockzustände mit Todesangst, Angst vor unbekannten Bedrohungen.

Aesculus hippocastanum, Equisetum arvense. Angst vor Pferden.

Angelica archangelica. Die Erzengelschutzpflanze kann als Basismittel bei Angstmischungen mit dazugegeben werden.

Aralia racemosa. Erstickungsängste, Engegefühl in der Brust, Angst mit anderen Menschen zu kommunizieren.

Arnica montana. Höhenangst, Platzangst; durch fehlende Motivation ausgelöste Ängste. »Ich schaffe das eh nicht.«

Avena sativa. Zukunftsängste. Angst, erneut zu scheitern.

Belladonna atropa. Angst vor Tieren, speziell vor Hunden, und kindliche Ängste vor Monstergestalten, Angst vor Gewitter.

Betula alba. Angst vor Krebs und vererbten Krankheiten; unerklärliche Ängste, die aus dem letzten Leben oder vergangenen Erlebnissen stammen.

China. Angst vor Tieren, speziell auch Spinnen.

Cimicifuga racemosa. Ängste während der Schwangerschaft und die mit der Schwangerschaft in Verbindung stehen, z. B. Angst vor einer Fehlgeburt; Angst, ein behindertes Kind zu bekommen; Angst vor der Entbindung; Kinder, die Angst haben, alleine zu bleiben.

Crataegus. Brustenge mit Angst und Panikgefühl.

Drosera. Tief sitzende alte Ängste, die nicht lokalisiert werden können; Verfolgungswahn; Angst, dass andere Menschen aggressiv auf einen reagieren; Angst auszusprechen, was man meint, um andere nicht vor den Kopf zu stoßen; Nachtangst; Angst vor Krankheit und Krankheitserregern; Angst vor Einsamkeit.

Fagopyrum esculentum. Angst vor Einsamkeit, kann gut mit Drosera ergänzt werden, falls Verlassenheits- oder Einsamkeitsängste vorwiegend nachts auftreten.

Gelsemium sempervirens. Angst vor bekannten Ereignissen, z. B. Prüfungen; Grund der Angst ist bekannt; auch Zukunfts- und Erwartungsangst.

Gentiana lutea. Angst mit Hang zu depressiven Zuständen; Angst ausgelöst durch fehlende soziale Integration.

Hypericum perforatum. Angst vor spitzen Gegenständen wie z. B. Injektionsnadeln; Angst vor engen Tunneln, Aufzügen oder engen Gängen.

Lycopodium clavatum. Angst, körperlich, seelisch und geistig nicht auf der Höhe zu sein, nicht perfekt zu sein.

Matricaria chamomilla. Ängste von Kleinkindern, die durch die Abwesenheit der Mutter zustande kommen. Auch Angst vor Gewitter.

Melilotus. Angst davor, gesehen oder wahrgenommen zu werden; Angst, laut zu reden oder beobachtet zu werden.

Melissa officinalis. Zukunfts- und Gegenwartsangst; Platzangst; Ängste in der Midlifecrisis der über 50-Jährigen. Grundsätzlich ist Melissa bei den Grundängsten der zivilisierten Menschheit im Zusammenhang mit existentiellen Fragen, also bei Angst um Geld, Gesundheit, Arbeitsplatz, Familie usw. geeignet.

Phytolacca decandra. Angst vorm Fliegen; Angst davor, Brustkrebs zu bekommen; Angst davor, der Wahrheit ins Gesicht zu schauen.

Pulsatilla. Angst davor, verlassen zu werden. Angst vor einem Nervenzusammenbruch.

Rauwolfia serpentina. Angst vor Hunden und Schlangen; Angst, eigene Wege zu gehen.

Sabal serrulatum. Angst vorm Einschlafen bei kleinen Kindern; Angst vor Gott durch ein falsch verstandenes Gottesbild.

Salvia officinalis. Ängstlichkeit durch ein völlig überreiztes Nervensystem.

Sambucus nigra. Sensible Menschen, die Ängste durch die bewusste oder unbewusste Beeinflussung durch andere Menschen haben.

Solidago virgaurea. Großes Nierenmittel und somit großes Angstmittel. Nach der traditionellen chinesischen Medizin ist eine energetisch nicht gut funktionierende Niere in Zusammenhang mit Angstzuständen zu bringen. Solidago virgaurea leitet - insbesondere

in Kombination mit Urtica - Ängste aus dem energetischen System aus.

Tropaeolum majus. Ängste, die durch getrübte oder nicht mehr vorhandene Lebensfreude ausgelöst werden.

Urtica. Nierenmittel; leitet Ängste aus - vor allem in Kombination mit Solidago virgaurea.

Vaccinium myrtillus. Befreit von uralten Ängsten.

Viscum album. Mondangst, Nachtangst; Angst vor dem Weiblichen; Angst zu sterben.

Vinca minor. Bei Angst, die Programme der Eltern nicht zu erfüllen und seinen eigenen Weg zu gehen, in Kombination mit Achillea millefolium.

Yohimbé. Angstlösendes Mittel; wirkt auf das 7. Chakra (→ S. 19). Ängste, sexuell zu versagen.

Juniperus communis. Ängste, die durch fehlenden Glauben oder im Zusammenhang mit Glaubensfragen ausgelöst werden.

Quercus. Angst davor, eine große und revolutionäre Entwicklung in Ihrem Leben zu beginnen.

»Meine Aura ist geschützt und ich fühle mich frei von Ängsten«

Rezeptur Phylak Sachsen GmbH

Avena sativa 1
Urtica 1
Rosmarinus officinalis 1
Amygdala amara 1
Symphytum officinale 1

Dosierung. Geben Sie mit der Sprühflasche alle 4-6 Stunden einen Hub in Ihren Mund und sprühen Sie zusätzlich mit einem Hub über Ihrem Kopf Ihre Aura ein.

Wirkung. Diese Mischung ist vor allem dann angebracht, wenn Ängste in direktem Zusammenhang mit schockhaften Ereignissen stehen, bei denen vermutet werden kann, dass durch den Schock die Aura in ihrer Stabilität verletzt wurde. Diese Rezeptur verhindert, dass sich Ängste durch eine gestörte Aura in Ihrem Energiesystem einnisten und so Ängste auslösen, die gar nichts mit Ihnen zu tun haben.

»Ich begebe mich vertrauensvoll in die Hände meines Heilers«

Rezeptur Phylak Sachsen GmbH

Aconitum napellus 1
Piper methysticum 1
Matricaria chamomilla 1

Dosierung. Im Akutfall alle 30 Minuten einen Tropfen entweder auf Stirn und Bauch einreiben oder unter die Zunge geben. Höchstdosis von 21 Tropfen in 24 Stunden beachten.

Wirkung. Diese Mischung ist bei Menschen anzuwenden, die Angst vor der Untersuchung beim Arzt oder vor dem Krankenhaus haben.

»Ich öffne mich für die Begegnung mit anderen Menschen«

Rezeptur Phylak Sachsen GmbH

Drosera 1
Urtica 1
Taraxacum officinale 1
Rosmarinus officinale 1
Iris 1
Crataegus 1
Yohimbé 1
Angelica archangelica 1
Nux vomica 1
1 ml Galium odoratum

Dosierung. Am besten als Spray anwenden und alle 4-6 Stunden einen Hub in Ihre Aura sprühen.

Wirkung. Sehr gut geeignet, wenn Sie Probleme haben, offen auf andere zuzugehen, oder wenn Sie Ihre Schüchternheit immer wieder vor schier unüberwindliche Probleme stellt und Ihnen somit Gelegenheiten der Kommunikation oder Kontakte mit anderen fehlen. Auch hervorragend als »Akutmittel« vor einem Date oder einer Begegnung mit Fremden, die im Vorfeld Ängste auslöst.

📖 »Angstfrei begegne ich meinen blockierenden Lebensmustern«

Rezeptur Phylak Sachsen GmbH

Juniperus communis 1
Euphrasia 1
Urtica 1
Aconitum napellus 1
Euphrasia 1
Solidago virgaurea 1
Allium cepa 1
1 ml Galium odoratum

Dosierung. Diese Mischung bitte sehr behutsam dosieren. Beginnen Sie mit einem Tropfen in 24 Stunden. Danach können Sie sehr vorsichtig und langsam auf höchstens neun Tropfen in 24 Stunden steigern, zum Beispiel auf 3 × 3 Tropfen.

Wirkung. Diese Rezeptur ermöglicht es Ihnen, sich angstfrei und Schritt für Schritt an längst vergangene Ereignisse in Ihrem Leben zu erinnern. Dabei lernen Sie alle Muster kennen, die täglich unbewusst Ängste in Ihnen auslösen.

📖 »Ich besiege meine Angst vor destruktiven Krankheiten«

Rezeptur Phylak Sachsen GmbH

Sambucus nigra 1
Ruta graveolens 1
Viscum album 1

Dosierung. Nehmen Sie von dieser Mischung 3 × 3 Tropfen täglich über einen Zeitraum von mindestens neun Monaten ein.

Wirkung. Diese Kombination nehmen Sie, wenn Sie Angst davor haben, Krebs zu bekommen. Zusätzlich zu dieser Mischung nehmen Sie abends vor dem Schlafengehen die Mischung »Ich werde bewusst« (→ S. 221) ein.

📖 Mischungen für spezifische Krebsängste

Falls Sie spezifische Krebsängste haben, die ein bestimmtes Organ betreffen, suchen Sie sich im Kapitel »Psychosomatik« (→ S. 284) eine dem Organ entsprechende Pflanze und geben Sie diese zu einer Mischung aus Sambucus nigra, Ruta graveolens und Viscum album:

Rezeptur Phylak Sachsen GmbH

Sambucus nigra 1
Ruta graveolens 1
Viscum album 1
variable individuelle Pflanze 1
eventuell variable Pflanze Elternteil 1

Wenn Sie beispielsweise Angst haben, Leberkrebs zu bekommen, suchen Sie sich eine Pflanze, welche wie z. B. Chelidonium majus die Leber repräsentiert. Die erweiterte Rezeptur sieht dann folgendermaßen aus:

📖 Mischung bei Angst vor Leberkrebs

Rezeptur Phylak Sachsen GmbH

Sambucus nigra 1
Ruta graveolens 1
Viscum album 1
Chelidonium majus 1

Falls Ihre Krebsängste von einem bestimmten Elternteil kommen, geben Sie bitte eine entsprechende Pflanze aus der Tabelle bei der Beschreibung von Nux vomica (→ S. 128) dazu. Wenn einem Elternteil mehrere Pflanzen zugeordnet sind, wählen Sie intuitiv eine davon aus.

📖 »Der Tod gehört zum Leben«

Rezeptur Phylak Sachsen GmbH

Iris 1
Convallaria majalis 1
Malva silvestris 1
Taxus baccata 1
Okoubaka aubrevillei 1
Dioscorea villosa 1
1 ml Tilia

Dosierung. Diese Mischung bitte vorsichtig dosieren, da sonst panische Todesangst auftreten kann. Beginnen Sie ganz vorsichtig mit 1×1 Tropfen in 24 Stunden. Sie können diese Tropfen auch auf den Solarplexus, eine Stelle oberhalb des Bauchnabels, einreiben. Dann langsam auf höchstens neun Tropfen in 24 Stunden steigern, z. B. auf 3×3 Tropfen.

Wirkung. Bei dieser Mischung geht es um die Angst vor dem Tod und das letzte große Loslassen in unserem Leben. Außerdem kann sie bei Menschen angewendet werden, die mit dem Tod als reale Tatsache in ihrem Leben konfrontiert sind und sich auf das Sterben vorbereiten.

📖 »Ich schütze mich in einer neuen Lebensphase«

Rezeptur Phylak Sachsen GmbH

Avena sativa 1
Urtica 1
Rosmarinus officinalis 1
Urtica 1
Matricaria chamomilla 1

Dosierung. Nehmen Sie von dieser Mischung 3×3 Tropfen täglich über einen Zeitraum von mindestens neun Monaten ein.

Wirkung. Diese Mischung stabilisiert und schützt Sie in einer neuen Lebensphase, in der Sie sich noch nicht so ganz etabliert haben. Wenn Sie ganz tief in sich hineinhorchen, wissen Sie genau, dass Sie auf dem richtigen Weg sind. Doch Sie werden durch Anfechtungen, andere Meinungen oder Äußerungen Außenstehender immer wieder leicht verunsichert. Durch diese Verunsicherung kommen Ängste hoch, die gar nichts mit Ihnen zu tun haben. Diese Mischung hilft Ihnen, bei sich zu bleiben, Menschen anzuziehen, die Sie auf Ihrem neuen Weg unterstützen, und Ihre neue Meinung klar und deutlich nach außen zu vertreten.

📖 »Ich besiege die Angst vor der Angst«

Rezeptur Phylak Sachsen GmbH

Iris 1
Convallaria majalis 1
Malva silvestris 1
Propolis 1
Eupatorium perfoliatum 1
Urtica 1
Rosmarinus officinalis 1
Solidago virgaurea 1
Pilocarpus 1
Eupatorium perfoliatum 1
Urtica 1
Rosmarinus officinalis 1
Solidago virgaurea 1

Die Anfangsbuchstaben der Pflanzen Propolis, Eupatorium, Urtica, Rosmarinus und Solidago ergeben das französische Wort »peurs«, also Angst. Hier geht es um die Angst vor der Angst. Deshalb sind die gleichen Pflanzen teilweise zweimal enthalten. Der Apotheker mischt die gleichen Pflanzen zu unterschiedlichen Zeitpunkten in die Mischung. So bleibt die Wortenergie voll erhalten.

Dosierung. Diese Mischung sehr vorsichtig dosieren. Beginnen Sie mit einem Tropfen in 24 Stunden und steigern Sie sehr langsam auf höchstens 21 Tropfen in 24 Stunden, wie z. B. auf 3 × 7 Tropfen.

Wirkung. Manchmal weiß man gar nicht mehr, vor was man eigentlich Angst hat. Die Ursache unserer Angst ist nicht mehr auszumachen. In diesem Fall können Sie davon ausgehen, dass es sich um die größte aller Ängste handelt, nämlich die Angst vor der Angst. Für diesen Zustand können Sie diese Mischung verwenden.

📖 »Ich reagiere oft mit Panikattacken«

Rezeptur Phylak Sachsen GmbH

Iris 1
Convallaria majalis 1
Malva silvestris 1
Pilocarpus 1
Pulsatilla 1
Aconitum napellus 1
Nux vomica 1
Iris 1
Piper methysticum 1
1 ml Tilia

Dosierung. Die Dosierung ergibt sich aus der Indikation. Bei auftretenden Panikattacken nehmen Sie alle 20 Minuten einen Tropfen direkt in den Mund. Zur Langzeittherapie im anfallsfreien Intervall nehmen Sie bitte 2 × 1 Tropfen pro Tag über mindestens neun Monate ein.

Wirkung. Diese Mischung ist für Menschen, die immer wieder unter akut auftretenden Panikattacken mit allen typischen Symptomen leiden.

⚠ Cave: Paniksymptome sind für den Laien nicht zu differenzieren und sollten, je nach Symptomen, auf jeden Fall von einem Facharzt abgeklärt werden, um eine organische Ursache auszuschließen.

Aussöhnung mit dem Lebensprozess und Neuanfang

In meiner Praxis stoße ich immer wieder auf Situationen, die sich im eigentlichen Sinne nicht auflösen lassen, für die es keine richtige Lösung gibt. Es gibt Dinge und Ereignisse, deren Sinn und Hintergrund sich uns in diesem Leben wahrscheinlich nie erschließen werden. Fragen, die wir mit auf unsere letzte große Reise nehmen müssen, um dann vielleicht im Angesicht Gottes eine Antwort darauf zu erhalten. Bestimmte Dinge sind nun mal passiert, nicht mehr umkehrbar und werden uns in irgendeiner Form unser ganzes Leben lang begleiten – und vielleicht auch darüber hinaus.

? Plagen Sie Fragen, für die es zwar Erklärungsansätze gibt, auf die Sie aber in letzter Konsequenz nirgends eine Antwort gefunden haben?

? Ließen die Erklärungen, Ihre eigenen Erfahrungen oder Ihre Intuition immer eine kleine, nie zufriedenstellend beantwortete Restfrage offen, wenn Sie auf der Suche nach Antwort bei Rückführungen, Geistheilungen oder Jenseits- und Aura-sichtigen Menschen waren?

? Fallen Sie trotz vielfältigster Therapien immer wieder in alte Muster zurück? Und können Sie aus dieser Spirale scheinbar nicht entkommen?

Dann sollten Sie in Ihrem Inneren, in den Tiefen Ihres Geistes und Ihrer Seele nach der Antwort suchen. Denn nur hier liegt sie verborgen. Um an diese Quelle zu gelangen, brauchen Sie eine Energie und einen Raum, in dem Ihre Seele Gott vorurteils- und angstfrei begegnen kann.

Ungelöste oder unerlöste Prozesse erzeugen Blockaden, die es zusätzlich zu Ihren karmisch vorherbestimmten Geburts- oder Lebensblockaden aufzulösen gilt (→ S. 271).

In diesem Kapitel stelle ich Ihnen ein Konzept zur Behandlung solcher Blockaden und zur Begleitung dieser Prozesse mit spagyrischen Mitteln vor. Es basiert auf der Aussöhnung, der Erlösung der mit dem Problem verbundenen Blockadeenergien und dem darauf folgenden Neuanfang. Nehmen Sie sich Zeit, die einzelnen in den Mischungen enthaltenen Pflanzen kennen zu lernen und dadurch die Mischung im Ganzen zu verstehen. Gehen Sie einen Schritt nach dem anderen. Üben Sie sich in Geduld – auch wenn scheinbar nichts Wahrnehmbares passiert. Und vertrauen Sie auf die Synergieeffekte der gewählten Pflanzen in den Rezepturen. Die erste vorgestellte Rezeptur begleitet Sie während der gesamten Behandlung – allerdings in unterschiedlichen Dosierungen. Anschließend stelle ich Ihnen die speziellen Mischungen für Phase 1 und 2 vor. Und schließlich die Rezeptur »Die Suche nach dem verlorenen Paradies«, die Sie während der ganzen Behandlung als Spray anwenden.

📖 »Erlösung der Kindheitstraumata«

Rezeptur Phylak Sachsen GmbH

Mentha piperita 1
Bellis perennis 1
Solidago virgaurea 1
Sambucus nigra 1
Ruta graveolens 1
Nicotiana tabacum 1
Okoubaka aubrevillei 1
Mandragora officinale 1

Dosierung. Die Dosierung ist für Phase 1 und 2 unterschiedlich:

- ▶ Phase 1: Nach Fibonacci (→ S. 15) bis 3 × 8 Tropfen täglich.
- ▶ Phase 2: Nach Fibonacci bis 3 × 5 Tropfen täglich.

Wirkung. Die Mischung hilft, sich mit alten Traumata aus der Kindheit auszusöhnen und diese dadurch zu erlösen. Diese Mischung nehmen Sie während der ganzen Behandlung parallel zu den phasenspezifischen Mischungen.

📖 Phase 1 – »Befreiung von Traurigkeit 1«

Rezeptur Phylak Sachsen GmbH

Chelidonium majus 1
Okoubaka aubrevillei 1
Okoubaka aubrevillei 1
Euphrasia 1
Solidago virgaurea 1
Ginkgo biloba 1
Humulus lupulus 1

ⓘ **Hinweis:** Aufgrund ihrer besonderen Bedeutung werden in dieser und den nächsten Mischungen bestimmte Pflanzen wie Okoubaka und Quercus mehrmals an verschiedenen Stellen bei der Herstellung zugefügt. Dies ist genau so erwünscht. Die Herstellung der Rezeptur in dieser Form muss genau eingehalten werden, um die gewünschte Wirkung zu erzielen.

Dosierung. 3 × 1 bis 3 × 7 Tropfen einnehmen. Diese Phase sollte rund sechs bis zwölf Wochen dauern.

Wirkung. Die Mischung hilft Ihnen, die tief in Ihnen liegende Traurigkeit und jede Form von unreflektierten, den Lebensprozess behindernden Emotionen zu erlösen.

📖 Phase 2 – »Befreiung von Traurigkeit 2«

Rezeptur Phylak Sachsen GmbH

Chelidonium majus 1
Okoubaka aubrevillei 2
Okoubaka aubrevillei 1
Euphrasia 1
Solidago virgaurea 1
Humulus lupulus 1
Ginkgo biloba 1
Cynara scolymus 1
Eupatorium perfoliatum 1
Rhus toxicodendron 1

Dosierung. 3 × 1 bis 3 × 3 Tropfen täglich einnehmen.

Wirkung. In Phase 1 wurden Emotionen aus Ihrem Emotionalkörper ausgeleitet, die destruktiv für Ihren Lebensprozess waren. Diese Mischung hilft Ihnen, aus Ihrem Geist und Ätherkörper die geistigen Denkmuster zu erlösen, die Sie in Resonanz mit alten Mustern bringen.

📖 »Die Suche nach dem verlorenen Paradies«

Rezeptur Phylak Sachsen GmbH

Achillea millefolium 1
Malva silvestris 1
Taxus baccata 1
Iris 1
Convallaria majalis 1
Malva silvestris 1
Tilia 1
Chelidonium majus 1
Nicotiana tabacum 1
Fagopyrum esculentum 1
Okoubaka aubrevillei 1
Quercus 1
1 ml Galium odoratum
Quercus 1
Okoubaka aubrevillei 1
Fagopyrum esculentum 1
Betula alba 1

Dosierung. Diese Rezeptur benutzen Sie zusätzlich während beiden Phasen der Behandlung. Lassen Sie sich diese Rezeptur als Spray anfertigen und dosieren Sie individuell aus Ihrer Intuition heraus. Geben Sie jeweils einen Hub in die Aura. Sprühen Sie dazu ca. zwei Handbreit über Ihren Kopf, in Höhe des 8. Chakras (→ S. 19), direkt in Ihre Aura.

Wirkung. Die Mischung hilft Ihnen, Altes und Überholtes loszulassen. Energievampire zu entlarven und diese ins Universum zurückzuschicken. Egal, ob es sich dabei um Menschen, Gegenstände oder Gewohnheiten handelt. So wird der Weg frei für Ihre wahre Bestimmung, Berufung oder Lebensaufgabe.

Aura von eingedrungenen Wesenheiten befreien

Wenn Sie trotz Anwendung eines Sprays zum Schutz vor negativen Energien an Orten und Gegenständen (→ S. 305) das Gefühl haben, nach wie vor energetischen Angriffen ausgesetzt zu sein, kann das ein Hinweis darauf sein, dass sich bereits fremde Wesenheiten (Entitäten) in Ihrer Aura eingenistet haben und dort ein Eigenleben führen.

Oft handelt es sich um nahe Angehörige, die im Moment des Todes nicht loslassen konnten und sich nun von Ihrer Energie »ernähren«. Wenn man die Todesnachricht eines vielleicht unter dramatischen Umständen Verstorbenen bekommt, verschiebt sich durch den Schock die Aura meist nach links. Dadurch entsteht ein Loch in der Aura, durch das die Verstorbenen in unsere Aura schlüpfen und sich dort einnisten können, wo sie dann von unserer Energie leben.

Die Mischungen zum Schutz vor negativen Energien an Orten und Gegenständen schützen zwar vor Angriffen von außen, aber nicht vor Energien, die sich bereits in Ihren Energiekörpern befinden. Hierfür benötigen Sie Mittel zur Reinigung der Aura. Dabei ist es durchaus sinnvoll, parallel zu einer Aurareinigung Schutzsprays für Energien von außen anzuwenden, um zu vermeiden, dass neue Energieformen eindringen können, solange die Aura noch nicht wieder völlig geschlossen ist

📖 »Ich erlöse eine Seele ins Licht«

Rezeptur Phylak Sachsen GmbH

Sarsaparilla 1
Juniperus communis 1
Avena sativa 1
Urtica 1
Rosmarinus officinalis 1
Angelica archangelica 1
Cimicifuga racemosa 1
Sabal serrulatum 1
Tropaeoleum majus 1
Hypericum perforatum 1

Dosierung. Die Mischung ausschließlich in der Aura anwenden. Sprühen Sie hierfür mehrmals täglich ein bis zwei Hübe über den Kopf direkt in Ihre Aura. Abends vor dem Schlafengehen sollten Sie zudem Ihr Bett besprühen. Zusätzlich unbedingt morgens nach dem Aufstehen bzw. nach dem Duschen sofort ein bis zwei Hübe in die Aura sprühen.

Wirkung. Diese Mischung ist dann für Sie geeignet, wenn Sie eine Seele, die noch erdgebunden ist, befreien möchten. Das kann z. B. ein verstorbener Freund oder naher Angehöriger sein, von dem Sie wissen, dass er sich damit schwer tut, seinen Weg ins Licht zu finden. Mit Hilfe dieser Mischung kann sich die Seele mit Gott aussöhnen und durch Hypericum direkt den Weg ins Licht gezeigt bekommen. Sarsaparilla reinigt die Seele, so dass sie frei von Schuldgefühlen ihrem Schöpfer gegenübertreten kann. Außerdem ist die Rezeptur hervorragend geeignet, wenn Sie einen nicht inkarnierten Zwilling aus Ihrer Aura erlösen möchten. Egal, ob die Zwillingsseele festgehalten wird oder ob sie nicht zurück ins Licht gehen möchte.

📖 »Ich befreie mich von Wesenheiten und in der Aura eingeschlossenen Energien«

Rezeptur Phylak Sachsen GmbH

Sarsaparilla 1
Juniperus communis 1
Avena sativa 1
Urtica 1
Rosmarinus officinalis 1
Angelica archangelica 1
Symphytum officinale 1
Sabal serrulatum 1
Tropaeoleum majus 1
Hypericum perforatum 1

Dosierung: Die Mischung ausschließlich in der Aura anwenden. Mehrmals täglich ein bis zwei Hübe über den Kopf direkt in Ihre Aura sprühen. Abends vor dem Schlafengehen sollten Sie zudem Ihr Bett besprühen. Zudem morgens nach dem Aufstehen bzw. nach dem Duschen unbedingt sofort ein bis zwei Hübe in die Aura geben.

Wirkung. Wenn Sie Stimmen hören, das Gefühl haben, oft nicht Herr Ihrer selbst zu sein, oder der Meinung sind, dass Ihnen Fremdenergien bedrohlich nahegekommen sind, ist diese Mischung genau richtig für Sie. Der Unterschied zur vorhergehenden Rezeptur ist, dass Sie hier die Energien nicht benennen können, also keine Ahnung haben, was eigentlich los ist. Die Mischung schützt auch Therapeuten, die mit abgespaltenen Seelenanteilen arbeiten. Bei Familienstellungen hilft die Rezeptur, dass die gerufenen Energien wieder zurück in die Anderswelt finden können. Ich habe schon oft festgestellt, dass ohne diese Schutzmaßnahme nach einer systemischen Familienstellung ein gestellter Angehöriger in der Aura verblieben ist.

Begegnung mit Ihrem Schutzengel

»Und er befahl seinen Engeln, dass sie Dich auf Deinem Wege allezeit behüten.« In der Bibel gibt es an verschiedenen Stellen Hinweise darauf, dass himmlische Mächte uns begleiten. Die himmlischen Mächte stehen uns und unserer Seele in jedem Abschnitt unseres Lebens zur Verfügung. Oft vergessen wir dies, bis wir durch ein besonderes Geschehen, bei dem wir das Eingreifen von himmlischen Mächten spüren, wieder an die Existenz dieser Helfer aus den jenseitigen Welten erinnert werden.

Als Kinder hatten Sie wahrscheinlich auch die Vorstellung, dass Gott sich nicht alleine um alle Menschen kümmern kann und deshalb Engel braucht, die sich vor allem an Weihnachten um die fristgemäße Zustellung unserer Geschenke kümmern. Im Laufe Ihres Lebens haben Sie eventuell die eine oder andere Vorstellung über die himmlischen Heerscharen revidiert oder sind durch besondere Ereignisse wieder auf das Wirken der Engel in Ihrem Leben aufmerksam geworden.

Ich denke, es ist für jeden von großem Nutzen, sich seines Seelenführers, sprich: Schutzengels, und dessen Anwesenheit in seinem Leben zu versichern. Vieles kann in unserem Leben leichter werden, wenn wir wissen, dass unser Leben, aber auch das Leben von Freunden und Angehörigen durch die Anwesenheit unseres Engels behütet und beschützt ist. Dies passt zu der Auffassung der Anthroposophie, dass sich Engel in unserem Erwachsenenleben erst einmal zurückziehen, bis wir wieder einen bewussten Kontakt mit ihnen aufnehmen. Sie bleiben im Hintergrund und warten

darauf, wieder in unser Leben eingeladen zu werden. Mit Hilfe der Spagyrik können Sie dies auf vielfältige Art und Weise tun.

▸ Sie können zum Beispiel die unten angegebenen Mischungen bei Meditationen mit Ihrem Engel verwenden.

▸ Sie können sich in besonders prekären Situationen der Anwesenheit Ihrer Engel versichern, indem Sie Schutzengel-Sprays anwenden.

▸ Sie können Ihre Kinder unter den Schutz von Engeln stellen, indem Sie die Essenz in die Aura Ihrer Kinder einsprühen und die Engel dabei um ihren Beistand bitten.

▸ Sie können Engelsymbole energetisieren, indem Sie Schutzengelmischungen auf diese Symbole aufsprühen oder diese damit einreiben.

▸ Sie können Schutzengelmischungen in Verdunsterlampen oder als energetisches Raumspray verwenden.

Zu Anwendung der Mischungen gehört auch, dass Sie in diesem Moment an den Engel denken. Immer wenn Sie eine Mischung anwenden, sollten Sie ein kurzes Gespräch mit Ihrem Engel führen. Wenden Sie die unten angegebenen Mischungen vorwiegend als Spray an, um sich an die Leichtigkeit und das ätherisch nicht Greifbare der Engelswelten zu erinnern.

Dosierung. Sprühen Sie mehrmals täglich einen Hub in Ihre Aura, auf Ihren Kopf oder an besondere Plätze wie Ihr Schlafzimmer oder bei Meditationen in Meditationsräume. Höchstdosis beim Menschen sind acht Hübe oder, falls Sie Tropfen bevorzugen, 21 Tropfen in 24 Stunden.

📖 »Die Engel behüten meine Seele«

Rezeptur Phylak Sachsen GmbH

Angelica archangelica 1
Nux vomica 1
Galium odoratum 1
Euphrasia 1
Lycopodium clavatum 1
Sambucus nigra 1
Juniperus communis 1
Angelica archangelica 1

Dosierung. Wie in der Einführung zu diesem Kapitel angegeben (→ S. 235).

Wirkung. Diese Mischung ist besonders zum Schutz von Kindern, insbesondere von Indigokindern geeignet. Indigokinder sind alte Seelen, die in unsere Zeit inkarnieren, um uns bei den vielfältigen Problemen zu helfen, die noch auf uns zukommen werden. Diese Kinder sind in der Regel sehr intelligent, können diese Intelligenz, die eine Mischung aus Intuition, Wissen aus anderen Inkarnationen und bewusstem Denken ist, jedoch oft nicht folgerichtig in unseren Lehrsystemen umsetzen. Deshalb werden sie fälschlicherweise oft als schwierig und nicht besonders intelligent eingestuft. In Wahrheit haben diese Kinder aber nur eine besondere Wahrnehmung, die es ihnen schwermacht, sich in unserer eher grobstofflichen und energetisch gestörten Welt auszudrücken.

📖 »Ich bringe wieder Licht in Dein Leben«

Rezeptur Phylak Sachsen GmbH

Solidago virgaurea 1
Okoubaka aubrevillei 1
Lycopodium clavatum 1
Angelica archangelica 1
Rosmarinus officinalis 1

Dosierung. Wie in der Einführung zu diesem Kapitel angegeben (→ S. 235).

Wirkung. Diese Mischung dient vor allem der Harmonisierung und lichtvollen Energetisierung von Räumen und Orten, an denen Sie sich oft aufhalten. Sie können Sie im Büro, im Schlafzimmer, bei Vorträgen oder Meditationen, die sich vor allem mit dem Thema Licht, Liebe und Bewusstwerdung beschäftigen, einsetzen. Das Thema Licht ist für unsere Energiekörper extrem wichtig geworden, da durch die niedrigfrequente Strahlenbelastung – zum Beispiel durch WLAN, Bluetooth und MP3-Player – das Licht in seiner Strahlungsintensität zerstört wird und nicht mehr in der ganzen Frequenz zur Verfügung steht. Die Mischung ist sehr gut als Raumspray in der lichtarmen Jahreszeit zwischen November und März geeignet.

📖 »Die Engel begleiten mich auf meinem Lebensweg«

Rezeptur Phylak Sachsen GmbH

Angelica archangelica 1
Nux vomica 1
Galium odoratum 1
Euphrasia 1
Lycopodium clavatum 1
Salvia officinalis 1
Sarsaparilla 1
Angelica archangelica 1

Dosierung. Wie in der Einführung zu diesem Kapitel angegeben (→ S. 235).

Wirkung. Diese Mischung eignet sich gut für Menschen, die sich in besonderen Lebenssituationen wie zum Beispiel Pubertät, Lebenskrisen oder Menopause befinden oder keinen guten Zugang zu ihrem Körper haben. Sie fühlen sich in ihrem Körper nicht wohl und nicht zu Hause. Durch diese Mischung werden Sie sanft in Ihrem Körper verankert und können sich dort wieder wohlfühlen. Sie bekommen Zugang zu Ihren Emotionen und können mit diesen umgehen, ohne durch sie überfordert zu sein.

Einzelessenzen

Es gibt Essenzen, die Sie einzeln einsetzen oder Mischungen beigeben können, um sich der Unterstützung der himmlischen Mächte zu vergewissern. Im Folgenden sind einzelne Essenzen angeführt, die eine Zuordnung zu speziellen Himmelskräften darstellen. Die Einzelessenzen immer als Spray anwenden und mehrmals täglich einen Hub in die Aura einsprühen.

Angelica archangelica. Der Erzengelwurz wird bei der Anwendung als Einzelsubstanz die Verbindung mit Ihrem Schutzengel herstellen. »Ich bin der Schutzengel, der Dir hilft, auch schwierige Situationen zu ertragen, und stelle jederzeit den Kontakt mit Deinen geistigen Führern her.« Angelica archangelica gewährt uns den Schutz unseres Engels. Falls Sie in Lebenssituationen sind, in denen scheinbar nur noch ein Wunder helfen kann, ist Angelica die optimale Pflanze, um ein Licht in der Dunkelheit zu finden. Sie hilft Ihnen, sich zu orientieren, sich zu zentrieren und auf das göttliche Wirken in Ihrem Leben einzustellen. Sie gibt Ihnen Selbstvertrauen, wenn Sie sich unendlich verlassen fühlen. Sie erdet Sie während der Meditation und hilft Ihnen, die verschiedenen Aspekte Ihrer Persönlichkeit harmonisch zu integrieren.

Mandragora officinalis. Diese Pflanze repräsentiert den Erzengel Michael, der als Drachentöter bekannt geworden ist. Sie kann Ihnen helfen, Ihre inneren Drachen, also die Dämonen in Ihrem Inneren, zu bekämpfen. Sie hilft bei allen Therapien, bei denen Sie sich mit Ihren negativen inneren Energien auseinandersetzen müssen. Alle hochkommenden Gefühle können in Ruhe aus gelassener Distanz angeschaut und verarbeitet werden.

Solidago virgaurea stellt die Verbindung zwischen unserem Engel und unserem geistigen Meister her. Die goldene Aura, die diese Pflanze umgibt, hilft Ihnen, sowohl mit Ihrem Schutzengel als auch mit Ihrem Geistführer zu kommunizieren.

Rauwolfia serpentina nehmen Sie am besten als Einzelessenz ein, wenn Sie generell mit der Engelswelt Kontakt aufnehmen möchten. Sie fördert die Kommunikation mit den Engeln aller Hierarchien und Ordnungen.

Melilotus schafft eine harmonische Verbindung mit den Engeln und eignet sich vorwiegend als Spray für Räumlichkeiten und Orte, an denen Sie eine Energie von Harmonie und allumfassender Liebe herstellen möchten.

Den richtigen Lebensweg finden

Ihr Leben erfüllt sich am ehesten, wenn Sie dem Weg Ihres Herzens folgen. Wenn Sie sich immer mal wieder Gedanken über das Leben machen, erkennen Sie leichter, ob Sie von dem für Sie richtigen Weg abgewichen sind. Bei Bedarf können Sie dann entsprechende Kurskorrekturen vornehmen. Behalten Sie dabei die Realität im Auge und erkennen Sie diese als Bestandteil Ihres Lebens an.

Damit Ihr Leben gelingen kann, sollten Sie sich Ihrer Herzenswünsche bewusst werden und sich diese auch erfüllen. Doch wie erhalten Sie Zugang zu dem, was Ihr Herz möchte?

Im menschlichen Miteinander gelingt dies am leichtesten, wenn Sie sich Hals über Kopf verlieben. Da ist vieles von vornherein klar. Die Schmetterlinge im Bauch zeigen, wo es langgeht. Auch in anderen Lebensbereichen geht es immer wieder darum, sich in das Leben und was es von Ihnen fordert zu verlieben. Die Herzessenz verhilft Ihnen zu innerem Frieden und Klarheit. Sie zeigt Ihnen, wo die Suche anfangen und wo sie aufhören kann.

📖 »Ich entdecke und lebe meine Herzenswünsche«

Rezeptur Phylak Sachsen GmbH

Catharanthus roseus 1
Okoubaka aubrevillei 1
Euphrasia 1
Urtica 1
Rosmarinus officinalis 1
1. individuell errechnete Pflanze 1
2. individuell errechnete Pflanze 1

Dosierung. Nehmen Sie von dieser Rezeptur täglich 3 × 4 bis 3 × 7 Tropfen ein. Zusätzlich können Sie einige wenige Tropfen direkt auf Ihre Herzgegend reiben.

Wirkung. Diese Rezeptur hilft Ihnen, den Weg Ihres Herzens zu entdecken und ihm zu folgen: Catharanthus verschafft Ihnen Zugang zu Ihrem wahren Ich. Okoubaka entfernt und transformiert fremde Energien, die Sie daran hindern, sich unbeeinflusst durch andere Ihren wahren Wünschen zuzuwenden. Euphrasia öffnet Ihr 6. Chakra, damit Sie vollen Zugang zu Ihrer Intuition erlangen. Urtica hilft Ihnen, sich abzugrenzen und selbst in schwierigen Entscheidungsphasen bei sich zu bleiben. Rosmarinus öffnet Ihr Herz für die Energien des Kosmos und der himmlischen Mächte, die Ihnen auf Ihrem Weg helfen möchten. Die beiden individuell ergänzten Pflanzen ergeben sich aus Ihren Herzzahlen.

Berechnung der Herzzahlen

Bei der Zusammensetzung der Herzessenz spielt Ihr Name als wichtiger Indikator für Ihre Herzenswünsche eine zentrale Rolle. Da die Vokale dem 4. Chakra, also dem Herzchakra (→ S. 19) zugeordnet sind, werden diese zur Berechnung Ihrer Herzzahlen herangezogen. Entsprechend der Stellung der Vokale im Alphabet gilt: A = 1, E = 5, I = 9, O = 15 = 6 und U = 21 = 3. Schreiben Sie zunächst Ihren vollständigen Vor- und Zunamen auf und ordnen Sie den Vokalen die entsprechenden Zahlen im Alphabet zu. Dann berechnen Sie die Quersumme. Bei der Berechnung der ersten Herzzahl verwenden Sie für O 15 und für U 21. Bei der Berechnung der zweiten Herzzahl setzen Sie für O die 6 als Quersumme von 15 und für U die 3 als Quersumme von 21 ein.

Beispiel. Für Johann Maier ergibt sich als erste Herzzahl: 15 (O) + 1 (A) + 1 (A) + 9 (I) + 5 (E) = 31. Die 31 entspricht Ephedra, die damit Ihre erste individuelle Pflanze für die Mischung ist. Die zweite Herzzahl berechnet sich aus 6 (O) + 1 (A) + 1 (A) + 9 (I) + 5 (E) = 22. Damit ist China mit der Nummer 22 Ihre zweite individuelle Pflanze.

Wenn Sie weder ein O noch ein U in Ihrem Namen tragen, werden die beiden Zahlen gleich sein. In diesem Fall verwenden Sie die Quersumme der ersten Herzzahl als zweite Herzzahl und bestimmen Sie so die zweite Pflanze.

Beispiel. Für Ida Maier ergibt sich als erste Herzzahl: 9 (I) + 1 (A) + 1 (A) + 9 (I) + 5 (E) = 25. Die zweite Herzzahl wäre demnach 2 + 5 = 7 und damit Amygdala amara die zweite individuelle Pflanze.

Haben Sie Ihren Namen z. B. durch Heirat geändert, verwenden Sie Ihren aktuellen Namen für die Berechnung Ihrer Herzzahlen und die Bestimmung Ihrer individuellen Pflanzen. Wenn die Namensänderung weniger als sieben Jahre zurückliegt, sollten Sie die Herzzahlen sowohl für Ihren Geburtsnamen als auch für Ihren aktuellen Namen errechnen. Die aus Ihrem Geburtsnamen berechneten Herzzahlen zeigen Ihnen die Grundidee Ihres Lebens und Ihrer Person. Die aus dem aktuellen Namen errechnete Herzzahl deckt auf, was z. B. infolge der Heirat, die zu der Namensänderung geführt hat, durch die Energie des Partners und der Heirat selbst aus dieser Grundidee geworden ist.

Ihre Herzzahlen offenbaren Ihnen bisher unerfüllte Sehnsüchte. Lesen Sie die Texte zu den Pflanzen, die Ihren Herzzahlen entsprechen, aufmerksam durch und lassen Sie sie auf sich wirken.

Beispiel. 31 Ephedra weist darauf hin, dass sich Johann Maier nach Abenteuer und Aufbruch in seinem Leben sehnt, dass er immer auf die Suche nach neuen und aufregenden Welten ist, die er erobern kann. 22 China ist möglicherweise Zeichen seiner Affinität zur asiatischen Kultur und zu asiatischen Religionen. Vielleicht möchte Herr Maier aber auch ganz einfach sein gesamtes Potenzial zum Ausdruck bringen.

Erlösung des eigenen Schattens

Die Erlösung des eigenen Schattens ist ein wichtiges Thema in unserem Leben und beim Umgang mit spagyrischen Essenzen. Gerade wenn man sich auf einem spirituellen Weg befindet und ständig auf der Suche nach dem Licht ist, muss man sich der Dualität bewusst werden. Wo viel Licht, da auch viel Schatten.

Aber was ist dieser oft zitierte Schatten überhaupt? Unter Schatten versteht man unbewusste Persönlichkeitsanteile, die oft als Muster in unser Leben hineinwirken. Dies können Ereignisse oder Menschen sein, die immer wieder auftauchen und uns das Leben schwermachen. »Warum denn jetzt schon wieder?«, dürfte wohl die häufigste Frage sein, wenn Sie Ihrem Schatten gerade von Angesicht zu Angesicht gegenüberstehen. Wie der sichtbare Schatten verfolgt uns unser Schatten unbemerkt und lauert nur darauf, wieder zuschlagen zu können. Gerade in Momenten, in denen wir scheinbar auf den lichtvollsten Höhenflügen unseres Lebens sind, hat unser Schatten leichtes Spiel mit uns.

Ein Beispiel für einen Schatten in der Gesellschaft ist die Suche nach erneuerbaren Energien. Unter dem Deckmantel der Erneuerbarkeit und Ökologie werden Biogasanlagen statt wie ursprünglich gedacht nicht mit Abfall betrieben, sondern ganze Landstriche durch Monokulturen vernichtet, um den zunehmenden Bedarf an Biomasse zu decken. Ein ursprünglich gutes Konzept verwandelt sich durch Nicht-wahrhaben-Wollen und falsches Denken, Profitgier und fehlende Reflexion genau in das Gegenteil.

Genauso verhält es sich mit unseren Schattenanteilen. So kann sich ein ursprünglich gut durchdachtes Projekt unter dem Einfluss unseres Egos unbemerkt ins Gegenteil verkehren. Jede unserer positiven Eigenschaften hat eine Gegenseite, die wir unbedingt beachten sollten: unseren Schatten. Der erste wichtige Ansatz ist es, sich klarzumachen, dass jeder Mensch, egal wie weit er entwickelt ist, sich in der dualen Welt befindet und sich deshalb mit seinen Schattenanteilen beschäftigen muss.

In der Spagyrik ist der Schatten ein wichtiger Aspekt bei der Herstellung der Essenzen. Denn hier geht es um die Trennung von Energien, die der Pflanze innewohnen. Trennen, reinigen von Energien und Gereinigtes wieder zusammenführen sind die wichtigsten Prozesse bei der Herstellung der Spagyrika.

Den Schatten zu bekämpfen, ist schwierig, da man sich dieser Anteile oft nicht bewusst ist. Besser ist es, die Tugenden zu stärken. Dabei kann Ihnen die nachstehende Liste der sieben Tugenden nach Thomas von Aquin helfen. Zu jeder Tugend sind die passende Pflanze, der positive Aspekt und der jeweilige Schattenaspekt (»Gefahr«) mit aufgeführt. Die Zuordnung der Pflanzen zu den Tugenden basiert auf den sieben planetaren Energien, die der Kosmos zur Entwicklung des Menschen zur Verfügung stellt. Entscheiden Sie anhand der Liste, welche Tugenden Sie stärken möchten.

Die sieben Kardinaltugenden nach Thomas von Aquin

Glaube (fides). Glaube in Bezug auf Jesus Christus, als Menschensohn, als Gottes Vertreter auf Erden. Glaube auch an die Erlösung durch Gnade und nicht durch Verdienst.
▸ 64 Sanbucus migra
▸ Spiritualität und Glaube
▸ Gefahr: Ehrgeiz und Eifersucht. Neid.

Liebe (caritas). Hier ist im christlichen Sinne vor allem die Liebe zu Gott, dem Nächsten und zu sich selbst gemeint.
▸ 43 Hypericum perforatum
▸ Gefahr: Hochmut und Machtstreben.

Hoffnung (spes). Hier sind die Hoffnung auf himmlische Glückseligkeit und ein Weiterleben nach dem Tode gemeint. Hoffnung als Waffe gegen die Verzweiflung.
▸ 76 Viscum album
▸ Gefahr: Imitation und Trägheit.

Gerechtigkeit (iustitia). Bezeichnet einen Zustand des sozialen und ethischen Miteinanders und der Wahrung aller Interessen des einzelnen Individuums.
▸ 1 Achillea millefolium
▸ Gefahr: Wollust und Schwärmerei.

Klugheit (sapientia). Gemeint ist die Fähigkeit, vorausschauend und zukünftige Aspekte mit einbeziehend Erkenntnisse und Einsichten zu erlangen, die zur Lebensführung und -bewältigung notwendig sind.
▸ 68 Taraxacumo officinale
▸ Gefahr: Gier und Übermaß.

Tapferkeit (fortitudo). Einem Konflikt oder einer fremden Situation mutig und mit der Überzeugung, für eine gute Sache zu kämpfen, entgegentreten.
▸ 72 urtica
▸ Gefahr: Übereifer und Zorn.

Besonnenheit (temperantia). Gemeint ist die Fähigkeit, das rechte Maß und die gesunde Mitte zu finden, um Extreme zu vermeiden.
▸ 32 Equisetum arvense
▸ Gefahr: Starrsinn und Geiz.

Wenn Sie sich für eine, mehrere oder vielleicht sogar für alle Tugenden entschieden haben, können Sie diese durch folgende Rezeptur stärken:

📖 »Tugend stärken«

Rezeptur Phylak Sachsen GmbH

Hypericum perforatum 1
Viscum Album 1
Urtica 1
Sambucus migra 1
Taraxacum officiniale 1
Achillea millefolium 1
Equisetum arvense 1
Mentha piperita 1

Dosierung. Nehmen Sie von dieser Mischung 3×1 bis 3×7 Tropfen täglich ein.

Wirkung. Diese Mischung lässt Sie die Schattenanteile Ihrer eigenen Persönlichkeit erkennen. Damit wird Ihnen ein bewusster Umgang mit ihnen möglich. Mentha piperita entspricht dem Metall Antimon, das alle Planetenenergien – und damit die Energie aller in der Mischung enthaltenen Pflanzen – transformieren kann.

Der Weg ins Licht

Viele Menschen sind von den Ereignissen auf unserer Erde verunsichert. Sie sehnen sich zwar danach, den (Heim-)Weg ins Licht anzutreten, haben aber zugleich Angst vor den Konsequenzen. Sie merken schon jetzt, dass sich Ihre gesamte Wahrnehmung, Ihre Befindlichkeiten und Ihr gesamtes Energiefeld so sehr verändert haben, dass Sie zunehmend in Konflikt mit Ihrem Umfeld geraten. Typische Zeichen dafür sind:

▸ Sie haben auf einmal Probleme mit Menschen, die Ihnen bisher sehr nahegestanden haben.

▸ Sie fühlen und »sehen« mehr, als Ihnen lieb ist.

▸ Die starren Energien von Menschen in Ihrem sozialen Umfeld, die in keiner Resonanz mit den hochfrequenten Schwingungen des kommenden neuen Zeitalters sind, verunsichern Sie.

▸ Sie haben Angst, geliebte Menschen an die alte und starre materielle Erdenergie zu verlieren.

Die Spagyrik als Begleiter des Menschen auf seinem Lebensweg kann und will auch in dieser für die Menschheit entscheidenden Situation helfen. Zusammen mit den Energien der neuen Pflanzen Nicotiana tabacum, Datura stramonium und Coffea arabica, die uns die erste Stufe auf dem Weg ins Licht hinauf begleiten werden, gibt es Pflanzen aus der alten Erdenergie, die diese drei hochfrequenten Pflanzenenergien dabei unterstützen.

»Aufstieg ins Licht«

Rezeptur Phylak Sachsen GmbH

GPST 4
VHS 3
ADAM 4
TGJ 3
CC 2

Dosierung. Nach Fibonacci (→ S. 15) bis 3 × 8 Tropfen in 24 Stunden einnehmen.

Wirkung. Die zentrale Mischung »GPST« enthält Pflanzen, die Ihnen helfen, sich Ihrer göttlichen Führung bewusst zu werden. GPST enthält zu gleichen Teilen Ginkgo biloba, Propolis, Sarsaparilla und Nicotiana tabacum. Diese Mischung mit dem Namen »Vom Göttlichen geführt werden« ist immens wichtig für die heutige und uns unmittelbar bevorstehende neue Zeit (→ S. 209). GPST hilft Ihnen wie ein göttliches Navigationsgerät, durch alle Unwägbarkeiten und Stolperfallen der modernen Zeit Ihrem ureigenen göttlichen Weg zu folgen.

Die Wirkung der Rezeptur »Aufstieg ins Licht« ergibt sich aus der Synergie der fünf beteiligten Mischungen, die vom Apotheker nacheinander zur Gesamtrezeptur zusammengefügt werden. Im Einzelnen sind dies:

»GPST«

Rezeptur Phylak Sachsen GmbH

Ginkgo biloba
Propolis
Sarsaparilla
Nicotiana tabacum

»VHS«

Rezeptur Phylak Sachsen GmbH

Viola 1
Humulus lupulus 1
Sabal serrulatum 1

»ADAM«

Rezeptur Phylak Sachsen GmbH

Artemisia absinthium 1
Datura stramonium 1
Artemisia vulgaris 1
Mentha piperita 1

»TGJ«

Rezeptur Phylak Sachsen GmbH

Tropaeolum majus 1
Gentiana lutea 1
Juniperus communis 1

»CC«

Rezeptur Phylak Sachsen GmbH

Chelidonium majus 1
Coffea arabica 1

Damit ergänzen und bereichern vier Mischungen mit insgesamt zwölf Pflanzenessenzen die Wirkung von GPST:

VHS. Viola hilft Ihnen, sich der Gewalt bewusst zu werden, die Ihnen in der alten Erdenergie zugefügt worden ist, und die Resonanz für Gewalt in Ihrer Aura loszuwerden. Humulus versorgt Sie mit der Energie des Übergangs in die neue Erdenergie. Und Sabal versöhnt Sie mit Ihrem Gottesbild und lässt Sie einen neuen Zugang zu Gott finden.

ADAM. Die beiden Artemisia-Schwestern und Datura mit Mentha helfen Ihrem Energiekörper, Ihren Lichtkörperprozess zu aktivieren.

TGJ. Tropaeolum, Gentiana und Juniperus eröffnen einen neuen, heiligen Weg, den nur Sie gehen können. Einen neuen Lebensweg, der Ihre spirituelle Entwicklung berücksichtigt.

CC. Chelidonium und Coffea arabica helfen Ihnen, Verantwortung für Ihr Leben zu übernehmen.

⊘ Cave: Da es sich um Zusammensetzungen verschiedener Rezepturen handelt, müssen diese vom Apotheker zuerst einzeln hergestellt werden, bevor dann aus ihnen die finale Rezeptur gemischt werden kann.

Freude und Suche nach dem Glück

Stellen Sie sich einmal vor, Sie wachen am Morgen auf, sind gut ausgeschlafen und wohlgelaunt. Sie freuen sich auf den Tag mit allen seinen Herausforderungen, freuen sich ohne ersichtlichen Grund, einfach so – nur weil Sie leben.

Wie geht es Ihnen mit dieser Vision? Trauen Sie sich, einfach so gut drauf zu sein? Oder fragen Sie sich vielleicht, was die Familie oder Nachbarn dazu sagen? Freude als eine zum Leben dazugehörende Grundstimmung wird vielen aberzogen – oft mit Sprüchen wie diesen:

▶ Freue Dich nicht zu früh, Du wirst schon sehen, was noch kommt!

▶ Vögel, die morgens zwitschern, holt am Abend die Katze!

▶ Freue Dich nicht, so kannst Du auch nicht enttäuscht werden!

Solche und ähnliche Sprüche haben Ihnen sicher schon mehr als einmal Ihre Stimmung getrübt. Dabei kommen sie meist von wohlmeinenden Erwachsenen, die uns als Kind davor behüten wollten, enttäuscht zu werden. Der Versuch, sich wie »Hans im Glück« auf die Suche nach seinem persönlichen Lebensweg und Lebensglück zu machen, wird mit Argwohn betrachtet. Ich denke, dahinter steckt die – oft unbewusste – Einstellung, dass es der andere zwar gut, aber nicht besser im Leben haben soll.

Irgendwann kommt uns dann die Freude in unserem Leben abhanden, ohne dass wir es merken. Wir wachen eines Tages auf und stellen fest, dass wir völlig emotionslos in den Tag hineinleben und keine Lust haben, aufzustehen und diesen Tag an unser tristes und freudloses Leben anzureihen. Es gibt nichts mehr, über das wir uns in unserem durchgestylten und perfekten, aber im Grunde freudlosen Leben noch freuen können. Alles ist genau geplant und durchdacht. Wir wissen morgens schon, wie der Tag höchstwahrscheinlich bis zum Abend verlaufen wird. Dieses Verplantsein und die damit verbundene Scheinsicherheit führen allmählich dazu, dass wir uns den ganzen Tag energielos und wie gelähmt fühlen.

Das Leben besteht aus Höhen und Tiefen. Wenn man versucht, die Tiefen durch übermäßiges Sicherheitsdenken weniger tief zu machen, müssen wir uns nicht wundern, wenn folglich auch die Höhen nicht mehr gelebt werden können. Unser Leben mit all seinem Besitz und seinen Annehmlichkeiten erscheint uns dann allzu selbstverständlich. Warum sollten wir uns über etwas freuen, auf das wir doch geradezu ein Anrecht haben?

Die Gesundheit zum Beispiel wird eher als selbstverständlich hingenommen, als dass wir dafür dankbar wären. Und das Reihenhaus steht uns doch auch zu – wenn es schon nicht für ein größeres Haus reicht. Warum sollten wir auf das Zweitauto verzichten, wenn die Kinder doch ins Ballett und zum Klavierunterricht gefahren werden müssen?

Die einfachen Freuden des Lebens werden als solche gar nicht mehr wahrgenommen. Wenn man nur noch auf der Suche nach dem nächsten Kick ist, muss man sich nicht wundern, wenn die Lebensfreude allmählich, Schritt für Schritt, verloren geht. Wenn Sie nicht spätestens in dieser Phase reagieren, werden wahrscheinlich Depressionen, ein völliges Ausgebranntsein oder das Chronische Müdigkeitssyndrom die Folge sein.

Es geht hier nicht um positives Denken oder darum, an allem und jedem etwas Positives zu finden. Es geht einfach darum, diese uns befreiende und erfüllende Freude wahrzunehmen. Also nicht die anerzogene, artige und nicht vom Herzen kommende, sondern die aus unserem Innersten herrührende Freude. Die Freude, die dann von Ihnen Besitz ergreift, wenn Sie zutiefst in Berührung mit dem gekommen sind, was Ihr Innerstes und Ihre Seele eigentlich ausmacht.

Der Verlust von Lebensfreude entspringt, wie anfangs schon gesagt, oft der Tatsache, dass uns die Freude aberzogen wurde. Wenn Sie einmal in Ruhe über Ihr Leben nachdenken, entdecken Sie sicher viele Dinge, über die Sie sich von ganzem Herzen freuen könnten. Gerade hier in Mitteleuropa leben wir, was die Lebensgrundlagen betrifft, auf einer Insel der Glückseligen.

Überlegen Sie, ob Sie sich in die Reihe der miesepetrigen Zeitgenossen einordnen und mit ihnen um die Wette jammern wollen oder ob Sie sich mit einer neuen Wahrnehmung von Umwelt und Leben auf die Suche nach Ihrem persönlichen Glück und Ihrer Lebensfreude machen. Spannend ist diese Reise auf jeden Fall. Die Suche nach dem Glück wird eine Reise in Ihr Innerstes sein, an den Ort, an dem Sie Ihrer Freude begegnen können.

▶ Erfreuen Sie sich wieder an der Sonne und den Segnungen in Ihrem Leben.
▶ Nehmen Sie einen Sonnenuntergang wieder in seiner gesamten Schönheit wahr.
▶ Erfreuen Sie sich am Lachen Ihrer Mitmenschen.
▶ Sehen Sie die kleine Blume am Wegesrand als ein Wunder der Schöpfung Gottes.
▶ Nehmen Sie es nicht als selbstverständlich, dass Sie weitgehend gesund sind.
▶ Erkennen Sie es als Grund zur Freude an, dass wir in einem Land leben dürfen, in dem Frieden herrscht.

Das sind die Dinge, die in unserem Leben zählen sollten. Mehr als das nächste, noch größere Auto, das unser Lebensglück darstellen soll, wenn man den Versprechungen der Werbeindustrie Glauben schenken möchte. Oder die neue Einbauküche mit dem noch besseren Geschirrspüler, dem besten, den es je gab.

Viele Therapien zielen primär darauf ab, den Menschen seine nicht funktionierenden Beziehungen und seine frustrierenden Erlebnisse und Verletzungen in seinem Leben durchforsten zu lassen. Dies ist gut und sicher oft therapeutisch sinnvoll. Vergessen Sie aber nicht, sich auch an die positiven Seiten Ihres Lebens zu erinnern und nicht immer nur im Krankmachenden und Verletzenden zu wühlen.

Beginnen Sie, sich täglich über alles Gedanken zu machen, wofür Sie in Ihrem Leben dankbar sein und worüber Sie sich freuen können. Das können Ihre Gesundheit, Ihr Haus, Ihr Garten, Ihre Mietwohnung, Ihre netten Nachbarn und vieles mehr sein. Sie können diese Dinge in einem Tagebuch der Freude und Dankbarkeit festhalten. Darin können Sie dann an Tagen lesen, an denen Sie sich nicht so gut fühlen. Solche Tage gehören zum Leben und sollten einfach akzeptiert werden.

Versuchen Sie nicht, gegen Gefühle anzugehen, die Ihnen nicht so positiv erscheinen. Nehmen Sie auch diese als zu Ihrem Leben gehörig wahr. Abgespaltene Gefühle lassen uns krank werden.

Versuchen Sie ebenso wenig, ständig und an allem etwas Positives zu sehen. Das setzt Sie unter Druck und richtet in Ihrer Psyche mehr Schaden an, als es nutzen kann. Positives Denken nutzt nichts, wenn damit keine Verarbeitung der Thematik verbunden ist. Viele Schätze müssen eben erst gehoben werden.

Auch der Schatten gehört zu unserem Leben und unserer Persönlichkeit dazu und sollte gewürdigt werden. Nur wer den Schatten als Anteil seiner Persönlichkeit zu integrieren vermag, kann sich an allen Aspekten seines Seins erfreuen.

»Ich werde bewusst«

Die Rezeptur zu dieser Mischung finden Sie auf Seite 221.

Dosierung. Diese Tropfen am Abend vor dem Schlafengehen nehmen, höchstens aber 30 Minuten vor dem Schlafen. Am besten stellen Sie die Tropfen direkt ans Bett und nehmen Sie erst dann, wenn Sie das Licht ausmachen und schlafen wollen. Nehmen Sie 1 bis höchstens 7 Tropfen. Sie können die Tropfen auf die Zunge geben oder am Dritten Auge zwischen Ihren Augenbrauen einreiben. Falls Sie bei keiner der angegebenen Dosierungen wie gewünscht auf die Mischung reagieren, lassen Sie in der Apotheke 1 ml Juniperus communis hinzufügen (→ S. 188).

Wirkung. Diese Mischung wird Sie alle alten und verdrängten Gedanken bewusst werden lassen. Sie erinnern sich wieder an Erlebnisse, die Sie verletzt oder zutiefst erfreut haben, ohne dass Sie sich deswegen ängstigen müssten. Ihr Traumgeschehen wird angeregt. Vielleicht hilft es Ihnen, ein Traumtagebuch zu führen. Einige Träume werden Sie sicher auch an all das Gute in Ihrem Leben erinnern.

»Ich werde mir all der Segnungen in meinem Leben bewusst«

Rezeptur Phylak Sachsen GmbH

Thuja occidentalis 1
Humulus lupulus 1
Achillea millefolium 1
Nux vomica 1
Carduus marianus 1
Symphytum officinale 1

Dosierung. Tageshöchstdosis sind 3 × 3 Tropfen. Beginnen Sie am besten mit 3 × 1 Tropfen und steigern Sie innerhalb weniger Tage langsam auf die Tageshöchstdosis.

Wirkung. Diese Mischung lässt Sie erkennen, wofür Sie in Ihrem Leben dankbar sein können und wo das wahre Glück in Ihrem Leben steckt. Sie erkennen dies durch die Macht der Dankbarkeit, die diese Rezeptur tief in Ihnen auslöst. In Verbindung mit einem Tagebuch der Freude kann das für Sie zum transformierenden Erlebnis werden.

A »Ich mache mich auf den Weg und suche mein Glück«

Rezeptur Phylak Sachsen GmbH

Solidago virgaurea 1
Euphrasia 1
Angelica archangelica 1
Ruta graveolens 1
Catharanthus roseus 1
Hydrastis canadensis 1
Betula alba 1

Dosierung. Tageshöchstdosis sind 3 × 3 Tropfen. Nehmen Sie die Mischungen A und B im täglichen Wechsel ein.

Wirkung. Diese Tropfen helfen Ihnen, sich auf die Suche nach Ihren Lebensschätzen zu machen, auf die Suche nach allem, was Sie in diesem Leben erfreut und weiterbringen wird. Sie können in die Tiefe gehen, um zu erkennen, wofür Sie leben und warum dieses Leben so freudvoll sein kann. Sie erkennen, dass letztendlich Sie selbst Ihres Glückes Schmied sind. Sie müssen nur bereit sein, sich aufzumachen und die Suche nach dem Glück selbst in die Hand nehmen.

B »Ich erkenne die Schätze meines Lebens«

Rezeptur Phylak Sachsen GmbH

Dioscorea villosa 1
Iris 1
Solidago virgaurea 1
Catharanthus roseus 1
Okoubaka aubrevillei 1
Viola tricolor 1
Euphrasia 1
Rhus toxicodendron 1
Betula alba 1

Dosierung. Tageshöchstdosis sind 3 × 3 Tropfen. Nehmen Sie die Mischungen A und B im täglichen Wechsel ein. Wenn Sie diese Tropfen mindestens über einen Zeitraum von zwölf Wochen eingenommen haben, gehen Sie zu Mischung C über.

Wirkung. Die Mischung B wird Sie dazu anleiten, auf Ihrer Suche im richtigen Moment innezuhalten und die wahren Schätze in Ihrem Leben zu entdecken. Dies sind die Schätze, von denen es in der Bibel heißt, dass sie weder von Motten noch von Rost zerfressen werden können und dass sie Sie ins Paradies begleiten werden.

📖 C »Ich entdecke die Freude auch in alltäglichen Dingen«

Rezeptur Phylak Sachsen GmbH

Eleutherococcus senticosus 1
Nux vomica 1
Juniperus communis 1
Okoubaka aubrevillei 1
Yohimbé 1

Dosierung. Nehmen Sie von dieser Mischung 3 × 1 bis höchstens 3 × 3 Tropfen täglich ein. Gehen Sie am besten erst im Anschluss an die Mischungen A und B auf C über. Falls Sie die drei Mischungen kombinieren möchten, nehmen Sie jeweils zu A oder B am späten Vormittag und am späten Nachmittag jeweils drei Tropfen von C ein.

Wirkung. Diese Mischung hilft Ihnen, sich angstfrei und ohne Vorurteile an die wahre, Sie nährende Freude in Ihrem Leben anzunähern. Freude schürt oft Schuldgefühle, da es in vielen Kreisen eher als chic gilt, ernsthaft und besonnen zu sein. Freude wird dann womöglich als eine Emotion abgetan, die überwunden werden muss. Doch die wahre und ungeteilte Freude ist eine Gottesgabe. Nur Sie können bestimmen, was Ihnen Freude bereitet. Die Suche danach ist sehr individuell. Diese Mischung wird Sie frei machen und für die wahren, subjektiven Freuden Ihres Lebens offen werden lassen.

📖 »Ich erfreue mich des Lebens und bin wieder zu tiefen Emotionen fähig«

Rezeptur Phylak Sachsen GmbH

Eleutherococcus senticosus 1
Nux vomica 1
Pilocarpus 1
Okoubaka aubrevillei 1
Yohimbé 1
Quercus 1
Okoubaka aubrevillei 1
Fagopyrum esculentum 1

Dosierung. Tageshöchstdosis sind 3 × 3 Tropfen.

Wirkung. Diese Mischung hilft Ihnen, nach langwierigen, enttäuschenden Lebensphasen wieder das Licht in der Dunkelheit in Ihrem Inneren zu entdecken. Sie werden angeregt, das Leben jetzt und nicht erst in der Zukunft zu genießen. Das Leben und die Freude am Leben existieren im Hier und Jetzt. Falsches Denken und eine getrübte Sicht der Dinge könnten die Freude schnell zerstören. Mit Hilfe dieser Rezeptur werden Sie in der Gegenwart verankert und nehmen das Leben in all seinen Facetten und seiner Schönheit wahr.

📖 »Lass die Sonne in Dein Herz«

Rezeptur Phylak Sachsen GmbH

Solidago virgaurea 1
Okoubaka aubrevillei 1
Lycopodium clavatum 1
Arnica montana 1

Dosierung. 3 × 3 Tropfen täglich.

Wirkung. Diese Mischung lässt die Sonne in die hintersten Winkel all Ihrer energetischen Körper durchscheinen. Ihre Zellen werden mit Licht überflutet. Sie fühlen sich leicht und befreit. Sie werden Lust haben, Dinge zu erkunden, die Ihnen helfen, sich mit Ihren wahren Bedürfnissen zu verbinden und diese zu leben.

📖 »Das Glück liegt in der Begegnung mit dem Nächsten«

Rezeptur Phylak Sachsen GmbH

Taraxacum officinale 1
Rosmarinus officinalis 1
Iris 1
Convallaria majalis 1
Yohimbé 1
Angelica archangelica 1
Nux vomica 1

Dosierung. Verwenden Sie diese Mischung vorwiegend als Spray. Es kann unter anderem zur Energetisierung von Räumen und größeren Menschenansammlungen benützt werden. Abhängig von der Größe des Raumes 1-4 Hübe in die Luft sprühen oder ein paar Tropfen in eine Aromalampe geben und mit verdampfen lassen. Bei der Anwendung direkt am Menschen mehrmals täglich einen Hub in die Aura sprühen.

Wirkung. Sie öffnen sich leichter für andere Menschen. Sie haben häufiger gute Laune und versprühen diese nach außen. Durch diese neuen Eigenschaften wird es Ihnen leichter fallen, wieder offen und angstfrei auf andere Personen zuzugehen.

📖 »Trotz Enttäuschungen Menschen offen und ohne Vorurteile begegnen«

Rezeptur Phylak Sachsen GmbH

Sabal serrulatum 1
Chelidonium majus 1
Aralia racemosa 1
Ruta graveolens 1
Piper methysticum 1
Pilocarpus 1
Juniperus communis 1
Okoubaka aubrevillei 1
Eleutherococcus senticosus 1

Dosierung. 3 × 3 bis höchstens 3 × 7 Tropfen. Höchstdosis sind 21 Tropfen in 24 Stunden.

Wirkung. Diese Mischung eignet sich besonders gut für Menschen, die immer wieder offen und euphorisch auf andere Menschen zugegangen sind und dabei häufig aufs Bitterste enttäuscht wurden. Durch diese andauernden Enttäuschungen ist ihnen die Lebensfreude allmählich abhanden gekommen.

Harmonische Beziehungen

Spätestens wenn die erste »Liebesnarkose« vorbei ist und der Alltag in Ihre Beziehung einkehrt, ist es an der Zeit, die erforderliche Beziehungsarbeit zu leisten. Im Laufe der Zeit werden sich immer wieder Störungen in Ihrer Beziehung einschleichen, die Sie im ersten Moment gar nicht zuordnen können. Sie fühlen sich mit Ihrem Partner unwohl, die Beziehung ist nicht mehr harmonisch und Sie wissen gar nicht so recht, woran Sie mit Ihrer Beziehung eigentlich sind. Alles, was vorher noch wunderbar und problemlos war, ist nun ständig Thema. Sie ärgern sich über die liegen gelassenen Socken, die Sie vorher überhaupt nicht gestört haben. Am Morgen fällt Ihr erster Blick auf die nicht zugeschraubte Zahnpastatube und Sie merken, dass Sie allein durch diesen Anblick den ganzen Tag erheblich in Ihrer Befindlichkeit gestört sein werden.

Wichtig für den Fortbestand einer Beziehung in schwierigen Zeiten ist, dass beide Partner bereit sind, an dieser Partnerschaft grundsätzlich festzuhalten und die erforderliche Arbeit zur Rettung der Beziehung zu leisten. Wenn einer der beiden Partner die Beziehung für sich schon abgeschlossen hat und eigentlich schon dabei ist, sich zu lösen, ist es in der Regel besser, loszulassen und sich so viel Arbeit, Ärger und Frust zu sparen. Diese Loslösungsprozesse, die einer der Partner bewusst oder unbewusst in Gang gesetzt hat, können selten rückgängig gemacht werden.

Vielleicht ist die Beziehung bereits am Ende. Vielleicht hat sie ihre Aufgabe in Ihrem Leben schon erfüllt und Ihre Aufgabe besteht nun im Loslassen (→ S. 274), damit beide Partner den ihnen zugedachten Weg in Liebe und Freiheit gehen dürfen. Wenn Sie an einer Beziehung festhalten, die schon zu Ende ist, blockieren Sie nicht nur die Situation und den damit verbundenen Prozess, sondern letztendlich auch sich selbst. Legen Sie vor allem bei zu Ende gehenden Beziehungen Wert darauf zu verstehen, was schiefgelaufen ist, damit Sie diese Erfahrung mit einem neuen Partner nicht noch einmal machen müssen. Vertrauen Sie dann darauf, dass zum richtigen Zeitpunkt ein neuer, diesmal passenderer Partner auftauchen wird.

Wenn Sie sich dazu entschlossen haben, an Ihrer Beziehung zu arbeiten, kann die Spagyrik Ihnen helfen, sich über die Beziehung und ihre Funktion in Ihrem Leben bewusst zu werden. Mit mehr Bewusstheit und vor allem einem tiefen Verständnis für die aufgetretenen Probleme ist es viel leichter, auch in Zukunft an der Beziehung und ihren Problemen zu arbeiten. Die unten aufgeführten Mischungen helfen Ihnen, ohne Einmischung von außen, die erforderliche Beziehungsarbeit zu leisten.

Dosierung. Diese Mischungen können Sie sehr gut als Spray einsetzen. Verwenden Sie das Spray sowohl in Räumen, in denen Sie sich vorwiegend aufhalten, als auch für die Aura. Für Räume genügt alle 4-6 Stunden ein

Hub pro Raum. Als Aura- oder Körperspray nehmen Sie ebenfalls einmal alle 4-6 Stunden einen Hub und sprühen diesen über den Kopf in die Aura.

📖 »Partnerschaftliche Harmonie«

Diese Basismischung können Sie spezifisch anhand der unten aufgelisteten Einzelpflanzen (→ S. 252) ergänzen.

Basisrezeptur Phylak Sachsen GmbH

Podophyllum peltatum 1
Angelica archangelica 1
Matricaria chamomilla 1
Okoubaka aubrevillei 1
Urtica 1
Rosmarinus officinalis 1
Symphytum officinale 1
variable individuelle Pflanze 1

Wirkung. Die Mischung wird durch das französische Wort für Liebe, »amour«, mit den Anfangsbuchstaben der darin enthaltenen Pflanzen energetisiert. Podophyllum am Anfang steht für Dynamisierung und als Katalysator für die gesamte Rezeptur. Symphytum am Schluss der Basismischung hilft, eine Beziehung, die am Zerbrechen ist, wieder zu kitten – allerdings nur, wenn dies im Sinne aller Beteiligten ist.

Im Folgenden sehen Sie an einem Beispiel, wie eine individuell auf Sie abgestimmte Mischung aussehen könnte. Sie können die einzelnen Pflanzen anhand der Kurzbeschreibung in diesem Kapitel oder aus den ausführlichen Pflanzenbeschreibungen (→ Kapitel 2) auswählen.

Beispiel. Sie haben in Ihrer Partnerschaft hauptsächlich damit zu kämpfen, dass Sie in Ihrem Rollenbild zu festgelegt sind und sich aus persönlichen oder gesellschaftlichen Gründen nicht trauen, sich innerhalb der Beziehung zu emanzipieren.

Dann sieht Ihre Mischung folgendermaßen aus: Sie wählen z. B. die Schafgarbe, Achillea millefolium. Sie steht für Menschen, die sich sozialen Zwängen und gesellschaftlichen Konformitäten so sehr unterordnen, dass sie darüber ihre eigene Identität mehr oder weniger stark aufgeben. Dies wirkt sich auch auf eine Partnerschaft aus, da oft bewusst oder unbewusst Partner gewählt werden, die sich innerhalb dieser Normen bewegen und somit vordergründig eine gewisse Sicherheit bieten. Ihre spezifische Rezeptur sieht dann wie folgt aus:

Rezeptur Phylak Sachsen GmbH

Podophyllum peltatum 1
Angelica archangelica 1
Matricaria chamomilla 1
Okoubaka aubrevillei 1
Urtica 1
Rosmarinus officinalis 1
Symphytum officinale 1
Achillea millefolium 1

Dosierung. Nehmen Sie von dieser individuell zusammengestellten Mischung 3 × 4 bis 3 × 7 Tropfen in 24 Stunden ein. Sie können die Dosis dabei langsam über zwei bis drei Wochen steigern.

Wirkung. Die Wirkung dieser individuellen Mischung ergibt sich aus der Summe der Wirkung der Basismischung und der Wirkung der hinzugefügten Pflanze.

Bevor Sie eine Mischung auswählen, lassen Sie die Beschreibungen der aufgeführten

Pflanzen auf sich wirken. Entscheiden Sie nicht zu sehr aus dem Kopf, sondern eher aus dem Bauch heraus, zu welcher Pflanze Sie sich hingezogen fühlen oder welche Pflanze Sie durch ihren Namen besonders anspricht. Wenn Sie nach der Lektüre der Einzelpflanzen der Meinung sind, dass mehrere Pflanzen für Sie in Frage kämen, können Sie auch mehrere Pflanzen miteinander kombinieren. Sie sollten aber beachten, dass Sie nicht mehr als drei zusätzliche Pflanzen zu oben genannter Basismischung geben.

In der Praxis hat sich gezeigt, dass in einer Beziehung immer nur ein oder zwei wichtige Themen gleichzeitig anstehen. Falls dann weitere Themen auftauchen, können Sie eine neue Mischung mit der neuen Rezeptur einnehmen. Schließen Sie aber ein Thema immer erst ab, bevor Sie ein neues Thema mit einer neuen Rezeptur bearbeiten.

Pflanzenliste für harmonische Beziehungen

Achillea millefolium. Hilft Partnern, sich zu emanzipieren, wenn in Beziehungen zu starre und am gesellschaftlichen Mainstream festgelegte Rollen gelebt werden.

Aesculus hippocastanum. Gut, wenn Sie bei Diskussionen in Beziehungen das Gefühl haben, dass Sie sich aktuell nicht passend genug ausdrücken können. Erst lange nach dem Gespräch, oft bei einer Reflexion desselben, finden Sie im Nachhinein die richtigen Argumente und ärgern sich, dass Sie Ihnen nicht während des Gespräches eingefallen sind.

Aralia racemosa. Lässt uns problemlos unbequeme Themen in Beziehungen ansprechen. Die Pflanze ist also bestens geeignet, wenn bisher beim Thema Beziehung zu sehr um den heißen Brei herumgeredet wurde.

Arnica montana. Ausgleich von vorübergehenden, vorwiegend energetischen Ungleichgewichten, wenn einer der Partner sich in einer Krise wie z. B. bei Arbeitslosigkeit oder in einer Sinnkrise befindet. Die Partnerschaft als solche steckt in keiner Krise, befindet sich aber durch die Krise eines Partners in einer schwierigen Situation.

Azadirachta indica. Hilft uns zu akzeptieren, dass eine Partnerschaft aus Geben und Nehmen besteht und dass man für ein gutes partnerschaftliches Funktionieren aufeinander angewiesen ist.

Belladonna atropa. Gut für Partnerschaften, in denen die gegenseitige Liebe zueinander nicht artikuliert werden kann.

Bellis perennis. Fehlende Beziehungs- und Liebesfähigkeit als Erwachsener durch fehlende Liebe der Eltern als Kind. Schon die Großeltern gaben zu wenig Liebe an Ihre Eltern weiter, und diese wiederum lebten das Muster bei Ihnen aus.

Cardiospermum halicacabum. Missbrauch der Sexualität in Beziehungen, wo es nur um die körperliche sexuelle Befriedigung eines Partners geht. Der andere bleibt enttäuscht und frustriert zurück und kann seinen Ärger oft nicht bewusst ausdrücken, da er Angst hat, seine eigenen sexuellen Wünsche in der Beziehung zu äußern.

Carduus marianus. Die Partner leben wie Bruder und Schwester nebeneinander her. Auf platonischer Ebene ist eine große Anziehung bei beiden vorhanden. Doch die körperliche Ebene wird als unbefriedigend erlebt oder gar nicht mehr gelebt.

Catharanthus roseus. Hilft, ehrlich und ohne Schauspielerei miteinander umzugehen. Sie entledigen sich ohne Angst Ihrer Masken und aller Unehrlichkeiten. Sie können vom Partner wieder als authentisches Individuum erlebt werden.

Cimicifuga racemosa. Man kann sich nicht auf den Partner einlassen, weil man unbewusst immer noch an einer früheren Partnerschaft hängt.

Crataegus. Sie sind sich sicher, dass Ihre Partnerwahl richtig war, erleben die Beziehung aber irgendwie als getrennt. Wenn man nicht den gewünschten Zugang zum Partner findet, hilft Crataegus, sich mit dem Partner auf geistiger und seelischer Ebene zu verbinden.

Dioscorea villosa. Ist gut für Menschen, die keinen oder nur spärlichen Zugang zu ihrem Seelenleben haben und sich oft schwertun, sich dem Partner aus dem tiefsten Inneren ihrer Seele mitzuteilen.

Drosera. Befreit von Konflikten, die man als Kind mit dem Vater oder der Mutter gelebt hat und die man als Erwachsener mit in die Partnerschaft überträgt. Diese Eltern-Kind-Konflikte überschatten oft die ganze Beziehung und beide tun sich schwer, aus diesen starken und beziehungsprägenden Mustern auszusteigen.

Echinacea (angustifolia). Ist gut für Partnerschaften geeignet, in denen einer den anderen dominiert. Sie erkennen, dass eine Beziehung nur auf einer gleichberechtigten Ebene gelebt werden kann. Sie akzeptieren Ihr Gegenüber als gleichwertigen Partner.

Echinacea pallida. Man kann sich innerhalb der Beziehung nicht entwickeln, da alle Aktivitäten vom Partner als Unsinn abgetan werden.

Echinacea purpurea. Löst emotionale Probleme in Partnerschaften, die durch mangelnde Zuwendung der Eltern in der Kindheit entstanden sind. Bitte nicht mit Drosera verwechseln. Bei Drosera gab es konkrete Konflikte, während bei Echinacea purpurea »nur« eine lieblose Grundstimmung ohne große Konflikte oder Streitigkeiten im Elternhaus geherrscht hat.

Equisetum arvense. Wirkt ausgleichend, wenn einer der Partner unter fehlender Zuneigung leidet. Dabei ist es egal, ob diese Zuneigung objektiv gesehen wirklich fehlt oder nur von einem der Partner als fehlend erlebt wird.

Fagopyrum esculentum. Einer der Partner kann nicht alleine sein und belastet durch das Bestreben, ständig beisammen zu sein, die Partnerschaft. Falls der Partner einmal alleine sein möchte, versucht man mit allen Tricks, doch noch ein Zusammensein zu erreichen. Der Partner wird dann oft, wenn er sich auf durchaus gesunde Weise abgrenzen möchte, mit allerlei Mitteln zum Zusammensein überredet.

Fucus. Unsicherer Partner, der häufig fremdgeht. Dies geschieht in aller Regel dann, wenn man sehr stark Bestätigung durch andere Menschen sucht. Fucus weckt die Kundalini-Energie (→ S. 339) bei beiden Partnern, um die Beziehung auf eine spirituelle Ebene zu heben.

Gentiana lutea. Die Partnerschaft leidet unter dem körperlich-sexuellen oder sozialen Missbrauch eines der beiden Partner.

Humulus lupulus. Die Beziehung wird durch Kinderlosigkeit auf die Probe gestellt. Die Kinderlosigkeit besteht deshalb in dieser Beziehung, weil man nicht als Familie lebt oder sich die Partner nicht wirklich auf das Miteinander einlassen.

Lycopodium clavatum. Einer der beiden Partner unterdrückt den anderen, um sein geringes Selbstwertgefühl aufzuwerten. Man legt dann als Mann oft ein extremes Machogehabe oder als Frau ein übertrieben emanzipiertes Verhalten an den Tag.

Mandragora officinalis. Man fühlt sich immer wieder von der Partnerschaft enttäuscht, ohne einen konkreten Grund nennen zu können. Oft erlebt man den Partner als zu nah, er nimmt einem scheinbar die Luft zum Atmen.

Matricaria chamomilla. Für Frauen, die in Beziehungen ihren Mann stehen müssen und dadurch den Zugang zu ihrer Weiblichkeit verlieren. Bei Männern gutes Mittel, wenn sie sich trotz Beziehung nicht von der Mutter lösen können.

Melissa officinalis. Wenn Sorgen um die Zukunft und materielle Dinge die Beziehung überschatten.

Mentha piperita. Für Partnerschaften, in denen es mit der Wahrheit nicht so genau genommen wird. Eignet sich gut, um die Lebenslügen beider Partner aufzudecken und therapeutisch mit ihnen zu arbeiten.

Nux vomica. Ist gut für Partnerschaften, in denen ein oder beide Partner durch eine problematische Beziehung zum Vater unbewusste Muster oder Verhaltensweisen mit in die Beziehung gebracht haben.

Okoubaka aubrevillei. Einer der Partner wird durch das schwarzseherische Denken des anderen belastet und in seinem Gefühlsleben beeinflusst. Okoubaka eignet sich auch, wenn die Beziehung durch Meinungen von außen negativ beeinflusst wird. »Ihr werdet schon sehen, ob das mit euch gut geht ...«

Phytolacca decandra. Die Partner hören einander nicht richtig zu. Da einer den anderen nicht ausreden lässt, werden Aussagen des Partners fehlinterpretiert. Anstatt dem anderen zuzuhören, nachzudenken und dann zu antworten, legt man sich schon während der Aussage des Partners seine Antwort zurecht.

Propolis. Man hat Angst um den Partner, weil er oder sie sich mit den falschen Freunden umgibt. Die Kommunikation in der Beziehung läuft auf einer eher vulgären Ebene. Dieser vulgäre Sprachgebrauch wird oft verniedlicht. Propolis eignet sich auch bei der so genannten »Marienproblematik« in Ehen. Dabei wird die Königin nur zur Fortpflanzung benötigt, d. h. Sexualität wird nur zweckgebunden ausgeübt und nicht als Instrument des Beisammenseins.

Pulsatilla. Man reagiert überempfindlich und hysterisch auf den Partner. Alles, was er oder sie tut, veranlasst zu Überreaktionen. Die Kommunikation wird meist sehr emotional geführt.

Rosmarinus officinalis. Man meint, dem Partner etwas nicht verzeihen zu können, und fängt immer wieder mit denselben Geschichten aus der Vergangenheit an.

Salvia officinalis. Notwendige Veränderungen werden in der Beziehung mit möglichst geringem Schaden für alle Beteiligten durchgeführt. Ist gut geeignet, wenn bereits klar ist, dass eine Trennung ansteht. Diese läuft dann zum Nutzen aller ab.

Solidago virgaurea. Hilft, sich dem Partner gegenüber solidarisch zu verhalten. Außerdem werden subtile, nicht mit der Beziehung zusammenhängende Ängste eliminiert und somit eine Basis für ein vertrautes und harmonisches Miteinander geschaffen.

Symphytum officinale. Schweißt eine Beziehung wieder zusammen, die am Auseinandergehen ist. Falls jedoch eine Trennung notwendig ist, hilft die Pflanze, diese in Harmonie und ohne Groll und Schuldzuweisungen zu vollziehen. Diese Pflanze löscht karmische Fehler und Ängste, die mit der aktuellen Beziehung nichts zu tun haben und unnötig belasten würden.

Taraxacum officinale. Hilft, sich und den Partner so zu akzeptieren, wie man ist. Das beste Mittel, um zur Selbstliebe und so zur Liebe des Partners zurückzufinden.

Thymus vulgaris. Löst Probleme in Beziehungen, die auf emotionale Traumata in der Kindheit zurückzuführen sind. Diese Traumata, vor allem in der Zeit zwischen der Geburt und dem siebten Lebensjahr, sind dem Betroffenen oft nicht bewusst und führen zu störenden Mustern.

Tilia. Löst uns aus der Perspektive, die uns nur momentane Probleme sehen und das große Ganze, also die Beziehung in ihrer Gesamtheit, vergessen lässt. Wir lernen wieder, über das Jetzt hinaus auf zukünftige Entwicklungen zu schauen und aus dieser Perspektive unsere Beziehung neu zu überdenken. So wirkt Tilia als »Beziehungscoach«.

Tropaeolum majus. Diese Pflanze hilft, sich einander treu zu bleiben. Wenn einer der beiden Partner am Boden zerstört ist, unterstützt Sie Tropaeolum darin, einander wieder aus dem Sumpf herauszuhelfen.

Urtica. Die Gesprächsführung in der Beziehung ist nur noch aggressiv. Man kann kein normales Wort mehr sagen. Urtica nimmt die Schärfe aus Gesprächen, wenn die Partner seit langem wütend aufeinander sind.

Valeriana officinalis. Hilft uns, wieder mit Respekt und gegenseitiger Achtung miteinander umzugehen.

Vinca minor. Die Pflanze in der Mischung wird Ihnen einen klaren Weg zum Sieg über die Beziehungsprobleme aufzeigen. Sieg kann aber durchaus bedeuten, dass die Zukunft für beide Partner getrennte Wege bereithält.

Viscum album. Gut für Männer und Frauen, die ihr fürsorgliches und verständnisvolles Potenzial in Beziehungen leben möchten.

Pilocarpus. Bei Beziehungen, in denen immer nur einer bestimmt, was geschehen soll. Die Meinung des Partners wird grundsätzlich ignoriert.

Quercus. Geeignet für Beziehungen, in denen eine größere Entwicklung ansteht, die aber von einem oder beiden Partnern aus Angst vor Veränderung vermieden wird.

Im Folgenden sind weitere Mischungen aufgeführt, deren Zusammensetzung Sie aber nicht verändern sollten, da die Mischungen durch die spezielle Zusammensetzung eine eigene energetische Energie enthalten, die durch Zugabe weiterer Pflanzen gestört würde.

📖 »Wir empfinden Freude an unserer Sexualität«

Rezeptur Phylak Sachsen GmbH

Yohimbé 1
Angelica archangelica 1
Matricaria chamomilla 1
Okoubaka aubrevillei 1
Urtica 1
Rosmarinus officinalis 1
Symphytum officinale 1
Carduus marianus 1
Propolis 1
Yohimbé 1

Dosierung. Verwenden Sie diese Mischung nur als Spray und sprühen Sie sich und die Umgebung, in der Sie Sexualität haben, damit ein. Es empfiehlt sich, nachts auch das Schlafzimmer und das Bett zu besprühen. Falls Sie ein erotisierendes Wannenbad nehmen möchten, sprühen Sie sieben Hübe in die Badewanne oder energetisieren Sie ein ätherisches Öl, das zur Massage verwendet werden kann. Dazu einfach ein paar Hübe des Sprays in die Ölmischung geben.

Wirkung. Sie werden wieder die Freude an der Sexualität entdecken und sich deren Wichtigkeit vor Augen führen. Sexualität sollte auch in langjährigen Beziehungen noch eine wichtige Rolle spielen.

🌿 **Tipp aus dem Feng Shui:** Auch die Umgebung kann liebestötend sein. Überprüfen Sie Ihr gemeinsames Schlafzimmer und schauen Sie, ob hier eine romantische Atmosphäre herrscht oder ob Ihr Schlafzimmer zu einer Rumpel- oder Abstellkammer für Klamotten und nicht mehr gebrauchte Sachen geworden ist.

Zum Thema harmonische Umgebungsenergie gibt es inzwischen eine große Auswahl geeigneter Literatur. Darüber hinaus sollten Sie sich überlegen, wie Sie sich im Alltag verhalten und ob dieses Verhalten für eine sexuelle Atmosphäre und erotisches Knistern sorgt. Wundern Sie sich nicht, dass keine rechte sexuelle Stimmung aufkommen will, wenn Sie gleich nach Ihrer Ankunft zu Hause unattraktive schlabbrige Sweatshirts und ausgeleierte Jogginghosen mit ausgebeulten Knien und Hinterteilen anziehen. Auch in einer schon länger bestehenden Beziehung lohnt es, sich hinsichtlich Kleidung und Verhalten in privater Atmosphäre unter dem Aspekt eines »neuen Dates« zu betrachten. Vielleicht haben sich dann manche Klamotten und Marotten, die Sie zu Hause tragen bzw. an den Tag legen, von selbst erledigt. Kaufen Sie sich wieder einmal Kleidung, die Sie attraktiv erscheinen und Ihre körperlichen Vorzüge hervortreten lässt, statt nur auf die praktische Seite der Kleidung zu achten. Vereinbaren Sie Ihre sexuellen Begegnungen und zelebrieren Sie sie wieder. Überziehen Sie Ihre Betten frisch, legen Sie einen guten Duft auf. Mieten Sie sich am Wochenende in einer Pension ein, in der Sie sich frei vom Alltag wieder neu entdecken können. Es gibt Tausende von Möglichkeiten, wieder Schwung in sein Sexualleben zu bringen.

📖 »Ich werde bewusst«

Die Rezeptur zu dieser Mischung finden Sie auf Seite 221.

Dosierung. Diese Mischung sollte am besten von beiden Partnern abends direkt vor dem Schlafengehen genommen werden. Sie hilft Ihnen, sich bewusst zu werden, wo es in der Beziehung hakt und wie man einen Weg aus der Misere finden könnte. Nehmen Sie zwischen ein und sieben Tropfen abends vor dem Schlafengehen. Falls Sie bei keiner der angegebenen Dosierungen wie gewünscht auf die Mischung reagieren, lassen Sie in der Apotheke 1 ml Juniperus communis hinzufügen (→ S. 188).

Wirkung. Diese Mischung nehmen Sie, wenn Sie merken, dass irgendetwas in Ihrer Beziehung nicht stimmt, ohne dies konkretisieren zu können. Sie wird Ihnen helfen, sich bewusst zu werden, was momentan geschieht.

📖 »Die Liebe siegt am Ende doch«

Rezeptur Phylak Sachsen GmbH

Podophyllum peltatum 1
Lycopodium clavatum 1
Okoubaka aubrevillei 1
Vinca minor 1
Eleutherococcus senticosus 1

Dosierung. Nehmen Sie von dieser Mischung 3 × 3 Tropfen über den Tag verteilt ein. Nach ein paar Tagen der Einnahme steigern Sie auf 3 × 7 Tropfen, um mit diesem Thema zusätzlich Ihre Seele anzusprechen. Sie werden damit nicht nur im Kopf Klarheit über die Beziehung erhalten, sondern auch intuitiv entscheiden können.

Wirkung. Diese Rezeptur ist dann für Sie hilfreich, wenn Sie sich nicht mehr sicher sind, warum Sie noch mit Ihrem Partner zusammen sind. Sie sind sich über Ihre Gefühle nicht mehr im Klaren. Sie erleben Ihren Partner sehr zwiespältig und hegen selbst zwiespältige Gefühle.

📖 »Manchmal trennen sich gemeinsame Lebenswege«

Rezeptur Phylak Sachsen GmbH

Salvia officinalis 1
Podophyllum peltatum 1
Rauwolfia serpentina 1
Achillea millefolium 1
Malva silvestris 1
Taxus baccata 1
Vinca minor 1
individuell errechnete Pflanze

Die individuelle Pflanze steht für den Tag, an dem Sie sich getrennt haben. Für Ihre Berechnung addieren Sie die Ziffern des Datums, wie in dem folgenden Beispiel beschrieben: Sie haben sich am 21.11.2007 getrennt oder an diesem Tag die Entscheidung getroffen, sich zu trennen. Dann rechnen Sie: 2 + 1 + 1 + 1 + 0 + 7 = 12. Die Pflanze mit der Nummer 12 ist Artemisia vulgaris (→ S. 46).

Übrigens können Sie den energetischen Aspekt der errechneten Pflanze als Deutungsbeispiel für die Trennung hernehmen. Hier bedeutet er, dass die Beziehung zu wenig geerdet war und sich beide Partner in ihren Grundbedürfnissen nicht wohl gefühlt und verstanden haben.

Dosierung. Beide Partner sollten 3 × 3 Tropfen über den Tag verteilt einnehmen.

Wirkung. Diese Mischung hilft Ihnen, sich in Freundschaft, ohne viel schmutzige Wäsche zu waschen, zu trennen. Sie treffen Entscheidungen, die für beide von Vorteil sind. Keiner wird übervorteilt. Sie treffen klare Entscheidungen, die für alle Beteiligten zum Besten gereichen.

📖 »Ich befreie mich von Wut und Zorn«

Rezeptur Phylak Sachsen GmbH

Rosmarinus officinalis 1
Allium sativum 1
Gentiana lutea 1
Eleutherococcus senticosus 1
Symphytum officinale 1

Dosierung. Nehmen Sie zu Anfang höchstens 1×1 Tropfen und steigern Sie über mehrere Monate auf 3×3 Tropfen täglich.

⊘ **Cave:** Diese sehr spezielle Mischung bitte sehr vorsichtig dosieren!

Wirkung. Diese Mischung hilft Ihnen, seit langem angestaute Wut zu befreien. Viele Probleme entstehen durch Nichtansprechen oder Schönfärben von Handlungen anderer. Beispiele sind Aussagen wie: »Na ja, eigentlich ist es ja gar nicht so schlimm, was er tut.« oder »Er weiß es halt nicht besser.« Diese oder ähnliche Meinungen zum Thema Beziehung sind der Anfang vom Ende. Wut, die nicht gelebt, erlebt und wahrgenommen wird, hat die Tendenz, im Unterbewussten zu verschwinden und dort viel Schaden anzurichten. Konstruktiv gelebter und erlebter Zorn hat ein großes Heilungspotenzial. Verletzungen, die als solche wahrgenommen werden, können gut verarbeitet werden. Falls dies nicht der Fall ist, führen die ungelebten Wutanteile oft zu massiven Verstimmungen, die sich in klinisch manifestierten Depressionen äußern können. Dieses Thema wurde schon von der großen mittelalterlichen Heilerin Hildegard von Bingen angesprochen.

📖 »Ich beginne eine neue Beziehung mit Harmonie«

Rezeptur Phylak Sachsen GmbH

Iris 1
Convallaria majalis 1
Malva silvestris 1
Rauwolfia serpentina 1
Azadirachta indica 1
Melilotus 1
Angelica archangelica 1

Dosierung. Nehmen Sie über den Tag verteilt 3×7 Tropfen. Bitte beachten Sie die Dosierung genau, da Sie mit dieser Dosis an der energetischen Höchstdosis sind und schon ein Tropfen zu viel eine körperliche Reaktion nach sich ziehen kann. Die energetische Reaktion findet dann nicht statt.

Wirkung. Wenn Sie eine neue Beziehung anfangen, ist diese Mischung genau das Richtige für Sie. Sie lassen alte Beziehungen komplett los. Ihre Seele ist bereit, sich auf die Begegnung mit dem neuen Partner einzulassen. Aus der geistigen Welt erfahren Sie alle Hilfe, die zum Gelingen einer neuen Beziehung wichtig ist.

Intuition

Wer sehnt sich nicht nach einem kleinen Mann im Ohr, der uns in allen Lebenslagen die richtigen Tipps und Hinweise gibt, wie wir uns in den verschiedensten Situationen richtig verhalten sollen. Der uns in Situationen, in denen wir allein mit dem Verstand nicht weiterkommen, hilfreich zur Seite steht. Der unser Gehirn mit dem Bauch, dem Universum, unserem Buch des Lebens und mit Gott verbinden kann. Der uns in den dunkelsten Stunden die Gewissheit gibt, dass wieder gute Zeiten auf uns zukommen werden. Dieser kleine Mann – oder um es richtig zu sagen: unsere Intuition – ist etwas, was wir trainieren können, falls wir noch keinen Zugang dazu haben. Oft brauchen wir dafür nur in uns hineinzuhorchen oder unserem Bauchgefühl zu vertrauen. Viel mehr bedarf es dazu nicht. Eine gut funktionierende Intuition ist die Konsequenz aus einer authentischen Lebensweise. Wenn wir uns auf unserem von Gott zugedachten Lebensweg befinden, wird es leichter sein, in uns hineinzuhorchen, als wenn wir durch unsere momentane Lebensweise von unserem Sein völlig abgeschnitten sind. Nur wer authentisch und in seiner Mitte ist und sich auf einem gewissen spirituellen und geistigen Niveau befindet, hat Zugang zu seiner Intuition.

Ein anderer Ausdruck für Intuition ist »Botschaft der Seele«. Die Botschaften unserer Seele können vor allem dann ungehindert unser Bewusstsein durchdringen, wenn wir die Filter der gesellschaftlichen Normen, Konditionierungen und Muster ausschalten. Streben Sie also eine möglichst klare und für Ihre jeweilige Entwicklung folgerichtige Lebensweise an. Dann wird der Zugang zu Ihrer Intuition kein Thema sein.

Intuitiv zu sein kann aber bis zu einem gewissen Grad eingeübt werden. Im Alltag bieten sich viele Situationen, um Ihre Intuition zu trainieren:

▸ Überlegen Sie sich, wenn das nächste Mal das Telefon klingelt, vor dem Annehmen des Gesprächs, wer am Telefon sein könnte.
▸ Schauen Sie sich Wetten an und überlegen Sie im Voraus, wer der Gewinner sein könnte.
▸ Denken Sie ganz bewusst an jemanden, den Sie schon lange nicht mehr gesehen haben. Sie werden sich wundern, wie schnell Ihnen dieser Mensch über den Weg läuft.
▸ Überlegen Sie, bevor Sie sich auf den Weg zur Arbeit, ins Theater oder zum Einkaufen machen, wem Sie auf diesem Weg begegnen könnten.

Genauso wie ein Muskel trainiert werden muss, um gut zu arbeiten, müssen Sie Ihre Intuition trainieren, um sich in wichtigen Momenten darauf verlassen zu können. Die im Folgenden vorgeschlagenen Mischungen helfen Ihnen zusätzlich, einen Zugang zu Ihrer Seelensprache und somit zu Ihrer Intuition zu finden.

📖 »Ich bin mir meiner Vorgehensweise sicher«

Rezeptur Phylak Sachsen GmbH

Symphytum officinale 1
Urtica 1
Rosmarinus officinalis 1
Amygdala amara 1
Rosmarinus officinalis 1
Arnica montana 1

Dosierung. 1×1 bis höchstens 3×3 Tropfen in 24 Stunden einnehmen oder direkt am Dritten Auge einreiben.

Wirkung. Im einfachsten Fall können Sie diese Mischung verwenden, wenn Sie vor einem Problem stehen, bei dem Sie mit dem Verstand nicht weiterkommen. Diese Mischung hilft Ihnen, wenn Sie festen Halt und Sicherheit brauchen, um eine klare Entscheidung zu treffen, um einen gordischen Knoten in Ihrem Leben zu durchtrennen oder vielleicht sogar um den Wahrheiten Ihrer eigenen Existenz auf den Grund zu gehen. Sie können den Grundwahrheiten Ihres eigenen Lebens direkt und ohne Angst in die Augen schauen.

📖 »Ich entwickle meine Intuition«

Rezeptur Phylak Sachsen GmbH

Viscum album 1
Iris 1
Euphrasia 1

Dosierung. 1×1 Tropfen bis höchstens 3×3 Tropfen in 24 Stunden. Sie können die Mischung auch direkt auf Ihr Drittes Auge – die Stelle zwischen den Augenbrauen oberhalb der Nasenwurzel – reiben.

Wirkung. Diese Mischung hilft Ihnen, Ihr Drittes Auge zu entwickeln, welches maßgeblich daran beteiligt ist, Botschaften Ihrer Seele und Ihres Unterbewusstseins wahrzunehmen.

📖 »Mein Drittes Auge entwickelt sich«

Rezeptur Phylak Sachsen GmbH

Viscum album 1
Iris 1
Euphrasia 1
Viola tricolor 1
Viola tricolor 1

Bei der Herstellung wird der Mischung zweimal Viola tricolor zugegeben, um die Wirkung der Pflanze auf die Mischung zu potenzieren.

Dosierung. 1×1 Tropfen bis höchstens 3×3 Tropfen in 24 Stunden einnehmen oder direkt am Dritten Auge einreiben.

Wirkung. Diese Mischung fördert noch stärker als die zuvor beschriebene die Entwicklung Ihres Dritten Auges.

ⓘ **Cave:** Wenn Sie sich noch nie mit geistigen oder seelischen Aspekten Ihres Seins beschäftigt haben, wird diese Mischung Sie eher blockieren, als Ihnen weiterhelfen. Im schlimmsten Fall werden zweideutige Botschaften bei Ihnen auftauchen, die falsch interpretiert viel Schaden bei Ihnen und in Ihrem Umfeld anrichten können. Diese zweite Mischung mit Viola tricolor sollte hauptsächlich von Personen eingenommen werden, die sich schon auf einem geistigen oder spirituellen Weg befinden und bereits gelernt haben, aus dem Unterbewusstsein auftauchende Botschaften zu empfangen und richtig einzuordnen.

📖 »Ich lebe meine Intuition«

Rezeptur Phylak Sachsen GmbH

Iris 1
Nux vomica 1
Taxus baccata 1
Urtica 1
Iris 1
Tropaeolum majus 1
Iris 1
Okoubaka aubrevillei 1
Azadirachta indica 1

Dosierung. 1×1 bis höchstens 3×3 Tropfen in 24 Stunden.

Wirkung. Diese Rezeptur ist die Basismischung zur Entwicklung Ihrer eigenen Intuition. Sie ist im Gegensatz zu den oben angeführten Rezepturen für Menschen geeignet, für die geistige Ideen und Philosophien eher Neuland sind. Die Rezeptur wirkt nur sehr langsam und die aus dem Unterbewussten kommenden Informationen werden Ihrer Seele nur entsprechend Ihrer momentanen Entwicklung zugänglich gemacht. Sie hilft Ihnen, Ihrem Rhythmus gemäß Ihre Intuition in Verbindung mit Ihrer jeweiligen geistigen, seelischen und spirituellen Entwicklung aufzubauen. Diese Mischung können Sie auch mit einer zusätzlichen Pflanze, die sie intuitiv bestimmen, kombinieren. Gehen Sie dabei folgendermaßen vor: Versetzen Sie sich in eine ruhige Stimmung und überlegen Sie, warum Sie Ihre Intuition bisher nicht entwickeln konnten. Dann wählen Sie intuitiv eine Pflanze aus dem Pflanzenkapitel (→ Kapitel 2) aus. Lesen Sie sich die Pflanzenbeschreibung durch und werden Sie dafür aufmerksam, was Sie bisher an der Entwicklung Ihrer Intuition gehindert hat. Durch Zugabe dieser Pflanze zur oben angeführten Rezeptur ergibt sich dann:

Rezeptur Phylak Sachsen GmbH

Iris 1
Nux vomica 1
Taxus baccata 1
Urtica 1
Iris 1
Tropaeolum majus 1
Iris 1
Okoubaka aubrevillei 1
Azadirachta indica 1
individuelle Pflanze 1

📖 »Ich entwickle meine Intuition und unterstehe dem Schutz der göttlichen Mutter«

Rezeptur Phylak Sachsen GmbH

Sabal serrulatum 1
Chelidonium majus 1
Aralia racemosa 1
Ruta graveolens 1
Piper methysticum 1
Pilocarpus 1
Matricaria chamomilla 1
Amygdala amara 1
Rosmarinus officinalis 1
Iris 1
Arnica montana 1

Dosierung. 1×1 bis höchstens 3×7 Tropfen in 24 Stunden. Bei Kindern ab dem zwölften Lebensjahr 1×1 bis 3×4 Tropfen geben, dabei langsam über mehrere Monate vorsichtig steigern.

Wirkung. Diese Mischung versetzt Sie in die Lage, unbeeinflusst von der Meinung anderer aus eigener Kraft heraus einen guten Zugang zu den Botschaften Ihrer Seele zu erhalten. Sie lernen, sich mehr auf Ihr Inneres zu besinnen und Störungen von außen gut zu eliminieren. Die Rezeptur kann ebenfalls gut eingesetzt werden bei Kindern, die im ersten Moment das Richtige in Prüfungen angegeben haben, aber beim nochmaligen Überlegen unsicher werden und dann das Falsche ankreuzen. Sie eignet sich auch für Menschen, die zwar in ihrem Inneren wissen, was falsch oder richtig für sie ist, sich aber durch äußere Umstände immer wieder verunsichern lassen.

Wirkung. Diese Rezeptur eignet sich für Menschen, die vor schwierigen Entscheidungen stehen, die für mehrere Personen weitreichende Folgen haben. Dies könnte zum Beispiel die Scheidung eines Ehepaares mit Kindern sein. Es geht also um Situationen, in denen viele Aspekte berücksichtigt werden müssen, und um Entscheidungen, die nicht mit dem Verstand alleine gelöst werden können, bei denen man geradezu ein Gottesurteil benötigt. Die Mischung hilft, Entscheidungen zu treffen, die zum Wohle aller Beteiligten sind.

»Ich treffe eine intuitive Wahl zum Wohle aller Beteiligten«

Rezeptur Phylak Sachsen GmbH

Viscum album 1
Iris 1
Euphrasia 1
Rauwolfia serpentina 1
Angelica archangelica 1
Malva silvestris
Tilia 1
Vinca minor 1
Salvia officinalis 1

Dosierung. 1×1 bis 3×3 Tropfen in 24 Stunden.

»Vision für die Zukunft«

Rezeptur Phylak Sachsen GmbH

Datura stramonium 1
Juniperus communis 1
Quercus 1

Dosierung. 3×1 bis 3×3 Tropfen in 24 Stunden.

Wirkung. Datura hilft in dieser die Intuition fördernden Mischung, Kontakt mit jenseitigen Welten aufzunehmen, um an deren intelligenten Energiefeldern zur Lösung von erdenspezifischen und daseinsgebundenen Problemen andocken zu können. Darüber hinaus hilft die Mischung, sich an Inkarnationen auf anderen Planeten zu erinnern.

Konzentrationsstörungen bei Erwachsenen

Im Zuge der Diskussion um Kinder mit ADS (Aufmerksamkeitsdefizitsyndrom) und ADHS (Aufmerksamkeitsdefizit- und Hyperaktivitätssyndrom) wurde festgestellt, dass es nicht wenige Erwachsene gibt, die ein ähnliches Problem aus ihrer Kindheit mit in das Erwachsenenalter gebracht haben. Die Erkrankung macht sich meist durch massive Konzentrationsstörungen und eine große, nicht kompensierbare innere Unruhe bemerkbar. Die Betroffenen fühlen sich in der Regel selbst nicht krank, sondern werden erst durch ihre Umwelt darauf aufmerksam gemacht, dass mit ihnen etwas nicht stimmt.

Oft haben sich diese Menschen selbst geholfen und einen Tagesablauf und Berufe gesucht, in denen diese Störungen teils kompensiert werden können oder nicht zum Tragen kommen. Derjenige, der auf seine Ernährung achtet – möglichst vollwertig ohne schnell verwertbare Inhaltsstoffe –, sich genügend Bewegung verschafft und sich mit Pausen vor allzu großen Außenreizen abschirmt, kommt in Allgemeinen ohne spezielle medikamentöse Therapie durch den normalen Alltag.

Meist treten erst in persönlichen Krisensituationen, in denen sich der normale Alltagsrhythmus stark ändert und eine massive Reizveränderung bzw. -überflutung stattfindet, erste für den Betroffenen erkennbare Anzeichen von Krankheit auf. Dies können z. B. schwere Schlafstörungen, ein Ausgebranntsein oder chronische Müdigkeit sein.
Ein Forschen nach der Ursache lässt meist bewusst werden, dass diese Störungen subtil schon immer vorhanden waren. Ein Rückblick in die Biographie oder ein Nachdenken über den Schulalltag als Kind fördert oft erste Anzeichen für ADS bzw. ADHS zu Tage – nur dass diese damals nicht erkannt wurden.

Vielleicht fühlten Sie sich schon immer bleiern müde, wenn es darum ging, Dinge zu erledigen, die Sie nicht interessiert haben. Jetzt ist es nur viel schlimmer, weil noch einige andere Komponenten dazugekommen sind. Oder es gab schon immer Phasen, in denen Ihr Schlafrhythmus gestört war, die Sie aber kompensieren konnten. Oder Sie haben sich nach dem Schlafen noch nie richtig erholt gefühlt. Vielleicht haben Sie auch Sprüche wie diese zu hören bekommen:

▶ »Der hatte Hummeln im Hintern.«
▶ »Das war als Kind eine ganz Wilde.«
▶ »Meistens war er kaum zu bändigen.«
▶ »Den ganzen Tag war sie unterwegs und nach dem Essen ist sie sofort wieder vom Tisch aufgestanden und ganz schnell verschwunden.«

Die Spagyrik kann Ihnen helfen, wieder Spaß am Alltag und den für Sie richtigen Lebensrhythmus zu finden. Zusätzlich sollten Sie Folgendes beachten: Achten Sie über den Tag verteilt auf genügend Bewegung. Bewegung baut psychische Spannungen und innere Unruhe ab und hilft Ihnen, sich ausgeglichen und wohl zu fühlen. Außerdem werden bei ausreichender Bewegung Hormone ausgeschüttet, die Ihnen Glücksgefühle bescheren.

▶ Ernähren Sie sich vollwertig. Vollwertige Nahrung hilft Ihnen, einen konstanten Blutzuckerspiegel im Körper aufrechtzuerhalten. Die »normale« Nahrung besteht meist aus hochwertigen Eiweißen und schnell verwertbaren, einfachen und aufgespaltenen Kohlehydraten, die Blutzuckerspitzen verursachen. Diese haben den Effekt von »Dopingfutter«. Das Problem dabei ist aber, dass der normale Mitteleuropäer durch seine fehlende körperliche Tätigkeit diese schnell verwertbare Nahrung nicht benötigt und somit ständig mit Hochleistungsnahrung das Nervensystem überfordert.

► Ernähren Sie sich vorwiegend vegetarisch. Das Fleisch von Schlachttieren ist überschwemmt von Adrenalin, einem Stresshormon, das die Tiere während der Schlachtung ausschütten und das Sie beim Verzehr von Fleisch aufnehmen. Zudem sollte der energetische Aspekt der Tötung fremden Lebens bedacht werden und die Tatsache, dass Tiere meist ohne ausreichende Bewegung schlachtreif gezogen werden.

► Reduzieren Sie Außenreize in Form von Lärm oder Bildern, die ungefiltert auf Sie hereinströmen. Das kann der Fernseher sein oder das Radio, das im Hintergrund vor sich hin dudelt.

► Schaffen Sie sich im Alltag Zonen der Ruhe. Erleben Sie Ruhe mal wieder als echten Luxus. Es ist besser, mehrmals am Tag kurze Pausen zu machen, als sich die ganze Woche oder das ganze Jahr abzurackern, um dann endlich mal für einige wenige Wochen so richtig auszuspannen.

📖 »Ich bringe meine beiden Gehirnhälften in Einklang«

Dies ist die Basismischung bei allen Konzentrationsstörungen.

Basisrezeptur Phylak Sachsen GmbH

Amygdala amara 1
Rosmarinus officinalis 1
Arnica montana 1
bei Bedarf: individuelle Pflanze(n)

Dosierung. 1×1 bis höchstens 3×3 Tropfen in 24 Stunden.

Wirkung. Diese Basismischung können Sie nehmen, wenn Sie sich unkonzentriert fühlen und sich mehr Zentrierung und Konzentration in Ihrem Leben wünschen. Falls Sie gerade ein Problem haben, das Ihnen Unruhe verursacht und mit dem Sie absolut nicht weiterkommen, können Sie die oben angegebene Mischung durch eine Pflanze für Ihr aktuelles Problem ergänzen, die Sie bewusst oder intuitiv aus den Pflanzenbeschreibungen (→ Kapitel 2) auswählen.

📖 »Ich verankere mich in mir selbst«

Rezeptur Phylak Sachsen GmbH

Pulsatilla 1
Okoubaka aubrevillei 1
Mandragora officinalis 1
Matricaria chamomilla 1
Amygdala amara 1
Rosmarinus officinalis 1
Iris 1
Arnica montana 1
Solidago virgaurea 1
Drosera 1
Fucus 1
1 ml Galium odoratum

⊘ **Cave:** Diese Rezeptur darf auf keinen Fall verändert werden, da die spezielle Zusammensetzung der einzelnen Pflanzen Synergieeffekte schafft und sich damit die Energien der Einzelpflanzen gegenseitig verstärken.

Dosierung. 1×1 bis höchstens 3×3 Tropfen täglich in 24 Stunden.

Wirkung. Die Mischung hilft Ihnen, wenn Sie unkonzentriert sind, sich äußeren Einflüssen schlecht entziehen können und ständig die Meinungen anderer Menschen übernehmen. Dadurch wirken Sie auf Ihr Umfeld wie ein

Chamäleon, welches ständig seine Meinung ändert und nicht greifbar ist. Sie werden wieder zentriert, können sich im Alltag auf die wichtigen Belange konzentrieren und stehen mit beiden Beinen fest im Leben.

Wenn Sie sich häufig nicht mehr erinnern können, unkonzentriert sind und Dinge schnell wieder vergessen, unterstützt diese Mischung effektiv Ihr Gedächtnis. Die Mischung ist auch vor Prüfungen, konzentrativen Tätigkeiten oder schwierigen Entscheidungen im Leben anzuwenden.

»Ich werde bewusst«

Die Rezeptur und die Dosierung zu dieser Mischung finden Sie auf Seite 219.

Wirkung. »Ich werde bewusst« ist eine Mischung, die ausschließlich abends eingenommen wird. Sie regt das Traumgeschehen an und öffnet Ihr Unterbewusstsein für Botschaften Ihrer Seele. Sie erhalten wieder mehr Zugang zu Ihrem Inneren und sind weniger anfällig für äußere Einflüsse. Diese Mischung kann abends zusätzlich zu den oben genannten Mischungen eingenommen werden.

»Ich finde zurück zu meiner inneren Ruhe«

Rezeptur Phylak Sachsen GmbH

Tropaeolum majus 1
Urtica 1
Viscum album 1
Angelica archangelica 1
Drosera 1
Sambucus nigra 1

Dosierung. 1×1 bis höchstens 3×7 Tropfen täglich in 24 Stunden.

Wirkung. Diese Mischung ist für Menschen geeignet, die ständig eine innere Unruhe verspüren, die also unter einem inneren Getriebensein leiden. In Situationen, in denen Ruhe und Konzentration gefragt sind, kann dies sehr störend sein. Die Mischung ist auch geeignet, wenn Sie beim Meditieren immer wieder abschweifen und Ihr Geist nie so recht zur Ruhe kommt.

»Ich suche den ganz speziellen Rhythmus meines Lebens«

Rezeptur Phylak Sachsen GmbH

Rosmarinus officinalis 1
Humulus lupulus 1
Yohimbé 1
Taxus baccata 1
Hypericum perforatum 1
Mandragora officinalis 1
Urtica 1
Solidago virgaurea 1
Ephedra 1

Dosierung. Diese Mischung nehmen Sie jeden Tag exakt zur gleichen Zeit mit einem von Ihnen bestimmten Ritual ein. Nehmen Sie die Tropfen dreimal täglich. Die erste Gabe sind drei, die zweite Gabe fünf und die dritte Gabe acht Tropfen. Der Grund für diese ungewöhnliche Dosierung ist, dass die Acht für die Lemniskate steht, ein Symbol, welches wie eine liegende Acht aussieht. Diese liegende Acht symbolisiert die sich endlos wiederholenden Rhythmen in der Natur.

Wirkung. Der Verlust von Rhythmen der Natur ist ein häufiger Grund für Konzentrations- und psychosomatische Störungen. Früher hatte der Mensch noch Rhythmen, die durch Tag und Nacht oder die Jahreszeiten vorgegeben waren. Diese Rhythmen sind durch das moderne Leben weitestgehend aufgehoben. Im Praxisalltag erlebe ich oft, dass Patienten Rituale und Rhythmen suchen, die ihrem Leben wieder Sinn und eine gewisse Sicherheit geben. Diese Mischung hilft Ihnen, sich wieder in den Rhythmus des Alltags und der Natur einzuordnen und sich darauf einzulassen. Sie müssen dann nicht mehr im Hochsommer Ski fahren, sondern fügen sich harmonisch in die vorgegebenen Rhythmen der Natur ein. Wenn Sie sich auf diese natürlichen Rhythmen einlassen, fällt es Ihnen leichter, die Zeiten für sich zu entdecken, in denen Sie konzentriert arbeiten können, und diese effektiv zu nutzen.

»Ich bin geborgen in mir«

Rezeptur Phylak Sachsen GmbH

Symphytum officinale 1
Urtica 1
Rosmarinus officinalis 1
Valeriana officinalis 1
Tropaeolum majus 1
Thuja occidentalis 1

Dosierung. 1×1 bis höchstens 3×7 Tropfen täglich in 24 Stunden.

Wirkung. Sicherheit, Halt, Vertrauen und Geborgenheit sind Kernaspekte dieser Mischung. Diese Eigenschaften sind wichtig, um durch innere Harmonie eine Basis für die Konzentration zu schaffen. Sie ist auch wichtig für Menschen, die nur mühsam ein Urvertrauen

entwickeln können, die ständig fürchten, dass hinter der nächsten Biegung des Lebens die nächste Katastrophe lauert und sie ins Unglück stürzen wird.

»Innere Ruhe gibt mir Kraft und Stärke«

Rezeptur Phylak Sachsen GmbH

Sabal serrulatum 1
Chelidonium majus 1
Aralia racemosa 1
Ruta graveolens 1
Piper methysticum 1
Pilocarpus 1
Taxus baccata 1
Ginkgo biloba 1
Vinca minor 1

Dosierung. 1×1 bis höchstens 3×2 Tropfen in 24 Stunden.

Wirkung. Diese Mischung eignet sich für Menschen, die meinen, das Leben rausche wie ein Schnellzug an ihnen vorbei, ohne dass sie es wahrnehmen. Sie verzetteln sich ständig und können den Zeitaufwand für eine Aufgabe nicht richtig einschätzen. Nach der Einnahme dieser Mischung werden Sie wieder ein gutes Zeitgefühl bekommen und Dinge in der angemessenen Zeit erledigen, ohne zu trödeln oder sich zu sehr zu beeilen. Die Tropfen helfen Ihnen, sich in Ihre innersten Räume zurückzuziehen – an einen Ort innerer Sicherheit, an dem nur Sie sein dürfen. Sie erleben die Zeit wieder intensiv und konzentrativ und fühlen sich in der Gegenwart verankert. Sie haben nicht mehr das Gefühl, dass das Leben an Ihnen vorbeirauscht.

Lösen von Jahresblockaden

Die Jahresblockade gibt Ihnen wichtige Hinweise darauf, was in diesem Jahr Ihr Thema ist oder sein wird. Normalerweise arbeiten Sie an den Blockaden des Jahres, in dem Sie sich gerade befinden. Wenn Sie das Gefühl haben, vor schicksalhaften Entscheidungen zu stehen, kann ausnahmsweise ein Blick in die weitere Zukunft und deren Themen nützlich sein. Mehr als das laufende und das kommende Jahr mit spagyrischen Essenzen zu bearbeiten, ist jedoch nicht sinnvoll, da das Einzelschicksal auch immer unter dem Aspekt des Massen- oder Menschheitskarmas gesehen werden muss. In den nächsten Jahren werden viele schicksalhafte Ereignisse ganze Völker oder Nationen als karmisches Massenphänomen betreffen. Dann tritt das Einzelschicksal zwangsläufig in den Hintergrund, weil es hier nicht mehr um den Einzelnen, sondern um die Weltordnung und das Weltengefüge geht.

Achten Sie besonders auf die Jahre, in denen Sie einen neuen Siebener-Zyklus beginnen. Die Anthroposophie unterteilt das Lebensalter des Menschen in Jahrsiebte, wobei jedes Jahrsiebt spezielle Anforderungen an unser Leben stellt. Jedes Lebensjahrsiebt hält bestimmte übergeordnete, kosmische Aufgaben für uns bereit, die wir im Laufe unseres Daseins zu bewältigen haben. Besonders wichtig sind dabei die Jahre, in denen Sie von einem Jahrsiebt zum nächsten wechseln, also das 7., 14., 21., 28., ... Lebensjahr. In diesen Übergangszeiten können Sie zusätzlich zu den Jahresthemen Pflanzen aus dem System Phylak nehmen, die Ihnen gezielt bei der Bearbeitung der Themen des kommenden Lebensjahrsiebts beistehen. Diese werden Sie in dem jeweiligen Jahrsiebt begleiten und in Ihrer Entwicklung unterstützen. Sobald Sie mit einem für das Lebensjahrsiebt typischen Problem konfrontiert werden, fügen Sie diese Pflanzen einfach zu Ihrer Mischung zur Lösung Ihrer Jahresblockade hinzu. Im Folgenden werden jeweils die zwei wichtigsten Pflanzen für jedes Jahrsiebt vorgestellt.

0-7 Jahre. Amygdala amara (→ S. 36) schützt die Aura und integriert Emotionen ins Denken. Angelica archangelica (→ S. 38) bietet engelhaften Schutz in der neuen Phase. Wichtige Themen dieser Zeit sind Erdung, Urvertrauen und Sicherheit.

7-14 Jahre. Belladonna (→ S. 50) zur Beruhigung der pubertären Energien. Bellis perennis (→ S. 52) zur energetischen Neutralisierung des elterlichen Erbes. Die Kernthemen dieser Phase sind Sexualität, Kreativität, Gefühle, oberflächliches Vergnügen und Freude.

14-21 Jahre. Chelidonium majus (→ S. 64) nimmt den sozialen Druck von den Schultern. China (→ S. 66) hilft Ihnen, Ihr Potenzial voll und ganz zu entwickeln. Besonders bedeutsam in diesem Lebensabschnitt sind die Emotionen mit dem Sonnengeflecht als Repräsentant des Emotionalgehirns, die Existenz und die Beziehung zwischen Denken und Fühlen.

21-28 Jahre. Echinacea (angustifolia) (→ S. 78) hilft Ihnen, Themen der Kindheit noch mal intensiv zu bearbeiten. Echinacea pallida (→ S. 80) bringt Kindheitsverletzungen ins Bewusstsein. Wichtige Bereiche dieser Lebensphase sind die Liebe sowie die Verbindung von unteren und oberen Chakren und damit der Verbindung von Materie zu Geist und Seele.

28-35 Jahre. Fagopyrum esculentum (→ S. 92) entfacht Ihren Lebenswillen neu. Fucus (→ S. 94) sorgt für Halt und Stütze im Leben und verbessert die soziale Integration. Wichtige Aspekte dieser Zeit sind Ausdruck, Sprache, Kontakt und Intuition.

35-42 Jahre. Hydrastis canadensis (→ S. 106) hilft bei der Bearbeitung karmischer Themen. Hypericum perforatum (→ S. 108) versorgt Sie mit der Liebe des himmlischen Vaters. In dieser Phase geht es vor allem darum, die Lebensthemen neu zu ordnen.

42-49 Jahre. Melilotus (→ S. 120) bietet doppelten Schutz für Ihre Aura und stellt den Kontakt mit der geistigen Welt wieder her. Melissa officinale (→ S. 122) lässt Sie trotz schwindender Kräfte Vertrauen in das Leben entwickeln. Wichtige Themen dieses Lebensabschnitts sind das universelle Bewusstsein, die kosmische Einheit und Meditation.

49-56 Jahre. Propolis (→ S. 134) ist dem Saturn zugeordnet, der nach den lebensspendenden Strukturen im Leben fragt. Es ist das richtige Mittel für Menschen, bei denen Ordnung das Lebensprinzip ist. Pulsatilla (→ S. 136) hilft Ihnen, die eigene Sensibilität für die geistige Entwicklung gewinnbringend ins Leben zu integrieren. In dieser Phase stehen Selbstlosigkeit und Loslassen im Mittelpunkt.

Ab 57 Jahren. Nach dem 56. Lebensjahr haben Sie die wichtigsten Themen auf der Erde bearbeitet. In den weiteren Jahrsiebten geht es um übergeordnete Themen aus vorherigen Jahrsiebten, die nun in veränderter Form, meist als spirituelles Thema, wiederkommen.

📖 »Ich löse meine Jahresblockaden«

Rezeptur Phylak Sachsen GmbH

Iris 1
Convallaria majalis 1
Malva silvestris 1
Tilia 1
Chelidonium majus 1
Nicotiana tabacum 1
Podophyllum peltatum 1
Pilocarpus 1
Piper methysticum 1
individuelle Pflanze erste Jahresblockade 1
individuelle Pflanze zweite Jahresblockade 1
Quercus 1
individuelle Pflanze Lebensjahrsiebt 1

Dosierung. Geben Sie von dieser Rezeptur 2 × 2 Hübe täglich auf Ihren Kopf und sprühen Sie zusätzlich die Füße damit ein. Die Anwendung am Kopf, der für das Denken und die Erkenntnis steht, und an den Füßen, die für die Umsetzung des erkannten Prozesses stehen, ist wichtiger Bestandteil der Therapie mit dieser Rezeptur.

Wirkung. Die Basisrezeptur enthält als wichtigen Bestandteil die Rezeptur »Ich lasse los« (→ S. 276) sowie Tilia, Chelidonium und Nicotiana tabacum. Diese Komponenten erleichtern Ihnen das Loslassen als wichtigste Aufgabe im Leben und als Voraussetzung für die Lösung von Blockaden sowie das Loslassen der Blockade selbst.

Diese Rezeptur hilft Ihnen, die übergeordneten Themen der Lebensjahrsiebte zu verstehen. Durch die Berechnung Ihres jeweiligen Jahresthemas werden zusätzlich Ihre persönlichen und individuellen Blockaden in dieser Zeit gelöst. Diese Mischung harmonisiert und klärt Seele und Geist, damit Sie Blockaden erkennen und loslassen können.

Berechnung der ersten Jahresblockade. Als Basis für die Berechnung der Lebensblockade (→ S. 272) nehmen Sie Ihr Geburtsdatum. Die erste Jahresblockade berechnet sich dagegen aus dem Monat Ihrer Geburt und der Quersumme des Kalenderjahres, in dem Sie sich gerade befinden. Wenn Sie also z. B. am 27.04.1965 geboren sind, berechnet sich Ihre erste Jahresblockade wie folgt: Addieren Sie zur Zahl des Monats, hier der 4, die Quersumme des Kalenderjahres, z. B. für 2012: $2 + 0 + 1 + 2 = 5$. Die Summe daraus, also $4 + 5 = 9$, verrät Ihnen die Pflanze für Ihre erste Jahresblockade – in diesem Fall die Nr. 9 Aralia racemosa aus dem System Phylak. Diese wird der Rezeptur an der entsprechenden Stelle als individuelle Pflanze zur Lösung Ihrer ersten Jahresblockade zugegeben.

Geburtsmonat	4
+ Quersumme des Kalenderjahres	+ 5 (2 + 0 + 1 + 2)
= erste Jahresblockade	= 9

Berechnung der zweiten Jahresblockade. Nehmen Sie den Tag und den Monat Ihres Geburtsdatums und die bereits errechnete Quersumme des aktuellen Kalenderjahres und zählen diese drei Zahlen zusammen. Wenn Sie die

Summe mal zwei nehmen, erhalten Sie Ihre »Passagezahl«, die Sie zur Berechnung der zweiten Jahresblockade benötigen. Um die zweite Jahresblockade zu errechnen, werden nun die Passagezahl, der Monat Ihrer Geburt und die Quersumme der aktuellen Jahreszahl addiert.

ⓘ **Cave:** Die Passagezahl zur Berechnung der zweiten Jahresblockade entspricht normalerweise nicht der Passagezahl bei der Berechnung der zweiten Lebensblockade (→ S. 272).

ⓘ **Cave:** Sollte während Ihrer Berechnung eine Zahl auftauchen, die größer als 94 ist und damit die Zahl der bis dato verfügbaren Essenzen im System Phylak übersteigt, dann reduzieren Sie diese durch Bildung der Quersumme so weit, bis eine ausreichend kleine Zahl herauskommt.

Tag der Geburt	27
+ Geburtsmonat	+ 4
+ Quersumme des Kalenderjahrs	+ 5 (2 + 0 + 1 + 2)
	36
× 2 = Passagezahl	36 × 2 = 72

In unserem Beispiel rechnen Sie also 27 (Tag) + 4 (Monat) + 5 (Quersumme Kalenderjahr) = 36. Diese Zahl nehmen wir mal zwei und erhalten die 72 als Passagezahl. Die Summe aus Passagezahl, Geburtsmonat und Quersumme der Jahreszahl ergibt damit 72 (Passagezahl) + 4 (Monat) + 5 (Quersumme Kalenderjahr) = 81.

Passagezahl	72
+ Geburtsmonat	+ 4
+ Quersumme des Kalenderjahrs	+ 5 (2 + 0 + 1 + 2)
= 2. Jahresblockade	= 81

Die Pflanze mit der Nummer 81 im System Phylak, Dioscorea villosa, ist damit die individuelle Pflanze zur Lösung Ihrer zweiten Jahresblockade und wird der Rezeptur an der entsprechenden Stelle zugesetzt. Die Rezeptur für unser Beispiel lautet also:

Rezeptur Phylak Sachsen GmbH

Iris 1
Convallaria majalis 1
Malva silvestris 1
Tilia 1
Chelidonium majus 1
Nicotiana tabacum 1
Podophyllum peltatum 1
Pilocarpus 1
Piper methysticum 1
Aralia racemosa 1
   (als individuelle Pflanze für die erste Jahresblockade mit der Nummer 9)
Dioscorea villosa 1
   (als individuelle Pflanze für die zweite Jahresblockade mit der Nummer 81)
Quercus 1

Lösen von Lebensblockaden

Es ist immens wichtig, sich der eigenen Blockaden bewusst zu werden, die einen daran hindern, am Leben in seiner gesamten Breite teilzuhaben. Zur Überwindung solcher Blockaden müssen Sie in Ihrem Leben an bestimmten Schnittstellen immer wieder viel Energie aufwenden. Diese Energie geht vor allem dadurch verloren, dass Sie meist nicht wissen, was genau los ist. Diese Unwissenheit löst Angst aus, die wiederum den Energiefluss blockiert. So wird eine energetische Abwärtsspirale in Gang gesetzt, die durch Bewusstwerdung der Blockaden unterbrochen werden kann.

Nach meiner Überzeugung werden wir vom Leben mit diesen Blockadeenergien konfrontiert, damit wir uns durch sie weiterentwickeln können. Blockaden werden Sie wahrscheinlich Ihr ganzes Leben in immer wieder veränderter Form begleiten. Es ist unwahrscheinlich, dass Sie sich jemals vollständig von ihnen werden lösen können. Sie gehören zu den Facetten Ihres Lebens und sind zugleich ein wichtiger Bestandteil Ihrer Persönlichkeit. Man könnte auch von Lebensaufgaben sprechen, die Sie so lange in Variationen gestellt bekommen, bis Sie in Ihren Energiekörpern keine Resonanz mehr für diese von außen kommende Energie bieten.

Sie sollten sich unbedingt darüber klar werden, um was für eine Art von Blockade es sich handelt. Was Ihnen bewusst ist, kann kein unerkanntes Eigenleben in Ihrer Seele und in Ihrem Geist führen und Sie blockieren. Bewusstheit ist also der wichtigste Schritt zum Umgang mit Lebensblockaden. Und aus dieser Bewusstheit heraus kann dann die Blockade über Verhaltensänderungen, die aktiv vorgenommen werden müssen, endgültig gelöscht werden.

In der Spagyrik können Sie der Hilfe einiger Basispflanzen vertrauen, die in der Rezeptur »Ich lösche meine Lebensblockaden« durch individuell errechnete Pflanzen ergänzt werden.

📖 »Ich löse meine Lebensblockaden«

Rezeptur Phylak Sachsen GmbH

Iris 1
Convallaria majalis 1
Malva silvestris 1
Tilia 1
Chelidonium majus 1
Nicotiana tabacum 1
Podophyllum peltatum 1
Pilocarpus 1
Piper methysticum 1
individuelle Pflanze erste Lebensblockade 1
individuelle Pflanze zweite Lebensblockade 1
Quercus 1

Dosierung. Geben Sie von dieser Rezeptur 2 × 2 Hübe täglich auf Ihren Kopf und sprühen Sie zusätzlich die Füße damit ein. Die Anwendung am Kopf, der für das Denken und die Erkenntnis steht, und an den Füßen, die für die Umsetzung des erkannten Prozesses stehen, ist wichtiger Bestandteil der Therapie mit dieser Rezeptur.

Wirkung. Die Basisrezeptur enthält als wichtigen Bestandteil die erste und zweite Basisrezeptur zum Thema »Loslassen« (ICM und ICT, → S. 276). Diese Komponenten erleichtern Ihnen das Loslassen als wichtigste Aufgabe im Leben und als Voraussetzung für die Lösung von Blockaden sowie das Loslassen der Blockade selbst.

Die errechneten Pflanzen zeigen Ihnen zunächst einmal, welche Blockadethemen Ihnen für dieses Leben mitgegeben worden sind. Hier wird der Geist über das Bewusstsein aktiviert. Durch die Einnahme der Mischung bekommt zudem Ihre Seele Impulse, die zur Heilung und zur Lösung der Blockaden führen.

Berechnung der ersten Lebensblockade. Ihr Geburtsdatum liefert die Basis für die Berechnung beider Lebensblockaden mit Hilfe kabalistischer Methoden. Nehmen wir z. B. jemanden, der am 27. April 1965 geboren ist. Die erste Lebensblockade errechnet sich aus der Zahl des Geburtsmonats (hier 4 für April) plus der Quersumme des Geburtsjahres (hier 1 + 9 + 6 + 5 = 21). In unserem Beispiel rechnen wir also 4 + 21 = 25.

Geburtsmonat	4
+ Quersumme des Geburtsjahres	+ 21 (1 + 9 + 6 + 5)
= erste Lebensblockade	= 25

Die Pflanze zur Lösung der ersten Lebensblockade ist in diesem Fall also Crataegus, welche die Energie der Zahl 25 im System Phylak verkörpert. Entsprechend wird Crataegus der Mischung als individuelle Pflanze für die erste Lebensblockade zugefügt. Der Monat geht bei der Berechnung der Lebensblockaden direkt in die Rechnung ein. Wenn Sie also im Dezember geboren sind, beginnt die Rechnung mit »12 +«.

Berechnung der zweiten Lebensblockade. Nehmen Sie den Tag, den Monat und die Quersumme Ihres Geburtsdatums und zählen Sie diese drei Zahlen zusammen. Also z. B. 27 (Tag) + 4 (Monat) + 21 (Quersumme

Geburtsjahr: 1 + 9 + 6 + 5) = 52. Diese Zahl nehmen Sie nun mal zwei, um Ihre »Passagezahl« zu errechnen, die Sie zur Berechnung Ihrer zweiten Lebensblockade benötigen. In unserem Beispiel ergibt sich zunächst 2 × 52 = 104. Wenn wie mit der 104 eine Zahl in Ihren Berechnungen auftaucht, die höher als 94 ist und damit die Zahl der bis dato verfügbaren Essenzen übersteigt, reduzieren Sie diese durch Bildung der Quersumme so lange, bis eine Zahl kleiner oder gleich 94 herauskommt. In unserem Beispiel rechnen Sie also 104 = 1 + 0 + 4 = 5. Dies ist Ihre Passagezahl.

Geburtstag	27
+ Geburtsmonat	4
+ Quersumme des Geburtsjahres	+ 21 (1 + 9 + 6 + 5)
	= 52
× 2 bei Zahlen > 94 Bildung der Quersumme = Passagezahl	52 × 2 = 104 1 + 0 + 4 = 5 = 5

⊘ **Cave:** Die Passagezahl zur Berechnung der zweiten Lebensblockade entspricht normalerweise nicht der Passagezahl bei der Berechnung der zweiten Jahresblockade (→ S. 269).

Die zweite Lebensblockade wird dann aus Ihrer – gegebenenfalls reduzierten – Passagezahl (5), Ihrem Geburtsmonat und der Quersumme Ihres Geburtsjahres errechnet. In unserem Beispiel wäre das: 5 + 4 + 21 = 30. Die Pflanze mit der Nummer 30 aus dem System Phylak, Eleutherococcus senticosus, ist damit Ihre individuelle Pflanze für die zweite Lebensblockade und wird an der entsprechenden Stelle der Rezeptur zugefügt.

Passagezahl	5
+ Geburtsmonat	4
+ Quersumme des Geburtsjahres	+ 21 (1 + 9 + 6 + 5)
= zweite Lebensblockade	= 30

In unserem Beispiel mit dem 27.4.1965 als Geburtsdatum lautet die Rezeptur also

Rezeptur Phylak Sachsen GmbH

Iris 1
Convallaria majalis 1
Malva silvestris 1
Tilia 1
Chelidonium majus 1
Nicotiana tabacum 1
Podophyllum peltatum 1
Pilocarpus 1
Piper methysticum 1
Crataegus 1
    (als individuelle Pflanze für die erste
    Lebensblockade mit der Nummer 25)
Eleutherococcus 1
    als individuelle Pflanze für die erste
    Lebensblockade mit der Nummer 30)
Quercus 1

Loslassen

Jeder Mensch weiß wahrscheinlich instinktiv, dass das Thema Loslassen eigentlich das Thema Sterben beinhaltet, dass alles zum Thema Loslassen nur dazu dient, das große und letzte Loslassen, nämlich das Sterben, zu üben. Jedes Loslassen ist ein kleiner Tod, der uns auf das Einfließen unserer Seele in Gott vorbereitet.

In den letzten Jahren gab es eine schier unüberschaubare Flut an Büchern zum Thema Ausmisten und Loslassen. In einer Zeit des Überflusses und des materiellen Reichtums haben viele Sehnsucht nach dem Einfachen, dem Wahrhaften und dem Authentischen. Authentizität kann aber nur gelebt werden, wenn man sich einer eher minimalistischen Lebensform verschrieben hat, die uns und unsere wahren Bedürfnisse zum Vorschein kommen lässt und uns Raum gibt, diese wahrgenommenen Bedürfnisse zu leben. Ich denke, dass jeder Mensch im Grunde seines Herzens weiß, dass man mit leichtem Gepäck besser und leichter durchs Leben kommt. Dies gilt sowohl im materiellen als auch im geistigen Sinne. Durch das Loslassen zentrieren wir uns mehr auf das wirklich Wichtige in unserem Leben und setzen viel gebundene Energie frei.

Loslassen befreit uns, so dass wir dem Haben nicht mehr so viel Raum einräumen müssen und uns dem Sein zuwenden können. Die Kunst des Lassens besteht darin, in Würde, Freude und Anstand anzunehmen, was das Leben bietet, und mit ebenso viel Würde und Anstand wieder loszulassen. Dazu gehört es auch, sich seine wahren Bedürfnisse bewusst zu machen und sich dafür Zeit zu nehmen.

Wir leben in einer Welt des Überflusses und des Überflüssigen. Jeden Tag sind wir mit einem Übermaß an materiellen Dingen konfrontiert, aber auch einem Übermaß an Gefühlen, Lärm und negativen Energien, an

Informationen und visuellen Eindrücken. Wie viele Eindrücke nehmen Sie alleine an einem Fernsehabend in sich auf, ohne bewusst damit umzugehen? Dies führt bei vielen Menschen zu einer mehr oder weniger wahrgenommenen Überladung ihres geistigen und seelischen Systems. Am besten wäre es, sich diesen Eindrücken erst gar nicht auszusetzen. Oft können wir uns aber kaum entziehen. Umso wichtiger ist es, einen Mechanismus und eine Kultur des Lassens und des Loslassens zu pflegen.

Die Kunst des Lassens und des Loslassens stellt uns jeden Tag vor neue Aufgaben. Am besten sehen wir das Loslassen als Herausforderung des Lebens an uns, bei deren Bewältigung wir viel Spaß haben und Energien freisetzen können. Loslassen ist auch ein Thema beim Trauern (→ S. 326) um verpasste Gelegenheiten, um geliebte Menschen oder um Ereignisse, die man lassen musste.

Grundsätzlich gilt, dass große Verluste mindestens ein Jahr brauchen, um optimal verarbeitet werden zu können. Natürlich gibt es individuell unterschiedliche Zeitspannen, die

Ihnen Ihre Seele und Ihr biographisches Erleben vorgeben.

Falls Sie aus der Trauer nicht mehr herauskommen und nach Jahren noch nicht verarbeitete Dinge mit sich herumschleppen, sollten Sie sich überlegen, ob Sie eine Therapie bei einem geschulten Therapeuten oder einem Seelsorger beginnen. Nicht verarbeitete Trauer wird sich in Ihrem Energiefeld festsetzen und sich gegebenenfalls immer wieder als körperliche oder geistige Störung bemerkbar machen.

Schon in der Bibel geht es um das Loslassen. So heißt es bei Prediger 3, 1–11: »Alles im Leben hat seine Zeit ... Geborenwerden hat seine Zeit, und Sterben hat seine Zeit; Pflanzen hat seine Zeit ...« Jesus hat darauf hingewiesen, dass wir uns einen Schatz im Himmel schaffen sollen und nicht auf der Erde, wo er von Motten und Rost zerfressen wird. Sie sollten sich klarmachen, dass Sie nichts von all dem, was Sie sich hier auf dieser Welt schaffen, mitnehmen können. Ein positiver und angemessener Umgang mit materiellen Dingen sieht etwa so aus:

▶ Nutzen Sie die Dinge und erfreuen Sie sich an ihnen, ohne Ihr Herz an sie zu hängen!
▶ Genießen Sie alles, was das Leben Ihnen zu bieten hat!
▶ Seien Sie dankbar in Zeiten des Überflusses und des Habens. Dann fällt es Ihnen auch leichter, Dinge, Erlebnisse und Menschen wieder loszulassen, wenn die Zeit dazu gekommen ist. Alles im Leben hat seine Zeit. Auch das Loslassen hat seine Zeit!
▶ Lassen Sie sich auf alles ein, was das Leben Ihnen freiwillig anbietet. Aber immer in dem Bewusstsein, auch ohne diese Dinge auszukommen!

▶ Überlegen Sie, ob Dinge Ihnen gut tun oder ob sie Ihnen mehr schaden als nützen.
▶ Überlegen Sie, welchen ökologischen Fingerabdruck Sie mit Ihrer Form des Konsums auf dieser Welt hinterlassen möchten.
▶ Bedenken Sie auch, dass weniger manchmal ein mehr an Lebensqualität bedeuten kann. Überlegen Sie bei Anschaffungen genau, ob Sie den Gegenstand wirklich brauchen.

Ich denke, dass viele Menschen heute so orientierungslos geworden sind, weil sie es nicht mehr schaffen, aus diesem Überangebot für sich das am meisten Nutzbringende auszuwählen und alles andere bleiben zu lassen. Hier ist die Kunst des Unterscheidens gefragt. Und letztendlich geht es um das Loslassen Ihres Egos, Ihres Seins und Ihrer Existenz auf diesem Planeten. Ich glaube, dass ein Großteil unserer Aktivitäten dazu dient, die Angst vor dem letzten und endgültigen Loslassen nicht zu spüren.

Die folgenden spagyrischen Rezepturen beleuchten das Thema Loslassen unter verschiedensten Aspekten. Unter anderem geht es darum, dass ein Loslassen auf der körperlich-materiellen Ebene auch ein Loslassen von Themen auf der Seelenebene auslösen kann. Ganz nach dem Prinzip, dass äußere Ereignisse innere Prozesse bedingen oder auslösen können. Bedenken Sie bitte bei der Dosierung, dass erst eine Dosierung auf geistiger Ebene notwendig ist, um Bewusstsein zu schaffen. Sobald Sie spüren, dass aus dem Loslassen des Materiellen ein seelischer Prozess geworden ist, steigern Sie die Dosis zur Behandlung der seelischen Ebene von 3 × 4 auf 3 × 7 Tropfen in 24 Stunden.

📖 »Ich lasse auf seelischer Ebene los«

1. Basisrezeptur Phylak Sachsen GmbH (ICM)

Iris 1
Convallaria majalis 1
Malva silvestris 1

Diese Basismischung zum Thema Loslassen können Sie mit allen anderen Mischungen oder einzelnen Pflanzen zu bestimmten Loslass-Themen kombinieren.

Dosierung. 3 × 4 bis höchstens 3 × 7 Tropfen täglich. Höchstdosis sind 21 Tropfen in 24 Stunden.

⊘ **Cave:** Durch Ergänzung der Basisrezepturen kann sich auch deren Dosierung ändern.

Wirkung. Die erste Basisrezeptur wird Ihnen helfen, sich auf seelischer Ebene von einem Thema, einer Person oder einem Gegenstand abzunabeln. Iris lehrt Sie zudem, die vielfältigen Möglichkeiten des Lebens wieder wahrzunehmen. Dank Convallaria majalis werden Sie dabei Erleichterung spüren. Malva silvestris schließlich verleiht Ihnen genügend Energie für einen Quantensprung in Ihrem Leben.

Beispiel. Wenn Sie sich ständig Sorgen über die Vergangenheit und die Zukunft machen, können Sie Gentiana lutea für »sich ständig über die Vergangenheit sorgen« und Melissa für »Sorgen über zukünftige Ereignisse« zur Basismischung hinzufügen. Die Rezeptur sieht dann so aus:

Rezeptur Phylak Sachsen GmbH

Iris 1
Convallaria majalis 1
Malva silvestris 1

Gentiana lutea 1
Melissa officinalis 1

Es gibt viele Möglichkeiten, Ihre Pflanze(n) zu ermitteln. Denken Sie im Geiste darüber nach, was Sie loslassen möchten oder müssen. Dann können Sie sich z. B. eine Zahl von 1 bis 93 ausdenken und die Nummer im Pflanzenteil nachschlagen oder eine Pflanze wählen, von der Sie sich besonders angesprochen fühlen. Lesen Sie den Text über die Pflanze und entscheiden Sie, ob Sie sie mit in die Mischung aufnehmen.

Dosierung. 1 × 1 bis höchstens 3 × 3 Tropfen täglich. Höchstdosis sind neun Tropfen in 24 Stunden.

📖 »Ich lasse auf geistiger Ebene los«

2. Basisrezeptur Phylak Sachsen GmbH (TCT)

Tilia 1
Chelidonium majus 1
Nicotiana tabacum 1

Die zweite Basisrezeptur zum Thema »Loslassen« können Sie ebenfalls mit allen anderen Mischungen oder einzelnen Pflanzen rund um das Thema »Loslassen« kombinieren.

Dosierung. 3 × 1 bis höchstens 3 × 2 Tropfen täglich. Höchstdosis sind 9 Tropfen in 24 Stunden.

Wirkung. Diese Basisrezeptur wird Ihnen helfen, auf geistiger Ebene loszulassen. Chelidonium majus lässt Sie die Bürden des Lebens loslassen und an die geistige Welt abgeben. Dank Nicotiana tabacum können Sie auch Dinge loslassen, von denen Sie gar nichts wissen. Und Tilia schließlich wird Ihnen eine Vision bescheren, der Sie nach dem Loslassen alter geistiger Themen entgegenstreben können.

»Ich lasse auf materieller Ebene los«

3. Basisrezeptur Phylak Sachsen GmbH (AMT)

Achillea millefolium 1
Malva silvestris 1
Taxus baccata 1

Auch die dritte Basisrezeptur zum Thema »Loslassen« können Sie mit allen anderen Mischungen oder einzelnen Pflanzen zum Thema »Loslassen« kombinieren.

Dosierung. 3 × 7 bis höchstens 3 × 9 Tropfen täglich. Höchstdosis sind 27 Tropfen in 24 Stunden.

Wirkung. Diese Rezeptur wird Ihnen helfen, auf materieller Ebene loszulassen. Dabei unterstützt Achillea millefolium das Loslassen von gesellschaftlichen Konventionen. Malva silvestris rüstet Sie gewissermaßen für den Aufbruch zu neuen Ufern. Und dank Taxus baccata können Sie beim Loslassen die Energie des Adlers nutzen.

»Ich lasse ungelöste Konflikte los «

Rezeptur Phylak Sachsen GmbH

Iris 1
Convallaria majalis 1
Malva silvestris 1
Drosera 1

Dosierung. Nehmen Sie von dieser Mischung 3 × 3 Tropfen täglich ein.

Wirkung. Diese Rezeptur befreit Sie von allen Verstrickungen und Konflikten, die Sie in diesem Leben noch nicht gelöst haben. Und vielleicht auch nicht mehr werden lösen können.

»Ich lasse mein altes Ego los«

Rezeptur Phylak Sachsen GmbH

Iris 1
Catharanthus roseus 1
Malva silvestris 1

Dosierung. Nehmen Sie von dieser Mischung 3 × 3 Tropfen täglich.

Wirkung. Diese Mischung hilft Ihnen, das alte Ego loszulassen und Platz für ein neues Bewusstsein zu schaffen.

»Ich bin diplomatisch und lasse los«

Rezeptur Phylak Sachsen GmbH

Tilia 1
Podophyllum peltatum 1
Rauwolfia serpentina 1
Achillea millefolium 1
Malva silvestris 1
Taxus baccata 1
Vinca minor 1

Dosierung. 1×1 bis höchstens 3×3 Tropfen täglich. Höchstdosis sind neun Tropfen in 24 Stunden.

Wirkung. Diese Rezeptur hilft Ihnen, eine Problematik loszulassen bzw. zu umgehen und einen Kompromiss zu schließen. Sie ist sehr hilfreich beim Umgang mit Ämtern oder mit Personen aus Ihrem Umfeld, mit denen Sie Probleme haben.

»Ich lasse los und erlebe die Leichtigkeit des Seins«

Rezeptur Phylak Sachsen GmbH

Achillea millefolium 1
Malva silvestris 1
Taxus baccata 1
Podophyllum peltatum 1
Achillea millefolium 1
Solidago virgaurea 1

Ephedra 1
Humulus lupulus 1
Tilia 1
Pilocarpus 1
Quercus 1

Dosierung. 1×1 bis höchstens 3×3 Tropfen täglich. Höchstdosis sind 9 Tropfen in 24 Stunden.

Wirkung. Bei dieser Mischung geht es um große und revolutionäre Veränderungen in Ihrem Leben, die Sie mit großer Leichtigkeit erfahren können. Alles Schwere, sei es materiell oder geistig, wird von Ihnen abfallen und Sie fühlen, dass Sie sich mit leichtem Gepäck auf einen neuen, großartigen Weg begeben. In entscheidenden Lebensphasen, in denen große Veränderung anstehen, helfen Ihnen diese Pflanzen, loszulassen, sich zu emanzipieren und Ihren Weg unabhängig von der allgemein gültigen Meinung in der Gesellschaft zu gehen.

»Ich lasse los und gehe dabei den Dingen auf den Grund«

Rezeptur Phylak Sachsen GmbH

Podophyllum peltatum 1
Rhus toxicodendron 1
Achillea millefolium 1
Malva silvestris 1
Taxus baccata 1
Vinca minor 1
Tilia 1
Pilocarpus 1
Quercus 1

Dosierung. 1×1 bis höchstens 3×3 Tropfen täglich. Höchstdosis sind 9 Tropfen in 24 Stunden.

Wirkung. Diese Mischung bitte nur anwenden, wenn Sie ganz sicher sind, dass Sie den

Dingen, die Sie loslassen wollen, zuvor noch auf den Grund gehen wollen. Diese Mischung wird Sie mit Ihren tiefsten Bewusstseinsschichten in Berührung bringen.

(!) Cave: Nur bedingt zur Einnahme ohne professionelle Begleitung geeignet!

Bei einer Psychoanalyse oder einer existentiellen Lebenskrise können Sie als »Stopper« Allium cepa dazugeben, um langsam und in Ihrem Rhythmus Schicht für Schicht zur wahren Ursache des Problems vorzudringen und dann loszulassen. Diese Mischung sieht dann wie folgt aus:

Rezeptur Phylak Sachsen GmbH

Podophyllum peltatum 1
Rhus toxicodendron 1
Achillea millefolium 1
Malva silvestris 1
Taxus baccata 1
Vinca minor 1
Allium cepa 1
Tilia 1
Pilocarpus 1
Quercus 1

Die folgende abgewandelte Mischung wird allgemein besser vertragen, da nicht schonungslos alle Lebensthemen bewusst werden. Sie können auch zuerst diese Variante nehmen und erst danach die oben beschriebene.

Rezeptur Phylak Sachsen GmbH – sanftere Variante

Tilia 1
Podophyllum peltatum 1
Rauwolfia serpentina 1
Achillea millefolium 1
Malva silvestris 1
Taxus baccata 1
Vinca minor 1
Allium cepa 1
Tilia 1

📖 »Ich lösche meine alten Muster«

Rezeptur Phylak Sachsen GmbH

Iris 1
Convallaria majalis 1
Malva silvestris 1
Sambucus nigra 1
Ruta graveolens1
Viscum album 1
Nicotiana tabacum 1

Dosierung. Nehmen Sie von dieser Mischung 3 × 3 Tropfen täglich.

Wirkung. Diese Mischung hilft Ihnen, alte Muster, die Sie blockieren, loszulassen und durch neue, lebensfördernde zu ersetzen.

📖 »Ich lasse die Vergangenheit vollständig los«

Rezeptur Phylak Sachsen GmbH

Iris 1
Convallaria majalis 1
Malva silvestris 1
Viscum album 1

Dosierung. Nehmen Sie von dieser Mischung 3 × 7 Tropfen täglich.

Wirkung. Diese Rezeptur ist für Menschen geeignet, die ständig in der Vergangenheit leben und der Meinung sind, dass früher alles besser war. Mit dieser Mischung kommen Sie in der Gegenwart an und lassen nostalgisches Schweifen allmählich sein.

📖 »Ich lasse die Vergangenheit vollständig los und schreite mutig auf meinem Lebensweg voran«

Rezeptur Phylak Sachsen GmbH

Iris 1
Convallaria majalis 1
Malva silvestris 1

Podophyllum peltatum 1
Achillea millefolium 1
Solidago virgaurea 1
Vinca minor 1
Arnica montana 1
Lycopodium clavatum 1
Quercus 1
Humulus lupulus 1

Dosierung. 1 × 1 bis höchstens 3 × 3 Tropfen täglich. Höchstdosis sind 9 Tropfen in 24 Stunden.

Wirkung. Mit dieser Mischung können Sie Ihre Vergangenheit vollständig loslassen und ohne Belastungen mutig in die Zukunft schreiten. Sie wissen, dass es nicht nur um das Loslassen, sondern um einen völligen Neuanfang geht. Diese Mischung wird Ihnen helfen, das Loslassen als Befreiung und nicht als angstbesetzten Zustand zu erleben. Sie schreiten mutig mit einem Konzept und einer Vision voran, nachdem Sie Altes und Belastendes losgelassen haben.

Persönlichkeitsentwicklung

Die Entwicklung unserer eigenen, individuellen Persönlichkeit ist eine der schwierigsten Aufgaben, die wir in unserem Leben gestellt bekommen. Am wichtigsten ist es meiner Ansicht nach, dass wir auf unserer Lebensreise ganz entspannt und unverkrampft im Hier und Jetzt bleiben und das Ganze als Spiel sehen.

Die meisten versuchen, sich anhand von Coachings, Psychotherapie oder mit Hilfe eines persönlichen »Meisters« weiterzuentwickeln. Oft geht es dabei um Fortschritte im geistig-spirituellen Bereich. Andere entwickeln sich anhand von Therapien, die auf lebenspraktischen Prinzipien beruhen wie z. B. die analytische Psychotherapie oder die Verhaltenstherapie. Dabei bekommt der Einzelne vor allem Hilfen an die Hand, die es ihm ermöglichen, seinen Alltag wieder gesellschaftskonform zu leben.

Bei beiden Gruppen habe ich beobachtet, dass oft ein Aspekt der Persönlichkeit vernachlässigt wird. Bei den spirituell ausgerichteten Menschen kommt meist der zwischenmenschliche oder lebenspraktische Aspekt zu kurz. Hinter einer scheinbar stark ausgeprägten Spiritualität verbirgt sich ein übergroßes, nicht bewusstes Ego. Diese Menschen leben dann, ohne es zu ahnen, einen riesengroßen Schattenaspekt. Bei den Psychotherapierten fehlt hingegen oft der Aspekt einer gelebten und eigens erfahrenen Spiritualität. Dies kann das Leben seelisch sehr arm machen. Dann bleibt die eigene Emotionalität flach und verhindert eine gewisse Lebensfreude.
Am besten wäre es natürlich, von vornherein beide Aspekte zu vereinen und gemeinsam zu vermitteln. Doch leider hat der Therapeut vor Ort nur selten eine spirituelle Ausrichtung und der spirituelle Lehrer kommt oft aus einem völlig fremden Kulturkreis.

Der spirituell Lernende, der zuerst die geistigen Aspekte erfährt, tut sich in der Regel schwer, diese auf seinen konkreten Alltag zu übertragen. Das bringt nicht selten eine ganz und gar verkrampfte Form von gelebter Spiritualität hervor. Persönlichkeitsbildung ist etwas, was in unserem Inneren stattfinden muss und nicht von außen aufgesetzt werden kann. Jeder Mensch muss seinen eigenen Weg der persönlichen Entwicklung erleben und gehen. Die Energie der spagyrischen Pflanzenheilmittel kann Ihnen hierbei helfen.

Um die für Sie passenden Pflanzen zu ermitteln, machen wir uns die Numerologie (→ S. 340) zunutze. Mit ihr lassen sich schnell und umfassend spezifische Daten ermitteln. Der Philosoph Pythagoras soll einst gesagt haben, dass der Bau der Welt auf der Kraft und Logik der Zahlen beruhe. Jede Zahl hat eine bestimmte, ihr innewohnende Energie, die erschlossen werden möchte. In der Regel werden in der Numerologie die Zahlen bzw. Ziffern so lange addiert, bis sich eine Zahl zwischen 0 und 9 ergibt.

Um die aus energetischer Sicht zu uns passende Pflanze aus dem System Phylak zu bestimmen, addieren wir die Ziffern so lange, bis wir eine Zahl bis maximal 94 erhalten. Da dieses System bis dato 94 Pflanzen enthält, kann jede Zahl zwischen 1 und 94 eindeutig einer Pflanze zugeordnet werden.

Die Aufbereitung und die damit verbundene energetische Aufwertung bei der Herstellung der Pflanzenessenzen gleichen der Entwicklung des Menschen auf seinem Lebensweg – nur ist diese gegenüber der menschlichen

Entwicklung stark beschleunigt. Deshalb können die spagyrisch gereinigten und befreiten Pflanzenenergien den Menschen bei der Ausbildung seines Charakters, seiner Tugenden (→ S. 240) und seiner Konstitution besonders behilflich sein.

Schon Edward Bach, der Begründer der Bachblütentherapie(→ S. 332), erkannte, dass Fehler in der Lebensführung und im Charakter nicht durch Bekämpfen der Untugenden oder der Charakterschwäche, sondern durch Ausbildung und kontinuierliche Formung der entgegengesetzten Tugend beseitigt werden. Unabhängig davon, mit welchem System man arbeitet, ist es wichtig, sich mit seinen von Geburt an festgelegten Charaktereigenschaften auseinanderzusetzen. Die Numerologie gibt uns ein einfaches System an die Hand, mit dem wir ohne große Vorkenntnisse und ohne großen Aufwand gute, aussagekräftige Ergebnisse erzielen können.

Im Folgenden zeige ich Ihnen eine einfache Methode, mit der Sie schnell und zielsicher Numerologie und Spagyrik miteinander verbinden können.

📖 »Ich entwickle meine eigene Persönlichkeit«

Rezeptur Phylak Sachsen GmbH

Tilia (europaea) 1
China 1
Achillea millefolium 1
Quersumme des Namens
Zahl des Tages der Geburt
Zahl des Monats der Geburt
Jahreszahl der Geburt

aktuelles Alter gemäß Numerologie
Quersumme des Geburtsdatums

⚠ Cave: In der Numerologie wird Ihr aktuelles Alter so berechnet, als ob Sie am 1. Januar - und nicht erst mit Ihrem Geburtstag - ein Jahr älter werden.

Die ersten drei Pflanzen (Tilia, China, Achillea millefolium) stellen die Basis jeder Mischung zur Entwicklung der Persönlichkeit dar. Sie sind bei jeder Mischung gleich. Die anderen Pflanzen werden individuell errechnet. Dabei kann es durchaus passieren, dass eine Pflanze mehrmals in einer Mischung vorkommt. Diese Pflanze hat dann eine besonders große Bedeutung für Ihre Persönlichkeitsentwicklung und wird vom Apotheker mehrmals zu verschiedenen Zeitpunkten in die Mischung gegeben.

Quersumme des Namens. Um die vierte Pflanze der Mischung zu bestimmen, bilden Sie die Quersumme Ihres vollständigen Vor- und Nachnamens. Die Zuordnung der Zahlen zu den Buchstaben finden Sie im Anhang des Buches (→ S. 345). Bitte beachten Sie dabei:

▸ Falls Sie in den letzten sieben Jahren, z. B. durch Heirat oder Adoption, Ihren Namen geändert haben, berechnen Sie zunächst die Quersumme Ihres Geburtsnamens. Die daraus resultierende Pflanze hilft Ihnen in der ersten Phase der Persönlichkeitsentwicklung. Wenn Sie Ihren neuen Namen schon länger als sieben Jahre tragen, können Sie gleich mit Ihrem aktuellen Namen beginnen.

▸ Fehler in der Geburtsurkunde oder Falschbezeichnungen müssen Sie mit berücksichtigen, selbst wenn Sie diese für unbedeutend halten, da die entsprechende Energie auf Ihre Persönlichkeit wirkt.

▸ Falls Sie einen Spitznamen oder Kurznamen haben, der sich komplett in Ihre Namensgebung eingebürgert hat, müssen Sie auch diesen in die Berechnung mit einbeziehen.

Betrachten wir dies am Beispiel von Alexandra, die bei ihrer Geburt »Alexandra Meier«hieß. Nach der Hochzeit ihrer Mutter nahm sie den neuen Familiennamen an und hieß dann »Alexandra Müller«. Bei ihrer eigenen Heirat hat sie den Namen ihres Ehemanns angenommen und heißt seitdem »Alexandra Leicht«. Daraus ergeben sich drei Schritte bei der Berechnung und drei Phasen der Behandlung: Die erste Phase der Persönlichkeitsbildung beinhaltet die Zahlenenergie des Geburtsnamens »Alexandra Meier«, die zweite Phase »Alexandra Müller« und die dritte Phase »Alexandra Leicht«. Diese drei Phasen sind notwendig, um sich den ständig veränderten Energien durch neue Namensgebung anzupassen. Entsprechend läuft die spagyrische Unterstützung der Persönlichkeitsentwicklung in drei Phasen ab. Nehmen Sie sich für jede dieser Phasen genügend Zeit, mindestens jeweils drei Monate.

Zahl des Tages der Geburt. Die fünfte Pflanze Ihrer Mischung entspricht dem Tag innerhalb des Monats, an dem Sie geboren wurden. Wenn Sie also am 17. März geboren sind, wählen Sie die Pflanze Nummer 17 Bryonia alba aus.

Zahl des Monats der Geburt. Die sechste Pflanze ergibt sich aus der Zahl des Monats, in dem Sie geboren sind. Wenn Sie also im Oktober, dem 10. Monat des Jahres geboren sind, nehmen Sie die Pflanze Nummer 10 Arnica montana zur Mischung hinzu.

Jahreszahl der Geburt. Die siebte Pflanze repräsentiert Ihr Geburtsjahr. Bilden Sie dazu die Quersumme aus Ihrem Geburtsdatum, also z. B. bei 1968: $1 + 9 + 6 + 8 = 24$.

Aktuelles Alter. Die achte Pflanze ergibt sich in der Regel direkt aus Ihrem aktuellen Alter, wobei Sie in der numerologischen Betrachtung bereits am 1. Januar – und nicht erst an Ihrem Geburtstag – um ein Jahr älter werden. Falls Sie bereits 94 Jahre oder älter sind und Ihrem Alter daher nicht direkt eine Pflanze aus dem System Phylak zugeordnet werden kann, bilden Sie einfach die Quersumme Ihres Alters, also z. B. bei 98: $9 + 8 = 17$.

Quersumme des Geburtsdatums. Die neunte Pflanze errechnet sich aus der Quersumme Ihres Geburtsdatums. Dabei werden alle Ziffern Ihres kompletten Geburtsdatums inklusive der Tausenderzahl zusammengezählt, also z. B. beim 17. 11. 1961: $1 + 7 + 1 + 1 + 1 + 9 + 6 + 1 = 27$. Die Pflanze Drosera mit der Nummer 27 wäre damit die letzte Komponente Ihrer persönlichen Mischung.

Dosierung. Nehmen Sie von dieser Mischung 3×3 bis 3×7 Tropfen täglich ein. Steigern Sie langsam um jeweils einen Tropfen. Bestimmen Sie dabei selbst die Abstände, in denen Sie steigern.

Wirkung. Die Mischung ist so konzipiert, dass die Basispflanzen eine Vision davon geben, wie Ihr Leben ausschauen könnte (Tilia). Die Bremse, mit welcher Sie bisher durchs Leben gefahren sind, kann gelöst werden (China) und Sie erkennen, dass gesellschaftliche Verbote immer unter dem Aspekt der eigenen Biographie gesehen werden müssen (Achillea). Alle anderen Wirkungen ergeben sich aus der Berechnung und der Energie der errechneten Pflanze.

Psychosomatik

Die Psychosomatik beschäftigt sich mit den Wechselbeziehungen zwischen Psyche und Körper, mit körperlichen Störungen, die durch die Psyche ausgelöst werden. In diesen Fällen ist es wichtig, die Therapie nicht allein auf die körperlichen Beschwerden auszurichten, sondern das zugrunde liegende seelische Unwohlsein mit zu behandeln. Es ist Teil der Heilungsarbeit, alle emotionalen Themen, die in einer Krankheit verborgen sind, aufzuspüren, mit Hilfe der spagyrischen Essenzen zu bearbeiten und dann loszulassen. Dies ist kein neues Thema in der Medizin. Die Zusammenhänge zwischen seelisch-geistigen und daraus resultierenden körperlichen Störungen wurden schon in der Antike diskutiert.

Wenn Sie bereit sind, zu hören und anzuerkennen, was die Krankheit Ihnen sagen will, kann echte Heilung auf allen Ebenen beginnen. Nur dann kann Ihr Körper beginnen, sich selbst zu heilen, da er jetzt die gespeicherten Informationen in den Zellen loslassen kann. Mit diesem Loslassen beginnt die Heilung auf der zellulären und damit körperlichen Ebene. Alles andere ist letztendlich nur ein Kurieren von Symptomen und keinesfalls ganzheitlich. Zwar können Sie auf der körperlichen Ebene geheilt werden, doch haben Sie sich die Chance genommen, eine wichtige Information Ihrer Seele kennen zu lernen. Schließlich ist Ihre Krankheit ein Ausdruck dafür, dass Ihre Seele Ihnen etwas mitteilen möchte.

Wenn Sie sich im Unklaren sind, für welche seelische Störung Ihre Beschwerden stehen, können Sie sich anhand der unten aufgeführten Tabelle kurz informieren. Außerdem finden Sie im Pflanzenteil (→ Kapitel 2) zu jeder Pflanze die Beschreibung ihrer energetischen Wirkung. So können Sie von körperlichen Störungen auf den seelischen Zustand und umgekehrt schließen. Darüber hinaus gibt es zum Thema Psychosomatik und zu den psychischen und energetischen Ursachen körperlicher Störungen ein breites Literaturangebot (→ S. 342).

Es mag bei der Komplexität dieses Themas etwas seltsam anmuten, nach Schema F vorzugehen und alle Krankheiten und Körpersymptome über einen Kamm zu scheren, um hinter die Botschaft Ihrer Krankheit zu kommen. Doch hat sich nach meiner Erfahrung gezeigt, dass es allgemeingültige Themen bei Störungen in den einzelnen Körperteilen gibt, die auf ein emotionales Grundthema hinweisen. Natürlich muss dann die Krankheit darüber hinaus vor dem sozialen, kulturellen, geistigen, seelischen und emotionalen Hintergrund des Menschen gesehen werden. Ich habe festgestellt, dass – spricht man die allgemein gültigen Themen einer Krankheit an – jeder Mensch sehr schnell sein eigenes Thema hinter diesem Grundthema zu erkennen vermag.

Bei einer spagyrischen Behandlung wird durch das Mittel für eine körperliche Störung automatisch die psychische Komponente mit behandelt. Falls Sie andere Therapieformen anwenden, können Sie nach Absprache mit Ihrem Therapeuten zusätzlich eine energetisch-spagyrische Behandlung durchführen. Wenn Ihr Therapeut meint, dass eine Einnahme selbst in geringer Dosierung die Heilungsarbeit des von ihm angewandten Systems stört, können Sie auf andere Einnahmeformen ausweichen. Hier sind Ihrer Phantasie keine Grenzen gesetzt.

▸ Sie können spagyrische Mittel in die Aura einsprühen oder auf dem erkrankten Körperteil einreiben.

▸ Sie können eine kleine Flasche, z. B. als Kettenanhänger, mit der Mischung bei sich tra-

Organ	Pflanzen	Bedeutung
Darm	Matricaria chamomilla Melissa officinalis Valeriana officinalis	Bei Frauen Verbindung zu den Geschlechtsorganen. Unterdrückte Gefühle, Unsicherheit. Was wurde im Leben noch nicht richtig verdaut.
Leber	Taraxacum officinale Nux vomica Chelidonium majus	Heftige Gefühle. Aufregung. Angst. Freude. Traurigkeit.
Gallenblase	Carduus marianus Chelidonium majus	Beunruhigung. Sorgen. Ärger. Wut.
Milz	China Melissa officinalis	Fixe Ideen. Schlechte Vorstellung von sich selbst. Sicherheit.
Bauchspeicheldrüse	Iris Vaccinium myrtillus	Seelischer Schock. Schuldgefühl. Die Süße des Lebens ablehnen.
Magen	Gentiana lutea Mandragora officinalis	Situationen schwer verdauen. Bitterkeit. Angst, etwas zu verpassen. Stress durch fehlende materielle Werte.
Blase/Nieren	Solidago virgaurea Thuja occidentalis Urtica	Fehlende Zuneigung. Stress durch äußere Bedrohung. Krankhafte Angst. Abscheu. Sexuelle Konflikte. Missbrauch der Sexualität.
Lunge/ Bronchien	Rosmarinus officinalis Salvia officinalis Pulsatilla Aconitum napellus	Traurigkeit. Melancholie. Gefühl des Verlassenseins durch die Mutter. Seelisch einsam.
Herz	Crataegus Convallaria majalis	Weigerung, sich von Gefühlen leiten zu lassen. Knebeln der Seele. Konflikt. Nichtakzeptanz der irdischen Existenz.
Rachen	Amygdala amara Belladonna atropa Arnica montana	Fehlende Kommunikation. Rachegefühl. Kritik. Fehlende elterliche Anerkennung.
Ohren	Phytolacca decandra Fagopyrum esculentum	Nicht gehört und verstanden werden. Schlechte Kommunikation. Ablehnung der Realität. Seine innere Stimme nicht hören.
Augen	Euphrasia Viscum album Iris Tilia	Ablehnung der sichtbaren Realität. Fenster der Seele.
Zähne	Equisetum arvense Thuja occidentalis Fagopyrum esculentum	Schwäche. Verneinung des Rechtes auf Leben. Schwierigkeit, für sich selbst zu sorgen und sich zu verteidigen. Fehlende Aggressivität.
Brustdrüse	Thuja occidentalis Lycopodium clavatum Arnica montana Phytolacca decandra	Gefühl des Ausgeschlossen- und Entmutigtseins. Tiefes Schuldempfinden. Niedergeschlagenheit. Fehlender Überlebensinstinkt.
Kopf	Ginkgo biloba Belladonna atropa	Autoritätsprobleme. Zorn auf das Göttliche. Wiederkehrender Zorn.
Haut	Viola tricolor Sarsaparilla Urtica Quercus	Nervöse Spannungen gegenüber der Außenwelt. Aggression. Fehlende Abgrenzung zwischen Individuum und Umwelt.
Schleimhaut	Hydrastis canadensis/ Calendula officinalis	Konflikt. Innere Spannung.
Schilddrüse	Fucus	Nicht gelebte oder unterdrückte Sexualität. Störungen der Sexualität auf allen Ebenen.

▶ Sie können die Mischung als Spray in dem Raum oder Bereich benützen, in dem Sie sich vorwiegend aufhalten.

▶ Sie können Ihr Kopfkissen, Ihre Bettwäsche oder Ihre Kleidung mit den Mitteln einsprühen.

▶ Sie können ein paar Tropfen mit ätherischen Ölen in eine Verdunstungslampe zur Raumbeduftung und Energetisierung geben. Dies sollten Sie allerdings nur tun, wenn Sie sich alleine in den Räumen aufhalten.

▶ Oder Sie können regelmäßig Schmuck oder Heil- und Edelsteine benetzen, die Sie am Körper tragen.

Viele Therapeuten gehen heute schon auf die Psychosomatik ein und behandeln auf unterschiedlichen Ebenen, zum Beispiel durch die Anwendung von Pflanzenheilmitteln und die gleichzeitige Gabe von Bachblüten parallel zum körperlichen Befund. Oft müssen dann aber verschiedene Therapieformen oder Medikamentenkomponenten gewählt werden, die sich eventuell in ihrer Wirkung behindern. So sollten z. B. ätherische Öle enthaltende Arzneipflanzen in der Regel nicht mit Homöopathika kombiniert werden. Mit der Spagyrik haben Sie den Vorteil, mit einem einzigen Heilsystem alle Behandlungsebenen zu erreichen. Nach meiner Erfahrung lassen sich spagyrisch-energetische Gaben auch hervorragend mit allen anderen Formen energetischer Behandlungsformen, wie zum Beispiel Bachblüten (→ S. 332) oder Aura-Soma-Essenzen, kombinieren.

Bitte beachten Sie, dass es sich bei dieser Auflistung nur um eine Auswahl handelt. Sie können auch andere Pflanzen entsprechend der Einzelbeschreibungen im Pflanzenteil (→ Kapitel 2) verwenden.

📖 »Ich werde bewusst«

Wichtigste Basismischung zum Verständnis Ihrer Erkrankung. Die Rezeptur zu dieser Mischung finden Sie auf Seite 221.

Dosierung. Abends direkt vor dem Schlafengehen 1 bis höchstens 7 Tropfen einnehmen oder einen Tropfen direkt auf das Dritte Auge zwischen den Augenbrauen reiben.

Bei ausbleibender oder unerwünschter Wirkung, wenn Sie z. B. nach der Einnahme nicht gut schlafen können, lassen Sie in der Apotheke 1 ml Juniperus communis hinzufügen.

Wirkung. Dieses Mittel wird ein Bewusstsein für die Ursache Ihrer Erkrankung schaffen und kann Sie die Wahrheit hinter der Wahrheit erkennen lassen. Es wird Ihnen helfen, das nicht Ausgesprochene zwischen den Zeilen zu lesen.

Aconitum napellus wird Ihnen helfen, sich an die Schocks in Ihrem Leben zu erinnern, auch wenn Sie sie vielleicht zum Zeitpunkt des Geschehens gar nicht als solche wahrgenommen haben. Diese Schocks sind oft dafür verantwortlich, dass sich eine Krankheit in der Zelle manifestiert und früher oder später als körperliche Erkrankung auftritt. Ein Schock, der während des Geschehens adäquat verarbeitet wurde, z. B. durch ausreichende Trauerarbeit oder ein unzensiertes Fließenlassen der Emotionen, hat in der Regel keine Chance, sich als Krankheit zu manifestieren. Doch sind wir gesellschaftlich konditioniert, im Akutgeschehen dazu oft nicht in der Lage oder schämen uns in einer bestimmten Situation für unsere Emotionen. Dadurch werden die mit dem traumatischen Ereignis verbundenen Erlebnisse »eingefroren« und kommen zu einem Zeitpunkt wieder ans Licht, an dem wir keine Zusammenhänge mehr herstellen können.

Euphrasia wird Ihr inneres Auge öffnen und Sie hinter den Schleier sehen und zwischen den Zeilen lesen lassen. Die Augen als Spiegel der Seele.

🍃 Tipp: Falls Sie Probleme haben, Ihre Emotionen wahrzunehmen, probieren Sie Folgendes aus. Setzen Sie sich vor einen Spiegel und schauen Sie sich direkt in die Augen. Sie werden erstaunt sein, wie leicht es nun für Sie ist, Ihre Emotionen zu spüren.

Solidago virgaurea wirkt direkt auf die Nieren, dem Sitz der Angst und der Lebensenergie. Die Pflanze wird Ihnen helfen, Ihre teils sehr alten Ängste hochkommen und angstfrei und nicht wertend erleben zu lassen. Lassen Sie sich überraschen, wie vielfältig Ihre unbewussten Ängste sind. Es hat sich bewährt, diese Mischung abends direkt vor dem Schlafengehen in sehr geringer Dosierung einzunehmen. Sie wird Ihr Traumgeschehen extrem anregen und so können Sie schon während des Schlafs mit der Arbeit an Ihren Emotionen beginnen.

📖 »Ich ziehe die Konsequenzen aus allem, was ich gelernt habe«

Rezeptur Phylak Sachsen GmbH

Carduus marianus 1
Okoubaka aubrevillei 1
Azadirachta indica 1
Sarsaparilla 1
Echinacea (angustifolia) 1
Quercus 1
Echinacea purpurea 1
Nux vomica 1
Cardiospermum halicacabum 1
Echinacea pallida 1

Dosierung. 1×1 bis höchstens 3×3 Tropfen in 24 Stunden.

Wirkung. Die Mischung lässt Sie konsequent das Erlernte umsetzen. Erkenntnisse über Ihre Krankheit nützen Ihnen wenig, wenn Sie daraus keine Konsequenzen für Ihre Lebensführung ziehen. Eine Krankheit ist immer ein Warnhinweis Ihrer Seele, um Sie auf Ihrem Lebensweg zu korrigieren. Nur durch diese Korrektur kann Ihre Seele entsprechende Heilimpulse an den Körper senden, damit dieser seine Selbstheilungskräfte aktivieren kann. Wenn Sie gerade andere Mischungen einnehmen, können Sie die hier aufgeführte Mischung am Ende des Tages einnehmen, um quasi Bilanz aus dem aktuell Erlebten zu ziehen und dies über die nächtliche Traumarbeit in Ihr energetisches System zu integrieren.

Falls Sie zusätzlich die Mischung »Ich werde bewusst« einnehmen, sollten Sie zwischen der Einnahme der beiden Mischungen mindestens eine halbe Stunde Abstand lassen.

📖 »Ich verstehe den Sinn meiner Erkrankung«

Ergänzend zu der Basismischung »Ich werde bewusst« nehmen Sie tagsüber folgende Mischung:

Rezeptur Phylak Sachsen GmbH

Yohimbé 1
Iris 1
Carduus marianus 1
Achillea millefolium 1
Tilia 1
China 1
Humulus lupulus 1
Yohimbé 1

Dosierung. 3 × 1 bis höchstens 3 × 3 Tropfen einnehmen. Wenn Sie den Sinn Ihrer Krankheit erkannt haben, können Sie auf 3 × 7 Tropfen und damit auf die seelische Ebene übergehen.

Wirkung. Diese Mischung wird Sie darauf aufmerksam machen, wo Ihre Erkrankung herkommt und welche tiefer liegenden Ursachen dahinter stecken. Sie verstehen die Botschaft der Erkrankung und werden sich für Ihre Heilung selbst verantwortlich fühlen. Nur Sie und Gott können die Heilung bewirken. Niemand anders. Von außen können lediglich Impulse für Ihre Heilung kommen. Sie lernen, sich wieder mehr auf sich und weniger auf Ihren Therapeuten zu verlassen, da Sie mit Hilfe dieser Mischung Zugang zum geheimen Heilwissen in Ihrem Inneren finden.

📖 »Ich durchschaue meine Muster«

Rezeptur Phylak Sachsen GmbH

Podophyllum peltatum 1
Juniperus communis 1
Euphrasia 1
Urtica 1
Catharanthus roseus 1
Vinca minor 1
Allium cepa 1

Dosierung. Dosieren Sie diese Mischung sehr vorsichtig. Beginnen Sie mit 1 × 1 Tropfen und steigern Sie sich sehr langsam auf 3 × 3 Tropfen. Wenn Sie diese Mischung über neun Monate eingenommen haben, steigern Sie die Dosis für 42 Tage auf 3 × 7 Tropfen, um auch die seelischen Aspekte Ihrer »Lebensmuster« zu erfassen.

Wirkung. Diese Mischung deckt Ihre Spielchen auf, mit denen Sie dem Leben und Ihrem wahren Ich auszuweichen versuchen. Sie können sich an vergangene Ereignisse und die damit verbundenen Emotionen erinnern. Sie gehen an die Ursache eines Problems und erleben es neu. Mit dieser neuen Wahrnehmung können Sie die damit verbundenen Emotionen angstfrei auflösen.

Podophyllum peltatum gibt Ihnen den entscheidenden Kick oder ersten Impuls, um die geistige und seelische Arbeit an Ihren Lebensmustern zu beginnen.

Juniperus communis gibt Ihnen durch die Stärkung Ihres 1. Chakras (→ S. 19) eine gute Basis und Sicherheit für Ihre neu gewonnenen Erkenntnisse und schützt Sie vor der destabilisierenden Negativität anderer Menschen und deren Einfluss auf Sie. Mit seiner Wirkung auf das 7. Chakra (→ S. 19 können von Ihrem wahren Ich kommende Informationen leichter zu Ihnen durchdringen. Diese Pflanze lässt Ihre Gebete auf Ihrem Heilungsweg nach oben steigen. Sie können in Ruhe Ihr Leben betrachten und somit Entscheidungen für einen neuen, nämlich Ihren ureigenen Lebensweg treffen und entsprechende Veränderungen gleich umsetzen.

Euphrasia öffnet Ihr inneres Auge und lässt Sie tief in Ihre Seele schauen.

Urtica gibt Ihnen Kraft und Antrieb und die Energie des Planeten Mars: Kraft, Durchsetzungsvermögen, Mut und den klaren Willen, etwas zu erkennen und die Erkenntnis umzusetzen. Darüber hinaus erdet Sie die Brennnessel und schützt Sie vor den negativen Aussagen Ihrer Umwelt. Mit diesen ist zu rechnen, denn Veränderungen der eigenen Person werden oft vom Umfeld angstvoll erlebt und mit entsprechend negativen Aussagen boykottiert. Ihr 2. Chakra (→ S. 19) wird energetisiert, um kreative Lösungen für Ihre Probleme zu finden.

Catharanthus roseus lässt Sie die Wahrheiten Ihres Lebens enthüllen und hilft, die Masken loszulassen, hinter denen Sie sich bisher versteckt haben.

Vinca minor erinnert Sie, wenn Sie völlig am Boden zerstört sind, bei Ihrer schwierigen Erkenntnisarbeit daran, dass sich diese Arbeit dennoch lohnt. Sie führt Sie letztendlich an den Ort, an dem Sie Heilung erfahren können.

Allium cepa hilft Ihnen, sich nach und nach, ganz nach Ihrem eigenen Tempo und ohne Sie zu überfordern, an vergessene Dinge zu erinnern.

Hintergründe psychosomatischer Störungen

Jede Emotion, die nicht in eine adäquate Reaktion übergeführt wird, erzeugt Blockaden. Auf diese Weise können bestimmte Grundstörungen zu einer psychosomatischen Störung führen. Im Folgenden finden Sie die wichtigsten dieser Störungen sowie Hinweise zu ihrer spagyrischen Behandlung.

Angst vor Verantwortung

Menschen, die sich schwer damit tun, Verantwortung zu übernehmen, bürden sich mitunter zu viel oder zu wenig Verantwortung auf. Typisch für diese Menschen sind Probleme mit der Schulter und dem Verdauungstrakt.

📖 »Ich übernehme die Verantwortung für alle meine Handlungen«

Rezeptur Phylak Sachsen GmbH

Sabal serrulatum 1
Chelidonium majus 1
Aralia racemosa 1
Ruta graveolens 1
Piper methysticum 1
Pilocarpus 1

Dosierung. Nehmen Sie von dieser Mischung dreimal täglich 3-7 Tropfen ein.

Wirkung. Mit dieser Rezeptur lernen Sie, zwischen dem zu unterscheiden, wofür Sie und wofür andere die Verantwortung übernehmen sollten. »Trage nie den Rucksack eines anderen Menschen!« ist die wichtige Botschaft dieser Mischung. Denn sonst läuft man Gefahr, sich zu überfordern und vor lauter Überforderung am Ende nicht mehr für sich selber einstehen zu können.

Sich schuldig fühlen

Menschen, die gerne alle Schuld auf sich nehmen, entwickeln vermehrt Störungen im Genitalsystem und andere Beschwerden, die mit gelebter oder nicht gelebter Sexualität verbunden sind. Diese Frauen leiden z. B. in den Wechseljahren oft sehr stark unter körperlichen Störungen. Auch Leberstörungen können Folge übermäßiger Schuldgefühle sein.

📖 »Ich erlöse mich von destruktiven Schuldgefühlen«

Rezeptur Phylak Sachsen GmbH

Azadirachta indica 1
Euphrasia 1
Solidago virgaurea 1
Piper methysticum 1
Achillea millefolium 1

Dosierung. Nehmen Sie von dieser Mischung für drei Wochen 3 × 3 Tropfen täglich und steigern Sie ab der vierten Woche langsam auf 3 × 7 Tropfen. Den Modus der Steigerung können Sie selbst bestimmen.

Wirkung. Diese Mischung wirkt stark bewusstseinserweiternd. Sie erkennen, worüber Sie sich wirklich Gedanken machen müssen und was lediglich Lebensverbote sind, denen wir durch Erziehung, Gesellschaft oder aus dem Inneren heraus unterworfen sind.

Das Leben nicht begreifen

Wer im Leben nicht klar sieht und keine Zusammenhänge zwischen Ereignissen herstellen kann, neigt mitunter vermehrt zu Störungen an Arm und Hand. Diesen Menschen fehlt der Blick für Synchronizitäten im Leben. Eine Synchronizität ist ein wiederkehrendes Ereignis, welches das gleiche Grundthema unter anderen Aspekten beinhaltet. Das selbe Thema kommt also nur unter einem anderen Mäntelchen daher und wird deshalb nicht erkannt.

»Ich sehe meinen Lebensweg klar vor mir«

Rezeptur Phylak Sachsen GmbH

Tilia (europaea) 1
Pilocarpus 1
Quercus 1
Betula alba 1

Dosierung. Nehmen Sie von dieser Mischung 3 × 3 Tropfen täglich.

Wirkung. Diese Mischung wird Sie für schicksalhafte und wegweisende Ereignisse in Ihrem Leben aufmerksam machen. Sie lernen, die Botschaften des Kosmos zu interpretieren und für sich nutzbringend einzusetzen.

Probleme mit Distanz und Nähe

Menschen, die kein Gleichgewicht zwischen gelebter Abgrenzung und Sich-Einlassen auf andere Personen halten können, neigen vermehrt zu Beschwerden an Füßen und Beinen. Sie versuchen gewissermaßen vergeblich, vor dem Leben davonzulaufen.

»Ich bleibe stets in meiner Mitte«

Rezeptur Phylak Sachsen GmbH

Podophyllum peltatum 1
Achillea millefolium 1
Solidago virgaurea 1
Galium odoratum 1
Fucus 1

Dosierung. Diese Mischung können Sie wahlweise einnehmen oder auf Ihre Füße sprühen. Nehmen Sie 3 × 2 Tropfen täglich ein oder sprühen Sie die Essenz zweimal täglich auf die Fußsohlen oder den Rist des Fußes.

Wirkung. Diese Rezeptur verleiht Ihnen die Kraft, sich auf gesunde Weise abzugrenzen und dann den ersten Schritt zu tun, der ja bekanntlich der schwerste ist. Alles Weitere ergibt sich ja dann oft wie von selbst.

Chronische Überforderung und Entscheidungsschwäche

Diese Menschen fühlen sich sofort mit jeder Situation überlastet und meinen, keine Ressourcen mehr zu haben, um Durststrecken durchzustehen. Typische Beschwerden sind Verspannungen, Nackenprobleme, Migräne und innere Unruhe.

»Ich bin den Anforderungen des Lebens gewachsen«

Rezeptur Phylak Sachsen GmbH

Juniperus communis 1
Angelica archangelica 1
Urtica 1
Rosmarinus officinalis 1
Amygdala amara 1
Symphytum officinale 1
Pulsatilla 1

Dosierung. Sprühen Sie diese Mischung mehrmals täglich in den Nacken und nehmen Sie zusätzlich 3 × 2 Hübe täglich direkt in den Mund.

Wirkung. Diese Mischung verschafft Ihnen Ruhe und inneren Frieden. Sie lernen, Ihre Sensibilität für sich nutzbringend einzusetzen und erleben diese nicht mehr als Schwäche.

Rituale wiederentdecken

Wir leben jeden Tag Rituale, ohne uns dessen bewusst zu sein. Viele unserer Handlungen sind ritualisiert, ohne dass wir es überhaupt merken. Wenn sich Rituale so einfach in unseren Alltag und unsere Handlungen einschleichen, können wir davon ausgehen, dass sie für unser Leben und unsere Seele großen Nutzen haben. Untersuchungen haben ergeben, dass Rituale viel Zeit sparen, da hier Handlungen automatisiert ausgeführt werden. So sparen Sie Zeit, die Sie sonst zur Strukturierung bestimmter Situationen oder Handlungen bräuchten. Natürlich sparen Sie ganz nebenbei Energie, da Ihr Körper sich mit Ritualen automatisch auf die anstehende Tätigkeit einstellt.

Wer seinen Tag selber organisiert, weiß, dass die Strukturierung eines Tagesablaufes eine ganze Menge Zeit und Energie in Anspruch nimmt. Rituale dagegen setzen eher Energie frei. Rituale sind Signale für den Körper und seine Organsysteme, auf ein bestimmtes Niveau umzuschalten. So kann zum Beispiel das tägliche morgendliche kontemplative Sitzen ein Signal für das Nervensystem sein, auf Ruhe umzuschalten. Sie sparen also Zeit, da Ihr Körper automatisiert und spontan reagiert, ohne dass Sie dies willentlich steuern müssten. In religiösen Gemeinschaften dienen Rituale auch dazu, schnell und unkompliziert den Körper und sein Nervensystem auf eine kontemplative Stimmung für geistige Übungen einzustellen.

Falls Ihnen das nicht einleuchtet, versuchen Sie einmal, Ihr morgendliches Aufstehen ganz bewusst anders zu gestalten als sonst. Machen Sie die alltäglichen Handlungen einfach in einer anderen Reihenfolge als gewohnt. Sie werden merken, dass Sie mehr Zeit brauchen und sich höchstwahrscheinlich aufgrund der neuen Struktur unwohler fühlen.

Rituale geben Halt und Struktur über einen Tag, über eine Woche, über einen Monat, über ein Jahr und letztendlich über ein ganzes Leben. Sie sollten ganz selbstverständlich zu Ihrem Leben gehören. Integrieren Sie Rituale in Ihren Alltag, um ihre heilende und ausgleichende Kraft zu spüren. Rituale können uns in schwierigen Lebensphasen unterstützen. Wir gehen zum Beispiel, obwohl wir uns nicht wohl fühlen, zu unserem wöchentlichen Stammtisch mit Freunden und schaffen es dadurch, unser Unwohlsein zu überwinden. So kann uns ein Ritual in Phasen, in denen wir uns schlecht fühlen – bis hin zu schweren Lebenskrisen – wieder ins Gleichgewicht bringen.

Rituale können uns helfen, Wertigkeiten für unser Leben festzulegen. Durch die Ausübung von Ritualen und das Unterlassen anderer Dinge, die uns dazwischen kommen, merken wir schnell, wo unsere eigentlichen, die Seele erhellenden Wertigkeiten liegen. Sie erkennen leichter, welche Dinge das Leben wirklich ausmachen. Nur wenn Sie bewusst und achtsam mit sich und Ihrem Leben umgehen, werden Sie sich geistig und seelisch auf ein hohes Niveau entwickeln können.

Wenn man die gleichen Dinge zum gleichen Zeitpunkt an den gleichen Orten immer wieder vollführt, hilft dieser heilsame Gleichklang der Seele, wieder zu gesunden oder gesund zu bleiben. Denken Sie nur an den Rhythmus in Klöstern, wo immer die gleichen Strukturen den Tag bestimmen.

🌶 Tipp: Beginnen Sie in Ihrem Alltag zunächst mit kleinen Ritualen. Solchen, die täglich nur wenige Minuten Zeit in Anspruch nehmen.

Dies könnte zum Beispiel ein kurzes Sich-Zeit-Nehmen vor dem täglichen Aufbruch zur Arbeit sein, um sich ganz bewusst von allen Familienmitgliedern zu verabschieden. Bevor Sie morgens mit dem Auto losfahren, können Sie kurz innehalten und um eine unfallfreie Fahrt bitten – und danken Sie gleich dafür, dass Ihnen bis zu diesem Zeitpunkt nichts Schlimmes passiert ist. Wenn Sie eine Mahlzeit einnehmen, halten Sie kurz inne und danken Sie allen Menschen, die an der Zubereitung der Nahrungsmittel beteiligt waren, den Menschen, die die Produkte auf dem Feld angebaut haben, und Gott, der dies alles wachsen ließ. Nehmen Sie sich mehrere Minuten am Tag Zeit, um für alle Segnungen in Ihrem Leben zu danken. Danken Sie auch für Dinge, über die Sie momentan gar nicht erfreut sind. Sie können nicht wissen, warum bestimmte Sachen passieren. Vielleicht dienen sie Ihrer Weiterentwicklung. Das lässt sich oft erst im Nachhinein erkennen.

Sie sehen also, es gibt vielfältige Rituale, die Sie für sich, Ihre Liebsten oder mit Arbeitskollegen und Freunden erfinden können.

📖 »Ich erlebe meine Rituale als heilsam für meine Seele«

Rezeptur Phylak Sachsen GmbH

Ruta graveolens 1
Iris 1
Tropaeolum majus 1
Urtica 1
Angelica archangelica 1
Lycopodium clavatum 1

Dosierung. Nehmen Sie 1×1 bis höchstens 3×7 Tropfen täglich ein. Die Höchstdosis beträgt 21 Tropfen in 24 Stunden.

Wirkung. Diese Mischung wird Ihnen helfen, die für Sie geeigneten Rituale zu finden. Rituale, die Sie ruhig und zentriert werden lassen, die den Kopf freimachen und Sie klar denken lassen. Darüber hinaus schenkt die Rezeptur Ihnen die nötige innere Ruhe, um die Rituale in Ihrem Alltag gezielt umzusetzen.

📖 »Rituale geben meinem Leben Halt und Kraft«

Rezeptur Phylak Sachsen GmbH

Rosmarinus officinalis 1
Iris 1
Tropaeolum majus 1
Urtica 1
Angelica archangelica 1
Lycopodium clavatum 1
Solidago virgaurea 1
Drosera 1
Fucus 1

Dosierung. 1×1 bis höchstens 3×7 Tropfen in 24 Stunden.

Wirkung. Diese Mischung ist für Krisenzeiten geeignet, in denen Rituale Ihnen großen Halt bieten können, für Zeiten, in denen Sie sich von Gott und der Welt verraten fühlen, wenn Sie meinen, Ihr Leben sei nur noch ein einziges Chaos.

📖 »Ich lebe meine tiefsten innersten Wahrheiten«

Rezeptur Phylak Sachsen GmbH

Lycopodium clavatum 1
Achillea millefolium 1
Dioscorea villosa 1

Dosierung. 1×1 bis höchstens 3×3 Tropfen. Die Höchstdosis beträgt 9 Tropfen in 24 Stunden.

Wirkung. Diese Mischung können Sie anwenden, wenn Sie sich so sehr fremdbestimmt fühlen, dass Sie gar keinen Zugang mehr zu sich haben und nicht mehr wissen, was Ihnen gut tut. Diese Mischung hilft Ihnen, wieder so weit zu sich selbst zu finden, dass Sie einen Zugang zu Ihren Wünschen und Sehnsüchten haben. Dann ist es leicht, heilsame Rituale für Ihr Leben zu entdecken.

Schutz vor Energievampiren

In den letzten Jahren tauchen in der Praxis immer mehr Menschen auf, die von irgendwelchen Energien »besetzt« sind. Die Menschen haben das Gefühl, nicht mehr sie selbst zu sein. »Ich erkenne mich kaum wieder«, ist ein häufiger Satz, der mich zu der Erkenntnis kommen lässt, dass der Betroffene einem energetischen Vampir oder Parasiten ausgesetzt ist, der ihm Energie raubt und den Zugang zu den eigenen Kräften versperrt.

Überhaupt scheint es für die Menschen im Zeitalter von Internet und Massenmedien immer schwieriger zu sein, sich auf eine gesunde Weise klar abzugrenzen. Die Ich-Kräfte scheinen immer schwächer zu werden. Alles wird unklarer und schwammiger. Alte und überlieferte Werte, Traditionen und Rituale, die uns in unserer Kraft stärken könnten, sind aus der Mode gekommen. Täglich werden wir mit neuen und verwässerten Theorien überfrachtet. Allem voran die Politik. Heute so, morgen so. Wie soll Winston Churchill gesagt haben: »Was interessiert mich denn die Meinung, die ich gestern noch hatte?«.

Unsere Aura wird zudem durch Energien immer höherer Frequenzen gestört. Die Verschiebung des Erdmagnetfeldes (Schumann-Frequenz) hat sich in einem das menschliche Gehirn stressenden Maß erhöht. Wenn Sie dann noch bedenken, was in den letzten 20 Jahren an zusätzlichen Strahlenbelastungen hinzugekommen ist, können Sie sich in etwa ausrechnen, welchen Belastungen Ihre Energiekörper, die als energetischer Schutz und Abgrenzungsmechanismus gedacht sind, ausgesetzt sind. All diese schwächenden Kräfte öffnen dem Energievampirismus Tür und Tor.

Gibt es in Ihrer Umgebung Menschen, nach deren Begegnung Sie sich völlig ausgelaugt

und ermattet fühlen? Dies kann ein erster Hinweis auf Energievampirismus sein. Oft warten diese Vampire ermattet und ausgelaugt auf ihr Opfer, während sie nach dem Gespräch oder Zusammensein wie aufgeblüht sind. Ich nehme diese Menschen wie Zecken wahr, die auf der Suche nach einem Opfer in der Gegend herumstehen und darauf warten, energetisch andocken zu können. Oft scheint es so, als wolle der Vampir in sein Opfer hineinkriechen. Diese Personen sind extrem aufdringlich, halten keine Grenze zum Gegenüber ein und haben eine monotone und fordernde Stimme – wie ein kleines Kind, das nicht bekommt, was es gerade möchte.

Typisch ist auch, dass die Vampire sich zu unpassenden Zeiten verabschieden. Ist ihr Energiepegel ausreichend aufgefüllt, werden Gespräche mitunter abrupt abgebrochen. Sie lassen ihr Gegenüber dann einfach stehen.

Viele Personen werden unbewusst zu Energievampiren, weil ihnen nicht im Traum einfallen würde, dass sie eine extrem niedrige Energiefrequenz haben. Sie funktionieren automatisch wie ein Staubsauger und zapfen anderen

Individuen, die sich auf einem höheren Energielevel befinden, Energie ab.

Auch Sie sind davor nicht geschützt, zum Energievampir zu werden. Es kann jeden von uns jeden Tag treffen. Also ist der erhobene Zeigefinger hier fehl am Platze. Diese Form des Energieraubs tritt auf, wenn wir selbst über wenig Energie verfügen und keine produzieren können. Wir holen uns die Energie dann von anderen Lebewesen. Energielosigkeit tritt vor allem dann auf, wenn wir vorwiegend konsumierend und nicht mehr produzierend und kreativ leben. Da Konsum sehr verbreitet ist, gilt das für die meisten Menschen. Von diesem Energieraub können auch Tiere betroffen sein. Es gibt immer wieder Menschen, deren Haustiere nach kurzer Zeit sterben. Dies ist ein Hinweis darauf, dass die Lebensenergie der Tiere vorzeitig durch ihre Besitzer verbraucht worden ist.

Auf eine positive Art und Weise können Sie sich Energie in der Natur oder bei kreativen Beschäftigungen holen. Genießen Sie einen Spaziergang in der Natur. Schauen Sie sich einen Sonnenuntergang an. Gehen Sie an einem Bach spazieren und stellen Sie sich vor, wie die Energie des Baches durch Sie hindurchfließt und Sie mit neuer Energie erfüllt. Sie können sich dabei auch vorstellen, wie die Energielosigkeit auf der anderen Seite Ihres Körpers hinausfließt. Oder beginnen Sie eine Freizeitaktivität, bei der Sie in der Natur verweilen können. Seien Sie einfach mal kreativ. Auch dabei wird Ihr Energiepegel um ein Vielfaches erhöht.

Im Gegensatz dazu wird das Energieniveau bei einfachen konsumierenden Tätigkeiten extrem gesenkt. Leben Sie also mehr produzierend als konsumierend. Dann wird Ihnen stets neue Energie aus dem Universum zufließen.

Integrieren Sie Entspannungspausen in Ihren Alltag, in denen Sie neue Energie tanken. Stellen Sie sich vor, wie Sie unter einer kosmischen Energiedusche stehen und die überall verfügbare kosmische Energie durch Sie hindurchfließt. Sie können diese Vorstellung ganz nach Ihrem Belieben ausschmücken. Merken Sie, wie Sie sich nach dieser Dusche komplett regeneriert und mit Energie erfüllt fühlen? Genießen Sie dieses Gefühl der überschießenden und im Übermaß vorhandenen Energie.

Die wohl schönste Form von »Vampirismus« ist frisches Verliebtsein. Hier partizipiert man von der Energie des anderen. Da die Energie aber in der Regel in Bewegung ist und zwischen beiden Liebespartnern hin- und herfließt, findet ein Ausgleich statt, bei dem sich beide gleichermaßen erfüllt fühlen. Ist der Umgang miteinander aber von einem extremen Energieunterschied geprägt, kommt es schnell zur negativen, parasitären Form des Energieaustauschs. Die Energie strömt hierbei von der hohen Frequenz – falls diese ungeschützt ist – zur niedrigen, saugenden Frequenz. Um das zu vermeiden, bietet die Spagyrik verschiedenste Möglichkeiten zum Schutz Ihrer Energie an. Dabei ist es egal, ob Sie eine Privatperson sind, die sich schützen möchte, oder ein Therapeut, der täglich mit Menschen vermutlich niedriger Frequenz zu tun hat.

Es gibt natürlich auch Lebenssituationen, in denen Sie auf einer so hohen energetischen Frequenz sind, dass Sie sich über Energieraub keine Gedanken machen müssen. Oft reicht schon das Bewusstsein, dass man seine Energie bei sich behält und sich so mit Hilfe des Geistes vor Energieraub schützt. Falls Sie sich im Hinblick auf den Zustand Ihres energetischen Systems unsicher fühlen oder sich in einer Lebenssituation befinden, in der Sie starkem Stress ausgesetzt sind, können Sie auf spagyrische Mittel zurückgreifen. Dies gilt auch für diejenigen in Lebenskrisen und mit schweren Krankheiten oder Menschen, die mit anderen therapeutisch arbeiten, bei denen eine niedrige Energiefrequenz zu erwarten ist.

Spannend ist es zu beobachten, wie sich Energievampire verhalten, wenn sie durch die unten aufgeführte Rezeptur entlarvt und am Energieraub gehindert werden. Typische Reaktionen sind:

▸ »Du bist aber heute komisch drauf.«
▸ »Ist irgendwas?«
▸ »Irgendwas ist heute anders.«
▸ »Ich kann mit Dir heute gar nichts anfangen.«
▸ Jegliche Form von ungerechtfertigten Anschuldigungen.

Die Basismischung zum Schutz vor menschlichen Vampiren ist VAMPIRE:

📖 »VAMPIRE«

Rezeptur Phylak Sachsen GmbH

Viscum album 1
Vinca minor 1
Allium sativum 1
Mandragora officinalis 1
Pilocarpus 1
Iris 1
Ruta graveolens 1
Eleutherococcus senticosus 1
individuelle Pflanze(n) je 1

Dosierung. Mehrmals täglich einen Hub in die Aura sprühen, vor allem nach einer Begegnung mit Menschen, die einen überfordert oder unklar zurücklassen.

Wirkung. In der Basisrezeptur werden die Möglichkeiten für Energievampire, an Ihrem Energiefeld anzudocken, einfach blockiert.

Zur individuellen Ergänzung der Basismischung eignen sich Pflanzen, die einen bestimmten Aspekt des Besetztseins repräsentieren, den Sie über die Basisenergie hinaus bearbeiten möchten. Zur Ergänzung von VAMPIRE eignen sich:

Echinacine (3). Echinacea (angustifolia) + Echinacea purpurea + Echinacea pallida (→ S. 78). Das Thema der drei Echinacine ist der Mensch außerhalb seiner Kraft und Energie. Der Mensch schafft es oft nicht, in seine eigene Kraft zu kommen, und ist dem Schicksal scheinbar willenlos ausgesetzt. Die Echinacine werden dann angewendet, wenn der Betroffene das Gefühl hat, schon von Geburt an Energievampiren und fremden Energien ausgesetzt gewesen zu sein.

Sarsaparilla. Das Thema der Sarsaparille ist der Mensch in der Falle von Verstrickungen. Sarsaparilla hilft Ihnen, sich von allen Verstrickungen reinzuwaschen und systemische Fallen zu entlarven, in die man immer wieder hineinstolpert.

Cynara scolymus. Der Mensch, der vom Zeitgeist und dem, was »in« ist, völlig besetzt ist. Die Pflanze für den, der immer auf der Suche nach dem Neuesten und Besten für sich ist und der sich immer wieder selbst behindert und unbewusst gegen seine Entwicklung arbeitet.

Sambucus nigra. Sambucus nigra widmet sich dem Menschen unter dem Einfluss des Geistes fremder Menschen. Der Schwarze Holunder hilft Menschen, die sich leicht durch die Meinung und das Verhalten anderer beeinflussen lassen und deren Ich-Kräfte wenig ausgeprägt sind. Gehen Sie schnell in Resonanz zu negativen Kräften in Ihrer Umwelt und meinen Sie kein besseres Schicksal verdient zu haben? Vielleicht erkennen Sie auch nicht die Ihnen entgegengebrachte Negativität und verwechseln diese oft mit Freundlichkeit der

Mitmenschen? Dann ist Sambucus nigra die richtige Wahl.

Drosera. Hilft Menschen, die unter dem Einfluss der unerlösten Energie im Inneren stehen, die sie zu vernichten droht. Steht für starke innere Kräfte, die man scheinbar nicht unter Kontrolle hat, und selbstzerstörerische Tendenzen auf seelischer, geistiger, spiritueller und körperlicher Ebene. Menschen, die die Schönheit der eigenen Seele negieren. Vernichtende Alpträume rauben Schlaf und Lebenskraft. Sowohl innere Gespräche als auch die Kommunikation im Außen laufen destruktiv ab. Wichtige Pflanze bei autoaggressiven und destruierenden Erkrankungen, wie z. B. Multiple Sklerose, Rheuma und Arthrose.

Bellis perennis. Steht für den Geist der Eltern, die uns lebensfeindliche Muster mitgeben bzw. mitgegeben haben. Auch unerlöste Muster aus der Vorgeneration, die direkt an die nächste Generation weitergegeben werden. Typisch sind Erkrankungen, die sehr lange andauern (perennis = was ein Jahr andauert), und unerlöste Seelenmuster, die durch systemische Verstrickungen die eigenen Muster überlagern. Das Gänseblümchen stärkt den Menschen unter dem Einfluss seiner Sippe, die ihm kein eigenständiges Leben und keine freien Entscheidungen erlaubt. Gut geeignet für Menschen mit übermäßiger Bindung an die Eltern.

Hydrastis. Für den Geist karmisch falsch gelebter Lebensprogramme. Nicht erlöste Schatten lösen Verstrickungen aus, die karmisch gar nicht vorgesehen sind. Der Mensch ist immer auf der Suche nach seinem Weg, fühlt sich trotz äußerer Erfolge nicht wohl in seinem Körper. Typisch sind relativierende und einschränkende Gedanken wie »Aber eigentlich müsste man doch ...«, die zu Unbehagen führen. Der Betroffene fühlt sich immer irgendwie schuldig, ohne genau zu wissen, warum. Die Seele wirkt ausgelaugt und vertrocknet. Der Mensch schlaff und ohne Spannung. Hydrastis erleichtert Sie, wenn Sie gewissermaßen an der Erbsünde anhaften, den erlösenden Gott nicht akzeptieren können und sich daher vor Gott fürchten.

Okoubaka aubrevillei. Befreit den Geist, der unseren Schatten versteckt. Das richtige Mittel für Menschen, die meinen, es gäbe nur einen, dazu noch recht freudlosen Weg für sie. Laufen Sie gewissermaßen mit Scheuklappen durchs Leben und sehen Sie stets nur das Negative? Glauben Sie, das Opfer anderer, negativer Energien zu sein? Dann kann Ihnen Okoubaka helfen. Auch bei Leugnung der eigenen Schattenanteile oder wenn Geld wichtiges Lebensthema ist. Wenn versucht wird, das eigentliche »innere alchemistische Gold des Schattens« im Außen durch Reichtum zu finden. Gut zu kombinieren mit Mandragora (→ S. 116).

Propolis. Steht für den Geist der Unordnung, der unseren Seelenfrieden stört. Hilft bei Messietum und organisiertem Chaos. Passt zu Menschen, die immer Lärm oder Musik um sich brauchen, weil sie leere Räume und Stille fürchten. Entsprechend haben sie immer Arbeiten, die es noch zu erledigen gilt.

»Ich schütze mich vor den Übergriffen meiner Eltern«

Rezeptur Phylak Sachsen GmbH

Urtica 1
Viola tricolor 1
Sarsaparilla 1
Ruta graveolens 1
Okoubaka aubrevillei 1
Iris 1
Sambucus nigra 1
Viscum album 1
Hypericum perforatum 1
1 ml Tilia
1 ml Pilocarpus
1 ml Quercus

Dosierung. Nehmen Sie von dieser Mischung täglich 3 × 3 Tropfen ein.

Wirkung. Das Thema »übergriffige Eltern« ist natürlich heikel. Hier geht es sehr viel um unausgesprochene Familiengeheimnisse, die an die nächste Generation weitergegeben werden. Und es geht um das Thema Loslassen (→ S. 274). Die Mischung ist vor allem geeignet, Bewusstsein zu schaffen. Falls es Ihnen schwer fällt, sich gegenüber Ihren Eltern abzugrenzen, ist diese Mischung genau richtig für Sie. Sie werden es schaffen, sich gegenüber den Eltern so zu verhalten, dass übergriffige Handlungen unterlassen oder zumindest als solche erkannt werden. Der erste Schritt zur Verhaltensänderung ist immer die Erkenntnis. Aus dieser Erkenntnis heraus können dann Schritte zur Verhaltensänderung für beide Seiten erfolgen.

»Ich schütze mich bei der Begegnung mit anderen Menschen«

Basisrezeptur Phylak Sachsen GmbH

Urtica 1
Viola tricolor 1
Sarsaparilla 1
Ruta graveolens 1
Okoubaka aubrevillei 1
Iris 1
Sambucus nigra 1

Dosierung. Sprühen Sie alle vier Stunden einen Hub in Ihre Aura.

Wirkung. Diese Mischung ist die Basismischung, wenn Sie einen Austausch von Energien auf ungleicher energetischer Ebene vermeiden möchten. Sie können sich mit ihr schützen, wenn Sie sich mit anderen Menschen treffen, bei denen Sie Energievampirismus vermuten, oder in Menschenansammlungen, die eine Überforderung für den energetischen Schutzmantel der meisten Menschen darstellen.

Sie können sich die Wirkung des Mittels folgendermaßen vorstellen: Die darin enthaltenen Pflanzen schützen Ihre Aura auf der einen Seite vor dem Austritt von Energie und auf der anderen Seite vor dem Eindringen von niedrigen Energiefrequenzen. Somit wird jegliche unerwünschte Resonanz bei Ihnen und Ihrem Gegenüber vermieden.

Weitere Anwendungsmöglichkeiten des Mittels:
- Sie können die Waschlotion, mit der Sie sich zwischen den Klienten die Hände waschen, mit diesem Mittel versetzen.
- Sie können die Mischung dem Badewasser zusetzen.

▶ Sie können die Mischung in Ihre Aura einsprühen. Dies sollten Sie mindestens alle
4 Stunden wiederholen.

▶ Sie können eine Verdunstungslampe, die Sie
zur Raumbeduftung benützen, damit befüllen.

▶ Sie können sich die Mischung in eine
Sprühflasche mit Wasser geben und diese
als Raumspray benützen. Dabei gehen Sie
folgendermaßen vor: Sie nehmen pro 50 ml
Wasser, das Sie mit ätherischen Ölen zur
Raumbeduftung versetzen können, 14 Tropfen aus der Mischungsflasche. Diese Rezeptur
nur als Raumspray und nicht am Menschen
direkt anwenden!

▶ Die Mischung eignet sich bestens für erkrank-
te Kinder oder Menschen mit schweren chronischen Erkrankungen, um diese vor Energievampirismus durch das Umfeld zu schützen.

📖 »Ich verschaffe mir Respekt bei meinen Mitmenschen«

Rezeptur Phylak Sachsen GmbH

Urtica 1
Viola tricolor 1
Sarsaparilla 1
Ruta graveolens 1
Okoubaka aubrevillei 1
Iris 1
Sambucus nigra 1
Sabal serrulatum 1
Chelidonium majus 1
Aralia racemosa 1
Ruta graveolens 1
Piper methysticum 1
Pilocarpus 1

Dosierung. Sprühen Sie alle 4 Stunden einen
Hub in Ihre Aura ein.

Wirkung. Diese Rezeptur hilft Ihnen, sich bei
Ihrer Umwelt Respekt zu verschaffen. Die zusätzlich zur Basismischung enthaltenen Pflanzen geben Ihnen eine innere Stärke, die Ihnen
hilft, auf eine distanzierte und abgrenzende
Art und Weise Ihrer Umwelt gegenüberzu-
treten. Dadurch schaffen Sie Raum um sich,
der Ihren Mitmenschen den nötigen Respekt
abverlangt. Für Sie ist es dann einfach, sich
abzugrenzen.

📖 »Ich beziehe alle Ereignisse auf mich«

Rezeptur Phylak Sachsen GmbH

Urtica 1
Viola tricolor 1
Sarsaparilla 1
Ruta graveolens 1
Okoubaka aubrevillei 1
Iris 1
Sambucus nigra 1
Pulsatilla 1
Crataegus 1

Dosierung. Als Spray alle vier Stunden einen
Hub in die Aura einsprühen oder vor Prüfungen, Reden in der Öffentlichkeit, Begegnungen
mit Menschenmassen und ähnlichen Situationen anwenden.

Wirkung. Diese Mischung ist dann genau richtig für Sie, wenn Sie sehr sensibel sind, alles
auf sich beziehen und persönlich nehmen. Sie
nehmen die schlechte Laune der Verkäuferin
genauso persönlich wie die lachenden Personen am Nachbartisch im Restaurant. Sie
glauben, dass das Lachen eigentlich nur Ihnen

gelten kann und dass sich die Personen über Sie lustig machen. Diese Mischung schützt Sie wie die Grundmischung vor den Energien Ihrer Mitmenschen, stabilisiert jedoch darüber hinaus durch die erweiterte Zusammensetzung besonders sensible Charaktere. Die beiden zusätzlichen Pflanzen Pulsatilla und Crataegus verhindern, dass sehr sensible Personen in eine nicht gewünschte Resonanz mit dem Gegenüber treten.

Die Mischung kann auch sehr gut bei Liebeskummer eingesetzt werden, wenn die Begegnung mit dem Wunschpartner sehr schmerzhaft erlebt wird, sich regelmäßiger Kontakt jedoch nicht vermeiden lässt.

»Ich lebe ohne die Beeinflussung durch andere Meinungen«

Rezeptur Phylak Sachsen GmbH

Drosera 1
Okoubaka aubrevillei 1
Mandragora officinalis 1
Pulsatilla 1
Okoubaka aubrevillei 1
Mandragora officinalis 1

Dosierung. 3 × 3 Tropfen täglich.

Wirkung. Diese Mischung ist für extrem sensible Menschen geeignet, die unter dem Einfluss negativer Personen stehen. Diese Personen gehören oft zum persönlichen Freundes- oder Bekanntenkreis. Meist merken diese Menschen intuitiv, dass Sie sich gerade auf die nächsthöhere Bewusstseinsebene entwickeln, und versuchen, diesen Prozess aus Angst vor Verlust zu stören. Ihre Sensibilität wird angeregt. Sie spüren viel schneller, welche Energien

Ihnen gut tun und welche nicht. Mit diesem Bewusstsein können Sie von vornherein viele Situationen umgehen, die Ihnen Energie abziehen würden.

⚠ Wichtig: Falls Sie sich in einer Partnerschaft oder Freundschaft befinden, in der Sie merken, dass Sie wenig Energien vom Partner/Freund erhalten oder sogar Energie abgezogen bekommen, nehmen Sie von dieser Mischung alle vier Stunden drei Tropfen ein. Oft sind diese energetischen Ungleichgewichte in Beziehungen nur temporär und können nach der Einnahme dieser Mischung geklärt werden. Sprechen Sie bei Ihrem Gegenüber Ihre Beobachtungen in Bezug auf den Energievampirismus an. Oft reicht schon das Wissen darüber und Ihr Gegenüber kann sein Verhalten so ändern, dass möglichst keine Energie von Ihnen abgezogen wird. Sprechen Sie auch Möglichkeiten an, wie Ihr Gegenüber seine eigene Energiefrequenz erhöhen kann, so dass es erst gar nicht zum Energievampirismus kommt.

»Ich schütze mich bei der Begegnung mit anderen und gebe ihnen keine Chance, bei mir anzudocken«

Rezeptur Phylak Sachsen GmbH

Urtica 1
Viola tricolor 1
Sarsaparilla 1
Ruta graveolens 1
Okoubaka aubrevillei 1
Iris 1
Sambucus nigra 1
Viscum album 1
Allium sativum 1

Mandragora officinalis 1
Pilocarpus 1
Iris 1
Ruta graveolens 1
Eleutherococcus senticosus 1
Iris 1
Quercus 1

Dosierung. Als Spray alle 4-6 Stunden einen Hub in die Aura einsprühen.

Wirkung. Hier haben Sie es mit der stärksten aller energetischen Schutzmischungen gegen parasitäre Energien von menschlicher Seite zu tun. Wenn Sie diese benötigen, haben Sie es im wahrsten Sinne des Wortes mit Vampiren zu tun. Zu den Vampiren gehören auch Meinungen von außen, die man Ihnen überstülpen möchte. Dies können Menschen sein, die eindringlich auf Sie einreden, oder Informationen, die einseitig beleuchtet weitergegeben werden, nur um einen bestimmten manipulativen Zweck zu verfolgen. Vampirismus tritt in vielfältigsten Formen auf.

Diese Rezeptur hilft Ihnen, wenn Sie das Gefühl haben, andere Menschen können sich leicht in Ihr energetisches Feld einklinken. Diese Menschen verweilen dort und stören erheblich Ihre seelische und emotionale Befindlichkeit. Sie träumen oft noch nachts von der Begegnung mit diesen Menschen oder denken noch tagelang über die Begegnung nach, ohne dies zu wollen. Die Personen führen quasi ein Eigenleben in Ihrer Aura.

Diese Mischung ist auch zu empfehlen, wenn in Partnerschaften einer der beiden Umgang mit Personen hat, die der andere Partner nicht leiden kann, und er immer wieder das Gefühl hat, dass nach einem Kontakt Anteile dieser Personen in der Aura des Partners geblieben sind und nun die Partnerschaft stören.

Beispiel. Die Ehefrau kommt von ihrer Mutter nach Hause zum Ehemann und dieser hat das unbewusste Gefühl, dass die Ehefrau Energie von ihrer Mutter mitgebracht hat. Nach solchen Besuchen gibt es dann oft über einen längeren Zeitraum Streit, den sich beide Partner im Nachhinein nicht rational erklären können.

Ein Hub von diesem Spray sowohl in die Raumluft als auch in die Aura der betroffenen Personen schafft Klarheit und reinigt alle Energien.

📖 »Ich schütze mich vor den subtilsten Formen von Beeinflussung«

Rezeptur Phylak Sachsen GmbH

Drosera 1
Okoubaka aubrevillei 1
Mandragora officinalis 1
Pulsatilla 1
Okoubaka aubrevillei 1
Mandragora officinalis 1
Podophyllum peltatum 1
Eupatorium perfoliatum 1
Iris 1

Dosierung. 3 × 3 Tropfen täglich.

Wirkung. Diese Mischung sensibilisiert Sie beim Umgang mit anderen Menschen und Situationen für eventuell auftretende Gefahren, die subtil vorhanden sind. Diese Mischung kann Ihnen zum Beispiel in folgenden Situationen behilflich sein:

▶ Sie haben einen neuen Partner kennen gelernt und haben manchmal trotz der vordergründigen Euphorie ein seltsames Gefühl, das Sie nicht zuordnen können.

▶ Sie haben Arbeitskollegen, die scheinbar nett sind, aber immer wieder erfahren Sie, dass im Hintergrund seltsame Dinge ablaufen, die zur vordergründigen Freundlichkeit nicht passen.

▶ Sie wollen ein Haus oder eine Wohnung kaufen und sind sich noch nicht sicher, da Sie sich bei der Besichtigung des Objekts teilweise beklommen gefühlt haben.

▶ Sie müssen schwerwiegende Entscheidungen treffen und können die ganze Situation nicht so recht einschätzen. Sie fühlen sich irgendwie unwohl und »beeinflusst«, ohne zu wissen, warum.

▶ Gut geeignet zur Arbeit mit dem eigenen Schatten.

Sicher sind Sie schon an Orten gewesen, an denen Sie sich sehr unbehaglich fühlten, ohne es genauer benennen zu können. Vielleicht haben Sie Gegenstände berührt oder gesehen, die Ihnen unheimlich vorgekommen sind. Dann möchte Sie vermutlich Ihr Unterbewusstsein auf eine Gefahr aus der energetischen oder Geistwelt aufmerksam machen. In unserer zivilisierten Welt werden solche Phänomene oft als übertriebene Spinnerei von Kindern und sensitiven Personen abgetan. In früheren Zeiten wusste man um die Energie von Orten, Gegenständen und Energien aus der geistigen Anderswelt, die wir mit dem bloßen Auge nicht wahrnehmen können. Die Spagyrik kann Sie mit Mischungen schützen, die Sie an negativ aufgeladenen Orten versprühen oder auf Gegenstände auftragen.

Kurzfristige Neutralisierung von Räumen und Gegenständen

Dosierung. Geben Sie ein oder zwei Hübe aus der Sprühflasche in die Raumluft oder auf den Gegenstand.

Wirkung. Die versprühte Mischung neutralisiert für etwa 4-6 Stunden. So können Sie auch unterwegs oder in neuer Umgebung neutrale Zustände schaffen. Die Mischungen können Sie z. B. einsetzen:

▶ in Ihrem Hotelzimmer und in dem Bett, in dem Sie die Nacht verbringen

▶ in einem Raum, in dem Sie eine Prüfung ablegen

▶ in einem Raum, in dem Sie als Therapeut arbeiten

▶ für Ihre Kleidung, die Sie nach Aufenthalten an energetisch schlechten Orten neutralisieren möchten

▶ in Ihrem Auto nach einem Beinaheunfall oder wenn Sie im Mietwagen unterwegs sind

▶ nach einem Einbruch in Ihrer Wohnung, in der Sie jetzt negative Energie spüren.

Den Einsatzmöglichkeiten dieser Mischungen sind keine Grenzen gesetzt und Sie sollten diese Mittel auch nach Ihrem Bauchgefühl verwenden.

Langfristige Neutralisierung von Räumen und Gegenständen

Vielleicht möchten Sie fremde Räume oder Gegenstände wie Antiquitäten oder Secondhand-Kleidung, die Sie übernehmen, neutralisieren. Doch nicht nur gebrauchte Gegenstände oder Örtlichkeiten können eine immense Fremdenergie aufweisen. Denken Sie an die unmenschlichen Arbeitsbedingungen in asiatischen Ländern, unter denen für den Westen billigst produziert wird, oder an die Arbeitsbedingungen auf Baustellen, wo Menschen ausgebeutet werden oder durch fehlende Schutzmaßnahmen zu Tode kommen. Entwickeln Sie ein Gefühl für alle Dinge, mit denen Sie umgehen, und vermeiden Sie Fremdenergien durch bewusstes Einkaufen und Aussuchen der Gegenstände.

Schutz vor negativen Energien an Orten und Gegenständen

🕯 **Tipp:** Alle Gegenstände, mit denen Sie sich umgeben, strahlen eine bestimmte Art von Energie aus, der Sie sich aussetzen. Überlegen Sie deshalb genau, was Sie besitzen wollen und müssen. Vereinfachen Sie Ihr Leben, indem Sie sich auf das Notwendige beschränken. Damit setzen Sie Energien frei für die Menschen und Dinge, die Ihnen wirklich wichtig sind, und vermeiden automatisch das unbewusste Anhäufen von Fremdenergien.

Um mit negativen Fremdenergien energetisch belastete Gegenstände oder Räume vollständig zu neutralisieren, müssen Sie das Spray an 42 Tagen hintereinander lückenlos anwenden. Sprühen Sie zuerst einen Hub aus der Flasche in Ihre Aura, so dass Sie geschützt sind, und visualisieren Sie einen schützenden Kokon aus reinem, weißem Licht. Sprechen Sie während der Anwendungen ein Gebet, wie z. B. das Vaterunser, und schicken Sie die Energie – meist ist es die Energie verirrter Seelen – ins Licht und befreien Sie sie somit von ihrem dunklen, gebundenen Erdendasein. Bleiben Sie während des gesamten Vorgangs angstfrei und seien Sie sich bewusst, dass Sie sich durch die Mischung und das Gebet in einem Schutzkokon befinden.

Neutralisierung von Räumen

Versprühen Sie in jedem Raum jeweils einen Hub aus der Originalflasche in jede Ecke des Raumes und zum Schluss in die Mitte. Die vier Ecken eines Raumes symbolisieren die vier Himmelsrichtungen, aus denen Energien und die vier Elemente Erde, Feuer, Wasser und Luft auf Sie zukommen können. Machen Sie dies in allen Räumen und geben Sie vor und nach den Anwendungen einen Hub aus der Sprühflasche über Ihren Kopf. Vergessen

Sie während der ganzen Prozedur Ihr Schutzgebet nicht!

Wenn Sie der Meinung sind, dass die Räume extrem belastet sind, bitte an 42 Tagen lückenlos hintereinander neutralisieren.

Neutralisierung von Gegenständen

Sprühen Sie die zu behandelnden Gegenstände je nach Größe mit mehreren Hüben aus der Sprühflasche ein. Vergessen Sie hierbei Ihre Licht-Visualisation und Ihr Gebet nicht.

Falls Sie Schutzamulette an Ihrem Körper tragen, sollten Sie bedenken, dass diese je nach Material und Beschaffenheit mehr oder weniger schnell die Energien speichern, die Sie eigentlich neutralisieren sollen. Da Amulette nach einer Überladung die bis dahin gespeicherte negative Energie wieder abgeben, sollten Sie sie besonders häufig und intensiv reinigen oder prüfen, ob es sinnvoll ist, sie bei sich zu tragen.

Schwierige Fälle

Bei manchen Räumen oder Gegenständen führt das Spray allein nicht zum gewünschten Erfolg. Wahrscheinlich waren die Ereignisse, die zur Besetzung dieser Räumlichkeiten und Dinge geführt haben, so gewaltig, dass Sie als Normalsterblicher mit der Befreiung dieser Energien überfordert sind.

⚠ **Cave:** Wenn Sie sich mit der Vorgehensweise nicht völlig sicher sind, wenden Sie sich an eine erfahrene Person oder einen Priester oder Pfarrer Ihrer Gemeinde. Das Segnen und Weihen von Räumen und Gegenständen, um glückliche Umstände herabzubeschwören, sind offizieller Bestandteil von kirchlichen Ritualen.

Wenn Sie sich unsicher sind, ob eine Neutralisation möglich ist, trennen Sie sich vielleicht besser von dem Gegenstand oder der Örtlichkeit.

🖈 **Tipp:** Wenn Sie in den unten aufgeführten Mischungen die Pflanze Pilocarpus (→ S. 198) ergänzen lassen, erhöht sich automatisch die Energie des Ortes, an dem das Spray verwendet wird. Durch die Erhöhung der Energie kann es dann spontan passieren, dass bis dahin nicht zu reinigende Örtlichkeiten oder Gegenstände neutralisiert werden können.

📖 »Ich schütze mich an fremden Orten«

Rezeptur Phylak Sachsen GmbH

Chelidonium majus 1
Iris 1
Thuja occidentalis 1
Rauwolfia serpentina 1
Okoubaka aubrevillei 1
Euphrasia 1
Azadirachta indica 1
Sambucus nigra 1

Dosierung. Die Dosierung hängt wie auf Seite 305 f. beschrieben von der genauen Anwendung ab. Sie richtet sich unter anderem danach, ob Sie eine kurz- oder eine langfristige Neutralisierung wünschen und wie stark der Ort belastet ist.

Wirkung. Hierbei handelt es sich um ein universelles, starkes Schutzspray für Orte und Gegenstände. Die anwendenden Personen müssen nicht besonders gläubig oder spirituell orientiert sein. Die Örtlichkeiten oder Gegenstände sind nicht sehr stark durch Ereignisse aus der Vergangenheit belastet. Das können zum Beispiel Hotelzimmer sein, gebrauchte Kleidung oder Gegenstände, über deren Herkunft Sie informiert sind.

📖 »Ich schütze mich und kann mich abgrenzen«

Rezeptur Phylak Sachsen GmbH

Chelidonium majus 1
Iris 1
Thuja occidentalis 1
Rauwolfia serpentina 1
Okoubaka aubrevillei 1
Euphrasia 1
Nux vomica 1
Sambucus nigra 1
Viola tricolor 1

Dosierung. Die Dosierung variiert entsprechend der Anwendung (→ s. o.).

Wirkung. Diese Mischung nehmen Sie, wenn Sie sehr sensibel und gläubig sind. Besonders geeignet ist sie für Kinder. Sie wird Ihre Psyche und Ihre Spiritualität optimal schützen. Setzen Sie diese Mischung vor Meditationen zur besseren Konzentration ein oder um Ihre Aufmerksamkeit und Ihr Bewusstsein zu erhöhen und Ablenkungen zu vermeiden. Diese Mischung setzen Sie primär an Orten ein, die Ihnen bekannt sind und deren Geschichte Sie weitestgehend kennen. Falls Sie Probleme damit haben, sich von Dingen oder Menschen abzugrenzen, können Sie diese Mischung in einer Flasche am Körper tragen oder Sie führen einen mit dieser Mischung energetisierten Gegenstand, den Sie mindestens einmal am Tag besprühen, als Begleiter mit.

📖 »Ich schütze mich vor Flüchen, Verwünschungen und Besetzung durch fremde Energieformen«

Rezeptur Phylak Sachsen GmbH

Catharanthus roseus 1
Iris 1
Tropaeolum majus 1
Rauwolfia serpentina 1
Okoubaka aubrevillei 1
Euphrasia 1
Azadirachta indica 1
Solidago virgaurea 1
Vaccinium myrtillus 1
Lycopodium clavatum 1
Juniperus communis 1

Dosierung. Die Dosierung variiert entsprechend der Anwendung (→ s. o.).

Wirkung. Hier handelt es sich um stärkste Formen von Fremdenergien: Schwarze Magie oder Räumlichkeiten nach schwarzmagischen Ritualanwendungen, Eifersucht, Verwünschungen, Flüche oder etwa ein Zimmer, in dem jemand Selbstmord begangen hat. Auch bei Besetzungen mit niedrigsten Energieformen oder mit Geistern Verstorbener, die den Weg ins Licht noch nicht gefunden haben, ist diese Mischung einsetzbar.
Mit dem Zusatz von Pilocarpus können Sie probieren, Räume oder Gegenstände zu reinigen, die bis dato nicht zu reinigen waren. Die Anwendung muss über 42 Tage erfolgen. Und vergessen Sie dabei auf keinen Fall, sich durch ein starkes Gebet zu schützen!

📖 »Ich schütze mich vor Magnet- und Elektrostrahlungen«

Rezeptur Phylak Sachsen GmbH

Urtica 1
Viola tricolor 1
Sarsaparilla 1

Dosierung. Als Spray anwenden wie in der Einführung zu diesem Kapitel angegeben.

Wirkung. Dieses Spray hilft Ihnen, wenn Sie ständig Magnet- oder Elektrostrahlungen ausgesetzt sind. Das kann die Arbeit am Computer sein oder der regelmäßige Aufenthalt in Autos mit Handy und Navigationssystem. Vielleicht sind Sie auch beruflich gezwungen, häufig Handys oder Elektrogeräte mit sich herumzutragen. Sprühen Sie mehrmals am Tag einen Hub in Ihre Aura. Dies ist besonders wichtig im Auto, da dort Elektrogeräte und deren Strahlung wie in einem Faradayschen Käfig wirken.

📖 »Ich schütze mich, wenn ich energetisch verwundbar bin«

Rezeptur Phylak Sachsen GmbH

Chelidonium majus 1
Iris 1
Thuja occidentalis 1
Rauwolfia serpentina 1
Okoubaka aubrevillei 1
Euphrasia 1
Azadirachta indica 1
Sambucus nigra 1
Viola tricolor 1

Dosierung. Die Dosierung variiert entsprechend der Anwendung (→ s. o.).

Wirkung. Diese Mischung ist primär für spirituelle und gläubige Menschen geeignet. Durch die Zugabe von Pilocarpus am Ende der Mischung kann die Ortsenergie oder die Energie eines damit behandelten Gegenstandes erhöht werden. Die Mischung schützt bei Ritualen, bei Konzentration und Meditation. Ebenso ist sie für Menschen geeignet, die therapeutisch mit anderen Leuten arbeiten.

📖 »Ich schütze mich in meinem Raum«

Rezeptur Phylak Sachsen GmbH

Chelidonium majus 1
Iris 1
Thuja occidentalis 1
Rauwolfia serpentina 1
Okoubaka aubrevillei 1
Euphrasia 1
Azadirachta indica 1
Sambucus nigra 1
Sabal serrulatum 1
Chelidonium majus 1
Aralia racemosa 1
Ruta graveolens 1
Piper methysticum 1
Pilocarpus 1

Dosierung. Die Dosierung variiert entsprechend der Anwendung (→ s. o.).

Wirkung. Diese Rezeptur ist geeignet, wenn Sie zum Beispiel in gemeinschaftlich genutzten Räumen arbeiten oder sich aufhalten, um für die Dauer des Aufenthaltes geschützt zu sein. Durch das in der Mischung vorhandene Pilocarpus wird die direkte Umgebungsenergie erhöht.

⊘ **Cave:** Egal von welchen Energien Sie sonst umgeben sind, wenden Sie dieses Spray nur sehr punktuell an! Auf keinen Fall alle Räume aussprühen, sondern nur den von Ihnen hauptsächlich genutzten Bereich.

Spiritualität und Meditation

»Unruhig ist unser Herz, bis es Ruhe findet in dir, o Gott«, sagte schon Kirchenvater Augustinus. Meiner Meinung nach bestehen die meisten Probleme in dieser Welt, insbesondere im zwischenmenschlichen Bereich, aufgrund einer nicht gelebten Spiritualität. Die Menschen merken in unserer aufgeklärten Welt, dass Medizin, Technik und Wissenschaft immer wieder an ihre Grenzen stoßen.

Bücher zum Thema Klosterleben und gelebte Spiritualität haben Hochkonjunktur und werden bis in die obersten Managementetagen gelesen. Aus allen Bevölkerungsschichten kommen Menschen in Ordenshäuser, um scheinbar alltägliche Probleme in einen spirituellen Kontext zu bringen. Aber auch grundlegende Fragen werden vor dem Hintergrund einer spirituellen Ausrichtung gestellt und erläutert. Grenzerfahrungen in unserem unmittelbaren und gelebten Alltag verweisen uns immer wieder auf uns selbst und letztendlich auf die großen Fragen der Menschheit:

? Wo kommen wir her?
? Wo gehen wir hin?
? Was ist der Sinn unseres Lebens?

Die Antworten können letztendlich nur aus unserem Inneren kommen. Sie sind der Einzige, der sich diese Fragen beantworten kann. Abhängig von der jeweiligen Lebenssituation und den Lebenszielen sind diese Fragen bei jedem anders zu bewerten. Ist etwa der Mensch, der im Laden etwas stiehlt, um sich und seine Angehörigen vorm Verhungern zu schützen, genau so zu bewerten wie der Manager, der aus Geldgier Millionen aus Aktiengeschäften mit einem Unternehmen schöpft, das die Angst der Menschen nutzt, um Medikamente zu verkaufen, die mehr schaden als sie nachgewiesenermaßen nützen?

Jeder Mensch hat seine eigene Biographie und seine eigene Wahrheit. So sehr auch immer wieder versucht wird, alle Menschen zu vereinheitlichen und am besten das Pauschalglück für alle zu finden, so muss man doch feststellen, dass ein glückliches und erfülltes Leben nur abseits der Masse gelebt werden kann – abseits der Einteilung in Konsumenten, Patienten oder Zielgruppen. Wir leben in einer Gesellschaft, in der man nicht mehr als Individuum, sondern als Zielgruppe für X oder Y wahrgenommen wird. Deshalb kann Ihnen die Frage nach dem Sinn des Lebens nicht von der Gesellschaft oder der Allgemeinheit beantwortet werden. Nur eine spirituelle Ausrichtung kann Ihnen Ihr Individualprogramm für ein glückliches und erfülltes Leben aufzeigen.

Um zu einer gelebten Spiritualität zu kommen, beginnen Sie da, wo Sie gerade stehen. Sie müssen keine teuren Wochenendkurse oder Meditationsseminare mitmachen. Spiritualität ist nur dann sinnvoll, wenn sie im Alltag gelebt wird. Es ergibt keinen Sinn, Wochenendkurse zur spirituellen Entwicklung zu besuchen und am Montag im Alltag ein Verhalten an den Tag zu legen, das von diesen Inhalten meilenweit entfernt ist.

Versuchen Sie, am besten alles zu leben, was Sie für sich als Wahrheit entdeckt haben. Leben Sie Ihre Spiritualität im Alltag und finden Sie Gott zwischen den Kochtöpfen, wie es die Nonne Theresa von Avila schon vor Hunderten von Jahren formuliert hat. Nur so ist es Ihnen möglich, für Sie stimmige Antworten zu finden. Immer wenn Sie das Bewusstsein für ein Problem oder einen speziellen Lebensbereich entwickelt haben, sollten Sie auch versuchen, danach zu leben.

Wenn Ihnen zum Beispiel klar geworden ist, dass unsere Form der Lebensmittelherstellung, insbesondere der Fleischproduktion, unethisch ist und weitreichende negative Folgen für kommende Generationen hat, dann liegt hier Ihre momentane Aufgabe, um spirituell weiterzukommen. Dann sollten Sie Fleisch von geschundenen Tieren vermeiden, die nicht mehr als Lebewesen, sondern nur noch als Stücke Fleisch wahrgenommen werden.

Es gibt unzählige weitere Lebensbereiche, die Ihnen durch eine gelebte Spiritualität ins Bewusstsein kommen können und somit gelebt werden sollten.

Ich finde es immer wieder befremdlich, wenn Menschen ihr Seelenheil bei irgendeinem Guru suchen. Da singt dann jemand Sätze in einer Sprache, die er nicht versteht, die ihm nichts sagen und deren Inhalte fraglich oder sogar karmisch und energetisch störend sind. Schließlich bekommt die Person noch einen fremden Namen, der ihr ihre ureigene Energie raubt und sie letztendlich nur noch zerrissener in ihrem Leben und ihrer spirituellen Ausrichtung macht. So innerlich zerrissen wird sie dann wieder in ihren Alltag entlassen, der mit ihrem spirituellen Ausflug genauso viel zu tun hat wie Fleischkonsum mit Vegetarismus. Gerade Namen haben eine große Energie und sollten nur unter wirklich wichtigen Voraussetzungen geändert werden. Schon in der Bibel heißt es:»Ich habe dich bei Deinem Namen gerufen. Du bist mein.«

Eine grundlegende Lebensprägung findet in unseren ersten Lebensjahren statt, in denen wir noch nicht gezielt logisch denken, differenzieren und auswählen können. Wenn Sie in einer katholisch geprägten Umgebung aufgewachsen sind, wird dies voraussichtlich Ihr weiteres Leben bestimmen. Anstatt sich davon zu befreien und völlig fremden Religionen hinterherzulaufen, sollten Sie sich auf Ihre Wurzeln besinnen und sich Nischenangebote in Ihrem gewohnten spirituellen Umfeld suchen, die Ihnen in Ihrer speziellen und momentanen Lebenssituation behilflich sein können.

Um seelisch gesund zu bleiben, ist es vor allem für Randgruppen, die in der kirchlichen Doktrin verurteilt werden, wichtig, Nischen zu finden, die sie in ihrem Sein und ihrer Lebensführung akzeptieren. Denken Sie bitte daran, dass kirchliche Lehrmeinungen jahrtausendelang auch politische Doktrin waren. Die Angebote der traditionellen Kirchen sind inzwischen so vielfältig, dass jeder ernsthaft Suchende seine ihm gefällige Nische finden kann. Das, was Sie kennen, wird Sie am schnellsten auf Ihrem spirituellen Weg voranbringen.

Bedenken Sie bitte bei allen spirituellen Aktivitäten stets folgende grundlegenden Dinge: Ora et labora, bete und arbeite. Damit wir unsere Erfahrungen aus der geistigen Dimension folgerichtig für unser Leben verarbeiten können, muss also immer Ausgleich von spiritueller und weltlicher Aktivität stattfinden. Und: Nur eine wirklich gelebte und lebbare Spiritualität wird Sie weiterbringen und Sie befähigen, Korrekturen in Ihrem Leben vorzunehmen.

Es wird Ihnen wenig nützen, die ganze Woche wie besessen und ohne Pause zu arbeiten, um dann am Wochenende oder einmal im Monat Zugang zu Ihrer inneren Ruhe herzustellen und sich von Samstagmorgen bis Sonntagabend auf die Suche nach Gott zu begeben. Spiritualität muss lebbar, erlebbar, einfach und in Ihren Alltag integrierbar sein. Suchen Sie sich ein Programm von Leuten aus, die diese Arbeit aus innerer Überzeugung und nicht für ihre Brieftasche machen. Die besten spirituellen Angebote sind häufig kostenlos.

So können Sie beispielsweise in der Gemeinschaft der Brüder von Taizé in Burgund eine Woche lang zum Selbstkostenpreis leben. Unter www.taize.fr können Sie sich über diese ökumenische Lebensgemeinschaft informieren und anmelden. Erleben Sie dort eine Gemeinschaft von Brüdern, die Menschen aus allen Teilen der Welt die Gelegenheit geben, an ihrer gelebten Spiritualität und ihrem monastischen Alltag teilzuhaben.

Zum Thema Spiritualität gibt es ein breites Literaturangebot (→ S. 342). Wählen Sie in Ruhe die Titel aus, die Sie am ehesten ansprechen und die Ihrem momentanen Entwicklungsstand entsprechen. Lassen Sie sich dabei von Ihrer Intuition (→ S. 259) leiten.

📖 »Ich werde bewusst«

Die Rezeptur zu dieser Mischung finden Sie auf Seite 221.

Dosierung. Nehmen Sie die Tropfen direkt vor dem Schlafengehen. Beginnen Sie zuerst mit einem Tropfen, den Sie auf Ihre Stirn reiben. Dann können Sie die Dosierung langsam steigern. Die Höchstdosis beträgt sieben Tropfen direkt vor dem Schlafengehen. Bei ausbleibender oder unerwünschter Wirkung, wenn Sie zum Beispiel nach der Einnahme nicht gut schlafen können, lassen Sie in der Apotheke 1 ml Juniperus communis hinzufügen.

Wirkung. Diese Mischung wird Ihr Traumerleben erheblich verstärken und Sie mit Ihren Ängsten in Berührung bringen. Sie wird Sie mit Bereichen Ihrer Seele in Kontakt bringen, die für eine spirituelle Ausrichtung sehr wichtig sind, da sie einzigartig und nur in dieser Form speziell bei Ihnen vorhanden sind. Die großen spirituellen Sucher dieser Welt haben immer wieder darauf hingewiesen, dass es einen Platz in ihrem Herzen gibt, der nur Gott und der Begegnung mit ihm vorbehalten ist. Falls Sie Gott noch nie begegnet sind, wird diese Rezeptur es Ihnen erleichtern, mit diesem Platz der Sehnsucht und der Einsamkeit und somit auch mit Gott in Kontakt zu kommen.

📖 »Ich begegne dem Schöpfer des Universums«

Rezeptur Phylak Sachsen GmbH

Dioscorea villosa 1
Euphrasia 1
Urtica 1
Sarsaparilla 1

Dosierung. Wenden Sie diese Mischung als Spray an, das Sie über Ihren Kopf und in Ihre Aura sprühen. Vor spirituellen Übungen und mehrmals am Tag ein bis zwei Hübe aus der Sprühflasche versprühen.

Wirkung. Mit dieser Mischung werden Sie von Ihrem Schöpfergeist, wen auch immer Sie dafür halten, berührt werden. Sie repräsentiert die Manifestation des Göttlichen und der göttlichen Gnade in seiner universellen, nicht religionsspezifischen Form.

»Ich gehe unbeirrt von irdischen Mächten meinen ureigenen Weg zu meinem Schöpfergott«

Rezeptur Phylak Sachsen GmbH

Urtica 1
Viola tricolor 1
Sambucus nigra 1
Ruta 1
Okoubaka aubrevillei 1
Iris 1
Sarsaparilla 1
Drosera 1
Iris 1
Okoubaka aubrevillei 1
Sambucus nigra 1
Juniperus communis 1
Angelica archangelica 1

Dosierung. 1×1 bis höchstens 3×7 Tropfen. Höchstdosis sind 21 Tropfen in 24 Stunden.

Wirkung. Diese Mischung nehmen Sie ein, wenn Sie das Gefühl haben, dass negative Kräfte Sie auf Ihrem Weg zur Manifestation des Göttlichen in Ihrem Leben behindern. Sie haben schon alle Anstrengungen unternommen, um Ihren spirituellen Weg zu finden, sind aber stets durch äußere Umstände davon abgehalten worden. Die Mischung wird Sie auf Begebenheiten aufmerksam machen oder mit Menschen zusammenbringen, die Ihnen auf Ihrem spirituellen Weg helfen können.

»Ich bin in Einklang mit den kosmischen Energien«

Rezeptur Phylak Sachsen GmbH

Azadirachta indica 1
Amygdala amara 1
Symphytum officinale 1
Angelica archangelica 1

Dosierung. 1×1 bis höchstens 3×3 Tropfen. Höchstdosis sind 9 Tropfen in 24 Stunden.

Diese Mischung aktiviert positive geistige und spirituelle Energie. Sie eignet sich hervorragend zur Einstimmung auf die Meditation und wird Ihre Energien in Einklang mit dem Kosmos bringen. Bei Channelings hilft diese Mischung, reine und unverfälschte Botschaften durchkommen zu lassen.

»Ich entdecke die heiligen Plätze in meinem Inneren«

Rezeptur Phylak Sachsen GmbH

Solidago virgaurea 1
Arnica montana 1
Catharanthus roseus 1
Rosmarinus officinalis 1
Eleutherococcus senticosus 1

Dosierung. 1×1 bis höchstens 3×7 Tropfen. Höchstdosis sind 21 Tropfen in 24 Stunden.

Wirkung. Die Sehnsucht nach Meditation ist auch immer die Sehnsucht nach unserer Quelle. Den Ort, an dem wir geschaffen wurden und an dem wir so sein dürfen, wie wir möchten. Die Meditation wird von Leuten oft wie die Rückkehr zu einer erfrischenden Quelle dargestellt. Diese Mischung hilft, Ihr ureigenstes Wesen, Ihre ureigenste Spiritualität kennen zu lernen, zu Ihrer inneren Quelle zu reisen und Gott in Ihrem Inneren zu entdecken.

»Ich schütze meine Aura und Energiekörper vor negativen Energien«

Rezeptur Phylak Sachsen GmbH

Catharanthus roseus 1
Iris 1
Tropaeolum majus 1
Rauwolfia serpentina 1
Okoubaka aubrevillei 1
Euphrasia 1
Azadirachta indica 1
Solidago virgaurea 1
Vaccinium myrtillus 1
Lycopodium clavatum 1
Juniperus communis 1

Dosierung. Zur energetischen Reinigung der Umgebung und der eigenen Aura am besten als Spray im Raum und am Körper anwenden. Dafür einen Hub in den Raum oder in die Aura sprühen. Die Wirkung hält rund sechs Stunden an. Danach erneut anwenden.

Wirkung. Falls Sie sich nicht sicher sind, ob der Platz, an dem Sie meditieren oder eine geistige Übung absolvieren möchten, frei von negativen Energien ist, ist diese Mischung genau richtig für Sie. Sie reinigt Räume und Plätze von negativen Energien und schützt Sie davor, von negativen Fremdenergien besetzt zu werden.

»Ich kehre zurück auf meinen spirituellen Weg«

Rezeptur Phylak Sachsen GmbH

Symphytum officinale 1
Sabal serrulatum 1
Hypericum perforatum 1

Dosierung. 1×1 bis höchstens 3×3 Tropfen. Höchstdosis sind 9 Tropfen in 24 Stunden.

Wirkung. »Rückkehr des verlorenen Sohnes.« Wenn Sie schon einmal auf einem spirituellen Weg gewesen, aber zwischenzeitlich davon abgekommen sind, wird Ihnen diese Mischung helfen, sich Ihrem Gott in Vertrauen und ohne Ängste wieder zu nähern.

📖 »Ich entdecke meine spirituellen Wurzeln neu«

Rezeptur Phylak Sachsen GmbH

Rhus toxicodendron 1
Okoubaka aubrevillei 1
Okoubaka aubrevillei 1
Taraxacum officinale 1
Sambucus nigra 1
Juniperus communis 1
Angelica archangelica 1

Dosierung. 1×1 bis höchstens 3×3 Tropfen. Höchstdosis sind 9 Tropfen in 24 Stunden.

Wirkung. Mit dieser Mischung werden Sie trotz vielfältiger spiritueller Erlebnisse verwurzelt und realistisch bleiben. Sie eignet sich sowohl für sehr fortgeschrittene spirituelle Übungen als auch für Anfänger, die ihre ersten Erfahrungen sammeln. Sie lernen, Ihre spirituellen Erfahrungen und Wahrnehmungen in eine für Sie stimmige Relation zu Ihrer momentanen Lebensweise zu bringen.

📖 »Ich öffne mich für die Botschaften aus der geistigen Welt«

Rezeptur Phylak Sachsen GmbH

Melissa officinalis 1
Eleutherococcus senticosus 1
Lycopodium clavatum 1
Okoubaka aubrevillei 1
Dioscorea villosa 1
Iris 1
Echinacea pallida 1

Dosierung. 1×1 bis höchstens 3×3 Tropfen. Höchstdosis sind 9 Tropfen in 24 Stunden. Alternativ mehrmals täglich in Ihre Aura sprühen.

Wirkung. Diese Mischung ist gut geeignet, wenn Sie das Gefühl haben, dass manche Botschaften von oben nicht zu Ihnen durchkommen. Ebenso ist sie spirituellen Menschen zu empfehlen, die vor schwerwiegenden Entscheidungen stehen. Sie können sie aber auch anwenden, wenn Sie Lust haben, Ihre Seele auf die Melodie des Universums einzustimmen, auf den Ur-Ton allen Seins, den Ton, aus dem alles im Universum entstanden ist.

📖 »Bei Gott bin ich geborgen, still wie ein Kind«

Rezeptur Phylak Sachsen GmbH

Dioscorea villosa 1
Euphrasia 1
Urtica 1
Sabal serrulatum 1
Symphytum officinale 1
Urtica 1
Rosmarinus officinalis 1

Dosierung. 1×1 bis höchstens 3×7 Tropfen. Höchstdosis sind 21 Tropfen in 24 Stunden. Diese Mischung wirkt sowohl auf der geistigen als auch auf der seelischen Ebene. Deshalb ist hier die höhere seelische Dosierung mit angegeben.

Wirkung. Die erste Zeile eines Liedes drückt die Wirkung dieser Mischung besonders gut aus: »Bei Gott bin ich geborgen, still wie ein Kind.« In unserer von Unwägbarkeiten geprägten Welt wird Ihnen diese Mischung einen tiefen inneren Frieden und ein Gefühl von Geborgenheit verschaffen: den Frieden, den Jesus seinen Jüngern und Nachfolgern versprochen hat. Einen Frieden, nicht wie die Welt ihn gibt, sondern einen Frieden, der über all dies weit hinausgeht.

📖 »Ich schütze meine Räume vor negativen Energien«

Rezeptur Phylak Sachsen GmbH

Drosera 1
Okoubaka aubrevillei 1
Mandragora officinalis 1

Dosierung. Diese Mischung nur als Spray verwenden. Vor dem Meditieren einfach einen Hub in der Nähe des Meditationsplatzes und in die Aura der Meditierenden sprühen. Die Wirkung hält rund sechs Stunden an.

Wirkung. Wenn Sie sich bei Meditationen an gewohnten Plätzen noch sicherer und geborgener fühlen möchten, quasi wie in einem Dom, in dem die Energie Gottes besonders präsent ist, ist diese Mischung für Sie besonders gut geeignet. Sie dient auch als Schutz, wenn man gemeinschaftlich in größeren Gruppen meditiert. Allerdings sollte die Grundenergie des Platzes schon gereinigt und nicht durch Fremdenergien verunreinigt sein. Ansonsten sollten Sie zuerst die Mischung »Ich schütze meine Aura und Energiekörper vor negativen Energien« (→ S. 313) anwenden. 30 Minuten später kann die hier angegebene Mischung eingesetzt werden.

Suche nach dem Seelengefährten

So alt wie die Menschheit ist wohl auch die Sehnsucht des Menschen, hier auf der Erde seinem Seelenpartner zu begegnen. Dem Menschen, mit dem man sich auf tiefster Ebene verbunden fühlt. Der einen ohne Worte versteht. Der sich einfühlen kann und bei jeder Begegnung die eigene Seele berührt und heilt.

Ein Seelengefährte ist ein Mensch, der schon in verschiedenen Leben mit einem verbunden war. Oft ist es so, dass man seine(n) Seelenpartner in der Familie oder in der Verwandtschaft findet. Doch wie gelangt man zu seinem Seelengefährten, wenn es in der Familie oder nahen Verwandtschaft, in Beziehungen oder Freundschaften niemanden gibt, der auch nur annähernd für eine Seelenbeziehung in Frage kommt?

Dann haben Sie sich vermutlich vor Ihrer Geburt dafür entschieden, sich in diesem Leben auf die Suche nach Ihrem Seelenpartner zu machen und diesen rein »zufällig« oder bei einer schicksalhaften Begegnung wieder zu treffen. Oft ist es so, dass man sich ein Leben lang einsam, nie richtig »komplett« und irgendwie zerrissen fühlt, bis man endlich den Menschen gefunden hat, der einem über viele Leben hinweg sehr vertraut und nahe war.

Doch wie erkennt man, ob man seinen Seelenpartner getroffen hat? Muss es immer eine

Liebesbeziehung oder kann es auch eine tiefe, freundschaftliche Verbundenheit sein? Alles kann, nichts muss sein. Hier gibt es keine verbindlichen Regeln. Vielleicht ist es nur eine kurze, schicksalhafte Begegnung, die ebenso schnell vorüber ist, wie sie begonnen hat. Oder die Freundschaft fürs Leben. Oder eben eine tiefe und seelenvolle Beziehung.

Zuerst einmal ist es wichtig, sich selbst zu erkennen, bevor man seinen Seelengefährten finden kann. Deshalb gibt es zwei Rezepturen, die Ihnen in zwei Phasen helfen, Ihren Seelenpartner zu entdecken. Die erste Phase dient dazu, das eigene Leben zu verstehen. Die zweite Phase schließlich macht Sie aufnahmebereit und versetzt Sie in Resonanz mit Ereignissen, die Sie Ihrem Seelenpartner nahebringen und ihn erkennen lassen.

📖 Phase 1 – »Ich erkenne mich selbst«

Rezeptur Phylak Sachsen GmbH

Juniperus communis 1
Euphrasia 1
Juniperus communis 1
Angelica archangelica 1
Iris 1
Melilotus 1
Eleutherococcus senticosus 1

Dosierung. Mehrmals täglich einen Hub in die Aura und zusätzlich einen Hub in den Mund sprühen.

Wirkung. Diese Mischung lässt Sie in Resonanz mit sich und der Liebe in Ihrem Inneren kommen, die bis dato vielleicht verschüttet oder überlagert war. Wenn man seinem Seelenpartner gegenübertreten möchte, muss man zuerst sich selbst kennen und lieben. Sonst ist die Gefahr groß, dass man ihn übersieht.

📖 Phase 2 – »Ich erkenne meinen wahren Seelenpartner«

Rezeptur Phylak Sachsen GmbH

Ginkgo biloba 1
Propolis 1
Sarsaparilla 1
Nicotiana tabacum 1
Iris 1
Quercus 1
Crataegus 1

Dosierung. Verwenden Sie diese Mischung als Spray und sprühen Sie mehrmals pro Tag ein bis zwei Hübe in Ihre Aura ein.

Wirkung. Diese Mischung hilft Ihnen, sich Energien zu öffnen, die Sie Ihrem Seelenpartner näherbringen. Es wird die Basis dafür geschaffen, dass Sie Ihrem Seelenpartner begegnen, ihn entdecken und erkennen können, wenn er oder sie vor Ihnen steht.

Tiefe seelische Verletzungen und Inneres Kind

Die Kindheit ist eine Lebensphase, mit der man unbeschwerte Freude und ein Gefühl von Geborgenheit in Verbindung bringen möchte. So wie die Kinder von Bullerbü in den Büchern von Astrid Lindgren sollten Kinder eigentlich heiter und gelassen eine unbeschwerte Kindheit genießen.

Die Realität hat bei vielen jedoch ganz anders ausgesehen. Da gab es verletzende Erlebnisse, die unsere weitere psychische und emotionale Entwicklung geprägt haben. Das kann z. B. der Vater sein, der mehr in der Kneipe als zu Hause war, oder die Mutter, die die Familie verlassen hat, aber auch beengende Wohnverhältnisse oder die Großstadt, in der wir nicht einmal ein kleines Stück unverfälschte Natur zu Gesicht bekamen.

Als inzwischen Erwachsene haben wir bemerkt, dass unsere Verhaltensweisen von Mustern geprägt sind, deren Ursachen wir gar nicht mehr kennen. Wenn Sie dies öfter erleben, dann sind Sie wahrscheinlich mit Ihrem verletzten Inneren Kind in Berührung gekommen, das von unserem Bewusstsein unbemerkt ein Schattendasein in unserer Seele fristet und sich in allen möglichen Momenten meist unbemerkt zu Wort meldet. Meist geschieht dies in Form von Störungen, die uns im Alltag und im Umgang mit anderen Menschen behindern und sich nicht steuern lassen.

In der Psychologie geht man davon aus, dass jeder Mensch aus verschiedenen Persönlichkeitsanteilen, dem Inneren Kind, dem Inneren Erwachsenen usw., in seiner jeweils gesunden oder gestört-pathologischen Form besteht, ohne schizophren sein zu müssen. Das Innere Kind steht für den Anteil, der Sie kreativ, spielerisch und intuitiv sein lässt, der Ihnen hilft, den Alltag so zu leben, dass er Ihnen Spaß macht. Dieser Anteil gibt Ihnen die Impulse, in einem hektischen Alltag eine Auszeit zu nehmen, und lässt Sie Dinge einfach nur aus Spaß tun – ganz ohne die Frage nach dem Sinn oder Hintergedanken. Das Innere Kind lässt Sie ganz im Hier und Jetzt sein. Wie Kinder, die selbstvergessen einfach vor sich hin spielen.

Diese verschiedenen Persönlichkeitsanteile helfen Ihnen in unterschiedlichen Lebenssituationen – oder behindern Sie. Jeder dieser Anteile erfüllt in seiner gesunden Form für Sie eine Funktion, die Ihnen in Ihrem Alltag helfen kann. So lässt Sie beispielsweise der Innere vernünftige Erwachsene zuverlässig Ihre Aufgaben im Alltag erfüllen. In seiner pathologischen Form hingegen behindert er Sie in Ihrem Alltagsgeschehen und lässt Sie zwanghaft werden. Oder das emotional gesunde Innere Kind hilft Ihnen, in Ihren Alltag kreative Phasen einzubauen, die Sie zu Ihrer Regeneration dringend brauchen. Das größte Problem dabei ist, dass Ihnen dies meist nicht bewusst ist und Sie somit bei Störungen nicht gegensteuern können. Sie merken einfach, dass Sie immer wieder – ohne zu wissen, warum – mit verschiedensten emotionalen und psychischen Störungen konfrontiert und dadurch behindert werden.

Ideal wäre eine Harmonie zwischen diesen Anteilen, die aber in der Realität utopisch ist. In jedem Leben gibt es – durch das Elternhaus oder Ereignisse in der Kindheit behindert oder gefördert – unterschiedliche Ausprägungen, die den einen oder anderen Persönlichkeitsanteil mehr oder weniger stark ausbilden lassen. So kann beispielsweise ein überbehütetes, verwöhntes Kind Probleme haben, seinen vernünftigen, mutigen und zukunftsorientierten Inneren Erwachsenen auszubilden und diesen zu leben.

Die krankmachende Form des Inneren Kindes beginnt bereits in der Kindheit. Kinder bis zu etwa sieben Jahren können nur bedingt rational denken, da der Balken (Corpus callosum), die Verbindung zwischen linker und rechter Gehirnhälfte, die für das Verknüpfen von Logik und Intuition zuständig ist, noch nicht vollständig ausgeprägt ist.

Eine klassische Situation ist die folgende: Das Kind merkt intuitiv, dass seine Mutter verärgert ist. Es fragt nach, ob dies denn stimme und warum die Mutter ärgerlich sei, bekommt aber als Antwort, wie es denn auf so etwas käme. Es wisse doch, wie sehr Mami es lieb habe. Falls dies öfter passiert, kann der Mensch als Erwachsener ähnliche Situationen nicht einordnen. Er merkt vielleicht, dass etwas in der Partnerschaft nicht stimmt, traut sich aber nicht, es anzusprechen, da er nie gelernt hat, seinen Empfindungen zu trauen.

Das Innere Kind steht für unser intuitives und unbewusstes Erleben, für die Kreativität und den Spaß, für alles, was das Leben außerhalb des bewussten Verstandes ausmacht. Das gesunde Innere Kind bringt uns mit unserer Intuition und unserer gelebten Spiritualität in Berührung und gibt uns die Möglichkeit, das Leben in seiner gesunden Form mit gelebtem und erlebbarem Urvertrauen zu erfahren. Wenn Sie sich als Kind nie völlig geborgen und behütet fühlen konnten, haben Sie wahrscheinlich als Erwachsener Probleme, Urvertrauen in das Leben zu entwickeln. Sie müssen diesen Zustand als Prozess bewusst und aktiv in Ihr erwachsenes Leben integrieren.

Damit sind wir schon mitten in der Arbeit mit dem Inneren Kind. Die ersten Kontakte mit dem Inneren Kind werden Sie wahrscheinlich wie folgt erleben: Sie nehmen in der Regel ein schmollendes und verletztes Wesen in Ihrem Innersten wahr, das sich nur in bestimmten Situationen und meist unbewusst bemerkbar macht, irgendwo tief drinnen in einem Winkel Ihrer Seele. Dementsprechend tief sind seine Verletzungen, da es in einer von der Ratio geprägten Erwachsenenwelt scheinbar keinen Platz hat. Es fühlt sich häufig unbeachtet und ausgestoßen, was ihm weitere Verletzungen zugefügt.

Am besten stellen Sie sich ein Kind bildhaft in Ihrem Inneren vor. Dabei können Ihnen Bilder aus Ihrer Kindheit helfen. Nehmen Sie Kontakt mit dem Kind auf und sprechen Sie mit ihm. Stellen Sie sich vor, wie Sie ihm in einer Umgebung begegnen, in der es sich geschützt fühlt. Sprechen Sie jetzt mit dem Wesen, dem Sie in diesem Moment begegnen. Hören Sie genau zu. Begegnen Sie ihm auf der Herzebene, wo Sie sich ungestört und ohne Angst vor Verurteilung mit ihm unterhalten können – über jedes Thema, das Sie bewegt, über alle Verletzungen, über bewusste und unbewusste Störungen.

Wenn Sie merken, dass Sie mit dem Problem überfordert sind, sollten Sie einen professionellen Therapeuten einschalten.

Häufig merkt man bei der Inneren-Kind-Arbeit, dass man sich an viele Erlebnisse aus der Kindheit gar nicht mehr erinnern kann und Zeugen aus der Vergangenheit oft schon verstorben oder nicht mehr verfügbar sind. Wie kommt man dann an biographische Daten, um sie aufzuarbeiten? Hier kann Ihnen die Spagyrik von enormem Nutzen sein, indem sie in Ihrem Unterbewusstsein arbeitet und längst verloren Geglaubtes wieder ans Tageslicht holt. Es gibt viele Pflanzen, die Sie wieder in Kontakt mit Ihren Informationen aus der Kindheit bringen können.

Die Hauptpflanze in der Spagyrik zum Thema Inneres Kind ist Thymus vulgaris (→ S. 162). Sie sollte in keiner Mischung fehlen, auch wenn die unterschiedlichen Störungen durch das Innere Kind verschiedene Mischungen zur Therapie notwendig machen. Thymus hat seine Entsprechung in der Thymusdrüse, die bei Kindern noch stark ausgeprägt ist und eine wichtige Funktion im kindlichen Immunsystem erfüllt. Das Immunsystem und Infektionen stellen auf der energetischen Ebene immer eine Auseinandersetzung mit der Umwelt dar. Ein Beispiel hierfür ist das Kind, das nicht ausdrücken darf, was es eigentlich möchte, und zu husten beginnt, um seine Meinung kundzutun. Im Laufe des Lebens wird diese Drüse immer kleiner und im Erwachsenenalter tritt ihre immunologische Funktion mehr und mehr in den Hintergrund. Diese Pflanze befreit uns von Trauer über Störungen, die uns in der Kindheit bis zum Alter von sieben Jahren zugefügt wurden.

📖 »Ich löse die Verletzungen meiner Kindheit«

Rezeptur Phylak Sachsen GmbH

Thymus vulgaris 1
Rauwolfia serpentina 1
Amygdala amara 1
Urtica 1
Melilotus 1
Aconitum napellus 1
Symphytum officinale 1
Bellis perennis 1

Viscum album 1
Okoubaka aubrevillei 1
Equisetum arvense 1

Dosierung. Diese Mischung sollten Sie äußerst vorsichtig dosieren! Es kann schon genügen, alle zwei Tage einen Tropfen einzunehmen. Die normale Dosierung ist 1×1 bis höchstens 3×7 Tropfen. Sehr langsam steigern.

Wirkung. Diese Rezeptur hilft Ihnen, traumatische Erlebnisse aus Ihrer Kindheit zu verarbeiten. Sie gleicht Energien von Lieblosigkeit und fehlender Zuneigung aus, der Sie als Kind ausgesetzt waren. Diese Mischung nur anwenden, wenn Sie sich ganz sicher sind, dass Sie die aus Ihrem Unterbewusstsein aufsteigenden Gefühle und Gedanken verarbeiten können. Ansonsten nehmen Sie die Mischung »Ich begebe mich unter den Schutz der göttlichen Mutter«.

📖 »Ich werde bewusst«

Die Rezeptur zu dieser Mischung finden Sie auf Seite 221.

Dosierung. Vorm Schlafengehen 1-7 Tropfen unter die Zunge nehmen. Falls Sie nicht wie gewünscht auf die Mischung reagieren, lassen Sie in der Apotheke 1 ml Juniperus communis hinzufügen. Immer mit einer der hier aufgeführten Mischungen kombinieren.

Wirkung. Diese Mischung wird Ihnen helfen, bestehende Blockaden zu lösen und Zugang zu Ihrer Traumwelt zu erhalten. Sie werden wahrscheinlich viele Träume haben, die sich mit dem Thema Kindheit auseinandersetzen.

📖 »Ich entledige mich meiner ödipalen Komplexe«

Rezeptur Phylak Sachsen GmbH

Okoubaka aubrevillei 1
Echinacea (angustifolia) 1
Echinacea purpurea 1
Echinacea pallida 1
Dioscorea villosa 1
Iris 1
Piper methysticum 1
Euphrasia 1

Dosierung. Von dieser Mischung nehmen Sie abends direkt vor dem Schlafengehen zwischen vier und sieben Tropfen.

Wirkung. Diese Mischung hilft Ihnen, Vernachlässigungen und einen Mangel an Mutter und Vater in der Kindheit aufzuarbeiten. Manche Richtungen in der Psychologie gehen davon aus, dass ein ödipaler Komplex – also eine krankhafte Beziehung zu einem der beiden Elternteile – im späteren Leben dafür verantwortlich ist, dass sich im Leben kein dauerhafter Erfolg einstellen kann. Unbewusst trägt man dann ein Schuldbewusstsein mit sich, das einen so an Dinge oder Ereignisse herangehen lässt, dass sie von vornherein schiefgehen. Wir bestrafen uns quasi selbst. Wenn Sie also immer wieder Brüche in Ihrer Biographie haben oder das Gefühl, trotz vieler Talente Ihren Platz im Leben nicht so richtig zu finden und dies auf eventuelle Störungen in der Kindheit zurückführen, dann sollten Sie diese Mischung nehmen. Sie ist auch für Familien geeignet, in es denen dunkle Familiengeheimnisse und viel Unausgesprochenes gibt.

📖 »Ich werde mir der Ereignisse meiner Kindheit bewusst«

Rezeptur Phylak Sachsen GmbH

Allium cepa 1
Euphrasia 1
Catharanthus roseus 1
Viscum album 1
Thymus vulgaris 1

Dosierung. 1×1 bis höchstens 3×3 Tropfen in 24 Stunden einnehmen oder mehrmals täglich auf die Thymusdrüse auftragen. Diese befindet sich in der Mitte der Brust am unteren Drittel Ihres Brustbeins, der knöchernen Verbindung der Rippenbögen beider Körperseiten in der Brustmitte.

Wirkung. Die Kombination dieser Pflanzen hilft Ihnen, sich an Begebenheiten aus Ihrer Kindheit zu erinnern – und zwar so, dass Sie nicht überfordert werden. Sie können sich an Ereignisse erinnern, die schon längst in Ihrem Unterbewusstsein ein Schattendasein geführt haben und nicht mehr abrufbar waren. Es ist, als würden Sie in Ihrem Tagebuch, das Sie nie geschrieben haben, blättern und sich so Schritt für Schritt mit Ihrer Kindheit neu auseinandersetzen.

📖 »Ich versöhne mich mit den Ereignissen meiner Kindheit«

Rezeptur Phylak Sachsen GmbH

Thymus vulgaris 1
Tilia 1
Azadirachta indica 1
Juniperus communis 1
China 1
Okoubaka aubrevillei 1
Drosera 1
Eleutherococcus senticosus 1
Achillea millefolium 1
Thymus vulgaris 1

Dosierung. 1×1 bis höchstens 3×7 Tropfen in 24 Stunden.

Wirkung. Die Mischung hilft Ihnen, mit Ihrer Biographie, mit den ungeklärten Ereignissen Ihrer Kindheit und dem, was Sie bisher belastet hat, ins Reine zu kommen. Sie versetzt Sie quasi »zurück zu den Wurzeln«, um sich mit Ihrer Biographie zu versöhnen. Dies gilt auch für Personen, die inzwischen nicht mehr leben, mit denen also eine aktive Auseinandersetzung nicht möglich ist. Nur wenn Sie ein Thema abgeschlossen und sich mit ihm ausgesöhnt haben, werden Sie die Freiheit erlangen, Ihren Lebensweg unbelastet und ohne Ihre bisherigen Muster weiterzugehen.

📖 »Ich begebe mich unter den Schutz der göttlichen Mutter«

Rezeptur Phylak Sachsen GmbH

Matricaria chamomilla 1
Amygdala amara 1
Rosmarinus officinalis 1
Iris 1
Arnica montana 1
Bellis perennis 1
Viscum album 1
Okoubaka aubrevillei 1
Thymus vulgaris 1

Dosierung. Sprühen Sie die Mischung mehrmals am Tag mit einem Hub auf Ihren Kopf.

Wirkung. Diese Mischung ist angebracht, wenn Sie schwere bewusste oder unbewusste Verletzungen als Kind erlebt haben. Die Pflanzenessenzen helfen, sich dieser Verletzungen bewusst zu werden und sich mit ihnen auszusöhnen. Die in dieser Rezeptur enthaltene Energie der Gottesmutter Maria wird Ihrer Seele den Schutz geben, den Sie als Kind so schmerzlich vermisst haben. Nehmen Sie diese Mischung auch, um sich und Ihre Seele vor allzu schweren Belastungen durch die Arbeit mit dem Inneren Kind zu schützen.

📖 »In Liebe lasse ich den anderen gehen«

Rezeptur Phylak Sachsen GmbH

Podophyllum peltatum 1
Iris 1
Convallaria majalis 1
Malva silvestris 1
Crataegus 1
Urtica 1
Taxus baccata 1

Dosierung. 1×1 bis höchstens 3×7 Tropfen täglich. Höchstdosis sind 21 Tropfen in 24 Stunden.

Wirkung. Diese Rezeptur eignet sich bestens, wenn Sie aus heiterem Himmel von einem Menschen verlassen worden sind, der Ihnen sehr nahegestanden hat. Das Loslassen fällt Ihnen momentan noch sehr schwer und Sie hoffen inständig, dass diese Person doch zu Ihnen zurückkommen möge.

Die Mischung hilft Ihnen auch, wenn die betreffende Person verstorben ist und es Ihnen schwerfällt, ihren Tod zu akzeptieren. Oft ertappen Sie sich dabei, dass Sie sich erst klarmachen müssen, dass die betreffende Person oder ein geliebtes Tier nicht mehr auf dieser Erde weilt.

📖 »Ich gehe im Einklang mit meinem Lebensplan einen Schritt weiter«

Wenn entscheidende Veränderungen anstehen, empfiehlt sich die Einnahme der folgenden beiden Mischungen in zwei Phasen. Im Gegensatz zu den vorher aufgeführten Mischungen »Ich lasse los und erlebe die Leichtigkeit des Seins« (→ S. 278) und »Ich lasse die Vergangenheit vollständig los und schreite mutig auf meinem Lebensweg voran« (→ S. 280) ist bei der Auswahl für die beiden unten aufgeführten Mischungen wichtig, dass Sie hier schon im Ansatz wissen, was die Veränderung beinhalten soll, die Umsetzung für Sie aber noch sehr schwierig ist.

Phase 1 –
Rezeptur Phylak Sachsen GmbH

Iris 1
Convallaria majalis 1
Malva silvestris 1
Podophyllum peltatum 1
Pilocarpus 1
Piper methysticum 1
Aralia racemosa 1
Sabal serrulatum 1
Salvia officinalis 1
Angelica archangelica 1
Ginkgo biloba 1
Echinacea pallida 1
Quercus 1

Dosierung. 1×1 bis höchstens 3×3 Tropfen täglich. Höchstdosis sind 9 Tropfen in 24 Stunden. Diese Mischung mindestens 18 Wochen lang einnehmen. 18 ist eine heilige Zahl und bedeutet im Hebräischen »Leben«. Auch in anderen Religionen hat diese Zahl eine heilige und lebensspendende Bedeutung. Die Zahl 18 besteht aus der Zahl 10, die das Gesetz repräsentiert, und der Zahl 8, der Zahl der Gnade.

Wirkung. Diese Mischung hilft Ihnen durch schwierige, aber lebensnotwendige Phasen hindurch. Diese Phasen werden oft als angstvoll erlebt. Im Unterbewussten wissen wir ganz genau, was ansteht, trauen uns aber nicht, dies bis in die letzte Konsequenz zu durchdenken und entsprechend zu handeln.

🦶 Tipp: Diese Mischung ist auch sehr hilfreich als energetische Begleittherapie bei chronischen oder schweren Erkrankungen, da diese oft als Ergebnis dafür stehen, dass wir entscheidende Lebensschritte nicht gewagt haben und in die Krankheit geflüchtet sind, um diese Schritte zu umgehen. Krankheiten können auch ein Hinweis unserer Seele auf nicht gelebte Lebenswahrheiten sein (→ Bachblüten, S. 332 und Psychosomatik, S. 284).

Phase 2 –
Rezeptur Phylak Sachsen GmbH

Iris 1
Cardiospermum halicacabum 1
Malva silvestris 1
Quercus 1
Angelica archangelica 1
Nux vomica 1
Taxus baccata 1
Urtica 1
Matricaria chamomilla 1
Melissa officinalis 1

Dosierung. 1×1 bis höchstens 3×3 Tropfen täglich. Höchstdosis sind 9 Tropfen in 24 Stunden. Die Mischung der zweiten Phase bitte sehr vorsichtig dosieren.

Wirkung. Die zweite Phase hilft Ihnen, sich die Erkenntnisse aus der ersten Phase noch einmal richtig bewusst zu machen, und schenkt Ihnen die Kraft und das Durchhaltevermögen, um diese Erkenntnisse auch umzusetzen. Die Kraft, die diese Mischung vermittelt, ist auch dringend notwendig, denn hier geht es immer um revolutionäre und quantensprungartige Veränderungen, die auf Ihr Leben umfassenden Einfluss haben.

📖 »Ich transzendiere mich auf die nächste Bewusstseinsebene«

Rezeptur Phylak Sachsen GmbH

Iris 1
Convallaria majalis 1
Malva silvestris 1
Taxus baccata 1

Dosierung. Nehmen Sie von dieser Mischung 3×3 Tropfen täglich.

Wirkung. Diese Mischung transzendiert Sie auf die nächste Bewusstseinsebene. Sie kann Ihnen auch helfen, mit diesem Leben in Frieden abzuschließen und den Tod als Begleiter Ihres Lebens nun willkommen zu heißen.

📖 »Ich regle meine karmischen Schulden«

Rezeptur Phylak Sachsen GmbH

Drosera 1
Eleutherococcus senticosus 1
Thuja occidentalis 1
Taxus baccata 1
Echinacea (angustifolia) 1
Sarsaparilla 1
Thymus vulgaris 1

Dosierung. 1×1 bis höchstens 3×3 Tropfen täglich. Höchstdosis sind 9 Tropfen in 24 Stunden.

Wirkung. Das Thema dieser Mischung ist ein großes oder manchmal nur subtiles Schuldgefühl, das uns zu einem oder mehreren Themen schon länger durchs Leben begleitet und nicht losgelassen werden kann. Es geht aber auch um Angelegenheiten, die Sie nie aktiv abschließen konnten, da die betreffenden Personen vielleicht nicht mehr leben oder Sie bislang keinen Weg gefunden haben, auf sich geladene Schuld wieder gutzumachen. Die Pflanzen dieser Mischung werden Sie auf die wahre Schuld aufmerksam machen und Ihnen Möglichkeiten aufzeigen, gegebenenfalls entstandene Schuld bei anderen Menschen wieder auszugleichen.

📖 »Ich orientiere mich neu «

Rezeptur Phylak Sachsen GmbH

Iris 1
Convallaria majalis 1
Malva silvestris 1
Pilocarpus 1
Thuja occidentalis 1
Humulus lupulus 1

Dosierung. Nehmen Sie von dieser Mischung 3×3 Tropfen täglich.

Wirkung. Diese Mischung hilft Ihnen, wenn Sie eine alte Lebenssituation loslassen müssen und sich in der Gesellschaft neu orientieren müssen. Sie ist immer dann geeignet, wenn Sie etwas Neues in Ihrem Leben beginnen, also z. B. eine neue Arbeitsstelle anfangen.

Trauer

»Das einzig Beständige im Leben ist der stetige Wandel.« Trauer hat viel mit Loslassen zu tun. In dem entsprechenden Kapitel (→ S. 274) finden Sie Hinweise und Mischungen, die Sie in Ihrer Trauerarbeit unterstützen können.

Jeder Mensch wird höchstwahrscheinlich mehr als einmal im Leben mit Situationen konfrontiert, in denen ihm etwas sehr lieb Gewonnenes genommen wird und er gezwungen ist, den Schmerz des Lassens und Loslassens bewusst zu erleben und zu verarbeiten.

? Haben Sie schon einmal einen Partner oder einen Familienangehörigen verloren oder mussten Sie sich von einem lieb gewonnenen Haustier verabschieden?

? Mussten Sie einen Ort verlassen, an dem Sie sich wohlgefühlt haben?

? Sind Sie gerade dabei, in eine andere Wohnform wie zum Beispiel in ein Altersheim umzusiedeln?

? Haben Sie materielle Dinge verloren, die über Generationen in Familienbesitz waren?

? Mussten Sie sich von Ihrer Gesundheit oder einem Lebensabschnitt verabschieden, der Ihnen extrem wichtig war und in dem Sie sehr glücklich gewesen sind?

? Sind Sie der Meinung, dass Sie einmal in Ihrem Leben das große Glück versäumt haben und es jetzt nicht mehr nachholen können? Oder fühlen Sie sich vielleicht sogar vom Leben um Ihr Lebensglück betrogen?

Dann sollten Sie sich zuallererst klar machen, dass die Trauer ein Prozess ist, der von Ihnen erlebt und gelebt werden soll.

Fünf Phasen der Trauer

Die Sterbeforscherin Elisabeth Kübler-Ross hat einzelne Phasen definiert, die ein Mensch in einem Trauerprozess durchlaufen sollte, um gesund aus diesem Prozess hervorzugehen. Die Reihenfolge der Phasen kann variieren, aber jede Phase wird in einem Loslassprozess erlebt. Die fünf charakteristischen Phasen nach Elisabeth Kübler-Ross sind:

Phase 1: Nicht-Wahrhaben-Wollen. Typische Äußerungen in dieser Phase sind: »Das kann doch nicht wahr sein«, »Es kann nicht sein, dass gerade mir so etwas passiert« oder »Das passiert doch nur den anderen, aber doch nicht mir.« Es ist die Phase der Fassungslosigkeit. Der Erdboden scheint sich aufzutun und alles zu verschlingen.

Phase 2: Zorn. Diese Phase ist vor allem durch Hass, Widerstand und Zorn gekennzeichnet. Eine typische Aussage ist z. B.: »Ausgerechnet jetzt. Ausgerechnet mir.«

Phase 3: Ablehnung und Verhandlung. »Wenn ich in Zukunft ... bin, dann wird wieder alles gut.« Es werden magische Momente mit einem magischen Denken kreiert. Man verbindet mit bestimmten Handlungen gezielt Ergebnisse, die durch dieses Handeln eintreten sollen, obwohl kein logischer Zusammenhang besteht.

Phase 4: Depression. Es ist die Phase der Energielosigkeit. Die ganze Situation erscheint sinnlos. »Es hat ja doch alles keinen Sinn.«

Phase 5: Akzeptanz. Diese Phase ist mit einem großen »Ja« zu der Situation gekennzeichnet, wie sie nun mal ist. Man versucht nicht, schönzureden oder zu bagatellisieren. Man erkennt die Situation als vorgegeben an und akzeptiert sie im tiefsten Kern. Diese Akzeptanz hilft, die nötigen Kräfte zu mobilisieren, damit Unerledigtes und Aufgeschobenes zu einem guten Ende gebracht werden kann.

Umgang mit Trauer

Trauer als ein Prozess bedeutet vor allem, dass Sie sich für diese Phase Zeit nehmen sollten. Um optimal verarbeitet werden zu können, brauchen große Verluste mindestens ein Jahr, wobei die genaue Zeitspanne individuell variiert. Falls Sie noch nach Jahren nicht verarbeitete Dinge mit sich herumschleppen, sollten Sie möglicherweise professionellen Rat suchen, da sich nicht verarbeitete Trauer in Ihrem Energiefeld festsetzen und als körperliche oder geistige Störung zu Tage kommen kann.

Erwarten Sie auf keinen Fall, dass sich alles wie von selbst in Wohlgefallen auflöst. In diesem Fall hat wahrscheinlich Verdrängung und nicht Verarbeitung stattgefunden. Die Verdrängung kann in der aktuellen Krisensituation notwendig sein, ersetzt aber auf Dauer nicht den Trauerprozess.

Tipp: Wenn Sie andere Menschen in Phasen großer Verluste begleiten, gestehen Sie sich vor allem ein, dass es für viele Fragen aus menschlicher Sicht keine Antwort gibt.

Sprüche wie »Das wird schon wieder!«, »Alles nicht so schlimm!« oder »Das Leben muss weitergehen!« sollten unter allen Umständen vermieden werden. Sie setzen den Trauernden damit unnötig unter Druck und schaden mehr, als sie nützen. Akzeptieren Sie Ihre Sprachlosigkeit im Angesichte großer Verluste. Die größte Hilfe für einen Trauernden ist oft schon jemand, der einfach zuhört, ohne einen Rat-»Schlag« zu geben.

Lassen Sie in Trauerphasen Ihren Tränen freien Lauf – sie reinigen und befreien. Auch Rücksicht auf Ihr Umfeld oder die Vorstellung, im Angesicht der tragischen Situation besonders tapfer sein zu müssen, sollten keine Gründe sein, die Tränen zurückzuhalten.

Hier noch ein grundsätzlicher Hinweis: Trauerarbeit ist in den allermeisten Fällen ein seelischer Prozess. Hier ist die Dosierung zwischen vier und sieben Tropfen pro Einzeleinnahme erforderlich. Es gibt aber immer wieder Menschen, für die es einfacher ist, den Prozess erst einmal auf der geistig-kognitiven Ebene zu verarbeiten und erst dann in den seelischen Bereich zu gehen. Deshalb ist bei den unten aufgeführten Mischungen eine Dosierung zwischen einem und 21 Tropfen in 24 Stunden angegeben. Variieren Sie bitte die Dosierung intuitiv und berücksichtigen Sie dabei die verschiedenen Ebenen, auf denen Sie eine Wirkung erreichen möchten.

📖 Basismischung »Ich lebe meine Trauer«

Rezeptur Phylak Sachsen GmbH

Taxus baccata 1
Ruta graveolens 1
Angelica archangelica 1
Urtica 1
Euphrasia 1
Rosmarinus officinalis 1

Dosierung. Mehrmals täglich 1-7 Tropfen. Die Dosis von 21 Tropfen in 24 Stunden darf nicht überschritten werden.

Wirkung. Diese Mischung wird Ihnen helfen, die grundsätzlichen Trauerprozesse einzuleiten und Ihrer Seele eine Anweisung zu geben, wie sie geschützt die Arbeit vorantreiben kann. In der Trauerphase bedenken Sie bitte, dass sich Ihre Seele in einem Zustand der Rekonvaleszenz befindet und vielfältige, meist vorrübergehende Störungen auftreten können.

📖 »Ich werde bewusst«

Die Rezeptur zu dieser Mischung finden Sie auf Seite 221.

Dosierung. Abends vor dem Schlafengehen 1–7 Tropfen unter die Zunge geben oder einen Tropfen auf das Dritte Auge reiben. Falls Sie bei der angegebenen Dosierung nicht wie gewünscht reagieren – wenn entweder nichts passiert oder Sie nach der Einnahme nicht gut schlafen können –, lassen Sie in der Apotheke 1 ml Juniperus communis hinzufügen.

Wirkung. Diese Mischung ist die Basis aller Therapien, da sie Blockaden lösen kann und nachts die Verarbeitung im Traum anregt. Diese Mischung eignet sich gut für Menschen, die viel Trauer in sich spüren, aber nicht weinen können, obwohl sie spüren, dass dieses Weinen den Heilungsprozess in Gang setzen würde.

📖 »Ich begebe mich an den Ort innerer Geborgenheit«

Rezeptur Phylak Sachsen GmbH

Sabal serrulatum 1
Chelidonium majus 1
Aralia racemosa 1
Ruta graveolens 1
Piper methysticum 1
Pilocarpus 1
Quercus 1

Dosierung. Mehrmals täglich nehmen Sie von dieser Mischung zwischen ein und sieben Tropfen ein. Überschreiten Sie dabei auf keinen Fall die Höchstdosis von 21 Tropfen in 24 Stunden.

Wirkung. Die Mischung bringt Sie an einen Ort in Ihrem Innern, wo Sie Zugang zu Ihrer Seele haben und ungestört von der Außenwelt trauern können. Sie erleichtert Ihnen, Ihren Alltagsgeschäften nachzugehen. Sie fühlen sich Ihrer Trauer eher gewachsen.

📖 »Lass die Sonne wieder in Dein Herz«

Rezeptur Phylak Sachsen GmbH

Solidago virgaurea 1
Okoubaka aubrevillei 1
Lycopodium clavatum 1
Arnica montana 1
Chelidonium majus 1
Hypericum perforatum 1
Eleutherococcus senticosus 1
Valeriana officinalis 1
Arnica montana 1
Lycopodium clavatum 1

Dosierung. Mehrmals täglich 1–7 Tropfen. 21 Tropfen in 24 Stunden nicht überschreiten!

Wirkung. Wenn Sie sich während der Trauerarbeit in einem tiefen dunklen Loch befinden, von dem Sie der Meinung sind, dass Sie sich nie wieder daraus befreien können, kann Ihnen diese Mischung helfen, wieder Licht am Ende des Tunnels zu sehen. Nach und nach nehmen Sie das Leben in seiner ganzen Vielfalt und Schönheit wieder wahr und können so Ihren Verlust verarbeiten. Außerdem wird mit dieser Mischung Ihr Energiepegel wieder angehoben. Bedenken Sie bitte, dass alle seelischen Prozesse, zu denen auch Trauern gehört, viel Energie benötigen, die Sie in dieser Phase vielleicht aus eigener Kraft nicht aufbauen können.

📖 »Ich öffne mich für die Freude im täglichen Leben«

Rezeptur Phylak Sachsen GmbH

Eleutherococcus senticosus 1
Nux vomica 1
Pilocarpus1
Okoubaka aubrevillei 1
Yohimbé 1

Dosierung. Mehrmals täglich 1–7 Tropfen. Höchstdosis sind 21 Tropfen in 24 Stunden. Diese Mischung können Sie sehr gut als Spray für Räume einsetzen, in denen Sie sich täglich aufhalten.

Wirkung. Diese Mischung öffnet Sie wieder für das Leben. Sie werden zunehmend kommunikationsfreudiger und offener für andere Menschen. Die Zeiten des Rückzugs in ein Schneckenhaus sind vorbei. Ohne die Phasen der Trauer zu unterbrechen, bekommen Sie zusehends gute Laune.

🛈 **Cave:** Nehmen Sie diese Mischung auf keinen Fall zu früh, da sonst eine Unterbrechung des Trauerprozesses in Richtung Verdrängung stattfinden kann.

🛈 **Wichtig:** In den verschiedenen Phasen der Trauer sind Sie emotional, seelisch und geistig wie auch körperlich anfällig für alle möglichen Arten von »Übergriffen«. Schützen Sie daher sich und Ihre angeschlagene Aura (→ Energievampire, S. 296).

Sie werden die Trauerphasen erheblich klarer und strukturierter erleben und letztendlich auch leichter loslassen können, wenn Sie energetisch geschützt sind.

Vergebung

Sehr viele Menschen tragen ein mehr oder weniger großes Paket an Verletzungen mit sich herum. Teilweise stammen diese aus der frühen Kindheit und liegen schon so lange zurück, dass sie uns gar nicht mehr bewusst sind. Wir neigen dazu, Wut und Ärger nur kurz wahrzunehmen und schnell wieder von uns zu schieben, da sie gesellschaftlich nicht akzeptiert sind und nicht spontan und offen gelebt werden dürfen.

Ärger und Wut, die tief in unserer Seele ein Eigenleben zu führen beginnen, werden meist in der Akutphase, in der sie wahrgenommen werden sollten, durch Sprüche überdeckt wie:

▸ Du musst vergeben!
▸ Man darf doch nicht nachtragend sein!
▸ Das macht doch eigentlich gar nichts!
▸ Sei doch nicht so empfindlich!

Gefühle, die man in einer Krisensituation nicht unmittelbar ausdrücken kann, beginnen oft ein Eigenleben zu führen. Sie machen uns später das Leben schwer, wenn wir nicht damit rechnen und die Gefühle gar nicht mehr zuordnen können. Was wir dann fühlen, hat bei näherer Betrachtung oft nur wenig mit der aktuellen Situation zu tun. Das kann dazu führen, dass unser Verhalten der Situation nicht angemessen ist und wir überreagieren.

Unterscheiden Sie bitte genau zwischen Akzeptanz eines Erlebnisses und wahrer Vergebung, die Sie im tiefsten Innern frei macht. Akzeptanz deckt das Geschehen mit einem Mäntelchen des Vergessens zu. Vergebung lässt Sie alle mit einem Ereignis oder einer Verletzung verbundenen Gefühle wahrnehmen, spüren und auch ausdrücken – und im Anschluss loslassen.

Den Weg zur echten Vergebung können Sie folgendermaßen beschreiten:

▸ Lassen Sie das Gefühl, im Moment des Erlebnisses im Recht zu sein, komplett los.
▸ Akzeptieren Sie, dass Sie die wahre Moral der Geschichte aus höherer und karmischer Warte gar nicht abschätzen können.
▸ Begeben Sie sich in die Tiefe Ihrer Seele und spüren Sie all den Schmerz, den Sie sich in der Situation nicht zu spüren getraut haben.
▸ Lassen Sie alle Gedanken und Meinungen zu dieser Situation los und warten Sie auf eine Antwort, die aus Ihrem Inneren kommt.
▸ Dann sprechen Sie die Worte der Vergebung konkret aus. Sprechen Sie sie laut und deutlich aus und sehen Sie dabei die betreffende Person vor Ihrem geistigen Auge.

📖 »Ich befreie mich von allem angestauten Zorn«

Rezeptur Phylak Sachsen GmbH

Ruta graveolens 1
Allium sativum 1
Gentiana lutea 1
Eleutherococcus senticosus 1
Symphytum officinale 1

Dosierung. 1×1 bis höchstens 3×7 Tropfen in 24 Stunden.

🛈 Hinweis: Dosieren Sie bitte am Anfang der Einnahme extrem vorsichtig. Es hilft weder Ihnen noch Ihrem Umfeld, wenn Sie unkontrollierte Wutausbrüche mit einer übersteigerten Einnahme provozieren.

Wirkung. Diese Mischung wird Sie wieder an die Wurzel des erlebten Ereignisses bringen und Ihnen vorsichtig die nicht empfundenen Gefühle ins Gedächtnis rufen. Sie spüren

Ihren Zorn oder Verletzungen, ohne jedoch von diesen Gefühlen überwältigt zu werden. Vergebung ist ebenfalls ein Trauerprozess, der Zeit braucht, um endgültig abgeschlossen werden zu können. Gönnen Sie sich und Ihrer Seele diese Zeit.

📖 »Ich vergebe aus ganzem Herzen«

Rezeptur Phylak Sachsen GmbH

Aconitum napellus1
Euphrasia 1
Solidago virgaurea 1
Fagopyrum esculentum 1
Okoubaka aubrevillei 1
Rosmarinus officinalis 1
Gentiana lutea 1
Iris 1
Viola tricolor 1
Eupatorium perfoliatum 1

Dosierung. Nehmen Sie direkt vor dem Schlafengehen 1–7 Tropfen.

Wirkung. Die beiden Mischungen »Ich vergebe aus ganzem Herzen« und »Ich befreie mich von allem aufgestauten Zorn« in Kombination werden Ihnen helfen, erst die Wut und den Ärger wieder zu spüren und dann aus tiefster Seele loszulassen. Nehmen Sie die Mischung »Ich vergebe aus ganzem Herzen« nur abends direkt vor dem Schlafengehen. Der Schlaf ist der Ort, an dem Ihre Seele und Ihr Unterbewusstsein am besten am Prinzip der Vergebung arbeiten können.

📖 »Mir wurde so großes Leid angetan, dass ich auf keinen Fall vergeben kann«

Rezeptur Phylak Sachsen GmbH

Dioscorea villosa 1
Echinacea purpurea 1
Urtica 1
Sabal serrulatum 1
Fagopyrum esculentum 1
Okoubaka aubrevillei 1
Ruta graveolens 1
Gentiana lutea 1
Iris 1
Viola tricolor 1
Eleutherococcus senticosus 1
Quercus 1
Humulus lupulus 1

Dosierung. Diese Mischung nur als Spray verwenden und mehrmals täglich einen Hub in die Aura sprühen.

Wirkung. Wenn Sie das Gefühl haben, so sehr verletzt worden zu sein, dass Vergebung unmöglich ist, dann hilft Ihnen diese Mischung, sich von der Vorstellung, nicht vergeben zu können, zu befreien. Sie werden lernen, das Ereignis in einem schicksalhaften Kontext zu verstehen. Aus diesem Verständnis heraus kann dann Heilung durch Vergebung entstehen.

Bachblüten und Spagyrik

Bachblüten und Spagyrika können in der energetischen Anwendung gut miteinander kombiniert werden. Wenn Sie schon öfter Bachblüten verwendet haben, finden Sie in diesem Kapitel Anregungen, wie Sie die Wirkung der Ihnen vertrauten Bachblüten mit Spagyrika erweitern oder ergänzen können.

Bachblüten sind seit Jahren fester Bestandteil vieler naturheilkundlicher Therapien. Edward Bach war einer der Ärzte, die den Menschen als Individuum in seiner Gesamtheit von Körper, Seele und Geist gesehen haben. Er erkannte bei seiner Arbeit als Arzt in einem großen Londoner Krankenhaus, dass eine Krankheit nicht nur das Ergebnis äußerer Einflüsse sein kann, sondern dass in jedem Menschen eine Grundveranlagung vorhanden sein muss. Diese Grundveranlagung definierte er als Krankheit der Seele oder der Persönlichkeit, die bei jeder – auch körperlichen – Krankheit mit behandelt werden muss. Dr. Edward Bach sagte dazu: »Krankheit ist die Folge des Widerstandes der Persönlichkeit gegen die Heilung der Seele, die sich im Körper manifestiert. Krankheit, Leid und Schmerz ist eine regulative Kraft der göttlichen Macht, die uns wieder auf den richtigen Weg bringt.« Und: »Krankheit ist weder Grausamkeit noch Strafe, sondern einzig und allein ein Korrektiv – ein Werkzeug, dessen sich unsere eigene Seele bedient, um uns auf unsere Fehler hinzuweisen, um uns vor größeren Irrtümern zurückzuhalten, um uns daran zu hindern, mehr Schaden anzurichten, und um uns auf den Weg der Wahrheit und des Lichts zurückzubringen, von dem wir nie hätten abkommen sollen.«

Bachblüten und Spagyrika in ihrer energetischen Anwendung richten sich beide auf wichtige Aspekte jeder Erkrankung:

? Was ist die Botschaft unserer Seele? Was möchte uns unsere Seele mit dieser Erkrankung oder Störung mitteilen?

? Wie kann uns die Interpretation der Erkrankung helfen, wieder im Einklang mit unserer Seele zu kommen?

? Wie kann uns eine Krankheit helfen, unseren Lebensweg wieder zu finden?

Kombinieren Sie nach dem unten aufgeführten System beide Therapieformen miteinander und ergänzen Sie so die bereits von Ihnen praktizierte Therapie mit Bachblüten oder Spagyrika. Wenn Sie es gewohnt sind, mit Bachblüten zu arbeiten, können Sie anhand der nachfolgenden Übersicht ihre Entsprechungen unter den spagyrischen Mitteln herausfinden. Es gibt vielfältige Möglichkeiten, diese beiden Heilsysteme miteinander zu verbinden. Entweder können Sie zu einer spagyrischen Mischung als Unterstützung Bachblüten aus den Originalflaschen (Stockbottles) hinzugeben oder Sie nehmen zum gleichen Thema an abwechselnden Tagen einmal Bachblüten und einmal Spagyrika. Sie können sowohl zu Bachblütenmischungen problemlos spagyrische Mittel hinzugeben oder in Spagyrika einzelne Bachblüten ergänzen.

Herstellung der Mischungen

Lassen Sie sich in der Apotheke beraten und die geeignete Mischung dort herstellen.

⚠ Cave: Hinweis an Therapeuten: Seien Sie sich als Therapeut darüber im Klaren, dass Sie hier durch die Mischungen ein neues Arzneimittel herstellen. Der Patient muss dies selbst bei sich zu Hause mischen, falls er zum Beispiel einen Satz der Vorratsflaschen (Stockbottles) besitzt. Ansonsten wird das Mittel in der Apotheke gemischt. Lassen Sie sich auf keinen Fall dazu überreden, beim Mischen behilflich zu sein oder dies gar in Ihrer Praxis zu machen. Sie verstoßen sonst gegen das Arzneimittelgesetz!

Grundsätzlich gilt bei Mischungen aus beiden Systemen:

▶ Spagyrika durch Bachblüten ergänzen: Pro 10 ml spagyrischer Einzelessenz oder spagyrischer Mischung geben Sie einen Tropfen Bachblüten der Einzelessenz aus den originalen Vorratsflaschen hinzu.

▶ Bachblüten durch Spagyrika ergänzen: Nehmen Sie pro 10 ml der Bachblütenmischung einen Tropfen aus der spagyrischen Mischung oder einer Einzelessenz hinzu.

Dosierung. Bei der Dosierung und beim Vermischen mit Bachblüten bitte an den Hinweis von Dr. Bach denken: Nur einige wenige Tropfen genügen schon! Auch hier ist die Höchstdosis bei vermischten Essenzen aus beiden Heilsystemen in 24 Stunden höchstens 21 Tropfen. Die Einzeleinnahme darf sieben Tropfen nicht überschreiten.

Bachblüten und ihre spagyrische Entsprechung

In alphabetischer Reihenfolge werden alle Bachblüten kurz beschrieben und ihre spagyrische Entsprechung aufgeführt.

Aspen. Intuitiv-sensitive Menschen, die viel Energie über ihre Umgebung aufnehmen und oft von vagen Vorahnungen geplagt werden.
Spagyrische Entsprechung: Aconitum napellus, Pulsatilla.

Agrimony. Suchtpersönlichkeit, inneres Gequältsein und Ruhelosigkeit.
Spagyrische Entsprechung: Nux vomica.

Beech. Intolerante, nörgelnde und kritisierende Menschen ohne Empathie.
Spagyrische Entsprechung: Lycopodium clavatum.

Centaury. Fehlende Abgrenzung und zu schwacher Eigenwille.
Spagyrische Entsprechung: Amygdala amara, Melilotus.

Cerato. Leicht beeinflussbarer Mensch, der Ratgeber braucht und seine Meinung geringschätzt.
Spagyrische Entsprechung: Okoubaka aubrevillei, Sambucus nigra, Valeriana officinalis, Juniperus communis.

Cherry Plum. Fühlt sich fremdbestimmt und unter extremer Spannung; hat Angst, die Kontrolle über sich zu verlieren.
Spagyrische Entsprechung: Cynara scolymus, Sambucus nigra.

Chestnut Bud. Verharren und Rückfälle in alte Verhaltensmuster; retardierte Entwicklung in allen Lebensbereichen.
Spagyrische Entsprechung: China.

Chicory. Selbstmitleidiger Mensch, der manipulierend und aufrechnend für andere sorgt

und sich einmischt, ohne gefragt zu sein.
Spagyrische Entsprechung: Pulsatilla

Clematis. Schläfrig-benommener, lustloser und abwesender Zustand.
Spagyrische Entsprechung: Gelsemium sempervirens.

Crab Apple. Fühlt sich irgendwie unrein.
Spagyrische Entsprechung: Chelidonium majus, Nux vomica, Urtica, Sarsaparilla.

Elm. Fehlender Energieschub; fühlt sich dem Leben mit seinen Aufgaben momentan nicht gewachsen.
Spagyrische Entsprechung: Arnica montana.

Gentian. Pessimistische und mutlose Menschen.
Spagyrische Entsprechung: Gentiana lutea, Eleutherococcus senticosus.

Gorse. Völlige Hoffnungslosigkeit.
Spagyrische Entsprechung: Carduus marianus, Hydrastis canadensis, Tropaeolum majus.

Heather. Auf sich fixierte Persönlichkeit, die von ihrer Umgebung ständig volle Aufmerksamkeit verlangt.
Spagyrische Entsprechung: Pulsatilla.

Holly. Missgünstige, verhärtete Persönlichkeit.

Spagyrische Entsprechung: Melissa officinalis, Rhus toxicodendron, Urtica.

Honeysuckle. Nostalgiefimmel, weilt oft in der Vergangenheit.
Spagyrische Entsprechung: Betula alba, Rauwolfia serpentina, Ruta graveolens.

Hornbeam. Man fühlt sich müde, abgekämpft, abgestumpft und völlig ohne Kraft.
Spagyrische Entsprechung: Eleutherococcus senticosus, China, Cimicifuga racemosa, Thuja occidentalis.

Impatiens. Menschen mit viel Temperament, die oft ungeduldige und überschießende Handlungsweisen zeigen.
Spagyrische Entsprechung: Matricaria chamomilla, Nux vomica, Pulsatilla.

Larch. Bescheiden-pessimistische Grundhaltung, ohne sich etwas zuzutrauen.
Spagyrische Entsprechung: Lycopodium clavatum, Solidago virgaurea, Convallaria majalis.

Mimulus. Schüchterne Menschen mit ganz konkreten Ängsten.
Spagyrische Entsprechung: Gelsemium sempervirens, Solidago virgaurea.

Mustard. Nicht reaktiver, schwermütig-melancholischer Gemütszustand.
Spagyrische Entsprechung: Thymus vulgaris, Solidago virgaurea, Valeriana officinalis, Tropaeolum majus, Viscum album, Yohimbé, Azadirachta indica, Taxus baccata.

Oak. Chronisches Erschöpfungssyndrom bei Menschen mit viel Pflichtgefühl.
Spagyrische Entsprechung: Vaccinium myrtillus, Propolis, Quercus.

Olive. Absolutes Ausgelaugtsein ohne jeglichen Antrieb.
Spagyrische Entsprechung: Azadirachta indica, Pilocarpus, Yohimbé.

Pine. Man kann die Geschenke des Lebens nicht annehmen und meint, sich ständig bei seiner Umwelt für alles entschuldigen zu müssen.
Spagyrische Entsprechung: Iris, Thuja occidentalis, Thymus vulgaris, Vaccinium myrtillus, Catharanthus roseus.

Red Chestnut. Überbehütend, mit sich selbst eher sorglos.
Spagyrische Entsprechung: Angelica archangelica.

Rock Rose. Hochakut-panischer Gefühlszustand. Spagyrische Entsprechung: Aconitum napellus, Arnica montana, Bellis perennis, Melilotus, Propolis.

Rock Water. Für die Perfektionisten, die sich selbst nichts gönnen und sich nur ständig selbst kasteien.
Spagyrische Entsprechung: Lycopodium clavatum, Nux vomica, Propolis.

Scleranthus. Für sprunghafte, unentschlossene Menschen, die ihren inneren Rhythmus verloren haben und immer jedermanns Liebling sein möchten.
Spagyrische Entsprechung: Fucus, Solidago virgaurea.

Star of Bethlehem. Balsam für die geschundene Seele.
Spagyrische Entsprechung: Rauwolfia serpentina, Calendula officinalis, Echinacea purpurea.

Sweet Chestnut. Das absolute Gefühl der Verzweiflung und des Nicht-mehr-weiter-Wissens.
Spagyrische Entsprechung: Bryonia alba, Eleutherococcus senticosus, Equisetum arvense, Taxus baccata.

Vervain. Begeisterungsfähig-manipulative Menschen, die Raubbau am eigenen Körper und an der eigenen Seele betreiben, um sich für idealistische Ziele einzusetzen.
Spagyrische Entsprechung: Drosera.

Vine. Dominante, sich durchsetzende und oft gefühllose Menschen.

Spagyrische Entsprechung: Drosera, Nux vomica.

Walnut. Für Menschen, die bei wichtigen Entscheidungen nicht auf ihre innere Stimme hören, sondern sich von anderen verunsichern lassen.
Spagyrische Entsprechung: Salvia officinalis, Sambucus nigra.

Water Violet. Kontaktschwierige und selbstsichere Menschen, die sich für etwas Besseres halten.
Spagyrische Entsprechung: Matricaria chamomilla, Tropaeolum majus.

White Chestnut. Kopflastige Menschen, bei denen immer wieder die »gleiche Schallplatte« im Kopf abläuft.
Spagyrische Entsprechung: Aesculus hippocastanum, Piper methysticum.

Wild Oat. Für Menschen mit vielfältigen Begabungen, die ihren Weg dennoch nicht gefunden haben.
Spagyrische Entsprechung: Avena sativa, Symphytum officinale, China, Betula alba.

Wild Rose. Zustand absoluter Hoffnungslosigkeit.
Spagyrische Entsprechung: Tropaeolum majus, Azadirachta indica, Juniperus communis.

Willow. Unterschwellige Wut auf das Leben, weil man meint, nur andere seien vom Schicksal begünstigt.
Spagyrische Entsprechung: Taraxacum officinale, Viola tricolor, Rosmarinus officinalis.

4

Anhang

Glossar

12-Jahreszyklus. In der Astrologie wird die Zeitqualität oft am Durchlauf eines Planeten durch das gesamte Geburtshoroskop gerechnet. Der 12-Jahreszyklus wird dem Planeten Jupiter, dem Planeten des Glücks und der lebenserweiternden Perspektiven zugeordnet. Am Beginn und am Ende eines Zyklus treten nach Auffassung der Astrologie entscheidende Veränderungsimpulse auf. In der Spagyrik vertritt die Pflanze Taraxacum officinale Jupiters Energie.

Akasha-Chronik. Die Akasha ist nach traditionellen spirituellen Vorstellungen eine Art Buch, in dem das gesamte verfügbare geistige Wissen der Erde und der Weg unserer Seele und alle dafür zur Verfügung stehenden Informationen bezüglich unseres Daseins gespeichert sind. Die Akasha-Chronik enthält also alle unsere Lebensdaten sowie die Daten unserer seelischen Entwicklung in allen Daseinsformen. Wenn Sie Zugang zu dieser Chronik erlangen, werden Ihnen die gesamte Weisheit der Welt und alle Informationen über Ihre vergangenen und zukünftigen Leben zur Verfügung stehen. Auch Vorhersagen über die Lebensbestimmung einer Seele sind dann möglich.

Aura. Ein für sensible Menschen wahrnehmbarer »Energiemantel«, der sich in verschiedenen Schichten um Ihren materiellen Körper legt. Die Aura ist nach traditioneller Vorstellung der Ort, an dem zum Beispiel vergangene Ereignisse, Emotionen und Gedanken »gespeichert« werden, und zugleich ein Schutzmantel für von außen eindringende geistige, seelische oder emotionale Energien.

Chakren. Chakren sind nach der Vorstellung verschiedener Religionen Energieräder, die gleichmäßig über den Körper verteilt sind und dort bestimmte Aufgaben erfüllen. Übli-cherweise ist von 7 Hauptchakren die Rede. Diese 7 Chakren erfüllen für den Körper oder auch die Seele bestimmte Funktionen. Für das Funktionieren von Chakren ist es wichtig, dass sich diese frei drehen können. Das 8. Chakra ist das Chakra, das unserem geistigen Führer zugeordnet ist, und durch dieses Chakra können wir direkten Zugang zu Daten aus der Akasha-Chronik erhalten.

Channeling. Die Fähigkeit sensibler Menschen, mit der Geistwelt Kontakt aufzunehmen und mit ihr zu kommunizieren.

Drittes Auge. Die Stelle zwischen den Augenbrauen, an der nach Vorstellung traditioneller Religionen der Sitz der Weisheit, der Erkenntnis und der Selbsterkenntnis sitzt. Identisch mit dem 6. Chakra.

Ego. Der Anteil unserer Persönlichkeit, der zwanghaft darauf bedacht ist, uns mit unserer Umwelt »kompatibel« zu machen und uns vorwiegend ichbezogen und antisozial reagieren lässt. Die gesunde Form des Egos ist dafür gedacht, dass wir uns gut abgrenzen können und grundlegende Aspekte zur Existenzsicherung in unser Leben integrieren. Wenn wir unter dem Einfluss unseres negativ gelebten Egos stehen, nehmen wir die Welt und seine Ereignisse oft extrem materialistisch wahr und negieren andere Aspekte des menschlichen Daseins. Ein großes, stark ausgeprägtes Ego bedeutet in der Regel, dass wir von unserem »Göttlichen Bewusstsein« abgespalten sind.

Emotionale Intelligenz. Im Gegensatz zum kognitiven Intelligenzquotienten eines Menschen geht es hier nicht um kognitive Fähigkeiten, sondern um den Umgang mit Gefühlen und der Entwicklung persönlicher Charaktereigenschaften. Der amerikanische Psychologe Daniel Goleman nennt fünf Persönlichkeitsanteile, aus denen sich die emotionale Intelligenz eines Menschen zusammensetzt:

- die Fähigkeit, seine Bedürfnisse und Gefühle auszudrücken
- sich selbst motivieren zu können
- sich selbst mit allen Ressourcen und Schwächen zu verwalten
- auf andere Menschen einfühlend zu reagieren
- die Fähigkeit, innerhalb der Gesellschaft funktionierende Beziehungen in jede Richtung aufzubauen.

Geistige bzw. seelische Wirkung der Spagyrika. Die geistige Wirkung zielt auf das kognitive, logische und rationale Erleben eines Menschen. Die seelische Wirkung richtet sich auf die intuitive, emotionale Ebene. Die Dosierung (→ S. 14) entscheidet über die Wirkung der Präparate und richtet sich nach dem Aspekt, der bearbeitet werden soll.

Geistiger Vater, geistige Mutter. Bei der Erziehung eines Kindes spielen sowohl körperlich-materielle als auch seelisch-geistige Aspekte eine Rolle. Jedes Elternteil sollte idealerweise beide Aspekte bei der Erziehung berücksichtigen. Falls dies nicht geschieht, fehlt dem Kind ein Aspekt des Menschseins. Dass Eltern geistige Inhalte an ihre Kinder weitergeben, ist für deren Charakterbildung, ihre Integration in die Gesellschaft und die Art und Weise, wie sie dem Leben und seinen Aufgaben geistig begegnen, äußerst wichtig. Es prägt auch die Art, wie man Gott wahrnimmt. Wurden diese geistigen Aspekt im Kindesalter vom Vater und/oder von der Mutter nicht entsprechend vermittelt, können Viscum album (→ S. 174, geistige Mutter) und Hypericum perforatum (→ S. 108, geistiger Vater) zum Ausgleich eingesetzt werden.

Inneres Kind. Jeder Mensch besteht aus verschiedenen Persönlichkeitsanteilen, die eigentlich harmonisch miteinander verbunden sein sollten. Diese Anteile gibt es in der gesunden oder gestörten Form. Das gesunde Innere Kind steht für den Anteil in uns, der für Intuition, Kreativität und Emotionalität verantwortlich ist. Das gestörte Innere Kind ist der Anteil in uns, der uns oft zu rein rationalen Menschen macht, da wir aufgrund der Störung keinen Zugang zu den Anteilen wie Intuition, Kreativität und Emotionen haben. Das bedeutet, dass der Anteil der kindhaften Leichtigkeit fehlt und das Leben oft als freudlose Mühsal erlebt wird.

Innerer Erwachsener. Der Persönlichkeitsanteil in uns, der im Gegensatz zum intuitiv-emotional geprägten Inneren Kind die Logik, die Struktur und das Rationale verkörpert.

Karmische Programme. Darunter versteht man Aufgaben, die ein Mensch in diesem Leben zur Lösung bekommen hat, um sich auf der spirituellen und seelisch-geistigen Ebene weiterzuentwickeln.

Kundalini. Als Kundalini wird die spirituelle Energie bezeichnet, die am unteren Ende der Wirbelsäule ruht. Diese wartet darauf, dass der Mensch in seiner geistig-spirituellen Entwicklung so weit ist, dass sie »erwachen« kann. Diese Energie wird oft in der Form einer Schlange dargestellt, die schlafend am unteren Ende der Wirbelsäule ruht und nach ihrem spirituellem Erwachen entlang der Wirbelsäule nach oben zum höchsten Chakra aufsteigt und den Menschen somit zur Erleuchtung führt. Die Schlange dient als Sinnbild für das spirituelle Erleben und für die Durchlässigkeit der einzelnen Chakren untereinander. Es gibt verschiedene Yogaübungen zur Erweckung der Kundalini-Kraft und auch verschiedene Meditationsformen. Doch hier ist äußerste Vorsicht geboten: Ein zur falschen Zeit ausgelöster spiritueller Prozess, also eine zur falschen Zeit »erwachende« Kundalini, richtet mehr Schaden an, als dass er Nutzen bringt.

Lebensachse. Die Lebensachse umfasst alle linearen biographischen Daten eines Menschen, die sich oft exakt auf einer »Zeitlinie« wiederholen. Anhand der entschlüsselten Daten einer Lebensachse kann man regelmäßige Mechanismen entschlüsseln und zukünftige sich wiederholende Ereignisse vorsehen und somit eventuell auch vermeiden oder verhindern. Diese Darstellung der biographischen Daten dient vor allem der Aufdeckung von unbewussten Lebensmustern.

Lebensvertrag. Jede Seele fasst, bevor sie sich dazu entschließt, auf die Erde zu kommen, einen Beschluss, welche Lebensaufgaben sie in dieser Inkarnation erfüllen möchte. Diese Aufgaben ergeben sich aus noch nicht gelösten Problemen von vorherigen Leben oder neue Aufgaben, die die Seele bei einem Erdendurchlauf, also einer Inkarnation, in der Materie erleben und lösen möchte. Es ist sehr wichtig, diesen Lebensvertrag zu erkennen und zu leben, da sonst die jetzige Inkarnation an ihrer eigentlichen Bestimmung vorbei lebt.

Limbisches System. Dieser Gehirnanteil steht für unsere emotionale Wahrnehmungsfähigkeit. Dieser Gehirnanteil kann nicht bewusst beeinflusst werden.

Neue Erde. Dieser Begriff bezieht sich auf die veränderten Schwingungsfrequenzen des Erdmagnetfeldes und den damit verbundenen Veränderungen des Bewusstseins der Menschen. Niemand weiß genau, welche Folgen mit diesen neuen Schwingungsfrequenzen verbunden sind. Sehr sensible Menschen spüren jetzt schon, dass es in den nächsten Jahren wichtige Veränderungen geben wird, die den Menschen in seiner evolutiven Phase herausfordern werden.

Numerologie. Die Numerologie ist die Lehre der Zahlen und ihrer Aspekte für den Menschen. In der Numerologie verwendet man Zahlen oder Zahlenfolgen, um verschiedene Aspekte des menschlichen Seins zu erklären oder auch vorherzubestimmen. Dabei werden sehr häufig die Geburtsdaten und deren Quersumme verwendet oder auch der Name, aus dessen einzelnen Buchstaben eine Zahlenzuordnung erfolgt und über die Quersumme Rückschlüsse über Charakter, zukünftige oder vergangene Ereignisse gezogen werden können.

Paracelsusmittel. Hier handelt es sich um Mittel, die Paracelsus als die großen Heilpflanzen des Abendlandes und von großem Nutzen für die Menschheit bezeichnet hat. Die Wirkungen der Pflanzen beruhen unter anderem auf der Zuordnung zu einzelnen Planetenständen und Wochentagen.

Pluto. In der Astrologie ist Pluto der Planet der Veränderung und der persönlichen Transformation. Das Prinzip von Pluto lautet, dass erst ein alter Prozess zu Ende gegangen, also gestorben sein muss, damit etwas Neues auf der Basis dieses Loslass- und Sterbeprozesses werden kann. Deshalb spricht man hier auch von »Stirb und Werde«.

Psora. Ein Begriff aus der Homöopathie. Hahnemann verstand darunter die Auswirkungen von Krätzmilben und deren Folgeerkrankungen auf das menschliche Erbgut und die darauf folgende Weitervererbung auf nächste Generationen. Er versuchte damit, die Chronifizierung von Hautkrankheiten und deren Folgeerkrankungen zu erklären und zu behandeln.

Solarplexus. Nervengeflecht in der Mitte des Bauches, das für unser Bauchgefühl und unsere Emotionen steht.

Synchronizität. Sich wiederholende Ereignisse, die in verschiedenen, scheinbar nicht miteinander in Zusammenhang stehenden Formen auftreten und deshalb von uns als »Wiederholungen« oft auch nicht erkannt werden.

Synergiepflanzen. Unter Synergiepflanzen versteht man unterschiedliche Pflanzenarten, die sich aber durch bestimmte Komponenten in ihrer Wirkung und ihrem Zusammenwirken ergänzen oder auch in der Wirkung potenzieren können.

Tantrische Rituale. Sexuelle Praktiken, die eine spirituelle Bewusstseinserweiterung durch bewusste Steuerung sexueller Energien bei der geschlechtlichen Vereinigung im Körper bewirken sollen.

Vipassana. Eine geistige Übung aus dem Yoga. Hierbei geht es um die achtsame Wahrnehmung von Dingen, Gefühlen, Emotionen oder Gedanken, ohne diese zu bewerten. Durch die Nichtbewertung vermeiden wir, mit Dingen in Resonanz zu kommen, die eventuell nichts mit uns zu tun haben, sondern oft nur aufgrund von Mustern funktionieren. Also quasi eine konditionierte, durch Muster ausgelöste Reaktion. Vipassana, die Übung der Achtsamkeit, hilft uns, Distanz zum eigenen Erleben zu bekommen und somit Klarheit im Denken, Fühlen und Handeln zu erreichen.

Yin/Yang. In der chinesischen Medizinphilosophie die Gegenpole wie männlich und weiblich, schwarz und weiß, dunkel und hell etc. Beide Pole sollten immer im Gleichgewicht zueinander stehen, da Ungleichgewichte zu Störungen des gesamten Systems führen. Dies gilt z. B., wenn bei einem Menschen, der weibliche oder männliche Anteil zu überbetont wird.

Literaturverzeichnis

Albus, Michael: Taizé – Die Einfachheit des Herzens: Das Vermächtnis von Frère Roger, Gütersloher Verlagshaus, 2006

Bartlett, Richard: Matrix Energetics. Die Kunst der Transformation: Radikale Veränderung mit der Zwei-Punkt-Methode, VAK Verlag, 2008

Beattie, Melody: Kraft zur Selbstfindung, Heyne Verlag, 1996

Bradshaw, John: Das Kind in uns. Wie finde ich zu mir selbst, Knaur Verlag, 2000

Chopich, Erika J.; Paul, Margaret: Aussöhnung mit dem inneren Kind, Ullstein Verlag, 2009

Feuerabendt, Sigmund: Heilen mit Yoga, Knaur Verlag, 2005

Govinda, Kalashatra: Chakra Praxisbuch: Übungen für Gesundheit, Harmonie und innere Kraft, Goldmann Verlag, 2006

Hahnemann, Samuel: Organon der Heilkunst, Hippokrates Verlag, 2002

Haouache, Ghassan: Die Geheimnisse der alten chinesischen Medizin, Varia et Veritas Verlag, 2000

Helfferich, Michael: Knaurs großes Handbuch der Homöopathie, Knaur Verlag, 2002

Kalbermatten, Roger: Wesen und Signatur der Heilpflanzen, AT Verlag, 2003

Küstenmacher, Werner Tiki: Jesus luxus – Die Kunst wahrhaft verschwenderischen Lebens, Kösel Verlag, 2008

Pallardy, Pierre: Bauchgefühl, Goldmann Arkana Verlag, 2008

Rosenberg, Marshall, B.: Gewaltfreie Kommunikation. Eine Sprache des Lebens, Junfermann Verlag, 2007

Scheffer, Mechthild: Die Original Bach-Blüten-Therapie, Irisiana Verlag, 1999

Schnack, Gerd: Swing and Relax, Urban und Fischer, 2006

Steinemann, Evelyne: Der verlorene Zwilling, Kösel Verlag, 2006

Strehlow, Wighard: Hildegard Heilkunde von A-Z, Knaur Verlag, 1998

Tepperwein, Kurt: Die Botschaft deines Körpers, mvg Verlag, 2003

Wais, Mathias: Biographiearbeit und Lebensberatung, Urachhaus Verlag, 1999

Wiesenauer Markus; Elies, Michal: Homöopathische Praxis, Hippokrates Verlag, 2001

http://www.wikipedia.de

Abbildungsquellen

S. 31, 181	123rf.com
S. 109	123rf.com – Ron Rowan
S. 37	123rf.com – Carlos Arranz
S. 157	123rf.com – Krzysztof Slusarczyk
S. 59	123rf.com – lianem
S. 81	123rf.com – Mark Herreid
S. 75	123rf.com – sorhen
S. 139	123rf.com – TIWAPORN PUKKLIN
S. 167	123rf.com – Vasyl Torous
S. 77	123rf.com – yodm24
S. 163	Bigstockphoto.com – epantha
S. 193	Bigstockphoto.com – geliza
S. 23	Bigstockphoto.com – JSHolmann
S. 125	Bigstockphoto.com – MiJ
S. 337	Bigstockphoto.com – Mousedeer
S. 121	Bigstockphoto.com – Whiskeybottle
S. 175	Botanik-photos.de
S. 177	Erowid.org – Bethel Ademowore
S. 137	Fotolia.com – Anette Goebel
S. 165	Fotolia.com – Axel Gutjahr
S. 53	Fotolia.com – Christian Pedant
S. 332	Fotolia.com – dedi
S. 27, 51, 103, 195, 215	Fotolia.com – emer
S. 79	Fotolia.com – Erika Buresch
S. 232	Fotolia.com – Flexmedia
S. 97	Fotolia.com – focus finder
S. 29	Fotolia.com – Frank-Peter Funke
S. 43	Fotolia.com – jean-marc reyes
S. 213	Fotolia.com – jgphoto76
S. 217	Fotolia.com – John Shaw
S. 39, 203	Fotolia.com – kanusommer
S. 65, 111, 131	Fotolia.com – LianeM
S. 169	Fotolia.com – lu-photo
S. 33	Fotolia.com – majaan
S. 205	Fotolia.com – Marina Lohrbach
S. 145, 316	Fotolia.com – Martina Berg
S. 267	Fotolia.com – Matthias Gruel
S. 47, 171	Fotolia.com – petrabarz
S. 95	Fotolia.com – Raymond Thill
S. 49	Fotolia.com – Richard-Schramm

S. 85	Fotolia.com – Sychugina_Elena
S. 216, 218	Fotolia.com – Scisetti Alfio
S. 71	Fotolia.com – Tanja Bagusat
S. 183	Fotolia.com – Uncle Sam
S. 83	Fotolia.com – Vladimir Galanov
S. 189	Fotolia.com – Volkmar Gorke
S. 127	iStock.com – fotofritz16
S. 87	iStock.com – leezsnow
S. 101	iStock.com – @laurent
S. 187	iStock.com – ajt
S. 69	iStock.com – AlpamayoPhoto
S. 105	iStock.com – fotolinchen
S. 13	iStock.com – PaulTessier
S. 151	iStock.com – photomorgana
S. 73	iStock.com – valeri_shanin
S. 44	iStock.com – wingmar
S. 293	Photocase.com – designritter
S. 296	Photocase.com – kemai
S. 274	Photocase.com – Koosinger
S. 244	Photocase.com – mara.dd
S. 250	Photocase.com – ringo
S. 242	Photocase.com – S.Gewecke
S. 218	Photocase.com – thesweetg
S. 240	Photocase.com – Vente
S. 25, 63, 67, 117, 123, 141, 149, 153, 155, 159, 179, 197, 199, 201	Phylak Sachsen GmbH, Burgneudorf
S. 161	Wikipedia – Aka
S. 135	Wikipedia – epukas
S. 133	Wikipedia – Forest & Kim Starr
S. 99	Wikipedia – Franz Xaver
S. 35, 45, 61, 107, 119, 185, 207	Wikipedia – H. Zell
S. 93	Wikipedia – K.G. Kirailla
S. 209	Wikipedia – Karelj
S. 115	Wikipedia – Luis Frenández Garcia
S. 91	Wikipedia – Melburnian
S. 147	Wikipedia – MPF
S. 211	Wikipedia – Olli Salmela
S. 57, 113, 173	Wikipedia – public domain
S. 89	Wikipedia – SB_Johnny
S. 143	Wikipedia – THOR
S. 191	Wikipedia – titanium22
S. 41	Wnmu.edu

Numerologie

Buchstaben und Zahlenzuordnung
A = 1
B = 2
C = 3
D = 4
E = 5
F = 6
G = 7
H = 8
I = 9
J = (10 = 1 + 0) = 1
K = (11 = 1 + 1) = 2
L = (12 = 1 + 2) = 3
M = (13 = 1 + 3) = 4
N = (14 = 1 + 4) = 5
O = (15 = 1 + 5) = 6
P = (16 = 1 + 6) = 7

Buchstaben und Zahlenzuordnung
Q = (17 = 1 + 7) = 8
R = (18 = 1 + 8) = 9
S = (19 = 1 + 9) = 10
T = (20 = 2 + 0) = 2
U= (21 = 2 + 1) = 3
V = (22 = 2 + 2) = 4
W = (23 = 2 + 3) = 5
X = (24 = 2 + 4) = 6
Y = (25 = 2 + 5) = 7
Z = (26 = 2 + 6) = 8
Ä = (A + E = 1 + 5) = 6
Ö = (O + E = 15 + 5) = 20
Ü = (U + E = 21 + 5) = 26

Hinweis: Die Ziffer 10 beim Buchstaben „S" stellt eine Ausnahme dar. Sie wird nicht weiter reduziert, sondern mit dem Wert 10 in die Berechnung einbezogen.

METATRON APOTHEKE
Homöopathie, Spagyrik, Blüten u.a.

Ganzheitliche Heilmittel

Phylak Sachsen Spagyrik

Alle individuellen Mischungen der Phylak Spagyrik werden bei uns frisch zubereitet und in Blauglas Fläschchen gefüllt.

Verfügbar sind

- Tropfen, Sprays
- Salben, Globuli
- Testsatz Phylak Sachsen Original
- Testsätze Energetischer Bereich Spagyrik I bis 4

- Spagyrikbücher
- Spagyrikhotline oder Beratung in der Apotheke
- kurze Lieferzeit nach Deutschland

Besuchen Sie auch unsere web-site: **www.metatron-apo.at**

Öffnungszeiten: Mo-Fr. von 8:00 - 18:00 und Sa von 8:00 - 12:00

METATRON APOTHEKE
Tel: +43 (0)1 802 02 80
office@metatron-apo.at

A-1120 Wien, Oswaldgasse 65
Fax: +43 (0)1 802 02 80 80
www.metatron-apo.at

Apotheke am Bahnhof
Ihre Naturheilapotheke

Wir sind seit 10 Jahren Ihr Partner in Fragen der Naturheilkunde.

Zu unseren Schwerpunkten zählen

SPAGYRIK: *Wir haben alle* **PHYLAK Sachsen**-*Essenzen vorrätig.*

SCHÜSSLER-SALZE: *Tabletten, Globuli, Pulver, Tropfen, Salben, individuelle Tabletten-, Pulver- und Salbenmischungen.*

HOMÖOPATHIE: *Vorbestückte und individuelle Taschenapotheken in mehreren Größen und Ausführungen. Sie wählen aus 250 Mitteln in verschiedenen Potenzen.*

AYURVEDA: *Maharishi Ayurveda Produkte.*

Spagyrische Essenzen bzw. Essenzmischungen bieten wir generell in Blauglasflaschen an, auf Wunsch ist auch Violettglas möglich.

Wir stellen nach Ihren Vorstellungen Tropfenmischungen, Sprays, Globuli, Salben, Vaginal-Ovula und Zäpfchen her.

Profitieren Sie von unserem erfahrenen Team, das Ihnen auch gerne bei der Auswahl der Essenzen bzw. Zusammenstellung der Mischungen beratend zur Seite steht.

Wir liefern deutschlandweit per DHL (go-green, CO_2-neutral).

Apotheke am Bahnhof   Annkathrin Fischer e.K.

Bahnhofstraße 2   56130 Bad Ems   fon 02603-3960 fax -50352

info@naturheilapotheke-badems.de   www. naturheilapotheke-badems.de

Sie finden alle o.a. Produkte in unserem Webshop.

Roland Lackner / Olivier Stasse

Spagyrik in Balance

Band 1: Geistige Gesetze des Lebens

Die Gesetze des Lebens wirken, ohne dass wir uns dessen bewusst sind. In diesem vorliegenden Band werden Sie in die Geheimnisse und Gesetzmäßigkeiten des Lebens eingeführt.

Sie können dann schneller und einfacher erkennen, warum bestimmte Dinge in Ihrem Leben nicht funktionieren, aber auch lernen, wie Sie Blockaden und Hindernisse in Ihrem Leben einfacher, effizienter und schneller beseitigen können.

1. Auflage 2014, Hardcover, 120 Seiten
ISBN 978-3-944002-79-8
19,95 Euro

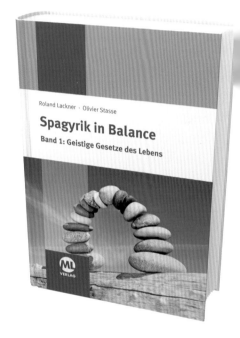

Roland Lackner

Energetische Spagyrik – Pflanzenkarten

Auf 96 Karten werden die Pflanzenessenzen
der Firma Phylak vorgestellt. Jede Karte zeigt
eine Pflanze samt ihrer Eigenschaften und
ihrer Botschaft.

2. Auflage 2014, 96 Karten
ISBN 978-3-944002-76-7

34,95 Euro

**Neu mit zwei
weiteren Pflanzen**

Roland Lackner

Energetische Spagyrik – Rezeptkarten

Die Karten verweisen auf häufige emotionale,
seelische und geistige Probleme und unterstützen den Therapeuten dabei, einen neuen
Zugang zum Patienten zu finden.

Zu jedem Stimmungsbild werden passende
Rezepturen vorgeschlagen und ihre Wirkung
beschrieben. Die Mischungen beziehen sich
auf die Essenzen der Firma Phylak Sachsen.

2015, 102 Karten
ISBN 978-3-945695-04-3

32,00 Euro

VERLAG

Weitere Fachliteratur
unter ml-buchverlag.de!

Schicken Sie Ihre Bestellung per
Fax an die 09221/949-377

___ Expl. Spagyrik in Balance;
    19,95 Euro

___ Expl. Energetische Spagyrik –
    Rezeptkarten; **32,– Euro**

___ Expl. Energetische Spagyrik –
    Pflanzenkarten; **34,95 Euro**

Kundennummer

Name / Vorname

Straße / Hausnummer

PLZ / Ort

Telefon / Fax

E-Mail

Datum / Unterschrift

Verlagsadresse:

Mediengruppe Oberfranken –
Fachverlage GmbH & Co. KG
E.-C.-Baumann-Straße 5
95326 Kulmbach

Tel.09221/949-389
Fax 09221/949-377
E-Mail bfv.vertrieb@mg-oberfranken.de
Web ml-buchverlag.de